C0-DXD-044

ECCO

Eighteenth Century Collections Online Print Editions

Gale ECCO Print Editions

Relive history with *Eighteenth Century Collections Online*, now available in print for the independent historian and collector. This series includes the most significant English-language and foreign-language works printed in Great Britain during the eighteenth century, and is organized in seven different subject areas including literature and language; medicine, science, and technology; and religion and philosophy. The collection also includes thousands of important works from the Americas.

The eighteenth century has been called "The Age of Enlightenment." It was a period of rapid advance in print culture and publishing, in world exploration, and in the rapid growth of science and technology – all of which had a profound impact on the political and cultural landscape. At the end of the century the American Revolution, French Revolution and Industrial Revolution, perhaps three of the most significant events in modern history, set in motion developments that eventually dominated world political, economic, and social life.

In a groundbreaking effort, Gale initiated a revolution of its own: digitization of epic proportions to preserve these invaluable works in the largest online archive of its kind. Contributions from major world libraries constitute over 175,000 original printed works. Scanned images of the actual pages, rather than transcriptions, recreate the works ***as they first appeared.***

Now for the first time, these high-quality digital scans of original works are available via print-on-demand, making them readily accessible to libraries, students, independent scholars, and readers of all ages.

For our initial release we have created seven robust collections to form one the world's most comprehensive catalogs of 18th century works.

Initial Gale ECCO Print Editions collections include:

History and Geography
Rich in titles on English life and social history, this collection spans the world as it was known to eighteenth-century historians and explorers. Titles include a wealth of travel accounts and diaries, histories of nations from throughout the world, and maps and charts of a world that was still being discovered. Students of the War of American Independence will find fascinating accounts from the British side of conflict.

Social Science

Delve into what it was like to live during the eighteenth century by reading the first-hand accounts of everyday people, including city dwellers and farmers, businessmen and bankers, artisans and merchants, artists and their patrons, politicians and their constituents. Original texts make the American, French, and Industrial revolutions vividly contemporary.

Medicine, Science and Technology

Medical theory and practice of the 1700s developed rapidly, as is evidenced by the extensive collection, which includes descriptions of diseases, their conditions, and treatments. Books on science and technology, agriculture, military technology, natural philosophy, even cookbooks, are all contained here.

Literature and Language

Western literary study flows out of eighteenth-century works by Alexander Pope, Daniel Defoe, Henry Fielding, Frances Burney, Denis Diderot, Johann Gottfried Herder, Johann Wolfgang von Goethe, and others. Experience the birth of the modern novel, or compare the development of language using dictionaries and grammar discourses.

Religion and Philosophy

The Age of Enlightenment profoundly enriched religious and philosophical understanding and continues to influence present-day thinking. Works collected here include masterpieces by David Hume, Immanuel Kant, and Jean-Jacques Rousseau, as well as religious sermons and moral debates on the issues of the day, such as the slave trade. The Age of Reason saw conflict between Protestantism and Catholicism transformed into one between faith and logic -- a debate that continues in the twenty-first century.

Law and Reference

This collection reveals the history of English common law and Empire law in a vastly changing world of British expansion. Dominating the legal field is the *Commentaries of the Law of England* by Sir William Blackstone, which first appeared in 1765. Reference works such as almanacs and catalogues continue to educate us by revealing the day-to-day workings of society.

Fine Arts

The eighteenth-century fascination with Greek and Roman antiquity followed the systematic excavation of the ruins at Pompeii and Herculaneum in southern Italy; and after 1750 a neoclassical style dominated all artistic fields. The titles here trace developments in mostly English-language works on painting, sculpture, architecture, music, theater, and other disciplines. Instructional works on musical instruments, catalogs of art objects, comic operas, and more are also included.

Hugo Grotius de veritate religionis christianæ. Cum notulis Joannis Clerici; accesserunt ejusdem de eligenda inter Christianos dissentientes sententia, & contra indifferentiam religionum libri duo. Editio novissima, ex collatione optimorum exemplarium eme

Hugo Grotius

Hugo Grotius de veritate religionis christianæ. Cum notulis Joannis Clerici; accesserunt ejusdem de eligenda inter Christianos dissentientes sententia, & contra indifferentiam religionum libri duo. Editio novissima, ex collatione optimorum exemplarium emendata.
Grotius, Hugo
ESTCID: T119295
Reproduction from British Library

Londini : apud Joannem Nourse, 1772.
[16],320p. ; 12°

biblio life
old books. new life.

The BiblioLife Network

This project was made possible in part by the BiblioLife Network (BLN), a project aimed at addressing some of the huge challenges facing book preservationists around the world. The BLN includes libraries, library networks, archives, subject matter experts, online communities and library service providers. We believe every book ever published should be available as a high-quality print reproduction; printed on-demand anywhere in the world. This insures the ongoing accessibility of the content and helps generate sustainable revenue for the libraries and organizations that work to preserve these important materials.

The following book is in the "public domain" and represents an authentic reproduction of the text as printed by the original publisher. While we have attempted to accurately maintain the integrity of the original work, there are sometimes problems with the original work or the micro-film from which the books were digitized. This can result in minor errors in reproduction. Possible imperfections include missing and blurred pages, poor pictures, markings and other reproduction issues beyond our control. Because this work is culturally important, we have made it available as part of our commitment to protecting, preserving, and promoting the world's literature.

GUIDE TO FOLD-OUTS MAPS and OVERSIZED IMAGES

The book you are reading was digitized from microfilm captured over the past thirty to forty years. Years after the creation of the original microfilm, the book was converted to digital files and made available in an online database.

In an online database, page images do not need to conform to the size restrictions found in a printed book. When converting these images back into a printed bound book, the page sizes are standardized in ways that maintain the detail of the original. For large images, such as fold-out maps, the original page image is split into two or more pages

Guidelines used to determine how to split the page image follows:

• Some images are split vertically; large images require vertical and horizontal splits.
• For horizontal splits, the content is split left to right.
• For vertical splits, the content is split from top to bottom.
• For both vertical and horizontal splits, the image is processed from top left to bottom right.

HUGO GROTIUS

DE

VERITATE RELIGIONIS CHRISTIANÆ.

Cum Notulis

JOANNIS CLERICI;

Accesserunt ejusdem

De eligenda inter Christianos dissentientes Sententia, & contra Indifferentiam Religionum

LIBRI DUO.

Editio novissima, ex collatione optimorum exemplarium emendata.

LONDINI,
Apud JOANNEM NOURSE,
MDCCLXXII.

VERITATIS ET VIRTUTIS

AMANTIBUS

S. P. D.

JOANNES CLERICUS.

VOBIS solis, si verum hic dicendum sit, quemadmodum omnino puto; vobis, inquam, solis scriptus est & dicatus liber Summi Viri HUGONIS GROTII, qui Veritatem ac Virtutem amatis. Sine eo amore, non potest placere hoc opus, quod eo tendit ut Veritatem Evangelicam, ab omnibus partibus ac factionibus alienam, in clara luce collocet; idque eum in finem, ut Virtutem, eamque itidem Evangelicam in animis pariat. Verum ut vis earum probe sentiatur, oportet animum antea amare id quod verum & rectum est; qui enim mendacii

 dacii

dacii amici sunt, & vitio addicti, non possunt ejusmodi cognitionibus adfici. Alioquin aurei libelli lectio prorsus est inutilis. *Estote factores Verbi*, ait Jacobus Ep. Cap. I. 22. & seqq. *& non auditores tantum, fallentes vosmetipsos; quia si quis auditor est Verbi & non factor, hic comparabitur viro consideranti vultum nativitatis suæ in speculo; consideravit enim se, & abiit, & statim oblitus est qualis fuerit; qui autem perspexerit in legem perfectam libertatis & permanserit in ea, non est auditor obliviosus factus, sed factor operis; hic beatus in facto suo erit.* Qui legit hoc Opus *de Veritate Religionis Christianæ*, ejusque dogmata & præcepta perspexit, nec tamen melior fit; is in deteriore statu est, quam si numquam legisset. Eo enim non spectat ut nos tantum doctiores, sed potissimum ut me-

meliores faciat. *Epictetus*, Stoïcæ sectæ decus, homini qui se in Philosophia profecisse putabat, cupiebatque ab *Epicteto* interrogari de doctrina, quæ erat in Libro *Chrysippi* de Adpetitu, ut videret quam adtente eum librum legisset, hoc responsum dedit: *Mancipium, non id quæro, sed quomodo persequaris & fugias* (bona ac mala) *quomodo adpetas atque averseris? quomodo res adgrediaris, ut adsentiaris & te præpares? naturæne convenienter, an contra si convenienter quidem, ostende mihi, & dicam te proficere; sin minus, discede.* Differt. Lib. I. c. 4. Sic & quisquis legerit hoc Grotii opus, & quæ ei sunt ad calcem adjecta, meliorque factus fuerit, is demum profecisse jure censebitur; sin vero maneat in pravis habitibus doctrinæ Evangelicæ hic traditæ contrariis, nihil profecisse merito judicabitur, & indignus qui talia legeret; quæ non tantum eo spectant ut doctiores ab eorum lectione homines abeant, sed potissimum ut meliores fiant, atque ad ultimum usque halitum maneant. Quod Lectoribus nostris, non secus ac mihi, opto & voveo. Valete.

Dabam Amstelodami Calendis Martiis Anni à C. N. MDCCXXIV.

LECTORI

S. P. D.

JOANNES CLERICUS.

CEperat *Bibliopola consilium de recudendo hoc opere Grotiano, cum eum monui multa & gravia esse menda, in prioribus editionibus relicta, præsertim in testimoniis Veterum; quæ è re ejus erat emendari, & paucula, non sine fructu, in Notis addi posse; nec fore ingratum aut inutile Lectori, si subjungeretur libellus, quo ostenderetur ubi inveniatur quam purissima Christiana illa Religio, cujus veritatem demonstravit Vir summus. Ille vero continuo me orare, ut hoc in ejus gratiam præstare vellem; quod & pro observantia, qua* Grotii *memoriam colo, & propter rei utilitatem, non illibenter suscepi. Quomodo autem præstiterim, tui erit,* LECTOR CANDIDE, *judicii. Permulta vitia Typothetarum emendavi, pluraque forte emendassem, si potuissem omnia loca invenire. Notulas perbreves addidi, quod satis uberes jam essent subjectæ, nec plures postulare à me res ipsa videretur. Eas à Grotianis nomen meum, distinguet. Denique libellum Grotianis adjeci, de eligenda inter dissentientes Christianos sententia, Ecclesiaque, in quo spero me nihil, præter mentem magni viri, aut certe præter veritatem pretulisse. Argumentis usus sum quæ cuivis paullo prudentiori probarentur, facilibus, nec longe accersitis; atque ita statui gerere se in hoc negotio Christianos oportere, quemadmodum in gravissimis vitæ negotiis prudentissimi quique sese gerere solent. Abstinui ob omni acriore controversia, dictisque quibusvis acerbioribus, quæ abesse debent ab omnibus nostris de Religione judiciis, si modo per adversarios liceat. Stylo simplici, nec calamistris ullis inusto, animi mei sensa exposui, prout in re tam seria fieri oportere censebam; ubi pondus argumentorum, non lenocinia verborum, quæruntur. Qua in re,* Grotium *meum sum imitatus, & imitabuntur, ut puto, quicumque serio & animo argumenti gravitate perculso de ejusmodi rebus scribere adgredientur.*

Dum autem hæc meditarer, misit ad me literas eas, quas ad calcem videbis, Amplissimus juxta ac Doctissimus vir & cujus singulari humanitati multum debeo, à Serenis-

sima

ſima Magnæ Britanniæ Regina ad Regiam Celſitudinem Sereniſſ. Etruriæ Magni Ducis extra ordinem miſſus. Eas, cum bona ejus venia, commodum edi poſſe ad finem hujus voluminis judicavi, ut liqueret quid Grotius *de Eccleſia Anglicana ſenſerit, quæ quidem gratias ei habebit, ringentibus licet nonnullis hominibus, qui pugnantia inter ſe dogmata, Socinianiſmum, Papiſmum, imo & Atheiſmum longe doctiſſimo & religioſiſſimo viro objiciunt; ne, ut opinor, immortalia ejus Scripta legantur, quibus inania eorum dogmata funditus evertuntur. Qua in re, ut in multis aliis ſimilibus, fruſtra aliorum luminibus officere adhuc conati ſunt. Sed iis Deus ignoſcat (aliud enim nihil imprecor) & meliores eorum animis cogitationes injiciat; ita ut Veritatis & Pacis amore omnes tandem conjungamur, & in unum ovile, ſub uno paſtore Chriſto, conveniamus! Hoc te etiam,* OPTIME LECTOR, *vovere & exoptare nobiſcum decet; & ſic tibi ſane Deus, tuiſque omnibus adſit, prout rem, qua licebit, promovebis & omni ope adjuvabis! Vale.*

Dabam Amſtelodami Calendis Martiis Anni MDCCIX.

EIDEM

EIDEM. S. D. J. C.

Iis quæ ante octo annos dicebam nihil est, quod nunc adjiciam, nisi me, in hac secunda mea *Grotii* Editione, aliquot Notulas addidisse, & plura menda è Veterum testimoniis sustulisse. Vale.

Dabam Amstelod. Calendis Juniis Anni MDCCXVII.

Idem de hac tertia etiam intellectum velim; cui etiam addidi Libellum, quo eorum sententiam oppugnavi, qui perinde esse putant in quacumque Christiana secta vivant. Vale.

Ibidem Calendis Martiis Ann. MDCCXXIV.

Nobi-

Nobilissimo Amplissimoque Domino,

D. HIERONYMO
BIGNONIO,
ADVOCATO REGIO
In summo Auditorio Parisiensi.

Vir Nobilissime & Amplissime,

PEccem in Justitiam ipsam, si tempora ei in augustissimo loco exercendæ debita alio divertam. Sed audacem me facit Religionis Christianæ tutela, pars Justitiæ tuique muneris magna. Neque Justitia sinit, ut accessio hæc ad quemquam prius perveniat, quam ad eum, ex cujus nomine magnam tituli superbiam liber præfert. Non dicam me partem poscere de otio tuo, quod tibi tam late diffusa muneris functio non concedit. Sed cum occupatis pro otio sit negotiorum mutatio, rogo ut forenses curas harum chartarum lectione distinguas. Ne sic quidem longe abibis ab actibus solitis Audies testes, vim testimoniorum expendes, judicium feres. Ego judicatum faciam. Vale Vir Maxime. Lutetiæ 27. Augusti, cIↃ IↃC XXXIX.

HUGO GROTIUS.

ANA-

ANACEPHALÆOSIS

eorum

Quæ singulis quibusque libellis ab Auctore in hoc Opere de VERITATE RELIGIONIS CHRISTIANÆ, tractantur.

VI.

LIBER TERTIUS.

XVI.

LIBER QUARTUS.

LIBER QUINTUS.

XIX.

LIBER SEXTUS.

J. C.

J. C. LIBER

De eligenda inter dissentientes Christianos Sententia.

EJUSDEM LIBER

Contra indifferentiam Religionum.

HUGO

HUGO GROTIUS
DE
VERITATE RELIGIONIS CHRISTIANÆ

Ad Virum Amplissimum,

HIERONYMUM BIGNONIUM,

Advocatum Regium

In summo Auditorio Parisiensi.

LIBER PRIMUS.

§ I. *Occasio Operis.*

QUærere identidem ex me soles, Vir & de patria tua, & de literis, &, si id adjici pateris, de me quoque optime merite, HIERONYME BIGNONI, quod argumentum sit eorum librorum, quos pro Religione Christiana, patriæ meæ sermone, scripsi. Neque id quærere te miror. Non enim ignoras, ut qui omnia legi digna, & quidem tanto cum judicio legeris, quantum excoluerint istam materiam, philoſophica ſubtilitate, [1] Ræmundus Sebundus, dialogorum varietate Ludovicus Vives, maxima autem cum eruditione, tum facundia veſtras Philippus Mornæus. Quam ob cauſam videri poteſt magis ex uſu fuiſſe, alicujus illorum in ſermonem popularem verſio, quam inchoatio novi operis. Sed quid alii hac de re judicaturi ſint, neſcio: te quidem, tam benigno ac facili judice, facile ſpero me poſſe abſolvi, ſi dicam, me lectis non illis tantum, ſed & Judæorum pro Judaica vetere, & Chriſtianorum pro Chriſtiana Religione ſcriptis, uti voluiſſe meo qualicumque judicio, & animo dare negatam, cum id ſcriberem, corpori libertatem. Exiſtimabam enim pro veritate certandum, & quidem tali, quam ipſe animo approbarem: fruſtra enim daturum me operam, ut perſuaderem aliis, quæ non ante mihi perſuaſiſſem. Itaque ſelegi, ex veteribus ac novis, quæ mihi ſe probabant maxime, omiſſis argumentis, quæ parum mihi ponderis habere videbantur, & auctoritate eorum librorum, quos ſubdititios eſſe aut certo ſciebam, aut merito ſuſpicabar. Quibus autem ipſe aſſentiebar, ea & ordine certo diſpoſui & expoſui, quam potui maxime populariter, & verſibus incluſi, quo rectius memoriæ mandarentur. Propoſitum enim mihi erat omnibus quidem civibus meis, ſed præcipue navigantibus, operam navare utilem, ut in longo illo marino otio impenderent potius tempus, quam, quod nimium multi

1 *Ræmundus Sebundus, &c.*] Ætate *Grotii*, hi erant potiſſimi ea de re Scriptores, ſed a *Grotii* ævo innumeri Scriptores, Anglice præſertim & Gallice de Veritate Religionis Chriſtianæ ſcripſerunt, quos tamen exemplo ſuo excitavit *Grotius*, quem recentiores ſunt imitati, & interdum etiam expilarunt. Quare prima tam piæ & tam neceſſariæ ſcriptionis gloria ad eum redundat. Ceterum ii, quos nominatim appellat, nondum præclarum hoc argumentum concoxerant, quamvis pio animo ſcripſerint. *Clericus*.

faciunt,

faciunt, fallerent. Itaque sumpto exordio à laude nostræ gentis, quæ navigandi sollertia cæteras facile vincat, excitavi eos, ut hac arte, tanquam divino beneficio, non ad suum tantum quæstum, sed & ad veræ, hoc est, Christianæ Religionis propagationem, uterentur. Neque enim deesse materiam, cum per longinqua itinera passim incurrerent, aut in Paganos, ut in Sina & Guinea, aut in Mahumetistas, ut sub imperio Turcæ, Persæ, & Pœnorum, tum vero Judæos, & ipsos jam Christianismi professos hostes, dispersos per maximas partes terrarum orbis. Neque deesse impios, qui abditum metu venenum, ex occasione, apud simplices prodant: adversum quæ mala optare me, ut recte armati sint nostrates, & qui ingenio præstant, incumbant pro virili revincendis erroribus, cæteri saltem id caveant, ne ab aliis vincantur.

§ II. *Deum esse*

Ac primo quidem libro, ut ostendam non esse rem inanem religionem, ab ejus fundamento ordior, quod est, Numen esse aliquod. Id autem probare sic aggredior. Res aliquas esse, quæ esse cœperint, sensu ipso & confessione omnium constat. Eæ autem res sibi non fuerunt causa ut essent: nam quod non est, agere non potest, nec ipsa res esse potuit, antequam esset. Sequitur igitur, ut aliunde habuerint sui originem. quod non tantum de illis rebus, quas ipsi aut conspicimus, aut conspeximus, fatendum est, sed & de iis, unde illæ ortum habent, [2] donec tandem ad aliquam causam

2 *Donec tandem*, &c.] Quia dari non potest progressio, ut loquuntur, in infinitum. Est enim causa aliqua prima, eorum, quæ cœperunt, aut nulla; si quæ sit prima causa, Deus est, si ulla prima causa esse negetur, oportebit nullam esse omnino

omnino

causam perveniamus, quæ esse numquam cœperit, quæque sit, ut loqui solemus, non contingenter, sed necessario. Hoc autem, qualecumque tandem sit, de quo mox agemus, idipsum est, quod Numinis, aut Dei voce significatur. Alterum argumentum, quo probamus, Numen esse aliquod, sumitur à manifestissimo consensu omnium gentium, apud quas ratio & boni mores non plane exstincta sunt, inducta feritate. Nam cum, quæ ex hominum arbitratu veniunt, nec eadem sint apud omnes, & sæpe mutentur, hæc autem notio nusquam non reperiatur, neque temporum vicissitudine mutetur, [3] quod ipsi etiam Aristoteli notatum, homini ad talia minime credulo: omnino causam ejus aliquam dari convenit, quæ se ad omne genus humanum extendat: quæ alia esse non potest, quam aut oraculum Dei ipsius, aut traditio, quæ à primis humani generis parentibus manarit, quorum prius si admittimus, constat de quo quæritur: sin posterius, nulla sane ratio assignari poterit idonea, cur primos illos parentes credamus falsum aliquod in re momenti maximi ad omnes posteros prodidisse. Accedit quod, sive olim cognitas, sive nuper repertas orbis partes spectemus, ubi modo, ut diximus, aliquid est

omnino causam rerum, quæ esse cœperunt, ac proinde eas per se exstitisse, seu e nihilo prodiisse. quod est absurdum. *Clericus*

3 *Quod ipsi, &c.*] *Metaphys. Lib.* XI *c.* 8 Ubi memoratis fabulis de Diis, ita loquitur: ὧν εἴ τις χωρίσας αὐτὸ λάβοι μόνον τὸ πρῶτον ὅτι Θεοὺς ᾤοντο τὰς πρώτας οὐσίας εἶναι, θείως ἂν εἰρῆσθαι νομίσειε, καὶ κατὰ τὸ εἰκὸς πολλάκις εὑρημένης εἰς τὸ δυνατὸν ἑκάστης καὶ τέχνης καὶ φιλοσοφίας καὶ πάλιν φθειρομένης, καὶ ταύτας τὰς δόξας ἐκείνων οἷον λείψανα περισεσῶσθαι μέχρι τοῦ νῦν. *quorum si quis, distinctione facta, hoc tantum sumat quod primum fuit, quod Deos esse putarent primas substantias, divine dicta existimet, &, ut credibile est, sæpius inventa, quoad licuit, omni arte & philosophia & iterum deperdita, hasce illorum opiniones, quasi reliquias, ad hæc tempora servatas fuisse.* Clericus.

huma-

humanitatis, exserit se hæc notitia, cum apud gentes sapientia, aut ingenio valentes, tum apud stupidiores alias, quarum nec illas omnes decipi potuisse, nec has reperisse, quo alii alios deciperent, ullo pacto credibile est. Nec est, quod oponat hic quisquam paucos, in multis sæculis, qui Deum esse aut non crederent, aut non credere se profiterentur. Nam & paucitas ipsa, & quod statim intellectis argumentis rejecta universim est eorum opinio, ostendit, non provenire hoc ex usu rectæ rationis, quæ hominibus communis est; sed aut ex studio novitatis, quali tenebatur, qui nivem atram esse contendebat; aut ex mente corrupta, sicut vitiato palato res, non ut sunt, ita sapiunt: præsertim cum & historiæ, & alia scripta doceant, quo quisque fuit probior, eo diligentius ab ipso custoditam de Deo notitiam. Atque adeo à pravo ingenio eorum maxime, quorum interest, ne quis sit Deus, id est, humanarum actionum judex, venire hanc à tam recepta antiquitus sententia discessionem, vel hinc apparet, quod quicquid illi ponunt, sive generum successionem absque ullo primordio, sive atomorum concursum, sive aliud quidvis; [4] id non minores, si non majores, habere difficultates, neque eo, quod receptum est, magis esse credibile cuivis ad rem mediocriter attendenti, satis apparet. Quod enim obtendunt nonnulli, quia non videant Deum, eo se nec credere; si

4 *Id non minores,* &c] Potuisset *Grotius*, sine ulla temeritate, dicere, multo majores esse difficultates in eorum sententiis, qui volunt Mundum æternum esse, semperque fuisse, qualis est, vel sponte sua e nihilo produisse, vel atomorum fortuito concursu esse constatum; quæ sententiæ plenæ sunt apertis repugnantiis, ut multi, à tempore *Grotii*, adcuratius demonstrarunt, inter quos suo merito eminet vir doctissimus *Rudolfus Cudworthus*, in Opere Anglico *de Systemate Intellectuali Universitatis Rerum*. suntque etiam alii præstantissimi Theologi & Physici Angli. *Clericus*.

quid vident, satis videant, quam hoc sit homine indignum, qui modo mentem habere se credat, quam nec ipsam videt. Nec si capere Dei naturam nostro ingenio non possumus, ideo talem esse naturam negandum est. Est enim id inferioris cujusque proprium, ut quæ se superiora atque excellentiora sunt capere non possit. Ne bestiæ quidem, quid homo sit, capiunt, multoque minus sciunt qua ratione homines respublicas instituant, ac regant, astrorum cursus metiantur, mare navigent. Hæc enim omnia ipsarum captum superant. Atque ex hoc ipso homo, quippe supra bestias nobilitate naturæ constitutus, idque non à se se, inferre debet id, à quo superior bestiis est constitutus, non minus sese superius, quam ipse sit bestiis, ideoque esse aliquam naturam, quæ, utpote excellentior, sui captus modum excedat.

§ III. *Deum esse unum.*

Evicto Numen esse aliquod, restat ad Attributa ejus veniamus, quorum primum hoc occurrit, non plures esse Deos, sed unum Deum. Hoc inde colligitur, quod Deus, ut supra jam dictum est, est id, quod est necessario, sive per se: necessario autem, sive per se, quidque est, non qua in genere consideratur, sed qua actu est: [5] actu autem sunt res singulæ. Quod si plures Deos ponas, jam in singulis nihil invenias, cur necessario sint: nihilque cur magis duo quam tres, aut decem quam quinque credantur. Adde quod multiplicatio rerum singularium congenerum est ex caussarum fœcunditate, pro qua plures ipsæ res ena-

5 *Actu autem sunt res singulæ*] Sed res plures singulæ sunt individuæ plures naturæ. Ideoque hoc argumentum omitti forte, sine bonæ causæ detrimento, potuit. *Clericus.*

scuntur,

ſcuntur, aut pauciores. Dei autem nec origo, nec cauſa ulla eſt. Tum vero in ſingulis diverſis ſunt quædam proprietates ſingulares, quibus inter ſe diſcriminentur: quas in Deo, qui natura eſt neceſſaria, ponere non eſt neceſſarium. Neque vero uſquam ſigna deprehendas Deorum plurium. Nam tota hæc univerſitas unum facit mundum: in eo [6] unum pulcherrimum, ſol: in homine etiam unoquoque unum imperat, mens. Præterea, ſi duo eſſent, aut plures dii, libere agentes & volentes, poſſent contraria velle: impediretur autem alter ab altero, quo minus quod vellet efficeret: impediri autem poſſe Deo indignum eſt.

§ IV. *In Deo eſſe omnem perfectionem.*

Ut cætera Dei attributa noſcamus, omne id, quod perfectionis nomine intelligi ſolet (utamur nunc ſane hoc vocabulo quando aliud lingua Latina non ſuppeditat, Græcum eſt τελειότης) in Deo eſſe, hinc intelligitur: quod quæcumque eſt perfectio in rebus, ea aut cœperit, aut non cœperit. Quæ non cœpit, Dei eſt: Quæ cœpit, neceſſe eſt habuerit, unde inciperet: Et cum à nihilo nihil fiat eorum quæ ſunt, ſequitur, ut quæ in effectis apparent perfectiones, in cauſa fuerint, ut ſecundum eas cauſa efficere aliquid poſſit, & proinde omnes in prima cauſa: Neque prima cauſa ulla perfectione poſtea orbari potuit: non aliunde, quia quod æternum eſt, ab aliis rebus non pendet, neque quicquam ab illarum actione patitur: neque vero a ſe, quia natura omnis ſuam perfectionem appetit.

6 *Unum pulcherrimum, ſol*] Certe vorticis hujus noſtri, ut more hodierno loquar, ſolaris incolis ſicut aliis vorticibus centra illa ignea, quæ *ſtellas* vocamus. *Clericus.*

§ V. *Et quidem infinitam.*

Addendum est, esse has perfectiones in Deo, modo infinito quia attributum cujusque finitur, aut quia causa, per quam exsistit, tantum, nec plus ei communicavit, aut quia ipsa tantum, nec amplius capiebat. Deo autem nulla natura quicquam sui communicat: nec ipse aliunde capit quicquam exsistens, ut ante diximus, per se, sive necessario.

§ VI. *Deum esse æternum, omnipotentem, omniscientem, omnino bonum.*

Cum vero apertissimum sit perfectiora dici ea, quæ vivunt, iis, quæ non vivunt; quæ agendi pollentiam habent, iis, quæ non habent; quæ intelligunt, non intelligentibus, quæ bona sunt, his, quæ minus sunt talia; sequitur ex his, quæ modo diximus, hæc omnia attributa Deo convenire, & quidem infinite. Itaque esse eum vitæ infinitæ, id est, æternum, pollentiæ immensæ, id est, omnipotentem, sic & omniscientem, & omnino sine ulla exceptione bonum.

§ VII. *Deum esse causam omnium.*

Quæcumque autem subsistunt, à Deo exsistendi habere originem, connexum est his, quæ ante diximus Conclusimus enim, id quod per se, sive necessario est, unum esse. Unde sequitur, ut alia omnia sint orta ab aliquo diverso à seipsis. Quæ autem aliunde orta sunt, ea omnia in se, aut in causis suis, orta esse ab eo, quod ortum numquam est, id est, à Deo, jam ante vidimus. Neque ratio tantum, sed ipse id quodam modo sensus evincit. Nam si humani corporis admirabilem

bilem constructionem intus extraque conspicimus, & ut omnia ibi, etiam minima, suos usus habeant, nullo studio, nulla industria parentum, arte vero tanta, ut philosophorum ac medicorum præstantissimi numquam ea satis possint admirari, ostendit hoc opificem naturæ esse mentem excellentissimam qua de re videri potest [7] Galenus, præsertim qua parte oculi & manus usum examinat. Imo & mutorum animantium corpora id loquuntur. Non enim ex vi materiæ, sed ad finem certum collocatæ ac figuratæ sunt eorum partes. Neque animantium tantum, sed & plantarum & herbarum, ut à Philosophis accurate notatum est. Idem egregie [8] Strabo notavit in aquarum positu, quæ, si materiæ qualitatem respicias, mediæ esse debuerunt inter terram atque aerem, cum nunc terris intersusæ sint, nimirum, ut terræ fœcunditati hominumque vitæ nihil obstaret. Ob finem autem agere non est, nisi intelligentis naturæ.

7 *De usu partium.* Lib. III. c. 10 qui locus lectu dignissimus, at prolixior quam huc transferri queat. Sed hæc ad curatius multi recentiores, in Anglia, Physici & Theologi exposuerunt *Clericus*

8 *Strabo notavit* Locus est libro XVII. ubi cum distinxisset opera φύσεως, *naturæ*, id est, *materiæ*, & προνοίας, id est, *divinæ providentiæ*, addit ἀλλ᾽ ἐπειδὴ τῇ γῇ περίκειται τὸ ὕδωρ, οὐκ ἔστι δ᾽ ἔνυδρον ζῶον ὁ ἄνθρωπος, ἀλλὰ χερσαῖον, καὶ ἐναέριον, καὶ πολλοῖς κοινωνικὸν φωτὸς, ἐποίησεν ἐξοχὰς ἐν τῇ γῇ πολλὰς καὶ εἰσοχὰς, ὥστ᾽ ἐν αἷς μὲν ἀπολαμβάνεσθαι τὸ σύμπαν ἢ καὶ τὸ πλέον ὕδωρ ἀποκρύπτον τὴν ὑπ᾽ αὐτῷ γῆν ἐν αἷς δ᾽ ἐξέχειν τὴν γῆν ἀποκρύψασαν ἐφ᾽ ἑαυτῇ τὸ ὕδωρ, πλὴν ὅσον χρήσιμον τῷ ἀνθρωπείῳ γένει καὶ τοῖς περὶ αὐτὸ ζώοις καὶ φυτοῖς. *Sed cum circum terram situs sit aquæ naturalis, homo autem non sit animal aquaticum, sed partim terrestre, partim aëreum, multisque partibus lucis capax, fecit providentia multas in terra exstantias depressionesque, ut hæ quidem reciperent aquam aut plurimam ejus partem, qua occultaretur quod sub ea est terræ per illas vero attolleret se terra, ac sub se aquas occultaret, nisi quatenus eæ ipsæ humano generi, & quæ huic inserviunt, animalibus plantisque essent usui* Observarunt hoc inter Hebræos Rabbi Juda Levita, & Abenesura, inter Christianos vero Chrysostomus de Statuis nono sermone.

Neque vero singula tantum ad peculiarem suum finem ordinantur, sed & ad communem Universi, ut apparet in aqua, [9] quæ contra naturam sibi propriam sursum movetur, ne inani interposito hiet Universi compages, ita facta, ut continua partium cohæsione semet sustineat. Finis autem hic universalis intendi, & vis ad eum finem inseri rebus non potuit, nisi ab intellectu, cui subesset hoc Universum. Quin & bestiarum nonnullæ actus exercent ita ordinatos atque directos, ut omnino eos appareat à ratione aliqua proficisci: quod in formicis, & apibus maxime apparet, sed & in aliis quibusdam, quæ ante omne experimentum aut nocitura fugiunt, aut profutura quærunt. Non ipsis inesse vim hoc aut inveniendi aut dijudicandi, inde apparet, quod semper agunt consimiliter, & ad alia neutiquam graviora nihil valent: quare [1] ab extrinseca ratione ipsas aut dirigente, aut efficaciam suam ipsis imprimente, necesse est ista proficisci: quæ quidem ratio non aliud est, quam quod Deus vocatur. Jam vero cœlestia quoque

9 *Quæ contra naturam.*] Hæc habet vir summus ex Peripatetica Philosophia, quæ aquam metu vacui per antlias adscendere statuebat, quod pondere aeris fieri jam omnibus constat. Sed in gravitate, quemadmodum à Recentioribus explicatur, non minus ordo Universi, & Conditoris sapientia elucent. *Clericus*.

1 *Ab extrinseca ratione.*] Imo vero fiunt ab ipsa anima Brutorum, quæ eatenus facta est Rationis particeps, ut talia facere possint, non alia. Alioqui Deus ipse in iis vice Animæ ageret, quod vix persuaderi accuratius philosophanti possit. Nihil vetat sentientium & intelligentium Naturarum plures esse ordines, quorum infimi sint in corporibus Brutorum. Nam Bruta machinas esse mere corporeas, quod voluit *Ren. Cartesius*, nemo, ut puto, serio credidit. Sed quid fit, inquies, iis animabus, cum Bruta moriuntur? Id vero nescio, nec propterea minus verum iis animas inesse. Non necesse est nos omnia scire, nec propterea neganda sunt ea, quorum rationem reddere non possumus. Tenenda sunt ea, de quibus constat, atque æquo animo sunt ignoranda, quæ scire non possumus. *Clericus*.

ſidera, & quæ in iis maxime eminent, ſol & luna, curſus agunt ita attemperatos ad terrarum fœcunditatem, & animantium valetudinem, ut ne excogitari quidem aptius quicquam poſſit. Nam cum alioqui multo ſimplicior fuiſſet per æquatorem motio, aliam illis attributam videmus per obliquum circulum, quo ad plura terrarum ſpatia beneficia ipſorum pertingerent. Sicuti vero terrarum uſus penes animantia eſt, ita animantium cæterorum penes hominem maxime, qui violentiſſima quæque, exſuperantia ingenii, ſibi ſubjicit. [2] Unde Mundum hominis cauſa factum etiam Stoici colligebant. Cum vero eo uſque vis hominis non poſſit pertingere, ut & cœleſtia lumina ſibi ſervire cogat, nec illa ultro ſe homini mancipaſſe credenda ſint: ſequitur, ut ſuperior quædam ſit Mens, cujus imperio pulcherrima illa corpora homini tanto infra poſito operas perpetuas præſtent: quæ ipſa Mens non alia eſt, quam opifex ſiderum, atque univerſi. [3] Motus autem ſiderum, [4] qui eccentrici, quique epicyclici dicuntur, manifeſte oſtendunt non vim materiæ, ſed liberi agentis ordinationem. Idem teſtantur aſtrorum alii ex hac, alii ex altera cœli parte poſitus, terrarumque ac marium tam inæqualis forma. Nec alio referri

2 *Unde Mundum hominis cauſa factum etiam Stoici colligebant*] Docet Cicero de Officiis primo & de Natura Deorum ſecundo.

3 *Motus autem ſiderum qui eccentrici, quique epicyclici dicuntur*] Tractat docte hoc argumentum Maimonides Doctore dubitantium parte II c. 24. Quod ſi terram perpetuo moveri ſtatuas, res ſub aliis nominibus eodem redibit.

4 *Qui eccentrici, &c.*] Ex vulgari hæc omnia, ut & ſequentia nonulla, opinione, quæ jam exploſa. Sed non minus divinæ potentiæ efficacia cernitur in conſtantibus illis motibus Planetarum ellipticis, circa Solem, per fluidiſſimum vorticem, ita ut nec accedant unquam, nec recedant, niſi quam ſolent, à centro, ſemperque pari obliquitate Solis æquatorem ſecent. *Clericus.*

poteſt, quod ſidera in hanc magis, quam in illam partem eunt. Ipſa vero mundi figura perfectiſſima, ſcilicet, & partes ejus in cœli quaſi ſinu concluſæ, atque ordine admirabili diſpoſitæ, ſatis loquuntur, non caſu hæc confluxiſſe, ſed ab intellectu, & quidem excellentiſſimo, eſſe conſtituta. Nam quis adeo ſtultus eſt, ut à caſu aliquid tam accuratum exſpectet, quaſi credat, caſu lapides & ligna, [5] in domus ſpeciem coalitura, aut ex jactis forte literis exſtiturum poema: cum & qui figuras geometricas in littore viderat, hominis ſe dixerit videre veſtigia, ſatis perſpiciens à caſu talia proficiſci non potuiſſe? Præterea non ab æterno exſtitiſſe hominum genus, ſed à certo tempore communem ſtirpi ſumpſiſſe originem, evincunt inter alia, 6 artium progreſſus,

5 *In domus ſpeciem.*] Aut navis, aut baliſtæ.

6 *Artium progreſſus & incultæ olim terræ, quæ habitari poſtea cœperunt*] Tertullianus ex hiſtoriis hæc tractat, libro de Anima, ſectione XXX. *Invenimus autem apud omnes commentarios, etiam humanarum antiquitatum, paulatim humanum genus exuberaſſe*, &c. Et mox *Ipſe orbis in promptu eſt cultior in dies & inſtructior priſtino* Duo hæc argumenta Ariſtotelis ſententiæ, quæ nunquam cœpiſſe vult genus humanum, auctoritatem apud hiſtoriarum peritos ademerunt, etiam apud Epicureos. Lucretius V. 325

Præterea ſi nulla fuit genitalis origo
Terrarum & cœli, ſemperque æterna fuere,
Cur ſupra bellum Trojanum & funera Trojæ,
Non alias alii quoque res cecinere Poetæ?
Quo tot facta virum toties cecidere? nec uſquam
Æternis famæ monumentis inſita florent?
Verum, ut opinor, habet novitatem ſumma, recenſque
Natura eſt mundi, neque pridem exordia cepit.
Quare etiam quædam nunc artes expoliuntur,
Nunc etiam augeſcunt, nunc addita navigiis ſunt
Multa, modo organici melicos peperere ſonores

& quæ ibi ſequuntur plura. Virgilius Ecloga VI.

—ut his exordia primis
Omnia, & ipſe tener Mundi concreverit orbis.

Item Georgicon I.

Ut varias uſus meditando extunderet artes,

Paulatim

progressus. & incultæ olim terræ quæ habitari postea cœperunt, quod & insularum sermo testatur profectus

Paulatim & sulcis frumenti quæreret herbam,
Et silicis venis abstrusum excuderet ignem
Tunc alnos primum fluvii sensere cavatas,
Navita tum stellis numeros & nomina fecit,
Pleiadas, Hyadas, claramque Lycaonis Arcton,
Tum laqueis captare feras & fallere visco
Inventum, & magnos canibus circumdare saltus
Atque alius latum funda jam verberat amnem
Alta petens: pelagoque alius trahit humida lina.
Tum ferri rigor atque argutæ lamina serræ,
Nam primi cuneis scindebant fissile lignum
Tum variæ venere artes.

Horatius lib I. Satyra III.

Cum prorepserunt primis animalia terris,
Mutum & turpe pecus, glandem atque cubilia propter,
Unguibus & pugnis, dein fustibus, atque ita porro
Pugnabant armis, quæ post fabricaverat usus
Donec verba, quibus voces sensusque notarent,
Nominaque invenere: dehinc absistere bello,
Oppida cœperunt munire & ponere leges
Ne quis fur esset, neu latro, neu quis adulter.

Plinius libro tertio Naturalis Historiæ circa initium *Quare sic accipi velim, ut sicubi vidua fama sua nomina, qualia fuere primordio ante ullas res gestas, nuncupentur* Idem robora Hercynia Mundo congenita dixit lib XVI Et in pleno cuncto mortalium generi minorem indies fieri mensuram observatum ait Libro VII. Seneca apud Lactantium *Nondum sunt mille anni ex quo initia sapientiæ nota sunt.* Tacitus Annalium III *Vetustissimi mortalium nulla adhuc mala libidine, sine probro, scelere, eoque sine pœna aut coercitionibus agebant neque præmiis opus erat, cum honesta suopte ingenio peterentur & ubi nihil contra morem cuperent, nihil per metum vetabantur. At postquam exui æqualitas, & pro modestia ac pudore, ambitio & vis incedebat, provenere dominationes, multosque apud populos æternum mansere. Quidam statim, aut postquam regum pertæsum, leges maluerunt. Hæ primo rudibus hominum animis simplices erant.* Neque vero non aliis tantum, sed nec plene sibi ipsi probavit Aristoteles illam suam, de hominum genere numquam cœpto, ὑπόθεσιν Hæsitanter enim compluribus in locis ea de re loquitur, ut notatum Mosi Maimonidæ Ductoris dubitantum parte II. in præloquio Libri secundi de Cœlo, capite primo, ejus quod ipse hac in re ponit πίστιν persuasionem esse dicit, non autem dicit ἀπόδειξιν, demonstrationem. Est vero ejusdem Philosophi dictum libro III. de

profectus à terris adjacentibus. Tum vero instituta quædam ita hominibus communia, ut non tam naturæ instinctui, aut evidenti rationis collectioni, quam perpetuæ & vix paucis in locis per malitiam aut calamitatem interruptæ traditioni,

de Anima, cap. III. δόξῃ ἕπεται πίστις *Opinionem sequitur persuasio.* Præcipuum autem ejus argumentum est ex absurdo contrariæ sententiæ Ea autem ponebat non creatum cœlum & universum, sed generatum, quod est ἀσύστατον. Libro XII. Metaphysicorum cap. VIII. verisimile ait eandem artem sæpius inventam corruptamque. Libro autem III, capite ultimo de Generatione animantium sic loquitur Διὸ καὶ περὶ τῆς τῶν ἀνθρώπων καὶ τετραπόδων γε ἐσ ως ὑπολάβοι τις ἂν εἴπερ ἐγίγνοντό ποτε γηγενεῖς, ὥσπερ φασί τινες, δύο τρόπων γενέσθαι τὸν ἕτερον, ἢ γὰρ ὡς σκώληκος συνισταμένου τὸ πρῶτον, ἢ ἐξ ὠῶν *Quare & de hominum ac quadrupedum ortu non absurde quis conjiciat, si olim ex terra orti fuerint, id duorum modorum altero evenisse, aut ut vermiculi primum exstiterent, aut ut ex ovis ederentur.* Utrumque hunc modum cum explicasset, addit ἔτι μὲν οὖν, εἴπερ ἦν τις ἀρχὴ τῆς γενέσεως πᾶσι τοῖς ζώοις, εὔλογον δυεῖν τούτοιν εἶναι τὴν ἑτέραν φανερόν. *Quare si quod initium existendi animalibus fuit, id altero de duobus istis modis contigisse manifestum est* Idem Aristoteles Topicorum I c XI. Ἔστι δὲ προβλήματα καὶ ὧν εναντίοι εἰσὶν οἱ συλλογισμοὶ (ἀπορίαν γὰρ ἔχει, πότερον οὕτως ἔχει, ἢ οὐχ οὕτως διὰ τὸ περὶ ἀμφοτέρων εἶναι λόγους πιθανούς) καὶ περὶ ὧν λόγον μὴ ἔχομεν, ὄντων μεγάλων, χαλεπὸν οἰόμενοι εἶναι τὸ διὰ τί ἀποδοῦναι, οἷον πότερον ὁ κόσμος ἀΐδιος, ἢ οὔ καὶ γὰρ τὰ τοιαῦτα ζητήσειεν ἄν τις. *Quæstiones sunt de quibus & in alteram partem est ratiocinari ubi nempe disputari potest, res sic se habeat, an aliter, quia in utramque partem argumenta sunt probabilia. Tum etiam de quibus certi aliquid non habemus, quia cum res ipsæ sint graves, causas cur sic vel sic se res habere pro certo habeatur, non invenimus. ut an ab æterno sit Mundus, an non nam talia solent venire in disputationem* De eadem re idem differens libro I. de cœlo, cap. 10 ἅμα δὲ καὶ μᾶλλον ἂν εἴη πιστὰ τὰ μέλλοντα λεχθήσεσθαι, προακηκοόσι τὰ τῶν ἀμφισβητούντων λόγων δικαιώματα *Sic & credibiliora erunt quæ dicentur, si Prius disputantium momenta recte expenderimus* Merito igitur Tatianus, ubi causas adfert cur sacris Scripturis credat, etiam hanc non tacuit, τῆς τε παντὸς ποιήσεως τὸ εὐκατάληπτον, *comprehensu facile illud quod tradunt de Universi hujus fabricatione.* Sume de Platone Mundi originem fuisse aliquam ab Aristotele non esse genitum: & habebis ipsam Judæorum Christianorumque sententiam.

accepta

accepta ferri debeant qualis olim fuit victimarum in sacris mactatio, & nunc quoque pudor circa res Veneris, nuptiarum solemnia, & incestorum fuga.

§ VIII. *Ad objectionem de mali causa.*

Neque ab eo, quod diximus, dimovere nos debet, quod mala multa evenire cernimus, quorum videtur origo Deo adscribi non posse; ut qui perfectissime, sicut ante dictum est, bonus sit. Nam cum diximus, Deum omnium esse causam, addidimus, eorum, quæ vere subsistunt; nihil enim prohibet, quominus ipsa, quæ subsistunt, deinde causæ sint accidentium quorumdam; quales sunt actiones Deus hominem & mentes, sublimiores homine, creavit cum agendi libertate, quæ agendi libertas vitiosa non est, sed [7] potest sua vi aliquid vitiosum producere. Et hujus quidem generis malis, quæ moraliter mala dicuntur, omnino Deum adscribere auctorem nefas est At sunt, quæ alio sensu dicuntur mala, quia certæ personæ doloris aut damni adferunt aliquid, quæ à Deo proficisci, puta ad emendationem hominis, aut etiam in pœnam delicto respondentem, nihil vetat cum in eo nihil sit, quod bonitati repugnet: imo sæpe hæc ab ipsa bonitate proficiscantur,

7 *Potest sua vi, &c.*] Prævidit quidem etiam Deus fore ut naturæ liberæ libertate sua abuterentur, indeque multa mala & physica & moralia exoritura, nihilo secius abusum illum, consectariaque ejus pati maluit, quam naturas libertate præditas non creare Quid ita? Quia cum natura libera sit præstantissima creatura, quæque summam Opificis potentiam quam maxime ostendit, Deus noluit incommoda ex naturæ mutabilitate promanantia antevertere, quia ea potest, cum visum erit, per totam æternitatem emendare, iis modis, qui nonnisi bonitati ejus convenientissimi esse possunt, quamvis eos nondum revelarit Qua de re, multa nuper Gallico sermone scripsimus, contra Manichæorum personatum patronum *Pet Bælium.* Clericus.

cantur, ſicut à bono medico ingratum ſapori pharmacum.

§ IX. *Contra duo principia.*

Rejicienda autem hic obiter eorum ſententia, qui [8] duo principia agentia, alterum bonum, alterum malum poſuerunt. Ex duobus enim pugnantibus inter ſe deſtructio ſequi poteſt, ordinata conſtructio non poteſt. Neque vero ſicut aliquod eſt per ſe bonum, ita aliquod eſſe per ſe & omni modo malum poteſt: cum malum defectus ſit quidam, qui eſſe nequit, niſi in re exſiſtente: ipſum autem exſiſtere jam [9] boni eſt aliquid.

§ X. *Univerſum à Deo regi.*

Dei autem providentia regi hoc univerſum, inde apparet, quod non tantum homines, quippe intellectu præditi, ſed & aves, feræ, quadrupedes, quibus aliquid eſt quaſi vice intellectus, curam habent eorum, quæ a ſe producta ſunt. Quæ perfectio cum pars ſit bonitatis, a Deo removenda non eſt, eoque magis, quod ſit ipſe, & omniſcius, & omnipotens, ita ut non poſſit non cognoſcere ea, quæ aguntur, aut agenda ſunt, eaque ipſe temperare ac dirigere faciliime poſſit: quo & illud pertinet, quod ſupra jam diximus, de motu rerum contra naturam propriam, ob finem univerſalem.

§ XI. *Etiam ſublunaria.*

Multum autem errare eos, qui providentiam hanc [1] cœli orbibus includunt, cum ex ratione jam

8 *Duo principia*] Reſpicit veteres Zoroaſtris diſcipulos & Manichæos *Clericus.*

9 *Boni eſt aliquid*] Sed agitur hic de bono morali, non de phyſico, qualis eſt exſiſtentia. Præſtitiſſet hac ratiocinatione abſtinere. *Clericus.*

1 *Cœli orbibus, &c.*] Hæc fuit ſententia *Ariſtotelis.* Vide *Plutarchum*

jam allata, & ad res omnes conditas vim suam exserente apparet: tum inde etiam, quod astrorum cursus, ut Philosophorum potissimi agnoscunt, & experientia satis demonstrat, ordinati sint [2] ad usum hominum. Æquum autem est, ut magis curetur id cujus gratia est aliud, quam quod in usum alterius comparatum est.

Etiam singularia.

Neque minus falluntur, [3] qui universalia ab eo curari volunt, non & singularia. Nam si ignorari à Deo singularia volunt, quod quidam profitentur, ne se ipse quidem Deus agnoscet. Neque vero infinita erit scientia, quod jam ante conclusimus, si ad singula non extenditur. Quod si & illa cognoscit Deus, quidni et curet, præsertim cum & singula, qua singula sunt, ordinentur ad finem certum cum peculiarem, tum universalem: & ipsa rerum genera, quæ à Deo conservari illi ipsi auctores agnoscunt, non subsistant, nisi in singulis, ita ut si singula perire possint, abdicata à divina providentia, possint & ipsa genera.

§ XII. *Probatur id ex conservatione Imperiorum.*

Providentiæ divinæ circa res hominum non leve argumentum & Philosophi & Historici agnoscunt,

tarchum de placitis Philosophorum, L. II c. 3 & *Atticum* apud *Eusebium* de Præp. Evangelica, Lib v c 5 *Clericus*.

2 *Ad usum hominum*] Si non hominum solorum, cum nobis non constet, nullas alias esse intelligentes naturas, in aliis Planetis, certe partim & quatenus iis utimur, sine ullius alius creaturæ injuria Cum Sole carere nequeamus, propter nos esse creatum merito contendimus, nisi, quod absurdum esset, nos à casu quæ necessaria nobis sunt accepisse fingamus; ut si quis incideret in domum omnibus necessariis instructam, nec eam tamen in gratiam ullius hominis, qui solus ea frui potest, instructam putaret. *Clericus*

3 *Qui universalia*, &c] Fa fuit sententia Stoicorum, de qua vide *Arrianeas* Dissertationes *Epicteti* Lib. I c. 12 & *Just. Lipsium* in Physiol. Stoica. *Clericus*.

in conservatione rerum-publicarum primum universim, quod ubicunque [4] ordo ille regendi parendique receptus est, manet semper: deinde sæpe etiam specialiter, in longa duratione hujus aut illius formæ imperii, per multa sæcula, ut regii apud Assyrios, Ægyptios, Francos, optimatum apud Venetos. Quamquam enim humana sapientia aliquid in hoc potest: tamen, si recte consideretur multitudo malorum hominum, & quæ extrinsecus nocere possint, & agnatæ quasi rebus vicissitudines, non videtur tam diu imperium aliquod posse subsistere, nisi peculiari quadam Divini Numinis cura; quæ evidentius etiam spectatur, [5] ubi Deo visum est mutare imperia. Nam quibus ille, tum ad eam rem, tanquam sibi destinatam, instrumentis utitur, puta Cyro, Alexandro, Cæsare dictatore, apud Tartaros [6] Cingi, [7] apud Sinenses Namcaa: his omnia, etiam quæ ab humana prudentia non pendent, fluunt supra votum, magis quam fert solita casibus humanis varietas quæ tanta eventuum similitudo, & ad certum finem quasi conspiratio, indicium est providæ directionis. Nam in alea Venerium aliquoties jacere casus esse po-

4 *Ordo ille regendi, &c.*] Quia sine eo Societas Humana non constat, nec sine Societate Genus Humanum conservari potest. Unde colligere est à Providentia Divina homines creatos, ut in Societate viverent, legibusque uterentur, sine quibus nulla est, nec esse potest Societas. *Clericus.*

5 *Ubi Deo visum est mutare imperia*] Lucretius ipse:

Usque adeo res humanas vis abdita quædam
Obterit.

6 *Cingi*] Videtur intelligere Genghiz Can, qui ex Tartaria Orientali ortus, ac urbe Caracarom, non tantum Tartariam, sed & septemtrionalem Sinam, Indiamque subegit. Ab eo orti Mogolenses Reges, & Tartariæ Minoris Principes. Cujus vita Gallice exstat Lutetiæ anno 1710 edita. *Clericus.*

7 *Apud Sinenses Namcaa*] Suo jure nominari hic posset Peruani imperii inchoator Manca Capacus [Vid. *Garsilazzum de la Vega, in Incarum Historia*]

test:

test at centies si quis eumdem jaciat, nemo erit qui non hoc ab arte aliqua dicat proficisci.

§ XIII. *Ex miraculis.*

At certissimum divinæ providentiæ testimonium præbent miracula, & prædictiones quæ in historiis exstant. Referuntur quidem multa id genus fabulosa: sed quæ testes sui temporis idoneos habuerunt, id est, tales quorum nec judicium, nec fides laboret, rejicienda non sunt, quasi omnino talia fieri non possint. Nam cum Deus sit omnipotens, quid est, cur non possit aut quod scit significare, aut quod vult agere, etiam extra communem naturæ ordinem, quippe à se constitutum, & sibi opificii jure subjectum? Quod si quis dicat, talia quædam etiam à mentibus Deo inferioribus potuisse proficisci, concedi sane potest: sed hoc ipsum viam struit, ut facilius de Deo idem credatur: tum vero & quod illæ mentes tale faciunt, Deus aut per ipsas facere, aut sapienter permittere censendus est; cum in regnis bene constitutis nihil fieri soleat, extra communes leges, nisi summi rectoris arbitratu.

§ XIV. *Præsertim autem apud Judæos, quibus fides adstruitur ex duratione Religionis.*

Miracula autem aliqua revera aliquando esse conspecta, etiamsi de aliarum historiarum fide dubitari possit, vel sola Judaica Religio facile evincat, quæ jampridem omnibus humanis auxiliis destituta, imo contemtui ac derisui exposita, per omnes ferme mundi plagas, [8] in hunc diem perdurat;

8 *In hunc diem perdurat.*] Hecatæus de Judæis, qui ante Alexandri tempora fuere. Τ ι- γαρῶν καὶ κακῶς ἀκούοντες ὑπὸ τῶν

perdurat; cum 9 Religiones aliæ omnes (excepta Christiana, qui Judaicæ quasi perfectio est,) aut evanuerint, simulatque subducta est ipsis vis atque auctoritas imperantium, ut Paganicæ omnes, aut eidem imperii vi adhuc perpetuo sustententur, ut Mahumetismus. Quod si quæratur, quæ sit causa, cur Judaica Religio in Hebræorum omnium animos tantas egerit radices, ut evelli nequeat, nulla poterit alia adferri aut fingi, quam quod, qui nunc sunt à suis parentibus, ut illi rursum à suis, atque ita porro, donec ad eos veniatur, qui Mosis ac Josuæ ætate vixerunt, 1 certa ac constanti traditione

τῶν ἀστυγειτόνων καὶ τῶν εἰσαφικνουμένων πάντων, καὶ προπηλακιζόμενοι πολλάκις ὑπὸ τῶν Περσικῶν βασιλέων καὶ Σατραπῶν, οὐ δύνανται μεταπεισθῆναι τῇ διανοίᾳ, ἀλλὰ γεγυμνασμένως περὶ τούτων καὶ αἰκίαις καὶ θανάτοις δεινοτάτοις μάλιστα πάντων ἀπαντῶσι μὴ ἀρνούμενοι τὰ πάτρια. *Quare quamquam & maledictis impeti solent à vicinis advenisque, & injuriose sæpe tractati sunt à Persicis Regibus ac Satrapis, non possunt à sententia deduci, sed pro ea palam omnes cruciatus sævissimasque mortes subeunt, nec adduci possunt ut patria instituta abdicent.* Locum nobis servavit Josephus contra Appionem primo, & ex eodem Hecatæo exemplum addit Alexandri temporum, cum ad reparandum Beli templum Judæi milites operam suam constanter negarunt. Bene autem, libro contra Appionem altero, ostendit Josephus, hinc apparere firmam Judæorum ab antiquo persuasionem de Deo legum suarum auctore, quod non, ut cæteri populi, mutare quicquam in illis legibus ausi sunt umquam; ne tunc quidem cum in exsiliis longinquis, sub exterorum Regum imperio, omni genere & minarum & blandimentorum tentarentur. Addendum his Taciti illud de proselytis: *Transgressi in morem eorum idem usurpant; nec quicquam prius imbuuntur, quam contemnere Deos, exuere patriam; parentes, fratres vilia habere.* Nempe, præ Dei lege, quod immerito culpat homo irreligiosus. Vide & quæ de Judæorum constantia Porphyrius tradidit libro, De non edendis animalibus, secundo, & quarto; ubi & Antiochi mentio, & inter Judæos speciatim constantiæ Essenorum

9 *Religiones aliæ omnes.*] Imo & leges etiam illæ laudatissimæ Lycurgi, quod & Josephus notavit & Theodoretus.

1 *Certa ac constantia traditione,* &c] Cui fidem habemus, quia Deo tanti erat condere Religionem, in qua unum Deum omnium

tione acceperint ea miracula, quæ cum alias, tum maxime in ipso Ægypti exitu, atque itinere, & in Chananææ ingressu, contigerant, quorumque ipsi illi progenitores eorum testes fuerant. Neque vero credibile est, alioqui fieri potuisse, ut ingenii satis contumacis populus, legem tot ritibus onerosam in se susciperet: aut ut homines sapientes ex multis, quæ reperire humana ratio poterat, notis religionis, circumcisionem eligerent, quæ & [2] suscipi sine dolore gravi nequiret, & [3] ab externis omnibus derideretur, nec quicquam haberet, quo se commendare posset, extra Deum auctorem.

§ XV. *Mosis veracitate & antiquitate.*

Mosis quoque scriptis, quibus illa miracula memoriæ prodita sunt, fidem maximam conciliat, non tantum, quod Dei oraculo ipsum commendatum ac populo præfectum perpetua, inter Hebræos, fama semper constitit sed & quod nec suæ gloriæ, nec suorum commodis eum studuisse, satis appareat, cum & peccata sua, quæ dissimulare poterat, ipse tradiderit, & regni sacerdotiique dignitatem aliis adsignaverit, sua posteritate in Levitarum plebem redacta: quæ omnia satis ostendunt, nihil ei causæ fuisse, cur mentiretur; sicut nec fucata aut illecebrosa utitur oratione, qualis mendacio fidem impetrare solet; sed & simplici, & conveniente rei ingenio Accedit indubitata scriptorum Mosis antiquitas, cui nullum aliud scriptum possit contendere. cujus argumentum

nium Creatorem, & quidem spiritualem esse, eumque solum colendum docebatur. *Clericus*

2 *Suscipi sine dolore gravi nequiret.*] Μετὰ χαλεπῶν ἀλγηδόνων, *cum gravibus doloribus* factum, ait Philo.

3 *Et ab externis omnibus derideretur*] Idem Philo, πρᾶγμα γελώμενον παρὰ πολλοῖς Hinc Judæi curti, verpi, recutiti apud Poetas.

&

& hoc est, quod Græci, unde omnis ad alias gentes fluxit eruditio, [4] litteras se aliunde accepisse fatentur, quæ apud ipsos litteræ & ordinem & nomen & [5] ductum quoque veterem non alium habent,

4 *Litteras se aliunde accepisse fatentur*] Herodotus Terpsichore: Ἴωνες παραλαβόντες διδαχῇ παρὰ τῶν Φοινίκων τὰ γράμματα, μεταῤῥυθμίσαντες σφέων ὀλίγα, ἐχρέωντο· χρεώμενοι δὲ ἔφασαν, ὥσπερ καὶ τὸ δίκαιον ἔφερεν, εἰσαγαγόντων Φοινίκων ἐς τὴν Ἑλλάδα, Φοινικήια κεκλῆσθαι. *Iones cum à Phœnicibus litteras didicissent, usi eis sunt cum immutatione quadam. Et cum usu effecere, ut æquum erat, ut litteræ illæ, quod eas Phœnices in Græciam attulissent, Phœniciæ dicerentur.* Timon dixit·

Φοινικικὰ σήματα Κάδμου.

Cadmi Phœnicia signa.

Callimachus

Καδμὸς, ἀφ' οὗ γραπτὰ Ἑλλὰς
ἔχει σελίδας.

Cadmus, ab hoc scriptos Græcia nacta libros.

Litteras Phœnicias sive Punicas dixit & Plutarchus Symposiacorum lib. IX. problemate III. ubi & Alpha lingua Phœnicum ait significare bovem, quod verissimum. Eupolemus libro de Judææ Regibus ait Τὸν Μωσῆν πρῶτον σοφὸν γενέσθαι καὶ γράμματα πρῶτον τοῖς Ἰουδαίοις παραδοῦναι, καὶ παρ' Ἰουδαίων Φοίνικας παραλαβεῖν. *Mosem primum fuisse sapientum, atque ab eo datam litteraturam Judæis, quæ ab Judæis ad Phœnices pervenerit.* Nimirum, lingua vetus eadem Judæis quæ Phœnicibus, aut certe paululum diversa Lucianus Ὁ δὲ φωνάς τινας ἀσήμους φθεγγόμενος, οἷα γένοιτ' ἂν Ἑβραίων ἢ Φοινίκων *Loquebatur is verba quædam ignota qualia sint Hebræa aut Phœnicia.* Chœrilus in versibus de Solymis, quos ad lacum habitasse dicit, Asphaltiten puto,

Γλῶσσαν μὲν Φοίνισσαν ἀπὸ
στομάτων ἀφιέντες

*Hi vero ore suo Phœnicia verba
sonabant.*

Vide Scenam Punicam Plauti, ubi quæ posita sunt lingua Punica bis habes, ex duplici scriptura, deinde interpretationem Latinam, unde corrupta facile corrigas. Sicut autem lingua Phœnicibus eadem & Hebræis, ita & litteræ Hebræorum vetustissimæ eædem quæ Phœnicum. Vide hac de re viros magnos, Josephum Scaligerum in Diatriba ad annum Eusebii CIↃ IↃC XVII, & Gerardum Vossium Grammatices Libro I. cap. X. [ac præsertim *Sam. Bochartum*, in Chanaane] Adde, si placet, Clementem Alexandrinum Strom. Libro I & Eusebium Præparatione Evangelica, Libro X cap V

5 *Ductum quoque, &c.*] Intelligendæ Samariticæ litteræ, quæ eædem ac Phœniciæ, ut ostenderunt *Lud. Capellus, Sam. Bochartus*, aliique. Nos quoque Gallice de iis egimus, *Biblioth. Selecta* Vol. XI. *Clericus.*

quam Syriacæ sive Hebraicæ· sicut & [6] antiquissimæ leges Atticæ, unde & Romanæ postea desumptæ sunt, ex legibus Mosis originem ducunt.

§ XVI. *Testimoniis extraneorum.*

Accedunt ad hæc non paucorum alienorum à Judaica Religione testimonia, quæ ostendunt, vetustissimam apud omnes gentes famam ita habuisse, ut Mosis scripta prædicant. Nam quæ ille de mundi origine scripta reliquit, eadem ferme erant & [7] in antiquissimis Phœnicum historiis, quas

6 *Antiquissimæ leges Atticæ*] Exemplum habes illustre in fure nocturno, qua de re egimus lib II de Jure belli, cap I. § 12 Alterum in lege illa quam Sopater recitat, τῇ ἐπικλήρῳ ἐπιδικαζέσθω ὁ ἀγχιστεύς, quam Terentius sic exponit.

Lex est, ut orbæ qui sint genere proximi
Iis nubant, & illos ducere eadem hæc lex jubet.

Donatus autem ad eum locum sic· *Orba proximo nubat orbam proximus ducat· lex Attica est.* Sumpta, nimirum, ex lege Mosis, Numerorum ultimo qua de re alibi plenius agendi erit locus. Multa alia reperiet, si cui cura fuerit quærere. Ut ὀσχοφόρια ex festo Tabernaculorum. legem ne Pontifex nisi virginem & civem ducat ut post sorores ad successionem vocentur agnati. [Ideo leges Atticæ consentaneæ sunt in multis Hebraicis, quod Attici multas consuetudines Cecropi Ægyptio deberent, quodque apud Hebræos Deus multas Ægyptiorum institutis, quibus Hebræi adsueti erant, similes leges tulerit, iis tamen emendatis quæ noxia esse poterant, quod nos ad Pentateuchum sæpius ostendimus & ante nos *Joan Spencerus*, in Opere de Legibus Ritualibus Hebræorum. *Clericus*]

7 *In antiquissimis Phœnicum historiis quas a Sanchuniathone collectas vertit Philo Byblius*,] Inde hæc nobis servavit Eusebius Lib. I Præparatio is capite x. Φοινίκων θεολογία τὴν τῶν ὅλων ἀρχὴν ὑποτίθεται ἀέρα ζοφώδη καὶ πνευματώδη, ἢ πνοὴν ἀέρος ζοφώδους, καὶ χάος θολερὸν, ἐρεβῶδες, ταῦτα δὲ εἶναι ἄπειρα καὶ διὰ πολὺν αἰῶνα μὴ ἔχειν πέρας ὅτε δὲ, φησὶν, ἠράσθη τὸ πνεῦμα τῶν ἰδίων ἀρχῶν καὶ ἐγένετο σύγκρασις, ἡ πλοκὴ ἐκείνη ἐκλήθη πόθος. αὕτη δὲ ἀρχὴ κτίσεως ἁπάντων αὐτὸ δὲ οὐκ ἐγίνωσκε τὴν αὐτοῦ κτίσιν, καὶ ἐκ τῆς αὐτοῦ συμπλοκῆς τοῦ πνεύματος ἐγένετο Μώτ τοῦτό τινές φασιν ἰλύν· οἱ δὲ ὑδατώδους μίξεως σῆψιν, καὶ ἐκ ταύτης ἐγένετο πᾶσα σπορὰ κτίσεως καὶ γένεσις τῶν ὅλων *Phœnicum Theologia principium hujus Universi ponit aerem*

quas a Sanchuniathone collectas vertit Philo Byblius,

aërem tenebrosum & spiritalem, sive spiritum aëris tenebrosi, & chaos turbidum ac caligine involutum. Hæc porro infinita fuisse, multoque tempore ignara termini. At ubi spiritus amore principiorum suorum tactus est, factaque est inde mixtio, hunc nexum nomen factum Cupidinis. Tale fuit initium procreationis rerum omnium. At spiritus generationem sui nullam agnoscebat. Ex connexione autem ejus spiritus, prodiit Mot. Hoc limum nonnulli, alii aquosæ mixtionis putredinem esse volunt. Et hinc factum est seminium omnis creaturæ & omnium rerum generatio. In Mose habes statim tenebras, habes & spiritum. Amoris significatio est in voce מרחפת. Plutarchus Symposiacon VIII, probl. 1, Platonem explicans, Deum ait Mundi esse Patrem, non emissione seminis, sed alia quadam vi genitabili materiæ inserta, quod isto simili illustrat

> Πλήθουσι γάρ τινι καὶ ἀνέμων διέξοδοι.
> Θήλειαν ὄρνιν.
> *Namque & volucrem feminam perflans solet*
> *Implere ventus.*

Μὼτ vero, מות, unde Græcum μῶμος, est תחמ ἄβυσσος jam commota. Est enim ἄβυσσος nihil aliud quam ingens ἰλὺς Ennio, si recte sensum ejus accipio.

> *Corpore Tartarino prognata Paluda virago.*

Is limus discessit deinde in tellurem ac mare. Apollonius Argonauticorum IV.

> ——— ἐξ ἰλύος ἐβλάστησε
> Χθὼν αὐτή,
> ——— *edita limo*
> *Terra fuit,*

ibi Scholiastes: Ζήνων τὸ παρ' Ἡσιόδῳ χάος ὕδωρ εἶναί φησιν, ἐξ οὗ τὰ πάντα γίνεται, οὗ συνιζάνοντος ἰλὺν γενέσθαι, ἧς πηγνυμένης ἡ γῆ στερεμνιοῦται. *Zeno chaos illud apud Hesiodum aquam esse dicebat, unde fiunt omnia, ea subsidente factum limum, hinc concreto terram solidatam.* Nota autem Zenonem hunc fuisse e Phœnicibus, quorum colonia Cittium, unde omnes transmarini כתם Hebræis. Non abit hinc *Virgilius* Eclog. VI.

> *Tum durare solum & discludere Nerea ponto*
> *Cœperit, & rerum paulatim sumere formas.*

Numenius citatus à Porphyrio de Nympharum antro ait, τὸν προφήτην εἰρηκέναι ἐμφέρεσθαι ἐπάνω τοῦ ὕδατος τοῦ Θεοῦ πνεῦμα. *Dixisse Prophetam* (Mosem, scilicet) *Dei spiritum supervectatum* (ea voce Tertullianus utitur de Baptismo) *aquis.* Quia vero vox מרחפת proprie incubitum columbæ super ovo significat, ideo in isto limo animantia, id est, sidera, ut in ovo fuisse, sequitur apud Sanchuniathonem, & hinc spiritus ille columbæ dictus nomine, cujus columbæ similitudine etiam vocem illam מרחפת explicat Rabbi Salomo. Nigidius apud Scholiasten Germanici: *Ibi ovum invenisse miræ magnitudinis, quod volventes ejecerunt in terram, atque ita columbam insedisse, & post aliquot aliquid des exclusisse Deam Syriæ, quæ vocatur Venus* Lucius Ampelius libro ad Macrinum *Dicitur & in Euphratis fluvio ovum Pisces columba adsedisse dies plurimos, & exclusisse Deam benignam & misericordem hominibus ad bonam vitam* Ovum mundi simulacrum Macrobio Saturnalium lib VII cap XVI ἀρχη γενεσεως, initium genituræ in Orphicis, memorante Plutarcho Symposiacon II cap III & Athenagora Hinc *Ovo editi progenies Dii Syri*, apud Arnobium Dii, id est, astra Sequitur enim in Phœnicum Theologia Κα ἐξέλαμψε Μὼτ ἥλιός τε καὶ σελήνη ἀστέρες, τε ϰ̀ ἄστρα μεγάλα *Luce illustratus est limus, & Sol & Luna, & Stellæ & astra magna* Vides hic, ut apud Mosem, Lucem, Sole priorem Quod autem mox dicit, Moses ארץ ubi plane ab aquis sicca exstitit appellatum יבשה, id Pherecydes Syris usus magistris (ut & alii nos docent, & primo contra Appionem Josephus) sic extulit, Χθονίη δὲ ὄνομα ἐγένετο γῆ, ἐπειδὴ Ζεὺς αὐτῇ γέρας διδοῖ. *Chthonia nomen telluris accepit, postquam Deus ei honorem attribuit* Exstat locus apud Diogenem Laertium & alios. Anaximander vero mare dixit τῆς πρώτης υγρασίας λείψανον, *id quod restitit de primo illo madore rerum* Confusas autem res fuisse, qui de re Mosis verba habes apud Chalcidium Timæi explicatione, antequam discernerentur, et am Linus didicit docuitque

Ἦν τότε τοι χάος ἄτος, ἐν ᾧ
ἅμα πάντ' ἐπεφύκει

Tempore primævo simul omnia
mixta fuerunt

Anaxagoras πάντα χρήματα ἦν ὁμοῦ π... ὁ ... ἤγε ϰ̀ διακόσμησε, ϰ̀ ἐκ τῆς ἀταξίας ἐς τάξιν ἤγαγε. C... erat ... ea ... ordinavit Atque ... Anaxagoræ Mentis ... nomen, inde ... Timone Phliasio

Καὶ τῦ Ἀναξαγόρην φασ' ἔμμεναι αλκιμον ἥρω
Νοῦν ὅτι δὴ Νόος αυτῷ, ὃς ἐξαπίνης ἐπαγείρας
Πάντα συνεσφήκωσεν ὁμοῦ τεταραγμένα πρόσθεν

Atque ubi Anaxagoran dicunt
Heroa morari
Egregium, mentem ... nam ...
illi esse putatam,
Quæ turbata prius subito degessit in unum

A Phœnicibus hæc omnia, quorum vetustissima cum Græcis commercia Linum a Phœnice venisse tradunt veteres Sic & Orpheus sua a Phœnicibus hausit, cujus hoc est apud Athenagoram, ἐκ ... γενέσθη, *ex aqua factus est limus* Deinde ovi ... facit mentionem, quod in duas partes dissiluit, cœlum & terram Ex eodem Orpheo citat Timotheus Chronographus Ἦν χάος ... ἀήρ ... πάντα δὲ ἐκάλυπτε ὑπὸ τὸν αἰθέρα. *Erat chaos & nox ... quæ ... Ἡ γῆ ... τοῦ σκότους ἦν ἀόρατος ... δ' φῶς ῥήξαν τὸν αἰθέρα ἐφώτισε πᾶσαν τὴν κτίσιν, ... a ... æth... ... universa* Vide locum apud ... in ... lib ... Græcorum Chronicorum Eusebii In sequentibus Sanchuniathonis noxdicitur βααυ, id omnino est בהו

blius; [8] partim & apud Indos [9] & Ægyptios: [1] unde

Mosis. Ventus autem qui, ibi dicitur κολπία est קל־פי־יה vox oris Dei.

8. *Partim & apud Indos.*] Eorum sententiam sic Megasthenes exprimit apud Strabonem Libro xv. Περὶ πολλῶν δὲ τοῖς Ἕλλησιν ὁμοδοξεῖν· ὅτι γὰρ γενητὸς ὁ κόσμος καὶ φθαρτὸς λέγειν κἀκεῖνος, καὶ ὅτι σφαιροειδής, ὅτι διοικῶν αὐτὸν καὶ ποιῶν Θεὸς δι' ὅλου διαπεφοίτηκεν αὐτοῦ. ἀρχὰς δὲ τῶν συμπάντων ἑτέρας, τῆς δὲ κοσμοποιίας τὸ ὕδωρ. *De multis eos cum Græcis sentire, ut quod Mundus & ortus sit & interiturus, quod eum opifex ejus & gubernator Deus universum pervadat: universarum rerum diversa esse primordia, Mundi autem facti aquam.* Ipsius vero Megasthenis hæc verba e tertio Indicorum nobis Clemens depromsit, Strom. I. Ἅπαντα μέντοι τὰ περὶ φύσεως εἰρημένα παρὰ τοῖς ἀρχαίοις, λέγεται καὶ παρὰ τοῖς ἔξω τῆς Ἑλλάδος φιλοσοφοῦσι· τὰ μὲν παρ' Ἰνδοῖς ὑπὸ τῶν Βραχμάνων, τὰ δὲ ἐν τῇ Συρίᾳ ὑπὸ τῶν καλουμένων Ἰουδαίων. *Omnia quæ antiquitus de rerum natura dicta sunt, etiam apud eos tradita fuere, qui extra Græciam sunt philosophati, quales apud Indos Brachmanes, in Syria vero hi qui dicuntur Judæi.*

9. *Et Ægyptios,*] De quibus Laertius in procemio Ἀρχὴν εἶναι τὴν ὕλην, εἶτα τέσσαρα στοιχεῖα ἐξ αὐτῆς διακριθῆναι, καὶ ζῶά τινα ἀποτελεσθῆναι. *Principium esse molem confusam: ex hoc discreta elementa quatuor, & animalia perfecta.* Postea vero τὸν κόσμον γενητὸν καὶ φθαρτόν. *Mundum ut ortum, ita interiturum.* Diodorus Siculus eorum sententiam sic explicat. *Cum primum res universæ exsistere cœpere, unus vultus fuisse cælum ac terram, permixta eorum natura. Posteaquam discessissent à se ista corpora, Mundo contigisse eum quem nunc videmus ordinem, aerem autem perpetui motus factum compotem. Hujus quod maxime erat igneum ad sublimia loca evectum, quippe cum sursum tendat ob levitatem talis natura: eademque de causa solem & cæteram siderum multitudinem mansisse in perenni vertigine: quod vero cœnosum ac turbidam, cum humida concretione uno subsedisse in loco, vi gravitatis. Sed hoc quoque cum volutaretur in se versareturque continuo, ex humidis mare, ex solidioribus edidisse terram, sed lutosam mollemque valde. Hanc vero, ut primum qui Solis adest ignis collucere cœpit, concaluisse: tum vero cum fermentaretur summa facies, intumuisse partibus in locis humentia, itaque iis putredines exstitisse tenuibus pelliculis circumdatas. Quod etiam nunc in stagnis locisque uliginosis fieri conspicitur, ubi post refrigeratum solum subito incalescit aer, non autem paulatim immutatur. Cumque ad eum modum ex calore fœtu impleta essent quæ madebant, iis fœtibus advenisse alimentum noctibus ex circumfusa nebula, diebus vero eos ab æstu solidatos. Postremo cum ad sui plenitudinem venissent ii fœtus, perustaque atque ita rupta essent membranarum involucra, extitisse apparuisse omnimodas animantium formas. Horum alia plurimum sortita caloris ad loca supera abiisse, facta volucria.*

lucria. At quæ terrestri crassitie essent prædita, ea in reptilium & aliorum humi viventium posita classe. At quæ de humente natura traxerent plurimum, ea quoque ad locum perlata cognatum sibi, dicique natantia. At tellurem, cum & ab æstu Solis & à ventis magis magisque induruisset, ad postremum non sufficisse gignendis majoribus animantium, sed ea ex mutuo coitu cœpisse gigni. Videtur ab his quæ dicta sunt nec Euripides dissentire, qui Anaxagoræ physici discipulus fuit. Nam is in Melanippe sic loquitur:

Figura ut una fuerit & cœli & soli;
Secreta quæ mox ut receperunt statum,
Cuncti ediderunt hæc in oras luminis,
Feras, volucres, arbores, ponti gregem,
Homines quoque ipsos.

De prima igitur rerum origine talia sunt quæ accepimus. Quod si cui mira videatur illa vis terræ in producendis initio animantibus, adferunt ei rei ab iis quæ adhuc fiunt argumenta. Nam in Thebaide Ægypti, quo tempore maxime exundat Nilus, atque inde humectata tellure subito Solis calor supervenit, atque ex eo multis in locis in facie terræ putredo facta est, gigni murium vim incredibilem. Cum ergo ex terra jam indurata & aere non jam illam primum servante temperiem modumque, tamen aliqua nascantur animalia, inde manifestum ajunt, rerum initio ex terra omnia edita esse genera animantia. Huc sic addas Deum opificem, qui Mens dicitur Anaxagoræ, videbis multa cum Mose & Phœnicum traditione congruentia, permixtum cœlum, & terram, motum aeris, limum sive abyssum, lucem, deinde sidera, discessionem cœli, maris, terræ, deinde volucres, reptilia, pisces, aliaque postremo animantia, etiam hominem. Ex Ægyptiis hæc habet Macrobius Saturnalium VII. cap 16. *Si concedamus, ut ab adversa parte dictum est, hæc quæ sunt ex tempore aliquod sumpsisse principium. Natura primum singula animalia perfecta formavit. Deinde perpetuam legem dedit, ut continuaretur procreatione successio, perfecta autem in exordio fieri potuisse testimonio sunt nunc quoque non pauca animantia, quæ de terra & imbre perfecta nascuntur, ut in Ægypto mures, & aliis in locis ranæ serpentesque, & similia.* Merito autem veteribus Græcorum Physicis Anaxagoram præfert Aristoteles Metaphysicorum I. cap. III. tanquam sobrium ebriis, quod illi solam materiam spectassent, hic vero addidisset eam causam, quæ ex proposito agit, quam Aristoteles Naturam vocat, Anaxagoras felicius Mentem, Deum Moses: ut & Plato, de quo vide Laertium, ubi de Principiis ex sententia Platonis agit, & Apuleium de dogmatibus Platonis. Thales hoc primus docuerat, ante Anaxagoram. Velleius apud Ciceronem primo de Natura Deorum: *Thales enim Milesius, qui primus de talibus rebus quæsivit, Aquam esse dixit initium rerum. Deum autem eam mentem, quæ ex aqua cuncta fingeret.* Ubi aquam intellige ἰλὺν, quæ terra Xenophani & aliis neutrum male, si rectus intellectus adhibeatur.

 1 *Unde*

[1] unde apud Linum, [2] Hesiodum, & Græcorum plures

1 *Unde apud Linum*] Versu supra citato.

2 *Hesiodum*] In Theogonia

Ἤτοι μὲν πρώτιστα χάος γένετ', αὐτὰρ ἔπειτα
Γαῖ' εὐρύστερνος, πάντων ἕδος ἀσφαλὲς αἰεὶ
Ἀθανάτων οἳ ἔχουσι κάρη νιφόεντος Ὀλύμπου,
Τάρταρά τ' ἠερόεντα μυχῷ χθονὸς εὐρυοδείης
Ἠδ' ἔρος ὃς κάλλιστος ἐν ἀθανάτοισι θεοῖσι,
Λυσιμελὴς πάντων τε θεῶν, πάντων τ' ἀνθρώπων
Δάμναται ἐν στήθεσσι νόον καὶ ἐπίφρονα βουλήν.
Ἐκ χάεος δ' Ἔρεβός τε μέλαινά τε Νὺξ ἐγένοντο·
Νυκτὸς δ' αὖτ' Αἰθήρ τε καὶ Ἡμέρα ἐξεγένοντο,
Οὓς τέκε κυσαμένη, Ἐρέβει φιλότητι μιγεῖσα.

Principio tantum chaos, hinc prodiit in auras
Larga sinu tellus, divum certissima sedes,
Summa tenent qui templa nivosi vertice Olympi,
Tartaraque obscuro terræ conclusa recessu
Inde etiam Divos inter pulcherrimus omnes
Curarum depulsor Amor, hominumque Deumque
Sollertes animos et fortia pectora mulcens
Hinc Erebum simul et Noctem Chaos edidit atram,
Æthera sed primum genuit Nox atra, diemque,
Quos commista Erebo grato concepit Amore

Confer hæc cum Phœniciis quæ modo habuimus videbis inde adumbrata. Venimus, scilicet, Thebarum Bœotiæ, quas Cadmus Phœnix condidit fuit Hesiodus. Ἔρεβος est ערב Mosi, quem sequitur nox & dies in hymnis, qui Orphei nomen præferunt.

Ἀρχαίου μὲν πρῶτα χάους ἀμέγαρτον ἀνάγκην.

Vim primum immensam chaos, qua rebus origo.

In Argonauticis ejusdem nominis:

Πρῶτα μὲν ἀρχαίου χάεος μελιήφατον ὕμνον,
Ὡς ἐπάμειψε φύσει, ὥς τ' οὐρανὸς εἰς πέρας ἦλθε,
Γῆ, τ' εὐρυστέρνου γένεσιν πυθμένα τε θαλάσσης,
Πρεσβύτατόν τε καὶ αὐτοτελῆ πολύμητιν Ἔρωτα.
Ὅσσα τ' ἔφυσεν ἅπαντα, διέκρινε δ' ἄλλον ἀπ' ἄλλου.

Antiqui Chaos mellitum ante omnia carmen,
Naturam ut mutarit, et ut sit conditus æther,
Terraque lata patens, fundamentaque æquoris alti,
Confisique potens, quo nil prius extitit, Amorem,
Discreverit aliud qui cuncta creavit.

Unde hæc sua sumsit Apollonius, in ejusdem argumenti libro

Ἤειδεν δ' ὡς γαῖα καὶ οὐρανὸς ἠδὲ θάλασσα
Τὸ πρὶν ἐπ' ἀλλήλοισι μιῇ συναρηρότα μορφῇ,
Νείκεος ἐξ ὀλοοῖο διέκριθεν ἀμφὶς ἕκαστα

Namque canebat, uti tellus, cœlumque, salumque

Mista

plures Chaos ab aliis ovi nomine significatum; & animantium, ac postremo hominis, & quidem ad divinam effigiem exstructio, & in animantia cætera dominium homini datum: quæ passim apud

Mista aliis alia et communem nacta figuram,
Cœperunt cæca tandem discedere pugna.

Epicharmus Comicorum vetustissimus antiquam traditionem referens:

Ἀλλὰ λέγεται μὲν χάος πρῶτον γενέσθαι θεῶν.
Sed Deos primum exstitisse fertur ante omnes chaos.

Aristophanes in Avibus conservatus à Luciano in Philopatride & Suida:

Χάος ἦν καὶ νὺξ Ἔρεβός τε μέλας πρῶτον, καὶ Τάρταρος εὐρύς.
Γῆ δ' οὐδ' ἀὴρ, οὐδ' οὐρανὸς ἦν. Ἐρέβους δ' ἐν ἀπείρασι κόλποις
Τίκτει πρώτιστον ὑπηνέμιον Νὺξ ἡ μελανόπτερος ὠόν.
Ἐξ οὗ περιτελλομέναις ὥραις ἔβλαστεν Ἔρος ὁ ποθεινός,
Στίλβων νῶτον πτερύγοιν χρυσαῖν, εἰκὼς ἀνεμώδεσι δίναις.
Οὗτος δὲ χάει πτερόεντι μιχθεὶς νυχίῳ, κατὰ Τάρταρον εὐρὺν
Ἐνεόττευσεν γένος ἡμέτερον καὶ πρῶτον ἀνήγαγεν εἰς φῶς.
Πρότερον δ' οὐκ ἦν γένος ἀθανάτων πρὶν Ἔρος συνέμιξεν ἅπαντα.
Ξυμμιγνυμένων δ' ἑτέρων ἑτέροις γένετ' οὐρανὸς ὠκεανός τε
Καὶ γῆ, πάντων τε θεῶν μακάρων γένος ἄφθιτον.

Chaos et Nox primum erat atque Erebus nigricans et Tartarus ingens
Nec humus, nec cælum at ante omnia tunc, ceu vi flaminis ovum
Gremium super infinitum Erebi peperit Nox decolor alis:
Ex quo bonis inde emersit Amor circumvolventibus horis,
Radians tergo aureolis pennis, par magni turbinis auræ
Qui deinde volans mistusque chao, stabat, qua Tartarus atro,
Nostrum genus edit et in dias producit luminis oras.
Neque enim Divum genus ante fuit quam junxit cuncta Cupido
Simulatque hæc sunt aliis commista alia, æther prodit et æquor,
Et terra, beatorumque Divum genus immortale.

Cuivis vel leviter inspicienti apparet sumpta hæc è traditione Phœnicum, quibuscum vetus Atticæ incolis, Ionum antiquissimis, commercium. De Erebo jam diximus. Tartarus est תהום, ἄβυσσος. Amor ex voce מרחפת, ut supra indicavimus, quo & illud Parmenidis pertinet:

Πρώτιστον μὲν Ἔρωτα θεῶν μητίσατο πάντων.
Omnibus ex Divis primum perfecit Amorem.

Et Simmiæ Rhodii carmen alarum figuram præferens.

plurimos scriptores, [3] ac postremo apud Ovidium, qui

3 *Ac postremo apud Ovidium qui ex Græcis ista transcripsit*] Locus est in promptu, primo Metamorphoseon. Dignus tamen qui & hic legatur, quod præcipua eorum quæ in Mose, verbis ad Mosem proxime accedentibus, enunciet, multumque iis quæ jam diximus, afferat lucis, & ab iis vicissim accipiat.

Ante mare & terras, &, quod tegit omnia, cœlum.
Unus erat toto naturæ vultus in orbe,
Quem dixere chaos, rudis, indigestaque moles.
Nec quicquam nisi pondus iners, congestaque eodem
Non bene junctarum discordia semina rerum.
Nullus adhuc mundo præbebat lumina Titan,
Nec nova crescendo reparabat cornua Phœbe
Nec circumfuso pendebat in aere tellus
Ponderibus librata suis. nec brachia longo
Margine terrarum porrexerat Amphitrite
Quaque erat & tellus, illic & pontus & aer.
Sic erat instabilis tellus, innabilis unda,
Lucis egens aer: nulli sua forma manebat,
Obstabatque aliis aliud: quia corpore in uno
Frigida pugnabant calidis, humentia siccis,
Mollia cum duris, sine pondere habentia pondus
Hanc Deus & melior litem natura diremit.
Nam cœlo terras, & terras abscidit undas
Et liquidum spisso secrevit ab aere cœlum
Quæ postquam evolvit, cæcoque exemit acervo,
Dissociata locis concordi pace ligavit,
Ignea convexi vis & sine pondere cœli
Emicuit, summaque locum sibi legit in arce.
Proximus est aer illi, levitate, locoque.
Densior his tellus, elementaque grandia traxit,
Et pressa est gravitate sua: circumfluus humor,
Ultima possedit, solidumque coercuit orbem.
Sic ubi dispositam, quisquis fuit ille Deorum,
Congeriem secuit, sectamque in membra redegit,
Principio terram, ne non æqualis ab omni
Parte foret, magni speciem glomeravit in orbis.
Tum freta diffudit, rapidisque tumescere ventis
Jussit, & ambitæ circumdare littora terræ.
Addidit & fontes, & stagna immensa, lacusque.
Fluminaque obliquis cinxit declivia ripis,
Quæ diversa locis partim sorbentur ab ipsa,
In mare perveniunt partim, campoque recepta
Liberioris aquæ, pro ripis littora pulsant.
Jussit & extendi campos, subsidere valles,

Fronde

qui ex Græcis ista transcripsit, invenias. Verbo Dei

Fronde tegi silvas, lapidosos surgere montes.
Lique quæ dextra cælum, totidemque sinistra
Parte secant zonæ, quinta est ardentior illis
Sic onus inclusum numero distinxit eodem
Cura Dei, totidemque plagæ tellure premuntur
Quarum quæ media est, non est habitabilis æstu,
Nix tegit alta duas totidem inter utramque locavit,
Temperiemque dedit, mista cum frigore flamma.
Imminet his aer, qui quanto est pondere terræ,
Pondere aquæ levior, tanto est onerosior igne.
Illic & nebulas, illic consistere nubes
Jussit, & humanas motura tonitrua mentes,
Et cum fulminibus facientes frigora ventos
His quoque non passim mundi fabricator habendum
Aera permisit Vix nunc obsistitur illis,
Cum sua quisque regat diverso flamina tractu,
Quin lanient mundum tanta est discordia fratrum,
Eurus ad Auroram, Nabathæaque regna recessit,
Persidaque & radiis juga subdita matutinis
Vesper, & occiduo quæ littora Sole tepescunt,
Proxima sunt Zephyro. Scythiam septemque triones
Horrifer invasit Boreas: contraria tellus
Nubibus assiduis, pluvioque madescit ab Austro
Hæc super imposuit liquidum & gravitate carentem
Æthera, nec quidquam terrenæ fæcis habentem
Vix ita limitibus discreverat omnia certis,
Cum, quæ pressa diu massa latuere sub ipsa,
Sidera cœperunt toto effervescere cœlo
Neu regio foret ulla suis animalibus orba,
Astra tenent cœleste solum, formæque Deorum,
Cesserunt nitidis habitandæ piscibus undæ
Terra feras cepit, volucres agitabilis aer
Sanctius his animal mentisque capacius altæ
Deerat adhuc, & quod dominari in cætera posset.
Natus homo est. sive hunc divino semine fecit
Ille opifex rerum, mundi melioris origo
Sive recens tellus seductaque nuper ab alto
Æthere, cognati retinebat semina cœli
Quam satus Iapeto, mixtam fluvialibus undis,
Finxit in effigiem moderantum cuncta Deorum.
Pronaque cum spectent animalia cætera terram,
Os homini sublime dedit, cœlumque videre
Jussit, et erectos ad sidera tollere vultus

Vides hic homines in cuncta hæc inferiora dominatum vi-

Dei facta omnia, [4] etiam Epicharmo [5] & Platonicis

dos factum eum ad Dei aut cael tam imaginem Euryfus Pithagoreus libro de fortuna, Τὸ σκᾶνος τοῖς λοιποῖς ὅμοιον, οἷα γεγονὸς ἐκ τᾶς αὐτᾶς ὕλας· ὑπὸ τεχνίτα δὲ εἰργασμένον λώστω ὃς ἐτεχνίτευσεν αὐτὸν ἀρχετύπω χρώμενος αὐτῷ. *Hominum corpore simum reliquis, quippe ex eadem constant materia. Sed ab optimo factum artifice, qui in eo faciendo seipsum habuit exemplar.* Ubi σκᾶνος est corpus, ut Sapien iæ IX, 15 2 Cor. v. 1 & 4 Adde quod Horatius animam vocat,

———*Divinæ particulam auræ.*
Virgilius, *Æthereum sensum.*
Juvenalis vero Satyra xv.
———*atque adeo venerabile soli*
Sortiti ingenium, divinorumque capaces,
Atque exercendis capiendisque artibus apti,
Sensum à cœlesti demissum traximus arce,
Cujus egent prona et terram spectantia. Mundi
Principio indulsit communis conditor illis
Tantum animas, nobis animum quoque

Adde egregia ad hanc rem Platonis Alcibiade & Phædone. Cicero de Natura Deorum II. *Nam cum cæteras animantes abjecisset ad pastum, solum hominem erexit, ad cœlique quasi cognationis et domicilii pristini, conspectum excitavit.* Salustius initio belli Catilinarii *Omnes homines, qui sese student præstare cæteris animalibus, summa ope niti decet, ne vitam silentio transeant, velut pecora, quæ natura prona atque ventri obedientia finxit.* Plinius Libro II cap 26. *Hipparchus nunquam satis laudatus, ut quo nemo magis approbaverit cognationem cum homine siderum, animasque nostras partem esse cœli.*

4 *Etiam Epicharmo*] Ὁ δὲ γε τ' ἀνθρώπῳ λόγος πέφυκ' ἀπὸ τοῦ Θεοῦ λόγου *Et Dei à ratione ratio nascitur homini tota.*

5 *Et Platonicis*] Amelius Platonicus. Καὶ οὗτος ἄρα ἦν ὁ λόγος, καθ' ὃν ἀεὶ ὄντα τὰ γινόμενα ἐγίνετο ὡς ἂν καὶ ὁ Ἡράκλειτος ἀξιώσειε, καὶ νὴ δί' ὃν ὁ βάρβαρος ἀξιοῖ, ἐν τῇ τῆς ἀρχῆς τάξει τε καὶ ἀξίᾳ καθεστηκότα πρὸς Θεὸν εἶναι, δι' οὗ τὰ πάνθ' ἁπλῶς γεγενῆσθαι, ἐν ᾧ τὸ γενόμενον ζῶον καὶ ζωὴν εἶναι καὶ ὂν πεφυκέναι. *Hæc itaque illa Ratio per quam semper sunt quæ sunt facta, quomodo et Heraclitus censuit: eadem profecto quam barbarus ille indicat, in primo rerum conditu, modo et in condigno statu Deo adstitisse, per quam omnia omnino facta, in quo id quod sit animal et vitam et esse suum haberet.* Barbarus quem dicit, est Joannes Evangelista, cujus temporibus senior aliquanto Amelius Verba ejus servavit nobis Eusebius Præparationis lib. xi cap 19 & Cyrillus lib. VIII. contra Julianum Meminit ejusdem Amelani loci & Augustinus libro x c 29 de Civitate Dei, & Confessionum libro VIII. Tertullianus adversus Gentes: *Apud vestros quoque sapientes λόγον, id est, sermonem atque rationem constat artificem*

nicis proditur, & ante eos Scriptori antiquissimo, non illorum hymnorum, quos nos sub eo nomine habemus; [6] sed eorum carminum, quæ vetustas Orphica appellavit, non quod Orphei essent, sed quod ab eo tradita continerent Solem non

artificem videri universitatis. Hanc enim Zeno determinat fact tatorem, qui cuncta disp sit ac formaverit Locus Zenonis erat libro περὶ ὅσια,, ubi το ποιῦν causam effectricem, vocabat λόγον, quem secuti Cleanthes, Chrysippus, Archedemus, Posidonius, docente Laertio in Zenone Seneca *rat onem fi ctor* vocat Epistola LXV Chalcidius ad Timæum *Et ra o Dei Deus est humanis rebus consulens, quæ causa est hom n bus bene beateque v verdi, si ne concessum sibi mun us à summo Deo neglgant.* Idem de Mose alio loco. *Aperte judicans, præeunte divina sapientia, cœlum terramque factam, tandemque sapientiam divinam esse universitatis primordium.*

6 *Eorum carminum quæ vetustas Orphica appellavit*] Versus sunt hi

> Αὐδὴν ὀρκίζω σε πατρὸς, τὴν φθέγξατο πρῶτην,
> Ἡνίκα κόσμον ἅπαντα ἑαῖς ςηρίξατο βελαῖς
>
> *Ila mihi testis vos sit quæ prima parenti Edita, cum totum firmavit jussibus orbem*

Exstant in admonitione ad Græcos inter opera Justini, & hi

> Φθέγξομαι οἷς θέμις ἐςί, θύρας δ' ἐπίθεσθε βέβηλοι.
> Πᾶσιν ὁμῶ. συ δ' ἄκυε φαεσφόρε ἔκγονε μήνης
> Μεσαῖ' ἐξερέω γαρ ἀληθέα· μηδέ σε τὰ πρὶν
> Ἐν ςήθεσσι φανένᾳ φίλης αἰῶνος ἀμέρσῃ
> Εἰς δὲ λόγον θεῖον βλέψας, τύτω προσέδρευε
> Ἰθύνων κραδίης νοερὸν κύτος, εὖ δ' ἐπίβαινε
> Ἀτραπιτῦ· μῦνον δ' ἐσόρα κόσμοιο ἄνακτα,
> Εἷς ἐςʼ αυτοτελὴς ἑνὸς ἔκγονα πάντα τέτυκται
> Ἐν δ' αὐτοῖς αὐτὸς περινίσσεται ὐδέ τις αὐτὸν
> Εἰσορᾶ θνητῶν, αὐτὸς δέ γε πάντας ὁρᾶται.
>
> *Quis fas est audire canam, procul ite profani,*
> *Leges, t b, sed Lunae Musa c nepot,*
> *Vera tibi pandam, ne quae prius insita menti*
> *Haerescunt dul is spo ient te munere vitae*
> *D v nam spectans rationem pectus ad illam*
> *D r ge, et m i an m s [illegible] præcord a, r cta*
> *Nec desle te v a ſi[illegible] sp ce m d*
> *Unus is æternus [illegible] n a facta p r un .*
> *Ipse ag t t totum pr cest [illegible] n n mulem,*
> *Mortal s quem n [illegible] v d t, [illegible] d t [illegible]*

Exstant in admonitione ad Græcos, & in libro de Monarchia in operibus Justini M[illegible], in Clementis Alexandrini libro Strom v. in Eusebio libro XIII Præparationis Evangelicæ [illegible] Aristobulo.

 cſſe

esse lucem primigeniam, sed lucis receptaculum, δόχημα καὶ ὄχημα τοῦ πυρός, ut veterum Christianorum quidam loquitur, [7] agnovit & Empedocles [8] supra astrorum loca divinum esse domicilium Aratus [9] & Catullus, in eo lucem perpetuam Homerus. Antiquissimum rerum esse Deum, quippe non genitum, pulcherrimum mundum, quippe Dei opus, tenebras luce priores [1] ex veteri disciplina docuit Thales: quorum postremum [2] etiam apud Orphicos [3] & Hesiodum est,

7 *Agnovit et Empedocles*] De quo Laertius, τὸν ἥλιόν φησι πυρὸς ἄθροισμα μέγα. *Solem dicebat ingentem esse acervum ignis.* Is qui Placita scripsit Philosophorum, quae sunt in operibus Plutarchi lib. II cap 6 Ἐμπεδοκλῆς τὸν μὲν αἰθέρα πρῶτον διακριθῆναι, δεύτερον δὲ τὸ πῦρ, ἐφ' ᾧ τὴν γῆν, ἐξ ἧς ἄγαν περισφιγγομένης τῇ ῥύμῃ τῆς περιφορᾶς, ἀναβλῦσαι τὸ ὕδωρ· ἐξ οὗ θυμιαθῆναι τὸν ἀέρα καὶ γενέσθαι τὸν μὲν οὐρανὸν ἐκ τοῦ αἰθέρος, τὸν δὲ ἥλιον ἐκ πυρός. *Empedocles primum omnium secretum esse aethera, deinde ignem, post terram, qua constricta impetu ipso agitationis, ebullisse inde aquam ex hac exhalasse aerem caelum autem ex aethere natum solem ex igne* Et cap XX. Empedocles δύο ἡλίους, τὸν μὲν ἀρχέτυπον, τὸν δὲ φαινόμενον *Duos soles, alterum originalem, alterum eum qui appareat* Philolaus vero, ut ibidem legimus, dixit Solem ὑαλοειδῆ, δεχόμενον μὲν τοῦ ἐν τῷ κόσμῳ πυρὸς τὴν ἀνταύγειαν, διηθοῦντα δὲ πρὸς ἡμᾶς τὸ φῶς, *vitreae naturae, qui ignis ejus qui in mundo est, repercussum in se splendorem recipiat, lumen autem ad nos destillet.* Anaxagoras, Democritus, Metrodotus, Solem massam quandam ignitam dicebant, ut ibidem dicitur. Et has sententias esse aut quaestiones edidit Democritus, narrante Laertio.

8 *Supra astrorum loca divinum esse domicilium*] *Aratus*

Οἷα γὰρ κἀκεῖνο θεῶν ὑπὸ ποσσὶ
φορεῖται
Λείψανον Ἠριδανοῖο πολυκλαίστου
ποταμοῖο
Quantus et ille vides subter
vestigia divum
Se ferat Eridani gurges, lacrimabilis amnis

9 *Et Catullus*] Coma Berenices apud Callimachi interpretem Catullum sic loquens inducitur

Sed quamquam me nocte premunt vestigia divum.

1 *Ex veteri disciplina docuit Thales*] Testis Diogenes Laertius. Fuit autem Thales Phoenix origine, testibus Herodoto & Leandro

2 *Etiam apud Orphicos*] Hymno noctis

Νύκτα θεῶν γενέτειραν ἀείσομαι, ἠδὲ καὶ ἀνδρῶν
Noctem concelebro genitricem hominumque Deumque

3 *Et Hesiodum*] Cujus hac de re versus supra posuimus.

atque

atque inde [4] antiqui moris retinentissimæ gentes tempora per noctes numerabant. [5] A suprema mente ordinata omnia, Anaxagoras, [6] sidera à Deo

4 *Antiqui moris retinentissimae gentes*] Οἱ Νομάδες τῶν Λιβύων οὐ ταῖς ἡμέραις, ἀλλὰ ταῖς νυξὶν, αὐτῶν ἀριθμοῦσι τὸν χρόνον *Numidae in Libya non ex diebus, sed ex noctibus tempora sua computant*, ait Nicolaus Damascenus. De Germanis Tacitus *Nec dierum numerum, ut nos, sed noctium computant, sic constituunt sic condicunt nox ducere diem videtur* Vide Speculum Saxonicum lib 1 art 3 67 & alibi, & doctissimum Lindebrogium ad Vocem Noctis, in Vocabulario ad leges Germanicas Servant hunc morem etiam nunc vicinæ gentes Bohemi & Poloni. olim & Galli Cæsar Libro VI. belli Gallici. *Spatia omnis temporis non numero dierum, sed noctium finiunt.* De Druidibus Plinius libro XVI. Historiæ Naturalis, capite ultimo. *Luna, quae principia mensium annorumque his facit* De Hebræis nota res. Athenienses addit Gellius Libro III. cap. 2 Phœnicum hac quoque in re discipulos.

5 *A suprema mente ordinata omnia, Anaxagoras.*] Verba ejus posuimus supra, quæ habes apud Laertium, Scriptorem de Placitis Philosophorum, & alios. Etiam Timonis de ejus sententia versus supra habes

9 *Sidera à Deo facta, Aratus*] Phænomenon initio

Ἐκ Διὸς ἀρχόμεσθα τὸν οὐδέποτ' ἄνδρες ἐῶμεν
Ἄῤῥητον μεσταὶ δὲ Διὸς πᾶσαι μὲν ἀγυιαὶ,
Πᾶσαι δ' ἀνθρώπων ἀγοραὶ μεστὴ δὲ θάλασσα,
Καὶ λιμένες, πάντη δὲ Διὸς κεχρήμεθα πάντες
Τοῦ γὰρ καὶ γένος ἐσμὲν, ὁ δ' ἤπιος ἀνθρώποισι.
Δεξιὰ σημαίνει, λαοὺς δ' ἐπὶ ἔργον ἐγείρει
Μιμνήσκων βιότοιο λέγει δ' ὅτε βῶλος ἀρίστη
Βουσί τε καὶ μακέλῃσι λέγει δ' ὅτε δεξιαὶ ὧραι
Καὶ φυτὰ γυρῶσαι καὶ σπέρματα πάντα βαλέσθαι
Αὐτὸς γὰρ τά γε σήματ' ἐν οὐρανῷ ἐστήριξεν
Ἄστρα διακρίνας ἐσκέψατο δ' εἰς ἐνιαυτὸν
Ἀστέρας, οἵ κε μάλιστα τετυγμένα σημαίνοιεν
Ἀνδράσιν ὡράων, ὄφρ' ἔμπεδα πάντα φύωνται
Τῷ μιν ἀεὶ πρῶτόν τε καὶ ὕστατον ἱλάσκονται
Χαῖρε πάτερ, μέγα θαῦμα, μέγ' ἀνθρώποισιν ὄνειαρ

Quæ nos olim sic vertimus,

Ab Jove Musarum primordia; sit Jove semper in ore
Plenissimus ille locorum est, qui compita numine magno,
Conciliumque virum complet, pelagusque profundum,
Et pelagi portus fruimur Jove et utimur omnes
Nos genus illius nobis ille omine laeto
Dextera praesignat, populumque laboribus urget,
Consulat ut vitae. quando sit terra ligoni

Deo facti, Aratus; [7] Spiritu Dei infusam rebus vitam, post Græcos Virgilius, [8] hominem ex

Aptior aut bibulis montes, et quo corpore par sit
Aut serere, aut leptas lymphis adspergere plumas.
Ipse etiam in magno defixit sidera mundo
Ordine quaeque suo, atque in totum providus annum
Astra dedit, quae nos moneant, quae quaelibet hora
Apta regi, certa nascantur ut omnia lege.
Idem ergo primus placatur et ultimus idem
Magne pater, magnum mortalibus ... m

inter plurimis veterum scriptis sub ... m.

Jovem hic intelligendum, Deum verum Mundi opificem, & res docet, & Paulus Apostolus in Actis XVII. 28. Ovidius sua Phænomena his versibus terminavit, ut ex Lactantio discimus

Tot numero, talique Deus simulacra figura
Imposuit cælo, perque atras sparsa tenebras
Clara pruinosa jussit dare lumina nocte.

Chalcidius, ad Timæum *Consequenter Hebræorum quoque sententia concinit, qui pronuntiant exornatorem mundi Deum, mundi ipsius providentiam, Soli quidem, ut diem regeret, Lunae vero ut noctem moderetur, cæteras quoque stellas disposuisse, ut quasi temporum limites utrorumque signa, diei quoque et noctis moram providentia*

7 *Spiritu Dei infusam rebus vitam, post Græcos Virgilius*] In sexto Æneidos, quem Servius

Principio cœlum et terras camposque liquentes,
Lucentemque globum Lunae, Titaniaque astra
Spiritus intus alit, totamque infusa per artus
Mens agitat molem, et magno se corpore miscet.
Inde hominum pecudumque genus, vitaeque volantum,
Et quae marmoreo fert monstra sub aequore pontus
Igneus est ollis vigor et cœlestis origo
Seminibus.

Explicandis his illa serviant ejusdem Georgicor. IV.

His quidem signis, atque haec exempla secuti,
Esse apibus partem divinae mentis et haustus
Ætherios dixere: Deum namque ire per omnes
Terrasque tractusque maris, cælumque profundum.
Hinc pecudes, armenta, viros, genus omne ferarum,
Quemque sibi tenues nascentem arcessere vitas.

8 *Hominem ex luto formatum Hesiodus.*] Operibus ac diebus

Ἥφαιστον δ᾽ ἐκέλευσε περικλυτὸν, ὅττι τάχιστα
Γαῖαν ὕδει φύρειν, ἐν δ᾽ ἀνθρώπου θέμεν αὐδὴν

Mulciberumque moras jubet omnes solvere, et undis
Commiscere solo, atque humanam imponere vocem.

luto

luto formatum Hesiodus, [9] Homerus, [1] Callimachus; denique unum esse summum Deum, rerum omnium causam, consensu gentium traditum asseverat [2] Maximus Tyrius. Et intra septem dies peracti

9 *Homerus.*] Iliados H
Ἀλλ' ὑμεῖς μὲν πάντες ὕδωρ
καὶ γαῖα γένοισθε
At vos in tellurem omnes aleatis & undam.
Redeunt enim omnia eo, unde venerunt. Euripides Hypsipyle, ut nos docet Stobæus titulo: Eventus rerum fortiter ferendos,
——κλῶτα δ' ἄχθονται βροτοὶ
Εἰς γῆν φέροντες γῆν· ἀναγκαίως δ' ἔχει
Βίον θερίζειν, ὥστε κάρπιμον στάχυν,
Quæ Cicero ita vertit Tusculanarum tertio:
Quæ generi humano angorem nequicquam adferunt.
Reddenda est terræ terra: tum vita omnibus
Metenda, ut fruges, sic jubet necessitas.
Item Euripides Supplicibus
Ἐάσατ' ἤδη γῇ καλυφθῆναι νεκρούς·
Ὅθεν δ' ἕκαστον εἰς τὸ σῶμ' ἀφίκετο,
Ἐνταῦθ' ἀπῆλθε, πνεῦμα μὲν πρὸς αἰθέρα,
Τὸ σῶμα δ' εἰς γῆν· οὔτι γὰρ κεκτήμεθα
Ἡμέτερον αὐτὸ πλὴν ἐνοικῆσαι βίον
Κἄπειτα τὴν θρέψασαν αὐτὸ δεῖ λαβεῖν
Jam finite terræ mortuos gremio tegi
Res unde quæque sumpserat primordium,
Eo recipitur. Spiritus cælo redit,
Corpusque terræ. jure nec enim mancupi,
Sed brevis ad ævi tempus utendum datur.
Mox terra repetit ipsa quod nutriverat.
Quæ vide quam pulchre conveniant cum Mose, Genes. III. 19 & Salomone Eccl. XII 7.

1 *Callimachus*] Cui in Scazonte homo πηλὸς ὁ Προμηθεῖος, *lutum Prometheum*. Hujus luti mentio & apud Juvenalem & apud Martialem. Adde Censorini locum. *Democrito vero Abderitæ ex aqua limoque primum visum est homines procreatos. Nec longe secus Epicurus,*

2 *Maximus Tyrius*] Dissertatione I. ἐν τοσούτῳ δὴ πολέμῳ καὶ στάσει καὶ διαφωνίᾳ, ἕνα ἴδοις ἂν ἐν πάσῃ γῇ ὁμόφωνον νόμον καὶ λόγον, ὅτι θεὸς εἷς πάντων βασιλεὺς καὶ πατήρ, καὶ θεοὶ πολλοί, θεοῦ παῖδες συνάρχοντες θεῷ. ταῦτα ὁ Ἕλλην λέγει, καὶ ὁ βάρβαρος λέγει, καὶ ὁ ἠπειρώτης καὶ ὁ θαλάττιος, καὶ ὁ σοφὸς καὶ ὁ ἄσοφος. *In tanta pugna ac discordia & discrepantia, unam videas per terras omnes legem famamque consentientem, Deum esse unum rerum universarum regem & patrem, multos præterea Deos, Dei filios, administrationis participes. Hæc & Græcus dicit, & dicit barbarus, dicit qui in continentibus terris, dicit qui in oris maritimis habitat, & sapiens & sapientia destitutus.* Adde his loca quæ attulimus libro II. de

peracti operis memoria servata non apud Græcos tantum & Italos, honore diei septimi, quod [3] ex Josepho, [4] Philone, [5] Tibullo, [6] Clemente Alexandrino, & [7] Luciano discimus, (nam de Hebræis notissimum est,) sed & [8] apud Celtas & Indos, quibus omnibus per hebdomadas digesta tempora: quod nos docent [9] Philostratus, [1] Dion Cassius, Justinus

de Jure Belli ac Pacis, cap xx. § 45 & illud Antisthenis relatum à Cicerone primo de Natura Deorum *Populares Deos multos, naturalem unum esse* Addit Lactantius lib I cap. 5. ex eodem Antisthene, *Summæ totius artificem* Sophocles

Εἷς ταῖς ἀληθείαισιν, εἷς ἐστιν Θεὸς
Ὃς οὐρανόν τ' ἔτευξε καὶ γαῖαν μακρὰν
Πόντε τε χαροπὸν οἶδμα κἀνέμων βίας

Unus profecto est, unus est tantum Deus,
Cœli solique machinam qui condidit,
Vadumque ponti cærulum & vim spiritus.

Adde Varronis locum, qui apud Augustinum de Civitate Dei libro IV cap 31.

3 *Ex Josepho*] Adversus Apionem II. circa finem, nullam esse ait urbem Græcam, nullam barbaram, ἔνθα μὴ τί τῆς ἑβδομάδ☉, ἣν ἀργῦμεν ἡμεῖς, τὸ ἔθ — ὁ διαπεφοίτηκεν, quam non pervaserit mos septimæ diei, qua Judæi feriantur.

4 *Philone*] De die septima. Ἑορτὴ γὰρ ὁ μιᾶς πόλεως, ἢ χώρας ἐστιν, ἀλλὰ τοῦ παντος *Est enim festus dies non unius urbis, aut regionis, sed universi,*

5 *Tibullo.*] ..

Cultaque Judæo septima sacra viro

Loquitur autem de iis feriis, quas & Romanæ mulieres observabant.

6 *Clemente Alexandrino*] Qui Strom. V ex Hesiodo adfert ἑβδόμον ἱερὸν ἦμαρ, *lux septima sancta*, & similia ex Homero & Callimacho. Adde quæ ex Aristobulo adfert Eusebius libro XIII cap 12 Theophilus Antiochenus libro II. ad Autolycum Περὶ τῆς ἑβδόμης ἡμέρας ἣν πάντες ἄνθρωποι ονομάζουσι, *De septima die quam omnes homines celebrant.* Suetonius Tiberio XXXII. *Diogenes Grammaticus disputare sabatis Rhodi solitus.* [Non est confundendus septimus dies mensis, cum ultimo Hebdomadis. Vide quæ notavit hac de re *Joan Seldenus* de Jure N & G L. III c 17. *Clericus*]

7 *Luciano*] Qui pueros lusisse diebus septimis nos docet in Paralogista

8 *Apud Celtas*] Ostendunt antiquissima etiam apud Celticas gentes, id est, Germanos Gallos, Britannos, dierum nomina. Idem de Slavis docet nos Helmoldus lib I cap 84

9 *Philostratus*] Libro III. cap 13 ubi de Indis.

1 *Dion Cassius*] Lib XXXVII. Τὴν ἡμέραν τὴν τοῦ Κρόνου καλοῦμεν. *Diem*

Justinus Martyr, [2] & vetustissima dierum nomina. Primam hominis vitam [3] cum simplicitate fuisse, [4] & nudo corpore, docebant & Ægyptii, unde aurea Poetarum ætas, [5] etiam Indis celebrata, ut

Diem quam Saturni dicimus. Addit ibidem morem per septenos dies tempora computandi ab Ægyptiis ad omne humanum genus manasse. Non autem recentem esse hunc morem, sed vetustissimum, docet nos Herodotus libro II. Adde de Romanis Isidorum lib. v. cap. 30. & 32.

2 *Et vetustissima dierum nomina.*] Vide oraculum & Orphei versus in Prolegomenis Scaligeri ad Emendationem Temporum. [Vereor ut hebdomades ortum à septem Planetis, potius quam à creatione intra septem dies duxerint. *Clericus.*]

3 *Cum simplicitate fuisse.*] Vide quæ in hanc rem produximus lib. II. cap. 2. § II. de Jure Belli, & in notis ad eum locum.

4 *Et nudo corpore docebant & Ægyptii.*] Quorum sententiam sic refert Diodorus Siculus libro I. Τοὺς γοῦν πρώτους τῶν ἀνθρώπων μηδενὸς τῶν πρὸς βίον χρησίμων εὑρημένου, ἐπιπόνως διάγειν, γυμνοὺς μὲν ἐσθῆτος ὄντας, οἰκήσεως δὲ καὶ πυρὸς ἀήθεις, τροφῆς δ' ἡμέρου παντελῶς ἀνεννοήτους. *Primos homines, cum nihil eorum quæ sint ad vitam utilia repertum adhuc esset, vixisse durius, quippe nulla veste amictos, domicilii & ignis insuetos, mansuetioris victus rudes.* Plato in Politico: Θεὸς ἔνεμεν αὐτοὺς ἐπιστατῶν, καθάπερ νῦν ἄνθρωποι, ζῶον ὂν ἕτερον θειότερον, ἄλλα γένη φαυλότερα αὐτῶν νομεύουσι. *Deus eos pascebat, custosque eorum ipse erat, sicut nunc homines, divinius animal, pascunt animantium sequiora.* Deinde: Γυμνοὶ δὲ καὶ ἄστρωτοι θυραυλοῦντες τὰ πολλὰ ἐνέμοντο. *Nudi autem & sine stragulis sub dio plurimumque pascebant.* Dicæarchus Peripateticus citatus tum Porphyrio libro IV. de non esu animalium, tum, quoad sensum, Varroni de Re Rustica: Τοὺς παλαιοὺς καὶ ἐγγὺς θεῶν γεγονότας, βελτίστους τε φύντας φύσει, καὶ τὸν ἄριστον ἐζηκότας βίον, ὡς χρυσοῦν γένος νομίζεσθαι. *Primos illos Diisque proximos mortales, optimæ fuisse indolis, & vitamque vixisse optimam, unde & auream hanc dici ætatem.*

5 *Etiam Indis celebrata, ut apud Strabonem est* Libro XV. Calanum Indum loquentem inducit: Τὸ παλαιὸν πάντ' ἦν ἀλφίτων καὶ ἀλεύρων πλήρη, καθάπερ καὶ νῦν κόνεως, καὶ κρῆναι δ' ἔρρεον, αἱ μὲν ὕδατος, γάλακτος δ' ἄλλαι, καὶ ὁμοίως, αἱ μὲν μέλιτος, αἱ δ' οἴνου, τινὲς δ' ἐλαίου· ὑπὸ πλησμονῆς δ' οἱ ἄνθρωποι καὶ τρυφῆς εἰς ὕβριν ἐξέπεσον. Ζεὺς δὲ μισήσας τὴν κατάστασιν, ἠφάνισε πάντα, καὶ διὰ πόνου τὸν βίον ἀπέδειξε. *Olim omnia ita plena erant farina ex tritico & hordeo, ut nunc pulvere. Fontes fluebant aqua nonnulli, lacte alii, rursum alii vino ac melle. Sed homines præ copia rerum ac deliciis ad contumeliam se transtulere: quem statum exosus Deus omnia ea abolevit, aliudque vitæ genus per laborem agendæ instituit.*

apud

apud Strabonem est. [6] Adami, Evæ, arboris, serpentis historiam apud Indos idololatras, suo tempore, exstitisse [7] notavit Maimonides, eandemque apud Peguenses, & Calaminsamenses paganos ejusdem Indiæ populos reperiam, apud Brachmanas Adami quoque nomen, apud Siamenses ab orbe condito [8] ad sex annorum millia putari, [9] nostri quoque sæculi testes perhibent. Eorum, qui primos homines secuti sunt, vitam ad mille ferme annos durasse, [1] Berosus in Chaldaicis, Manethos in Ægyptiacis, Hieronymus in Phœniciis, Hestiæus, Hecatæus, Hellanicus in Græcis prodiderunt: & inter poetas Hesiodus quod eo minus incredibile,

6 *Adami, Evæ, arboris, serpentis historiam*] In iis quæ Philo Byblius ex Sanchunithone vertit, πρωτόγονος est אדם, αἰὼν est הוה, mortalium primi, repertores fructus arborum. Et in antiquissimis Græcorum mysteriis acclamatum Εὔα, simulque monstratus serpens. Meminere Hesychius, Clemens in Protreptico, Plutarchus Alexandro. Chalcidius ad Timæum: *Juxtaque Moysen Deus vitæ primigenis interdixit, ne edulibus arborum, ex quibus notitia boni malique animis eorum obreperet, vescerentur.* Idem alio loco: *Quibus Hebræi concinunt, cum dicunt homini quidem a Deo datam esse animam ex inspiratione cœlesti, quam rationem atque animam rationalem appellant: mutis vero & agrestibus ex silva, rationis expertem, jussu Dei vivis animantibus & bestiis terræ gremio profusis: quorum in numero fuit etiam illa serpens, quæ primis generis humani malis suasionibus illaqueaverit.*

7 *Notavit Maimonides*] Ductoris dubitantium parte III. cap. 29.

8 *Ad sex annorum millia putari*] Cum hoc numero bene convenit, quod ex Porphyrio tradidit Simplicius commentario XVI in librum II. de Cœlo, Observationes quas Babylone collectas ad Aristotelem misit Callisthenes, fuisse ad illa tempora annorum cIↄIↄcccciii. id enim à diluvii tempore non multum abit.

9 *Nostri quoque seculi testes perhibent*] Vide inter alios Ferdinandum Mendesium de Pinto.

1 *Berosus in Chaldaicis, Manethos in Ægyptiacis, Hieronymus in Phœniciis, Hestiæus, Hecatæus, Hellanicus in Græcis prodiderunt*] Omnes hos scriptores, suo adhuc tempore manentibus libris, testes citat Josephus Antiquæ historiæ lib. I. cap. 4. ac præter hos Acusilaum, Ephorum, Nicolaum Damascenum. Arcades ad ccc annos vivere solitos notat ad VIII. Æneidos Servius.

incredibile, quando & [2] majora multo olim fuisse hominum corpora nudatis sepulcris compertum, plurimarum gentium historiæ prodiderunt ac nominatim Græcorum [3] Pausanias, & [4] Philostratus, Romanorum [5] Plinius. Sicut & vita divinitus obtigisse

2 *Majora multo olim fuisse hominum corpora*] Josephus Antiquæ historiæ Lib v cap 2 Ἀπελείπετο δὲ τῶν γιγάντων ἔτι γένος, οἳ διὰ σωμάτων μεγέθη καὶ μορφὰς οὐδὲν τοῖς ἄλλοις ἀνθρώποις παραπλησίας παράδοξον ἦσαν θέαμα, καὶ δεινὸν ἄκουσμα. δείκνυται δ' ἔτι καὶ τὰ τούτων ὀστᾶ, μηδὲν τοῖς ὑπὸ πίστιν ἐρχομένοις ἐοικότα. *Restabat etiam tum gigantum genus, qui ob corporis magnitudinem ac figuras multum aliis hominum dispares, stupendum erant spectaculum, & fama terribilis: monstrantur in hunc diem eorum ossa, fidem omnem vulgi excedentia* Gabinius in Mauritaniæ descriptione dicebat à Sertorio reperta Antæi ossa, quorum compagem fuisse cubitorum sexaginta Phlegon Trallianus Mirabilium cap IX meminit effossi capitis Idæ, quod triplæ esset ad solitum modum quantitatis Addit idem in Dalmatia reperta corpora multa, quorum ulnæ XVI. ulnas excederent Narrat idem ex Theopompo, in Bosphoro Cimmerio repertam ossium humanorum compagem longam XXIV. cubitos. Ejusdem Phlegontis extat libellus de Longævis, dignus sine lectu [Quosdam olim variis in locis, ut etiamnum hodie, fuisse majoris staturæ homines, seu paucis pedibus reliquos superasse, non ægre crederim, sed omnes fuisse majores non magis crede, quam proceriores arbores, profundioresve alveos fluviorum fuisse Inter hæc omnia, aliaque id genus ea est proportio, ut aliis alia respondeant, non minus hodie quam olim, quare nulla ratio est cur mutata fuisse credamus. De Gigantibus vide orationem *Theod. Ryckii* Clericus]

3 *Pausanias*] Is in Laconicis meminit ossium humanorum, sed insolitæ magnitudinis, quæ in templo Æsculapii ad Asopum urbem ostendebantur. & in Eliacorum priore, ossis e mari educti, quod olim Pisæ custoditum, Pelopisque creditum fuerat.

4 *Philostratus.*] In Heroicorum initio multa ait gigantea corpora in Pallene detegi per imbres aut terræ motus.

5 *Plinius*] Libro VII cap. 16 *In Creta, terræ motu rupto monte, inventum est corpus stans, quod alii Orionis, alii Ectionis fuisse tradunt Orestis corpus Oraculi jussu refossum septem cubitorum fuisse monumentis traditur Jam vero ante annos prope mille vates ille Homerus non cessavit minora corpora mortalium, quam prisca conqueri* Solinus cap 1 *Quis enim non ævo isto minor parentibus suis nascitur? Priscorum autem testantur molem etiam Orestis suprema, cujus*

ossa

tigisse hominibus, antequam frequentia & magnitudo delictorum Deum, [6] & famulantes ei mentes, ab hominum familiari commercio quasi secluderent [7] post Græcos plurimos, refert Catullus. Gigantum ferina vita, cujus Moses meminit, ubique ferme [8] apud Græcos, [9] & Latinos quosdam, legitur. De diluvio notandum, in ejus historiam ferme omnium gentium memoriam desinere; etiam

ossa Olympiade quinquagesima & octava Tegeæ inventa à Spartanis oraculo monitis, discimus implesse longitudinem cubitorum septem. Scripta quoque quæ ex antiquitate memorias accersunt in fidem veri, hoc etiam receperunt, quod bello Cretico cum elata flumina plus quam vi amnica terras rupissent, post discessum fluctuum inter plurima humi discidia humanum corpus repertum sit cubitûm trium atque triginta. cujus inspectandi cupidine L. Flaccum legatum, Metellum etiam ipsum impendio captos miraculo, quod auditu refutaverant, oculis potitos De molari hominis dente à se conspecto vide Augustinum libro xv. de Civitate Dei, cap. xi.

6 *Et famulantes ei mentes*] De his vide pulchra apud Plutarchum de Iside, Maximum Tyrium Dissertatione prima & xvi, Julianum hymno Solis. Ipsum nomen ἀγγέλων in hac re, usurpant præter Græcos veteris Fœderis interpretes, Latini, Aristides, Porphyrius, Jamblichus, Chalcidius & his omnibus antiquior Hostanes citatus Minutio Heraclitus, teste quem dixi Chalcidio, asserit, præmoneri meritos instruentibus divinis potestatibus

7 *Post Græcos plurimos, refert Catullus*] Epithalamio Pelei & Thetidos

Sed postquam tellus scelere est imbuta nefando,
Justitiamque omnes cupida de mente fugarunt.
Perfudere manus fraterno sanguine fratres,
Destitit extinctos natus lugere parentes,
Optavit genitor primævi funera nati,
Liber ut innuptæ potiretur flore novercæ.
Ignaro mater substernens se impia nato,
Impia non verita est divos scelerare penates
Omnia fanda, nefanda malo permista furore
Justificam nobis mentem avertere Deorum

8 *Apud Græcos*] Homerum Iliados Θ' Hesiodum in Operibus. Huc pertinent Deorum pugnæ, quarum & Plato meminit de Republica ii & segreges isti dominatus, quorum idem Plato mentionem facit de legibus iii.

9 *Et Latinos quosdam legitur*] Vide Ovidium i Metamorphoseon, & Lucanum libro iv. Seneca Natur. quæst. 30 l. iii. ubi de diluvio *Exstinctis pariter feris, in quarum homines ingenia transierant.*

earum,

earum, quas diu incognitas parentum nostrorum ætas nostræ notitiæ tradidit unde & [1] Varroni omne id tempus ignotum vocabatur. Sed quæ à Poetis fabularum licentia involuta legimus, ea ex vero, id est, Mosi convenienter, vetustissimi scriptores tradiderant, [2] Chaldæorum Berosus, [3] Assyriorum

1 *Varroni omne id tempus ignotum vocabatur*] Censorinus *Nunc vero id intervallum temporis tractabo, quod historicon Varro appellant Hic enim tria discrimina temporum esse tradit Primum ab hominum principio ad cataclysmum priorem, quod propter ignorantiam vocatur ἄδηλον. Secundum à cataclysmo priore ad Olympiadem primam, quod quia in eo multa fabulosa referuntur, μυθικὸν nominatur. Tertium à prima Olympiade ad nos, quod dicitur ἱστορικὸν, quia in eo res gestæ veris historiis continentur.* Tempus illud, quod Varro ἄδηλον, Hebræorum Rabbini vocant inane. Diluvii autem universalis notam conchas, quæ in montibus reperiuntur, notavit Philo de Mundi immortalitate

2 *Chaldæorum Berosus.*] De quo sic Josephus contra Appionem primo Οὗτος τοίνυν ὁ Βηρωσὸς ταῖς ἀρχαιοτάταις ἐπακολουθῶν ἀναγραφαῖς, περί τε τοῦ γενομένου κατακλυσμοῦ καὶ τῆς ἐν αὐτῷ φθορᾶς τῶν ἀνθρώπων, καθάπερ Μωσῆς οὕτως ἱστόρηκεν, καὶ περὶ τῆς λάρνακος, ἐν ᾗ Νῶχος ὁ τοῦ γένους ἡμῶν ἀρχηγὸς διεσώθη, προσενεχθείσης αὐτῆς ταῖς ἀκρωρείαις τῶν Ἀρμενίων ὀρῶν. *Hic Berosus antiquissima scripta sequens, eadem quæ Moses narrat de magno diluvio, hominumque per id interitu, ac de arca, in qua Noachus generis nostri auctor servatus est, cum ea ad cacumina Armeniorum montium se applicuisset.* Post recitatam autem diluvii historiam, hæc verba addidit Berosus, quæ idem ille Josephus habet Antiquæ Historiæ libro primo, capite quarto. Λέγεται δὲ καὶ τοῦ πλοίου ἐν τῇ Ἀρμενίᾳ πρὸς τῷ ὄρει τῶν Κορδυαίων ἔτι μέρος εἶναι, καὶ κομίζειν τινὰς τῆς ἀσφάλτου ἀφαιροῦντας. χρῶνται δὲ μάλιστα οἱ ἄνθρωποι τῷ κομιζομένῳ πρὸς τοὺς ἀποτροπιασμούς *Dicitur autem etiam nunc in Armenia, in Cordyæorum monte, pars esse ejus navigii, & quosdam inde bitumen auferre. Eo autem ablato utuntur homines maxime pro amuleto.*

3 *Assyriorum Abydenus*] Servavit nobis ejus locum Eusebius libro IX. Præparationis, cap. XII. & Cyrillus primo adversus Julianum μεθ' ὃν ἄλλοι τε ἦρξαν, καὶ Σείσιθρος, ᾧ δὴ Κρόνος προσημαίνει μὲν ἔσεσθαι πλῆθος ὄμβρων Δεσίου πέμπτῃ ἐπὶ δέκα· κελεύει δὲ πᾶν ὅ, τι γραμμάτων ἦν ἐχόμενον ἐν Ἡλίου πόλει τῇ ἐν Σιππάροισιν ἀποκρύψαι. Σείσιθρος δὲ ταῦτα ἐπιτελέα ποιήσας, εὐθέως ἐπ' Ἀρμενίης ἀνέπλεε, καὶ παραυτίκα μιν κατελάμβανε τὰ ἐκ θεοῦ. Τρίτῃ δὲ ἡμέρῃ ἐπεί τε ὗσεν ἐκόπασε, μετίει τῶν ὀρνίθων, πεῖραν ποιεύμενος εἴ που γῆν ἴδοιεν τοῦ ὕδατος ἐκδῦσαν. αἱ δὲ, ἐκδε-

χο[illegible]

χομένους σφέας πελάγεος ἀχανέος, ἀπορέουσι ὅκη καθορμίσονται, παρὰ τὸν Σείσιθρον ὀπίσω κομίζονται, καὶ ἐπ' αὐτῇσιν ἕτεραι. ὡς δὲ τῇσι τρίτῃσιν ἐνετύχεε (ἀπίκατο γὰρ δὴ πηλοῦ κατάπλεοι τοὺς ταρσούς) Θεοί μιν ἐξ ἀνθρώπων ἀφανίζουσι· τὸ δὲ πλοῖον ἐν Ἀρμενίῃ περίαπτα ξύλων ἀλεξιφάρμακα τοῖσιν ἐπιχωρίοισι παρείχετο. *Post hos imperarunt alii, ac deinde Sisithrus, cui Saturnus præsignificavit ingentem vim imbrium futuram, Desii decima quinta, jussit autem quicquid erat literarum eum Heliopoli, quæ in Sippparis est, abscondere. Sisithrus hæc cum implesset, statim in Armeniam navigavit, ac subito vera deprehendit quæ Deus dixerat. Tertia die postquam remiserat tempestas, avium quasdam emisit, experimentum capturus an illæ terræ aliquid visuræ essent e mari exstans. Illæ vero exceptæ ab immenso pelago, non habentes, ubi considerent, ad Sisithrum retro rediere, & post eas aliæ. At cum misisset tertio (redierant enim aves alis limo plenis) Dii eum humanis rebus exemerunt. Navigium in Armeniam pervenit, ibique vicinis ligna præbuit amuleti vim habentia.* Sisithrus, ut & Ogyges, & Deucalion, nomina sunt idem aliis linguis significantia, quod Noe Hebraico sermone, quo scripsit, nominaque propria, ita ut eorum vis ab Hebræis intelligi posset, expressit Moses: quomodo, scilicet, Alexander Polyhistor Isaacum Græce scribens Γέλωτα vocavit, ut ex Eusebio discimus: multaque sunt talia, apud Historicos omnes. Philo de præmiis & pœnis: Τοῦτον Ἕλληνες μὲν Δευκαλίωνα, Χαλδαῖοι δὲ Νῶε ἐπονομάζουσιν, ἐφ' οὗ τὸν μέγαν κατακλυσμὸν συνέβη γενέσθαι. *Hunc Græci Deucalionem, Chaldæi Noe vocant, suo quo magnus ille cataclysmus evenit.* Deucalionis autem diluvium fuisse illud universale tradebant Ægyptii, teste Diodoro lib. I. Ad Italiam etiam pertinuisse Plinius lib. III. cap. 14. Ut ad nominum illam in alias linguas transfusionem redeam, insignis est ea de re Platonis in Critia locus: Τὸ δ' ἔτι βραχὺ πρὸ τοῦ λόγου δεῖ δηλῶσαι, μὴ πολλάκις ἀκούοντες Ἑλληνικὰ βαρβάρων ἀνδρῶν ὀνόματα θαυμάζητε, τὸ γὰρ αἴτιον αὐτῶν πεύσεσθε. Σόλων ἐπινοῶν εἰς τὴν αὑτοῦ ποίησιν καταχρήσασθαι τῷ λόγῳ, διαπυνθανόμενος τὴν τῶν ὀνομάτων δύναμιν εὗρε τούς τε Αἰγυπτίους τοὺς πρώτους ἐκεῖνα αὐτὰ γράψαντας, εἰς τὴν αὑτῶν φωνὴν μετενηνοχότας, αὐτός τε αὖ πάλιν ἑκάστου τὴν διάνοιαν ὀνόματος ἀναλαμβάνων, εἰς τὴν ἡμετέραν ἄγων φωνὴν ἀπεγράφετο. *Illud in hujus sermonis limine dicendum vobis, ne miremini si Græca sæpe audiatis virorum barbarorum nomina, causam jam intelligetis. Cum Solon carminibus suis inserere hanc narrationem vellet, vim ipsam significationemque nominum perscrutatus, reperit Ægyptiorum primos, qui de rebus istis scripserant, in suam ea linguam transtulisse. Ipse vero percepta nominis cujusque significatione ea ipsa nostro vestivit sermone.* Cum Abydeni verbis congruunt illa Alexandri Polyhistoris, quæ servavit nobis Cyrillus dicto libro primo adversus Julianum: Ὠτιάρτου δὲ τελευτήσαντος, τὸν υἱὸν αὐτοῦ Ξίσουθρον βασιλεῦσαι σάρους δεκαοκτώ· ἐπὶ τούτου τὸν μέγαν φασὶ γενέσθαι κατακλυσμόν. εἶτα

σωθῆναι

riorum Abydenus, [4] qui & columbæ emissæ meminit, ut & ex Græcis Plutarchus & [5] Lucianus, qui

σαθῆναι λέγει τὸν Ξίσυθρον, προαπαγγείλαντος αὐτῷ τοῦ Κρόνου τὸ ἐσόμενον καὶ ὅτι προσήκει ναυπηγήσασθαι λάρνακα καὶ ὁμοῦ πετηνοῖς, ἑρπετοῖς τε καὶ κτήνεσι πλεῖν ἐν αυτῇ. Mortuo Otiarte filium ejus imperasse Xisuthrum per octodecim annos, quos Saros vocant. Hujus temporibus fuisse ajunt diluvium magnum. Narrat deinde servatum Xisuthrum, Saturno ipsi quod futurum erat prænuntiante, & fabricandam ipsis Arcam: in ea ipsi una cum volucribus reptilibus ac jumentis navigandum. Assyriis autem, ut & aliis quibusdam gentibus, Deus summus ab ea stella vocabatur, quæ, ut Taciti utar verbis, e septem sideribus, queis mortales reguntur, altissimo orbe & præcipua potentia ferebantur, aut certe Syriacum אל, quod Deum significat, Græci Interpretes Κρόνον ideo vertere, quod is Syris איל dicebatur. Philo Byblius, Sanchuniathonis interpres Ἶλον τὸν καὶ Κρόνον λ. Citat Eusebius apud quem mox eo eodem Philone sequitur: Κρόνος ὃν οἱ Φοίνικες Ἰσραὴλ ὀνομάζουσι. Sed error est librarii, qui pro Ἶλ quod contracte pro Ἰσραὴλ Græcis Christianis poni solet, posuit Ἰσραὴλ, cum Ἶλ sit, ut diximus, איל, quomodo Syri dicunt, quod אל Hebræi.

[Non est, in hac historia de nihilo quod Deucalion quidam ac Noachus, dicitur ἀνὴρ πύῤῥας, hoc est איש האדמה, vir terræ, hoc est, agricola Gen. IX. 20. ubi vide à nobis notata. *Clericus*.

4 *Qui & columbæ emissæ meminit, ut & ex Græcis Plutarchus*] Libro, Terrestria an aquatica animantia plus habeant solertiæ. Δευκαλίωνι φασὶ περιστερὰν ἐκ τῆς λάρνακος ἀφιεμένην δήλωμα γενέσθαι, χειμῶνος μὲν εἴσω πάλιν ἐνδυομένην, εὐδίας δ' ἀποπτᾶσαν. *Columbam ajunt ex arca emissam certum indicium detulisse Deucalioni, cum rediret, tempestatis, ubi emanebat serenitatis.* Notanda autem & in hoc Plutarchi & in illo Polyhistoris loco, non minus quam in Nicolai Damasceni & Apollodori libris, & in iis scriptoribus quibus utitur Theophilus Antiochenus libro III. vox λάρνακος, quæ plane respondet voci תבה, quam in hac historia Moses usurpat, neque vero aliter eam vertit Josephus.

5 *Lucianus*] Libro de Dea Syria, cum de templo vetustissimo, quod erat Hierapoli, agere cœpisse, adjungit: Οἱ μὲν ὦν πολλοὶ Δευκαλίωνα τὸν Σκύθην τὸ ἱρὸν εἵσασθαι λέγουσι τοῦτον Δευκαλίωνα, ἐπὶ τοῦ τὸ πολλὸν ὕδωρ ἐγένετο. Δευκαλίωνος δὲ πέρι λόγον ἐν Ἕλλησι ἤκουσα, τὸν Ἕλληνες ἐπ' αὐτῷ λέγουσι. ὁ δὲ μῦθος ὧδε ἔχει. ἥδε γενεὴ, οἱ νῦν ἄνθρωποι, οὐ πρῶτοι ἐγένοντο, ἀλλ' ἐκείνη μὲν ἡ γενεὴ, πάντες ὤλοντο. οὗτοι δὲ γένεος τοῦ δευτέρου εἰσὶ τὸ αὖτις ἐκ Δευκαλίωνος ἐς πληθὺν ἀπίκετο. ἐκείνων δὲ πέρι τῶν ἀνθρώπων τάδε μυθέονται. ὑβρισταὶ κάρτα ἐόντες ἀθέμιστα ἔργα ἔπρασσον. οὔτε γὰρ ὅρκια ἐφύλασσον, οὔτε ξείνους ἐδέκοντο, οὔτε ἱκετέων ἠνείχοντο, ἀνθ' ὧν,

qui apud Hierapolim Syriæ, vetustissimam ait exstitisse historiam & de Arca, & de servatis per eam

ὦν σφίσι ἡ μεγάλη συμφορὴ ἀπίκετο αὐτίκα ἡ γῆ πολλὸν ὕδωρ ἐκδιδοῖ, καὶ ὄμβροι μεγάλοι ἐγένοντο, καὶ οἱ ποταμοὶ κατέβησαν μείζονες, καὶ ἡ θάλασσα ἐπὶ πολλὸν ἀνέβη, ἐς ὃ πάντα ὕδωρ ἐγένοντο καὶ πάντες ὤλοντο· Δευκαλίων δὲ μοῦνος ἀνθρώπων ἐλίπετο ἐς γενεὴν δευτέρην, εὐβουλίης τε καὶ τῆς εὐσεβείης εἵνεκα· ἡ δέ οἱ σωτηρίη ἥδε ἐγένετο. λάρνακα μεγάλην, τὴν αὐτὸς εἶχε, ἐς ταύτην ἐσβιβάσας παῖδάς τε, καὶ γυναῖκας ἑαυτοῦ, ἐσέβη· ἐσβαίνοντι δέ οἱ ἀπίκοντο σύες, καὶ ἵπποι, καὶ λεόντων γένεα, καὶ ὄφιες, καὶ ἄλλα, ὁκόσα ἐν γῇ νέμονται, πάντα ἐς ζεύγεα. ὁ δὲ πάντα ἐδέκετο καί μιν οὐκ ἐσίνοντο ἀλλὰ σφίσι μεγάλη διόθεν φιλίη ἐγένετο. καὶ ἐν μιῇ λάρνακι πάντες ἔπλευσαν, ἔστε τὸ ὕδωρ ἐπεκράτεε. τὰ μὲν Δευκαλίωνος περὶ Ἕλληνες ἱστορέουσι τὰ δὲ ἀπὸ τούτου, λέγεται λόγος ὑπὸ τῶν ἐν τῇ ἱρῇ πόλει μεγάλως ἄξιος θαυμάσαι, ὅτι ἐν τῇ σφετέρῃ χώρῃ χάσμα μέγα ἐγένετο, καὶ τὸ σύμπαν ὕδωρ κατεδέξατο Δευκαλίων δὲ ἐπεὶ τάδε ἐγένετο, βωμούς τε ἔθετο, καὶ νηὸν ἐπὶ τῷ χάσματι Ἥρης ἅγιον ἐστήσατο ἐγὼ δὲ καὶ τὸ χάσμα εἶδον, καὶ ἔστι ὑπὸ τῷ νηῷ κάρτα μικρόν εἰ μὲν ὦν πάλαι καὶ μέγα ἐὸν, νῦν τοιόνδε ἐγένετο, οὐκ οἶδα. τὸ δὲ ἐγὼ εἶδον μικρόν ἐστι σῆμα δὲ τῆς ἱστορίης τόδε πρήσσουσι δὶς ἑκάστου ἔτεος ἐκ θαλάσσης ὕδωρ ἐς τὸν νηὸν ἀπικνέεται φέρουσι δὲ οὐχ ἱρέες μοῦνον, ἀλλὰ πᾶσα Συρίη καὶ Ἀραβίη, καὶ πέρηθεν τοῦ Εὐφρήτεω πολλοὶ ἄνθρωποι ἐς θάλασσαν ἔρχονται, καὶ πάντες ὕδωρ φέρουσι τὸ, πρῶτα μὲν ἐν τῷ νηῷ ἐκχέουσι, μετὰ δὲ ἐς τὸ χάσμα κατέρχεται, καὶ δέκεται τὸ χάσμα μικρὸν ἐὸν ὕδατος χρῆμα πολλόν τὰ δὲ ποιέοντες Δευκαλίωνα ἐν τῷ ἱρῷ τόνδε νόμον θέσθαι λέγουσι, συμφορῆς τε καὶ εὐεργεσίης μνῆμα ἔμμεναι ὁ μὲν ὦν ἀρχαῖος αὐτοῖς λόγος ἀμφὶ τοῦ ἱροῦ, τοιόσδε ἐστί

Plerique à Deucalione structum ajunt hoc templum, eo, scilicet, Deucalione cujus ætate vis aquarum fuit maxima. De eo autem Deucalione in Græcia audivi quod Græci narrant. Est autem sermo talis Hoc quod nunc est hominum genus non ab initio exstitisse, sed id periisse stirpitus qui vero nunc sunt homines secundi esse generis, quod ortum a Deucalione paulatim in ingentem multitudinem excrevit. De illis autem, qui ante fuerant, hominibus hæc sunt quæ memorantur Contumeliosi homines cum essent, iniqua facinora perpetrabant. nam neque jusjurandum servabant, neque excipiebant hospites, neque curabant supplices. ob quas res maxima eis supervenit calamitas. Statim enim terra plurimum aquæ de se exsulit, tum vero plurimi de cœlo cecidere imbres flumina quoque ultra modum exundavere, & mare ipsum superfusum est terris, ita ut res omnes aqua fierent, homines vero perirent omnes Solus tunc ad secundi generis exordium Deucalion relictus est, prudentiæ & pietatis ergo. Servatus autem hoc modo est In arcam magnam, quam habebat, liberos mulieresque domus suæ imposuit, ipsoque eam ingressus est: quod

eam non hominibus modo selectis, sed & de animantibus cæteris. [6] Apud Molonem quoque, [7] & Nicolaum Damascenum historia eadem exstabat:

quod cum faceret, venere apri, & equi, & leonum genera, & serpentes, & alia quæ in terra pascuntur, bina quæque. ille hæc ad se animantia recepit omnia: quæ nihil nocuere. sed magna ei cum illis divinitus amicitia obvenit unaque in arca navigarunt omnes, quamdiu aqua super terras fuit. Hæc sunt quæ de Deucalione referunt Græci. De iis vero quæ post acciderunt, fertur ab illis qui Hierapolim habitant res admirabilis in sua regione terræ fuisse hiatum, qui aquam absorbuerit omnem. Id ubi factum esset, a Deucalione positas aras & Junonis templum super illo hiatu. Hiatum ipse vidi. Valde exiguus est sub templo, quod dixi. At olim major fuerit, contractusque sit cum tempore, equidem nescio. id scio, quem vidi, parvum esse. In historiæ hujus signum quod agunt, hoc est. bis anno ex mari aqua in templum defertur. Ferunt aquam non sacerdotes tantum, sed omnis Syria Arabiaque. Quin ab Euphrate usque eunt ad mare homines, omnesque aquam ferunt, eam primum effundunt in templum. Descendit in hiatum aqua & is hiatus, quamvis parvus, immensam vim aquæ recipit. Hoc cum faciunt, ritum hunc ajunt à Deucalione institutum, in calamitatis simul & salutis partæ memoriam. Talis est vetus de templo hoc sermo.

6 *Apud Molonem quoque.*] Verba ejus tradidit nobis Eusebius libro IX Præparationis Evangelicæ, cap. XIX. Κατὰ τὸν κατακλυσμὸν ἀπὸ τῆς Ἀρμενίας ἀπελθεῖν τὸν περιλειφθέντα ἄνθρωπον μετὰ τῶν υἱῶν, ἐκ τῶν ἰδίων ἐξελαυνόμενον ὑπὸ τῶν ἐγχωρίων· διανύσαντα δὲ τὴν μεταξὺ χώραν, ἐλθεῖν εἰς τὴν ὀρεινὴν τῆς Συρίας, οὖσαν ἔρημον. *Sub diluvii tempus excessisse ex Armenia eum hominem, qui cum liberis suis diluvium evaserat, ejectum rebus suis vi indigenarum. Eundem, cum loca interjecta transiisset, pervenisse in Syriæ regionem montanam tunc vacuam.*

7 *Et Nicolaum Damascenum.*] Ejus verba ex historiæ Universalis libro XCVI sic exhibet dicto jam loco Josephus: Ἔστιν ὑπὲρ τὴν Μινυάδα μέγα ὄρος κατὰ τὴν Ἀρμενίαν, Βάρις λεγόμενον, εἰς ὃ πολλοὺς συμφυγόντας ἐπὶ τοῦ κατακλυσμοῦ λόγος ἔχει περισωθῆναι, καί τινα ἐπὶ λάρνακος ὀχούμενον ἐπὶ τὴν ἀκρώρειαν ὀκεῖλαι, καὶ τὰ λείψανα τῶν ξύλων ἐπὶ πολὺ σωθῆναι· γένοιτο δ' ἂν οὗτος, ὅντινα καὶ Μωυσῆς ἀνέγραψεν ὁ Ἰουδαίων νομοθέτης. *Est super Minyada* (quam Milyada vocant Strabo & Plinius,) *ingens in Armenia mons Baris dictus, in quo fama est servatos esse ex cataclysmo multos. unum vero in Arca vectum ad summum ejus jugum appulisse diuque lignorum ejus arcæ mansisse reliquias. Hic, credo, is fuerit cujus Moses meminit, qui Judæis leges condidit.* His scriptoribus addendi Hieronymus Ægyptius, qui res Phœnicias scripsit, & Mnaseas, memorati Josepho. Forte & Eupolemus,

bat: quorum hic Arcæ quoque nomen habebat, quod & in Deucalionis historia apud Apollodorum reperitur. [8] Sed & in Americæ partibus Cuba, Mechoacana, Nicaraga, diluvii, animalium servatorum, quin & corvi & columbæ servatam memoriam diluvii ipsius etiam in ea parte, quæ nunc Castella aurifera vocatur, Hispani complures testantur. Qua parte terrarum homines ante diluvium egerint, vel illud loquitur, [9] quod Plinio notatum est Joppen ante diluvium conditam. Locus, in quo post diluvium subsedit Arca, [1] in montibus Gordyæis, ab omni ævo [2] in hunc diem, Armeniorum constante memoria, monstratur. [3] Japetus Europæorum genitor, & inde Ion, aut, ut

polemus, quem ex Polyhistore producit Eusebius Præparationis lib IX cap 17

8 *Sed & in Americæ partibus*] Vide Josephum Acostam & Antonium Herreram.

9 *Quod Plinio notatum*] Lib. V. cap 13 Consentiunt Plinio Mela & Solinus Confer quæ ex Abydeno jam attulimus

1 *In montibus Gordyæis*] Quos Moses Ararath vocat, Kardu transtulere Chaldæi interpretes, Cordvæos Josephus, Cordæos Curtius, Gordyæos scribit Strabo libro XVI. Plinius libro VI. cap 27. & Ptolemæus [Hæc & sequentia, quæ ad Geographiam Sacram, & conditores Gentium pertinent, post hæc à *Grotio* edita, de industria & adcuratius multo perscrutatus est *Sam. Bochartus*, in Geographia Sacra, unde etiam *Grotii* ratiocinationibus majus pondus accedit *Clericus*

2 *In hunc diem*] Monstratas suo ævo has Arcæ reliquias ait Theophilus Antiochenus libro III Epiphanius contra Nazaræos Ὡς ἔτι καὶ δεῦρο τὰ λείψανα τῆς τοῦ Νῶε λάρνακος δείκνυται ἐν τῇ τῶν Κορδυέων χώρᾳ *Ad hoc usque tempus reliquiæ Arcæ Noe monstrantur in Cordyeorum terra*. Chrysostomus Oratione de perfecta dilectione Isidorus lib XIV Originum, cap 8 *Ararath mons Armeniæ, in quo Arcam historiæ post diluvium resedisse testantur. Unde & usque hodie ibidem lignorum ejus videntur vestigia* Adde ex Haytone Armenio hæc quæ habet capite nono *In Armenia est altior mons quam sit in toto orbe terrarum, qui Ararath vulgariter nuncupatur, & in cacumine illius montis post diluvium arca primo sedit* Adde Geographum Nubiensem & Itinerarium Benjaminis

3 *Japetus* Est ipsa vox יפת Nam eandem literam פ alii ut π alii ut φ pronunciabant qualis differentia & nunc est, inter

ut olim eloquebantur, [4] Javon Græcorum, Afrorum vero [5] Hammon, nomina ſunt, quæ apud Moſem quoque apparent, ſicut & cæterorum veſtigia in gentium locorumque vocabulis [6] Joſephus & alii

inter Germanos & Belgas. Notavit id de Hebræa littera ad Danielem Hieronymus.

4 *Javon.*] Nam ἰάονες ſæpe eſt apud vetuſtos ſcriptores. Id in Ariſtophanis Acharnenſibus Perſa pronunciat ἰαοναῦ. Jam vero mos antiquior erat inter duas vocales interponere digamma, quod poſtea per v ſcribi cœpit, olim ſic ϝ ita αὐὼς erat quod nunc ἀὼς & ἠώς aurora, ταυὼς ταὼς, pavus, ἰάϝονας τοὺς Ἕλληνας καλοῦσι. Suidas.

5 *Hammon.*] Nam ח per aſpirationem reddere, aut etiam omittere Græci ſolent ut חצר־מות Ἀδράμυτος, vel Ἀδραμυτ… חכמות ἰχμὰθ, apud Hieronymum & alios. חברה ſocia ἄβρα Græcis veteribus. היה αἰών [illegible], חנה, Hanno vel Anno חניבעל Hannibal vel Annibal חצר־בעל Haſdrubal vel Aſdrubal חשים Ἀσιμῖται. αν vero Græca eſt deſinentia. Hic non Libyum tantum, ſed & multarum aliarum gentium pater conſecratus ab ipſis in Jovis ſtellam Lucanus IX.

Quamvis Æthiopum populis Arabumque beatis
Gentibus atque Indis unus ſit Juppiter Ammon.

Ægyptum quoque in hujus parte ponunt ſacræ literæ Pſal. LXXVIII 15 CV. 23, 27 CVI 22 Hieronymus in traditionibus Hebraicis ad Geneſim *A quo Ægyptus uſque hodie Ham patria Ægyptiorum lingua dicitur.*

6 *Joſephus & alii obſervant*] Is a גמר dicit eſſe Γομαρεῖς Galatas, ubi oppidum Comara Plinio Comari populi Melæ libro I. Ex מגוג Scythas, à quibus condita Scythopolis in Syria, & altera urbs Magog. Plinio lib v cap. 23 aliis dicta Hierapolis & Bambyce: A מדי Medos eſſe apparet ab יון, quod diximus, Iavonas, Iaonas, Ionas. A תבל Joſephus ait eſſe Iberos Aſiæ, in quorum vicinia Thabilacum urbem vetuſtæ originis veſtigia ſervantem ponit Ptolemæus. A משך eſt urbs ipſi memorata Mazaca, cujus & Strabo meminit lib XII & Plinius lib VI. 3. & Ammianus Marcellinus libro XX Adjice huic Moſchos nominatos Straboni lib XI. & Melæ libro tum primo, tum tertio, quos Moſchenos dixit Plinius lib. VI. c 9 & Moſchicos montes apud eoſdem & Plinium. A תירס eſſe Thraces, cum Joſepho tradunt conſenſu alii, & vox indicat præſertim ſi obſervemus Græcum ξ ab initio reſpondiſſe Syriacæ literæ ס, quod ordo indicat. De iis qui ab אשכנז, corruptus eſt apud Joſephum locus, ſed dubitandum non eſt quin inde nomen habeat Aſcania Homero memorata pars Phrygiæ & Myſiæ, de qua Strabonem vide lib. XII & Plinium lib V. c. 32 & Aſcanius lacus, & ex lacu amnis apud eundem

C Strabo-

Strabonem lib. XIV & apud Plinium dicto cap. 32 lib v Ascanius portus apud Plinium lib. v cap 30. Ascaniæ insulæ eidem lib IV cap 12. & lib. v. cap. 31 A ריפת esse Paphlagonas dicit Josephus, Riphatæos dictos aliis, quibus locis Riphaces ponit Mela libro I Ab אלישה esse αἰολεῖς idem ille nos docet Josephus, & Jerosolymitanus Paraphrastes et adstipulatus pro Æolibus Græcos nominans, totum pro parte neque abludit Hellæ terræ nomen. תרשיש esse Cilices Josephus idem dicit, probatque ex urbe Tarso Multis enim in locis evenit, ut quæ populorum nomina fuerant, urbium facta sint nomina De כתים, unde Κίτιον, supra attigimus A כוש Æthiopes Chusæi & sibimet ipsis & vicinis, ut Josephi tempore, ita & nunc vocantur unde & fluvius apud Ptolemæum, & apud Geographum Arabem urbes Æthiopiæ duæ nomen retinent pariterque à מצרים, qui Μεσρὲ Philoni Byblio, Mesori sibi ipsis & accolis ii qui Græcis Ægyptii, & mensis apud eos nomen Μεσορὶ Cedreno terra ipsa Μεσρα Vere & hoc Josephus à פוט esse in Mauritania amnem Meminit ejus amnis & Plinius lib v cap I *Phut & juxta eum regio Phutensis usque in præsens dicitur*, ait Hieronymus Traditionibus Hebraicis in Genesim Est non longe à Fesa, manente nunc etiam vocabulo Qui Mesi est כנען, is contractius Sanchuniathoni, & ex eo Philoni Byblio, χνᾶ Invenies id apud Eusebium lib I Præparat c 10 Et terra ipsa sic dicta Stephanus de Urbibus: Χνᾶ, ὅτως ἡ Φοινίκη καλεῖται *Chna, sic appellatur Phœnice* Et suo tempore ait Augustinus libro Expositionum epistolæ ad Romanos, rusticos ad Hipponem, si interrogentur qui essent, respondere Canaani. Et Mesraimi & Canaanis nomina sunt & in Eupolemi loco, ut eum profert Eusebius Præparat IX. 17. A רעמה Regema Ptolemæo in Arabia felice, ni mirum ע in γ mutat, ut in Gomorra aliisque vocibus. A סבא Sabæos deducit Josephus, notam gentem quarum & urbes princeps Sabæ Straboni lib XVI. Ubi à סבתה Sabatenos Josephus ponit, ibi Plinio urbes est Sobotale lib. v cap 28 להבים à Libyum nomine non abit, nec à נפתחים Nepata urbs Æthiopum Plinio lib VI. c. 29. Nepata Ptolemæo nec à פתרסים Pharusi Plinio lib. v 8 Pharusii Ptolemæos in Æthiopia A צידן nota urbs omnibus poetis & historiis Sidon A גרגשי oppidum Gorasa Ptolemæo. Ab ערקי Arca, urbs apud Phœnices, Ptolemæo memorata, & Plinio lib. v. c. 18. Ab ארודי Ar dus insula memorata Straboni lib XVI Plinio lib v c 20 & Ptolemæo in Syria A חמתי Amathus Arabiæ nom nata Herodoto, in Euterpe & Thalia Ab עילם Elymæi Medis contigui apud Strabonem lib XVI. Plinium lib v cap 26 & 27 & apud Livium lib XXXVII Horum traduces in Phrygia Elymi apud Athenæum lib II Ab אשור Assyrii noti omnibus, ut & à לוד Lydi, unde & vox Ludorum Latina. Ab לרם in huc diem

Syri Arami appellantur, qui Græcis ab urbe צור Syri: nam צ modo per τ, modo per σ vertitur, unde urbs illa צור quæ Tyrus Græcis, Sarra Ennio, & Sinæ, aliis Tinæ. Strabo libro xvi. in fine Λέγει δὲ καὶ τοὺς Ἀρίμους ὁ ποιητὴς, οὓς φησὶ Ποσειδώνιος δέχεσθαι δεῖν μὴ τόπον τινὰ τῆς Συρίας, ἢ τῆς Κιλικίας, ἢ ἄλλης τινὸς γῆς, ἀλλὰ τὴν Συρίαν αὐτήν. *Nominat Homerus & Arimos: ea autem voce vult Posidonius intelligi, non partem aliquam Syriæ, aut Ciliciæ, aut alterius regionis, sed Syriam ipsam.* Idem lib. xiii. Οἱ δὲ τοὺς Σύρους Ἀρίμους δέχονται, οὓς νῦν Ἀράμους λέγουσι. *Sunt qui per Arimos Syros intelligant, qui & nunc Arami dicuntur.* Libro autem primo. Τοὺς γὰρ ὑφ' ἡμῶν Σύρους καλουμένους ὑπ' αὐτῶν τῶν Σύρων Ἀραμμαίους καλεῖσθαι. *Nam qui à nobis dicuntur Syri, eos ab ipsis dici Arammæos.* Ab עוץ Ausitis regio apud LXX Interpretes, in Jobo. Ausitida dixit Aristeas. A חול urbs Choll e Ptolemæo posita in Syria. A גתר Gindarus urbs apud Ptolemæum. Et populus Gindareni Plinio, v. 23, in Cœlo Syria. A מש Masius mons non procul Nisibi apud Strabonem lib. xi & Ptolemæum in Mesopotamia. Nomina יקטן ut & הצרמוה & חוילה Geographi Arabes nobis in Arabia repræsentant nominibus Balsatjaktan, Hadramuth, Chaulan, ut notavit Capellus vir eruditissimus. Nomen אופר retinet ni fallor Opharus fluvius, & populus Opharitæ circa Mæotim Plinio lib. vi. 7. Etiam urbes eas quarum hoc in loco meminit Moses, antiquissimas esse collatione scriptorum apparet. De Babylone res notissima. ארך est Aracca, quam in Susiana ponit Ptolemæus, unde Ariccæos campos Tibullo dici notavit in Solinianis vir infinitæ lectionis Cl. Salmasius. Ab אכד Acrabenen corrupte, pro Acadene, dictam suspicatur probabiliter diligens in Scripturarum interpretatione Franciscus Junius, qui & alia non pauca observavit eorum quæ jam posuimus. כלנה est Callinisum oppidum ad Euphratem, cui id nomen ad Ammiani mansisse tempora, ex libro ejus xxiii. docemur. Terra שנער est Σεναὰρ τῆς Βαβυλωνίας apud Histiæum Milesium, in loco quem nobis conservavit Josephus Antiquæ Historiæ lib. i cap. 7. & in Chronico, itemque in Præparatione Eusebius. Scripsit is res Phœnicum, lectus etiam Stephano. At rursum ע in γ mutato Singarum hinc montem Ptolemæus in Mesopotamia nominat. Plinius autem Singaram oppidum libro v c. 24. Hinc Singarana regio Sexto Rufo. נינוה haud dubie est quæ Græcis contractius Ninos. In Epitaphio Sardanapali,

> Καὶ γὰρ ἐγὼ σποδός εἰμι, Νίνου μεγάλης βασιλεύσας.
>
> *Ipse Nini magnæ modo Rex nil sum nisi pulvis.*

Est id nomen & apud Theogridem, Strabonem libro xvi. Plinium lib. vi cap. 13. cujus verba sunt. *Fuit & Ninos imposita Tigri ad Solis occasum spectans quondam clarissima.* Lucianus III. *Et Ninos, sic fuerunt, Ninos.* Habet id nomen Ptolemæus in Assyria. A כלח urbe principe nomen habet regio Calachen,

& alii observant. Jam vero [7] affectati in cœlum itineris,

lachem Straboni lib xvi bis, ... lib xvi. רסן est Resaine apud Ammian libro xviii. Sidon nota omnibus. עזה nemo dubitare potest qui ... litera ע per γ, ut diximus ... Gaza Palæstinorum, nominata Straboni lib. xvi ... Melæ lib. 1 qui ingentem & munitam admodum vocat, Plinio lib v 13 vi 28. & alibi. ספרה est Heliopolis urbs Sipparorum in loco Abydeni, quem modo produximus. Sippara Ptolemæo in Mesopotamia. אור est Ur Castellum Ammiano memoratum libro xxv. חרן Carræ Crassorum clade nobilis.

7 *Affectat in cœlum ... neris.*] Homero Odysseæ Λ Ovidius 1 Metamorphoseon

Affectasse ferunt regnum cœleste gigantes.

Vide & Virgilium Georgicon 1. & Lucanum lib vii Frequens est apud omnes gentes loquendi genus, ut quæ supra communem altitudinem attolluntur, dicantur οὐρανομήκη, ut apud Homerum sæpe Sic & Deut 1 28 & ix 1 Sibyllæ nescio cujus locum de insana illa turris substructione agentem citat Josephus talem. Πάντων ὁμοφώνων ὄντων τῶν ἀνθρώπων πύργον ᾠκοδόμησάν τινες ὑψηλότατον ὡς ἐπὶ τὸν οὐρανὸν ἀναβησόμενοι δι' αὐτοῦ οἱ δὲ θεοὶ ἀνέμους ἐπιπέμψαντες ἀνέτρεψαν τὸν πύργον, καὶ ἰδίαν ἑκάστῳ φωνὴν ἔδωκαν καὶ διὰ τοῦτο Βαβυλῶνα συνέβη κληθῆναι τὴν πόλιν *Cum homines omnes una lingua uterentur, altissimam turrim ædificare quidam cœperunt, velut per eam in cœlum transituri. At Dii ventis immissis evertere turrim hanc, & suam cuique linguam attribuere unde urbi Babylon factum est nomen.* At ex Abydeno hæc nobis profert Eusebius Præparationis ix. c. 14 & Cyrillus libro 1 contra Julianum Ἔνθεν δ' οἱ λέγουσι τοὺς πρώτους ἐκ γῆς ἀνασχόντας ῥώμῃ τε καὶ μεγέθει χαυνωθέντας καὶ δὴ θεῶν καταφρονήσαντας ἀμείνονας εἶναι, τύρσιν τύρσιν ἠλίβατον ἀείρειν, ἵνα νῦν Βαβυλών ἐστι. ἤδη τε ἆσσον εἶναι τοῦ οὐρανοῦ καὶ τοὺς ἀνέμους θεοῖσι βωθέοντας ἀνατρέψαι περὶ αὐτοῖσι τὸ μηχάνημα τοῦ δὴ τὰ ἐρείπια λέγεσθαι Βαβυλῶνα· τέως δὲ ὄντας ὁμογλώσσους ἐκ θεῶν πολύθρουν φωνὴν ἐνείκασθαι μετὰ δὲ Κρόνῳ τε καὶ Τιτῆνι συστῆναι πόλεμον *Sunt qui dicant primos illos è terra editos homines, cum viribus & mole sua superbirent, ita ut se plus Diis pollere jactarent, turrim ssse ad turrim struendum, quo loco nunc est Babylon. Cumque jam prope ad cœlum pervenisset opus, ventorum ... Diis auxiliantium, ... super ædificantes ruinis impositam ... nomen Babylonis. Cum vero ad id temporis unius sermonis fuissent homines, immissam in eos à Diis linguarum ... ; post id exortum esse bellum Saturnum inter & Titana.* Falso autem à Græcis proditum, conditam à Semiramide Babylonem, etiam Berosus in Chaldaicis prodidit, ut nos Josephus docet contra Appionem 1 eundemque errorem tum ex Philone Byblio, tum ex Dorotheo Sidonio refellit Julius Firmicus.

itineris, quis non Poetarum meminit? [8] Sodomorum incendium est apud Diodorum Siculum, [9] Strabonem, [1] Tacitum, [2] Plinium, [3] Solinum. [4] Circum-

micus. Vide & quæ de gigantibus & turri ex Eupolemo nobis adducit Eusebius Præparat. Evangelicæ lib. XX. cap. 17.

8 *Sodomorum incendium est apud Diodorum Siculum*] Libro XIX. ubi post lacus Asphaltitæ descriptionem Ὁ δὲ πλησίον τόπος ἔμπυρος ὤν, καὶ δυσώδης ποιεῖ τὰ σώματα τῶν περιοικούντων ἐπίνοσα καὶ παντελῶς ὀλιγοχρόνια. *Vicina regio cum igni subardeat, sævumque odorem exhalet, in causa est cur accolarum corpora morbida sint minimeque vivacia.* [Vide hac de re etiam Dissertationem nostram Pentateucho subjectam, de incendio Sodomorum. *Clericus.*

9 *Strabonem*] Libro XVI. post Asphaltitæ descriptionem. Τοῦ δ' ἔμπυρον τὴν χώραν εἶναι τὰ ἄλλα τεκμήρια φέρουσι πολλά· καὶ γὰρ πέτρας τινὰς ἐπικεκαυμένας δεικνύουσι τραχείας περὶ Μασάδα, καὶ σύριγγας πολλαχοῦ καὶ γῆν τεφρώδη, σταγόνας τε πίσσης ἐκ λισσάδων λειβομένας, καὶ δυσώδεις πόρρωθεν ποταμοὺς ζέοντας, κατοικίας δὲ ἀνατετραμμένας σποράδην· ὥστε πιστεύειν τοῖς θρυλλουμένοις ὑπὸ τῶν ἐγχωρίων, ὡς ἄρα ᾠκοῦντό ποτε τρισκαίδεκα πόλεις ἐνταῦθα ὧν τῆς μητροπόλεως Σοδόμων σώζοιτο κύκλος ἑξήκοντά που σταδίων· ὑπὸ δὲ σεισμῶν τε καὶ ἀναφυσημάτων πυρὸς καὶ θερμῶν ὑδάτων ἀσφαλτωδῶν τε καὶ θειωδῶν ἡ λίμνη προπέσοι καὶ πέτραι πυρίληπτοι γένοιντο. αἵ τε πόλεις αἱ μὲν καταποθεῖεν, ἃς δ' ἐκλείποιεν οἱ δυνάμενοι φυγεῖν. *Esse in hoc solo ignem multa indicia adferunt. Nam & petras ostendunt asperas & exustas circa Masada, cum multis in locis exesas cavernas, terram cinerosam, picis guttas de petris stillantes, ferventia non sine fœdo odore flumina quæ cuncta fidem faciunt famæ apud indigenas vulgatæ, XIII. olim in ea regione habitatas urbes, quarum princeps Sodoma fuerit, cujus ambitus etiam nunc ostenditur in LX. stadia patens: terræ autem motibus, erumpente igne aquisque calidis & bituminosis, exstitisse qui nunc est lacum, saxa concepisse ignem, urbium absorptas alias, alias ab iis qui fugere potuerunt, derelictas.*

1 *Tacitum*] Historiam V. *Haud procul inde campi quos ferunt olim uberes magnisque urbibus habitatos, fulminum jactu arsisse & manere vestigia, terramque specie torridam, vim frugiferam perdidisse. Nam cuncta sponte edita aut manu sata, sive herba tenus aut flore, seu solitam in speciem adolevere, atra & inania velut in cinerem vanescunt.*

2 *Plinium*] Is Asphaltiten describit lib. v. cap. 16 & lib. xxxv. cap. 15.

3 *Solinum*] Capite 36 editionis Salmasianæ. *Longo ab Hierosolymis recessu tristis sinus panditur, quem de cœlo tactum testatur humus nigra & in cinerem soluta. Duo ibi oppida, Sodoma nominatum, alterum Gomorrum, apud quæ pomum quod gignitur, habeat licet speciem maturitatis, mandi*

[4] Circumcisionis vetustissimo mori testimonium præ-

tamen non potest, nam si ignem ...
... fuisset, fecissent ambitus
tantum extremæ cutis consumeret, quæ
vel levi pressa tactu sanguinem ex
halat, & jam sit ... pul-
... rum

4 *Circumcisionis vetustissimo mori testimonium præbuerant Herodotus*] Cum errore tamen. Verba ejus sunt in Euterpe. Μοῦνοι πάντων Κόλχοι καὶ Αἰγύπτιοι καὶ Αἰθίοπες περιτάμνονται ἀπ' ἀρχῆς τὰ αἰδοῖα. Φοίνικες δὲ καὶ Σύριοι οἱ ἐν τῇ Παλαιστίνῃ καὶ αὐτοὶ ὁμολογοῦσι παρ' Αἰγυπτίων μεμαθηκέναι. Σύριοι δὲ οἱ περὶ Θερμώδοντα καὶ Παρθένιον ποταμὸν, καὶ Μάκρωνες τούτοισιν ἀστυγείτονες ἐόντες ἀπὸ Κόλχων φασὶ νεωστὶ μεμαθηκέναι. οὗτοι γάρ εἰσιν οἱ περιταμνόμενοι ἀνθρώπων μοῦνοι. καὶ οὗτοι Αἰγυπτίοισι φαίνονται ποιεῦντες κατὰ τ' αὐτά. αὐτῶν δὲ Αἰγυπτίων καὶ Αἰθιόπων οὐκ ἔχω εἰπεῖν, ὁπότεροι παρὰ τῶν ἑτέρων ἐξέμαθον. *Soli ab antiquo circumcisi sunt Colchi & Ægyptii & Æthiopes. Phœnices autem & qui in Palæstina sunt Syri, fatentur hunc se morem ab Ægyptiis accepisse. Syri vero qui ad Thermodontem & Parthenium sunt amnem, & Macrones horum vicini à Colchis dicunt se didicisse. Hi enim soli sunt, qui circumciduntur, faciuntque ea in re eadem quæ Ægyptii. De Æthiopibus autem & Ægyptiis, utri ab alteris acceperint, liquido dicere non possim.* In Syria Palæstina nullos fuisse circumcisos præter Judæos vere dicit Josephus Antiquæ historiæ libro VIII cap. 4. & contra Apionem priore libro. De quibus Judæis Juvenalis, *præputia ponunt*. Et Tacitus *Circumcidere genitalia instituere, ut diversitate noscantur*. Vide & Strabonem libro XVII. Tantum vero abest ut Judæi fassi sint unquam ab Ægyptiis se accepisse hunc morem, ut contra aperte dicant Ægyptios ab Josepho didicisse circumcidi. Vide scriptorem Lexici Arabici, quem citat optime meritus de sacris literis Drusius libro VI. Præteritorum. Neque vero commune omnibus Ægyptiis fuit circumcidi ut Judæis: quod vel Appionis hominis Ægyptii exemplo, apud Josephum, discas. Phœnicas Herodotus haud dubie pro Idumæis dixit. ut & Aristophanes Avibus, ubi Ægyptios & Phœnicas ψωλοὺς vocat. Ammonius de Verborum differentiis Ἰδουμαῖοι δὲ τὸ μὲν ἀρχῆθεν οὐκ Ἰουδαῖοι, ἀλλὰ Φοίνικες καὶ Σύροι. *Idumæi non ab origine Judæi, sed Phœnices ac Syri*, Æthiopes autem illi qui circumcisi sunt ex Cethuræ erant posteris, ut jam diximus. Colchi & eorum vicini ex Decem sunt tribubus, quas transtulit Salmanasar. Inde & in Thraciam quidam venere. Scholiastes ad Aristophanis Acharnenses Ὀδομάντων ἔθνος Θρακικόν. φασὶ δὲ αὐτοὺς Ἰουδαίους εἶναι. *Odomantum gens est Thracica. Dicuntur autem esse Judæi.* Ubi Judæos intellige improprie, Hebræos, ut sæpe. Ab Æthiopibus trans Oceanum circumcisio venit in Novum Orbem, si vera sunt quæ de eo more reperto in variis ejus orbis locis narrantur. [Quærunt Eruditi an

apud

præbuerunt Herodotus, [5] Diodorus, [6] Strabo, [7] Philo Byblius. præbent etiam nunc [8] ortæ ab Abrahamo gentes, non Hebræi tantum, sed [9] Idumæi, [1] Ismaelitæ, [2] & alii. Abrahami, Isaac, Jacobi,

apud Ægyptios citius, quam apud Hebræos, instituta sit Circumcisio, qua de re vide notata à nobis, ad Genes. XVII. 10. *Clericus*

5 *Diodorus*] Libro I de Colchis Ὅτι δὲ τοῦτο τὸ γένος Αἰγυπτιακόν ἐστι, σημεῖον εἶναι τὸ περιτέμνεσθαι τοὺς ἀνθρώπους παραπλησίως τοῖς κατ' Αἴγυπτον, διαμένοντος τοῦ νομίμου παρὰ τοῖς ἀποίκοις καθάπερ καὶ παρὰ τοῖς Ἰουδαίοις *Gentem hanc ab Ægyptiis ortam argumento sit, quod circumciduntur & ipsi more Ægyptiorum, quorum mos in hac colonia mansit, ut & apud Judæos.* Cum Hebræi ab antiquo circumcisi sint, non lo magis ostendit circumcisio Colchos illos ab Ægyptiis esse, quam, quod nos dix mus, ab Hebræis. Idem libro III. Troglodytas circumcisos narrat, Æthiopum, scilicet partem.

6 *Strabo*] Libro XVI. de Troglodytis Εἰσὶ δὲ περιτετμημένοι τινὲς καθάπερ Αἰγύπτιοι *Sunt horum quidam circumcisi, ut Ægyptii* In eodem libro περιτομὰς tribuit Judæis

7 *Philo Byblius*] In fabula de Saturno, apud Eusebium lib. I cap 10

8 *Ortæ ab Abrahamo gentes*] Cui Abrahamo primo omnium datum circumcisionis præceptum etiam Theodotus dicit, in Carmine de Judæis, unde hos versus nobis Eusebius dedit lib IX. Præparationis Euangelicæ cap. XXII.

Ὡς ποτ' ἐκ πάτρης ἐξήγαγε δῖος Ἀβραάμ,
Αὐτὸς ἀπ' οὐρανόθεν κέλετ' ἀνέρα πάντα σὺν οἴκῳ
Σάρκ' ἀποσυλῆσαι ποσθῆς ἄπο, καὶ ῥ' ἐτέλεσσεν
Qui sanctum patriis Abrahamum eduxit ab oris,
Idem ipsum totamque domum gentalia ferro
Tegmina præcepit præcidere, paruit ille.

9 *Idumæi.*] Ab Esavo ita dicti, qui Ὁ ἀδὸς Π... Edom... Etenim alterum nomen erat Edom, quod Græci Ἐρυθρὰν transtulere, unde dictum mare Erythræum quippe eo usque pervenit vetus Esavi posterorumque ejus imperium Originis ignari eos cum Phœnicibus, ut modo dixi, confuderunt Ammonius Idumæos circumcisos ait, ut & Justinus Dialogo cum Tryphone, & Epiphanius contra Ebionæos Horum pars Homeritæ, quos suo etiam tempore circumcisos docet nos Epiphanius contra Ebionæos.

1 *Ismaelitæ*] Circumcisi hi ab antiquo, sed eo ætatis anno quo Ismael Josephus lib I. c. 12 & 13 Τὴν μὲν δὲ περιτομὴν ... ἐκ τῶν ὑστάτων ἔτει ... εὐθὺς μετ' ὀγδόην ἡμέραν ποιοῦνται, καὶ ἔκτοτε μετὰ τρισκαιδέκατον ἔθος ἔχουσιν οἱ Ἰουδαῖοι ποιεῖσθαι τὰς περιτομάς Ἄραβες δὲ μετὰ ἔτος τρισκαιδέκατον Ἰσμαῆλος γὰρ ὁ κτίστης αὐτῶν τοῦ ἔθνους, Ἀβραάμῳ γενόμενος ἐκ τῆς παλλακῆς,

λακῆς,

λακῆς, ἐν τούτῳ περιτέμνεται τῷ χρόνῳ. *Nascitur Abrahamo & Saræ anno sæculi sui centesimo puer, quem ipso die octavo circumciderunt. quem diem etiam nunc Judæi in circumcidendis liberis observant. At Arabes Circumciduntur post annum ætatis tertium & decimum. Nam princeps eorum generis Ismaelus ea ætate circumcisus est, filius & ipse Abrahami, sed ex ancilla.* Origenes in pulchra dissertatione contra Fatum, quæ & apud Eusebium exstat lib. IV. c. II. & in collectione Græca cui φιλοκαλίας nomen. Οὐκ οἶδ' ὅπως δυνήσονται σῶσαι τὸ τῶν μὲν ἐν Ἰουδαίᾳ σχεδὸν πάντων τοιόνδε εἶναι τὸν σχηματισμὸν ἐπὶ τῆς γενέσεως, ὥς ὀκταήμερον αὐτὸν λαβεῖν περιτομὴν ἀκρωτηριαζομένους καὶ ἑλκουμένους, καὶ φλεγμονῇ περιπεσουμένους καὶ τραύμασι καὶ ἅμα τῇ εἰς τὸν βίον εἰσόδῳ, ἰατρῶν δεομένους· τῶν δὲ ἐν Ἰσμαηλίταις τοῖς κατὰ τὴν Ἀραβίαν τοιόνδε, ὡς πάντας περιτέμνεσθαι τρισκαιδεκαέτεις· τοῦτο γὰρ ἱστόρηται περὶ αὐτῶν. *Nescio quomodo defendere hoc possint, iis qui in Judæa nascuntur prope omnibus talem esse positum siderum nascentibus, ut octavo die debeant circumcidi, mutilari, ulcerari, vulnera & inflammationes incurrere, ac medici ope egere simul atque vitæ limen intraverint. At Ismaelitis, qui in Arabia sunt, talem esse positum siderum, ut circumcidendi sint omnes ætatis anno tertio & decimo. Id enim de istis proditum est.* Hos Ismaelitas Epiphanius contra Ebionæos disputans, explicat Sarracenos recte admodum. Semper enim hunc morem observarunt Sarraceni, & ab eis accepere Turcæ.

2 *Et aut.*] Nempe, illi à Cethura, de quibus locus est egregius Alexandri Polyhistoris, apud Josephum lib. I. c. 16. quem & Eusebius adducit Præparationis Euangelicæ lib. IX. c. 20. Κλεόδημός φησιν ὁ προφήτης, ὁ καὶ Μαλχᾶς, ὁ ἱστορῶν τὰ περὶ Ἰουδαίων, καθὼς καὶ ὁ Μωυσῆς ἱστόρησεν ὁ νομοθέτης αὐτῶν, ὅτι ἐκ Χετούρας Ἀβραάμῳ ἐγένοντο παῖδες ἱκανοί, λέγει δὲ αὐτῶν καὶ τὰ ὀνόματα ὀνομάζων τρεῖς, Ἀφὲρ, Ἀσοὺρ, Ἀφρά. καὶ ἀπὸ Ἀσοὺρ τὴν Ἀσσυρίαν κεκλῆσθαι· ἀπὸ δὲ τῶν δύο, Ἀφρά τε καὶ Ἀφὲρ, πόλιν τε Ἄφραν καὶ τὴν χώραν Ἀφρικὰν ὀνομασθῆναι· τούτους δὲ Ἡρακλεῖ συστρατεῦσαι ἐπὶ Λιβύην καὶ Ἀνταῖον· γήμαντα δὲ τὴν Ἄφρα θυγατέρα, Ἡρακλέα, γεννῆσαι υἱὸν ἐξ αὐτῆς Δέδωρον· τούτου δὲ γενέσθαι Σοφᾶνα, ἀφ' οὗ τοὺς βαρβάρους Σόφακας λέγεσθαι. *Cleodemus Propheta Malchas dictus in Libro de Judæis, eadem dicit quæ Moses qui Judæis leges condidit, ex Chettura Abrahamo multos esse natos liberos, quorum tres ab ipso nominantur Afer, Assur, Afra. Ab Assur dictam Assyriam. Ab aliis duobus Afra & Afer urbem Afram, terramque Africam. Hos Herculi commilitones fuisse in Libyam & Antæum. Herculem autem cum Afræ duxisset filiam, ex ea filium genuisse Dedorum nomine. Ex hoc natum Sophona, unde barbaros Sophacas dictos.* Hic cætera nomina ex scriptorum vitio, nec cum Mose, nec inter se collatis Josephi & Eusebii, quales habemus, codicibus congruunt. At Ἀφὲρ haud dubie est qui Mosi עפר Herculem autem intellige non Thebanum, sed multo antiquiorem, Phœnicem; cujus & Philo Byblius meminit, Eusebio citatus in

dicto

Jacobi, Josephi historia Mosi consonans [3] exstabat olim [4] apud Philonem Byblium ex Sanchuniathone, [5] apud Berosum, [6] Hecatæum, [7] Damascenum,

dicto sæpe capite 10 libri primi Præparationis Euangelicæ. Is ipse est Hercules cujus exercitum in Africam venisse Sallustius in Jugurthino commemorat. Videmus ergo unde Æthiopes, pars magna Afrorum, circumcisionem acceperint, quam & Herodoti habuerunt tempore, & nunc etiam qui eorum Christiani sunt, non ex religionis necessitate, sed ex vetustissimi moris reverentia, retinent.

3 *Exstabat olim apud Philonem Byblium ex Sanchuniathone*] Certe ad Abrahamum pertinere putat Scaliger quædam, quæ ex Philone Byblio nobis servavit Eusebius. Ipsum vide in Auctario ad Emendationem temporum. Est tamen cur de eo dubitem.

* 4 *Apud Philonem Byblium*] Quousque fides possit haberi *Sanchoniathoni Philonis* nondum satis liquet. Fidem ejus admodum suspectam fecit vir doctissimus *Henr. Dodwellus*, in Dissertatione Anglica, de Sanchoniathonis Phœnicia Historia, edita Londini anno MDCLXXXI. Cujus argumentis hoc etiam addendum, quod in ejus fragmentis sit absurda quædam mistura Deorum Græciæ Orienti, primis temporibus ignotorum, cum Phœnicum Numinibus. Quod pluribus hic diducere non licet, per chartæ angustias. *Clericus.*

5 *Apud Berosum*] Ejus verba servavit nobis Josephus Antiquæ historiæ lib. 1. cap. 8 Μετὰ δὲ τὸν κατακλυσμὸν δεκάτῃ γενεᾷ, παρὰ Χαλδαίοις τις ἦν δίκαιος ἀνὴρ μέγας καὶ τὰ οὐράνια ἔμπειρος. *Post cataclysmum decima stirpe apud Chaldæos vir exstitit justus & eximius, interque cætera cælestium peritus.* Hæc ad Abrahamum recte referri temporum ratio ostendit.

6 *Hecatæum*] Is librum de Abrahamo scripsit qui periit, sed exstabat Josephi tempore.

7 *Damascenum.*] Nicolaum illum virum illustrem, amicum & Augusto & Herodi, cujus reliquias aliquot nuper accepimus beneficio viri Amplissimi Nicolai Peireskii, in cujus morte & literæ & literati omnes damnum incredibile fecerunt. Ejus Nicolai Damasceni verba hæc refert Josephus dicto jam loco. Ἀβράμης ἐβασίλευσε Δαμασκοῦ ἔπηλυς σὺν στρατῷ ἀφιγμένος ἐκ τῆς γῆς ὑπὲρ Βαβυλῶνος Χαλδαίων λεγομένης, μετ' οὐ πολὺν δὲ χρόνον μεταναστὰς, καὶ ἀπὸ ταύτης τῆς χώρας σὺν τῷ σφετέρῳ λαῷ, εἰς τὴν τότε μὲν Χαναναίαν λεγομένην, νῦν δὲ Ἰουδαίαν, μετῴκησε, καὶ οἱ ἀπ' ἐκείνου πληθυνθέντες, περὶ ὧν ἐν ἑτέρῳ λόγῳ διέξειμι τὰ ἱστορούμενα. τοῦ δὲ Ἀβράμου ἔτι καὶ νῦν ἐν τῇ Δαμασκηνῇ τὸ ὄνομα δοξάζεται, καὶ κώμη ἀπ' αὐτοῦ δείκνυται, Ἀβράμου οἴκησις λεγομένη. *Abrames in Damasco regnavit, qui advena cum exercitu illuc venerat ex ea regione quæ supra Babylonem sita, Chaldæorum dicitur. At non multo post tempore cum s-*

scenum, [8] Artapanum, Eupolemum, Demetrium, partim & [9] apud vetustissimum Orphicorum scriptorem exstat & nunc aliquid [1] apud Justinum ex Trogo Pompeio. [2] Apud eosdem ferme omnes, exstat

multitudine cum hic emigrans pervenit in terram, quæ tunc Chananæa vocabatur, nunc Judæa dicitur, ubi & illi habitarunt qui ab eo orti sunt plurimi. quorum res alibi memorabo. Abrami autem in Damascena regione etiam nunc celebre est nomen, monstraturque vicus qui ab eo dicitur Abramæ habitatio.

8 *Artapanum, Eupolemum, Demetrium*] Habes quæ horum nomine ex Alexandro Polyhistore adfert Eusebius in Præp lib IX. cap 16, 17, 18 & 23. Loca sunt longiora, quam ut hic transcribam. Ante Eusebium nemo est, qui ea produxerit. Sed ex altari in Bethel ab Jacobo structo, de quo agitur Gen XXXV venit fabula τῶν βαιτυλίων, quam ex Philone Byblio habet Eusebius lib. I Præpar c 10

9 *Apud vetustissimum Orphicorum scriptorem.*] Certe enim de alio accipi ista non possunt, quæ apud Clementem Alexandrinum Strom. V & Eusebium libro XIII capite 12. legimus

Οὐ γάρ κέν τις ἴδοι θνητῶν μερόπων κραίνοντα
Εἰ μὴ μουνογενής τις, ἀποῤῥὼξ φύλου ἄνωθεν
Χαλδαίων, ἴδρις γὰρ ἔην ἄστροιο πορείης,
Καὶ σφαίρης κίνημ' ἀμφὶ χθόνα ὡς περιτέλλει
Κυκλοτερές, ἐν ἴσῳ τε, κατὰ σφέτερον κνώδακα.

Nemo illorum vidit mortalium cuncta regentem,
Unus at hic nisi Chaldæo sanguine cretus
Norat enim Solis qua se astra lege rotare,
Et circum terram ut magnus se volvat orbis
Æqualisque utrisque, suis sita circumplexus.

Ubi Abrahamus μουνογενὴς sic dicitur, ut apud Esaiam LI cap 2 אחד Ex cognitione autem siderum celebratus Abrahamus etiam Beroso, ut jam audivimus, Eupolemus apud Eusebium de eodem "Ος δὴ καὶ τὴν ἀστρολογίαν καὶ τὴν Χαλδαϊκὴν [illegible] *Hunc repertorem fuisse & scientiæ sideralis & disciplinæ insuper Chaldaicæ*

1 *Apud Justinum ex Trogo Pompeio*] Lib XXXVI cap 2. *Judæis origo Damascena, Syriæ nobilissima civitas Post Abraham & Israhel Reges fuere* Reges hos ut Nicolaus, sic Trogus Pompeius dixere, quod in suis familiis jus regium obtinuerint Itaque & Χριστοὶ vocantur Ps. CV. 15.

2 *Apud eosdem ferme omnes exstat & Mosis actorumque ejus memoria*] Vide Eusebium dicto lib IX c 26, 27, 28 Quæ ex Tragico Judæo Ezechiele ibidem citantur, vera sunt, & partem eorum habes apud Clementem Alexandrinum Strom. I. qui ex mystarum libris adfert

exstat & Mosis actorumque ipsius memoria. [3] Nam & aqua extractum, & duas à Deo tabulas ei datas, Orphica carmina diserte memorant. His [4] adde Polemonem, [5] & de exitu ex Ægypto non pauca

refert Ægyptium à Mose verbis occisum; & Strom. V. ex Artapano quædam habet ad Mosem pertinentia, sed non satis ex vero. Justinus ex Trogo Pompeio de Mose: *Dux igitur exsulum factus, sacra Ægyptiorum furto abstulit; quæ repetentes armis Ægyptii, domum redire tempestatibus compulsi sunt. Itaque Moses Damascena, antiqua patria repetita, Montem Sinam occupat.* & quæ sequuntur vera falsis mixta. Ubi Arvas apud eum scribitur, Arnas legendum est. Is est Aaron, non filius, ut hic exstimavit, sed frater Mosis, & Sacerdos.

3 *Nam & aqua extractum & duas à Deo tabulas ei datas Orphica carmina diserte memorant.*] Ut quidem ea emendavit maximus Scaliger, qui literarum vicinarum admodum ductus mutavit, pro eo quod ex Aristobulo Eusebius Præparationis Evangelicæ libro XIII cap. 12 citat ὑλογενής, legere nos jussit ὑδογενής, ut versus sic habeant.

Ὡς λόγος ἀρχαίων, ὡς ὑδογενὴς διέταξεν
Ἐκ θεόθεν γνώμαισι λαβὼν κατὰ δίπλακα θεσμόν.
Ut veterum fama est, ut jussit flumine natus,
Dona Dei tabulas geminas qui sensibus hausit.

Subjungit autem hæc, quisquis ille fuit vetustissimus scriptor Orphicorum, postquam dixerat unum Deum esse colendum rerum omnium artificem ac moderatorem.

4 *Adde Polemonem.*] Videtur is vixisse temporibus Ptolemæi Epiphanis, qua de re vide utilissimum Viri Cl. Gerardi Vossii de Græcis historicis librum. Africanus historias Græcas ab eo scriptas ait, qui idem liber est quem Ἑλληνικὸν vocat Athenæus. Sunt autem ejus hæc verba: Ἐπὶ Ἄπιδος τοῦ Φορωνέως μοῖρα τοῦ Αἰγυπτίων στρατοῦ ἐξέπεσεν Αἰγύπτου, οἳ ἐν τῇ Παλαιστίνῃ λεγομένῃ Συρίᾳ οὐ πόῤῥω Ἀραβίας ᾤκησαν. *Regnante Apide Phoronei filio pars exercitus Ægyptiaci Ægypto excidit, habitaruntque illi in ea Syria quæ Palæstina dicitur, ab Arabia non longe.* Sicut Polemonis locum Africanus, ita Africani servavit in Chronicis Eusebius.

5 *Et de exitu ex Ægypto non pauca ex Ægyptiis Manethone, Lysimacho, Chæremone.*] Loca sunt apud Josephum contra Apionem plena mendaciis, utpote profecta à gente semper Judæis infestissima, unde & sua hausit Tacitus. Apparet autem ex his omnibus, inter se collatis, Hebræos ab Assyriis ortos, parte Ægypti potitos, ibi pastoritiam egisse vitam, sed operis postea servilibus pressos, exiisse Ægypto, Ægyptiis etiam quibusdam ipsis comitantibus, Mose duce, perque Arabum terras postremo pervenisse in Syriam Palæstinam, ibique instituta eos

pauca ex Ægyptiis, Manethone, Lysimacho, Chæremone. Neque vero cuiquam prudenti credibile fiet Mosem, [6] qui non Ægyptios tantum hostes habebat, sed & plurimas gentes alias, [7] Idumæos, [8] Arabas, [9] Phœnicas, vel de Mundi ortu & rebus antiquissimis ea ausum palam prodere, quæ aut aliis scriptis prioribus revinci possent, aut pugnantem sibi haberent persuasionem veterem atque communem vel de sui temporis rebus ea prædicasse, quæ viventium multorum testimoniis possent refelli. Meminerunt Mosis & [1] Diodorus

secutos Ægyptiorum instituti contraria. Cæterum quomodo in his quæ huic historiæ adspersere mendaciis scriptores Ægyptii inter se, quidam & secum singuli pugnent, quotque illa sæculis ab antiquitate Mosis librorum vincantur, egregie ostendit in illo libro eruditissimo Josephus.

6 *Qui non Ægyptios tantum hostes habebat.*] A quibus cum vi abscesserant quorum instituta reciderant Judæi De odio Ægyptiorum implacabili, adversus Hebræos, vide Philonem, tum contra Flaccum, tum in Legatione ac Josephum in utroque contra Appionem libro.

7 *Idumæos*] Heredes veteris odii inter Jacobum & Esavum, ad quod nova accessit causa, cum Hebræis Idumæi transitum negarunt Num xx 14

8 *Arabas*] Illos, scilicet, ab Ismaele ortos.

9 *Phœnicas*] Chananæos, scilicet, vicinasque gentes, in quos Hebræis bellum æternum

1 *Diodorus Siculus.*] In libro 1 agens de iis, qui Deos auctores suis legibus inscripserint, addit· παρα Ἰουδαίοις δὲ Μωσῆν τὸν Ἰάω ἐπικαλούμενον Θεὸν *Ut Moses qui apud Judæos Deum, qui Iao vocatur* Ubi Ἰάω est יהוה, quod eodem modo extulere & oracula & Orphica antiquis memorata, & hæretici Basilidiani, aliique Gnostici Idem nomen Tyrii, ut ex Philone Byblio discimus, extulere, Ἰευώ, alii Ἰαῦ ut apud Clementem Alexandrinum est Samaritani Ἰαβαί, ut apud Theodoretum legimus Nimirum Orientis populi iisdem vocibus alii alias tribuebant vocales, unde in propriis nominibus Veteris Testamenti tanta diversitas. Esse in hac voce τοῦ ὄντος significationem vere dictum Philoni Præter Diodorum qui Mosis meminerint, Parænesis ad Græcos, quæ Justino adscribitur, nominat Polemonem, Appionem, Ptolemæum Mendesium, Hellanicum, Philochorum, Castorem, Thallum, Alexandrum Polyhistorem Quosdam horum & Cyrillus contra Julianum libro 1.

Siculus,

Siculus, & [2] Strabo, [3] & Plinius, [4] Tacitus quoque, [5] & post eos Dionysius Longinus de sermonis sublimitate.

2 *Et Strabo*] Locus est libro ejus XVI ubi quod Ægyptium Sacerdotem Mosem fuisse putat, ab Ægyptiis habet scriptoribus, ut ex Josepho apparet. Addit deinde, dogmata ejus non sine aliquo errore describens. Συνεξῆραν αὐτῷ πολλοὶ τιμῶντες τὸ θεῖον· ἔφη γὰρ ἐκεῖνος καὶ ἐδίδασκεν, ὡς οὐκ ὀρθῶς φρονοῦσιν οἱ Αἰγύπτιοι θηρίοις εἰκάζοντες καὶ βοσκήμασι τὸ θεῖον, οὐδ' οἱ Λίβυες· οὐκ εὖ δὲ, οὐδὲ οἱ Ἕλληνες, ἀνθρωπομόρφους τυποῦντες· εἴη γὰρ ἓν τοῦτο μόνον θεὸς, τὸ περιέχον ἡμᾶς ἅπαντας καὶ γῆν καὶ θάλατταν, ὃ καλοῦμεν οὐρανὸν καὶ κόσμον καὶ τὴν τῶν ὄντων φύσιν· τούτου τίς ἂν εἰκόνα πλάττειν θαῤῥήσειε νοῦν ἔχων ὁμοίαν τινὶ τῶν παρ' ἡμῖν, ἀλλ' ἐᾶν δεῖ πᾶσαν ξοανοποιΐαν, τέμενος ἀφορίσαντας καὶ σηκὸν ἀξιόλογον τιμᾶν ἕδους χωρίς. *Affirmabat ille, docebatque non recte sentire Ægyptios, qui ferarum pecorumque imagines numini tribuerent; sed nec Afros & Græcos qui humanas. Nihil aliud esse Deum, quam unum illud, quod nos cunctos terramque & mare contineret, quod cœlum dicimus & mundum rerumque naturam. Huic, ajebat, quis prudens audeat fingere imaginem rebus, quæ apud nos sunt, similem? Abstinendum ergo ab omni simulacrorum effictione, sed structo templo inque eo adyto quam magnificentissimo ibi sine ulla figura colendum Deum.* Addit viris bonis id persuasum. Addit instituta ab eo sacra & ritus nec impensis gravia, nec lymphatico furore odiosa. Narrat circumcisionem, cibos vetitos, alia: & cum ostendisset hominem natura sua animal esse societatis civilis appetens, ad eam ducere præcepta humana ac divina, divina vero efficacius.

3 *Et Plinius.*] Libro XXX cap. I. *Est & alia magices factio à Mose.* Juvenalis.

Judaicum ediscunt & servant
& metuunt jus,
Tradidit arcano quodcunque
volumine Moses.

4 *Tacitus quoque*] Histor. v. ubi juxta Ægyptiorum fabulas *Unus exsulum* dicitur.

5 *Et post eos Dionysius Longinus*] Vixit is tempore Aureliani Imperatoris, gratus Zenobiæ Palmyrenorum Reginæ. Is in libro de sublimi dicendi genere, cum dixisset de Deo loquentes curare debere, ut eum nobis magnum sincerumque & impermistum exhibeant. Ταύτῃ καὶ ὁ τῶν Ἰουδαίων θεσμοθέτης, οὐχ ὁ τυχὼν ἀνήρ, ἐπειδὴ τὴν τοῦ Θείου δύναμιν κατὰ τὴν ἀξίαν ἐχώρησε κἀξέφηνεν, εὐθὺς ἐν τῇ εἰσβολῇ γράψας τῶν νόμων· εἶπεν ὁ Θεός, φησί τί, γενέσθω φῶς καὶ ἐγένετο· γενέσθω γῆ καὶ ἐγένετο. *Sic egit & is qui Judæis leges condidit, vir minime vulgaris ingenii, ut qui Dei potentiam digne & conceperit & elocutus fuerit, statim in principio legum hæc scribens, Dixit, ait, Deus. Quid? Fiat lux & facta est. Fiat terra & facta est.* Chalcidius multa ex Mose habet, & de eo sic loquitur. *Sapientissimus Moses,*

sublimitate Jamnis autem & Mambres, qui in Ægypto Mosi restiterunt, [6] præter Thalmudicos, [7] Plinius & [8] Apuleius Legis ipsius per Mosem datæ, ac rituum, [9] tum alibi nonnulla exstant, [1] tum apud Pythagoricos plurima. [2] Veteribus Judæis

Moses, non humana facundia, sed divina, ut ferunt, inspiratione venerabilis

6 *Præter Thalmudicos*] In Gemara titulo de Oblationibus, cap Omnes oblationes Synagogæ Ac de Tanchuma sive Ilmedenu Dicuntur ibi principes Magorum Pharaonis & colloquium eorum cum Mose refertur Accedat Numenius lib III De Judæis Verba ejus profert Eusebius lib VIII cap. 8. Τὰ δ' ἑξῆς Ἰαμνῆς καὶ Μαμβρῆς Αἰγύπτιοι ἱερογραμματεῖς ἄνδρες οὐδενὸς ἥττους μαγεῦσαι κριθέντες εἶναι, ἐπὶ Ἰουδαίων ἐξελαυνομένων ἐξ Αἰγύπτου. Μουσαίῳ γοῦν τῷ Ἰουδαίων ἐξηγησαμένῳ, ἀνδρὶ γενομένῳ Θεῷ εὔξασθαι δυνατωτάτῳ, οἱ παραστῆναι, ἀξιωθέντες ὑπὸ τοῦ πλήθους τοῦ τῶν Αἰγυπτίων, οὗτοι ἦσαν· τῶν τε συμφορῶν ἃς ὁ Μουσαῖος ἐπῆγε τῇ Αἰγύπτῳ τὰς νεανικωτάτας αὐτῶν ἐπιλύσασθαι ὤφθησαν δυνατοί *Deinceps vero Jamnes & Mambres sacrorum scribæ Ægyptii, magicis artibus præstare crediti, quo tempore exacti sunt ex Ægypto Judæi. Namque ab omni Ægyptiorum multitudine electi sunt, ut Musæo resisterent Judæorum duci, viro precibus apud Deum potentissimo, hi fuere, ac gravissimas calamitates à Musæo in Ægyptum invectas coram omnibus depellere quiverunt* Ubi Mosem voce vicina & Græcis usitata Musæum vocat, sicut alii Jesum Jasona, Saulum Paulum Ad eundem Numenii locum nos remittit Origenes adversus Celsum IV Artapanus apud eundem Eusebium lib. IX c 27. hos vocat τοὺς ἱερεῖς, ὑπὲρ Μέμφιν, *Sacerdotes supra Memphim*, quibus à rege ad mortem indictam, ni paria Mosi patrarent.

7 *Plinius*] Dicto jam loco.

8 *Apuleius*] Apologetico secundo.

9 *Tum alibi nonnulla exstant.*] Ut apud Strabonem, Tacitum, Theophrastum, productum à Porphyrio de non edendis animalibus secundo, ubi de sacerdotibus & holocaustis; & quarto ejusdem operis, ubi de vetitis edi tum piscibus, tum animantibus aliis Vide & Hecatæi locum apud Josephum, primo contra Appionem, & apud Eusebium in Præpar lib. IX c 4. Legem vitandæ consuetudinis alienigenarum habes in Justini Tacitique historia: de suilla non edenda apud Tacitum, Juvenalem, Plutarchum Sympos IV. cap 5 Macrobium ex antiquis. apud Plutarchum dicto loco & Levitas, & σκηνοπηγίαν reperies.

1 *Tum apud Pythagoricos plurima*] Hermippus vita Pythagoræ, citatus ab Josepho adversus Apponem II Ταῦτα δὲ ἔπραττε καὶ ἔλεγε, τὰς Ἰουδαίων καὶ Θρᾳκῶν δόξας μιμούμενος καὶ

μετα-

Judæis insigne & religionis & Justitiæ testimonium perhibent, & Strabo, & ex Trogo Justinus ita ut jam, quæ de Jesu, aliisque, aut reperiuntur, aut reperta olim sunt, Hebræorum libris consententia, adferre ne opus quidem sit; cum qui Mosi

μεταφέρων εἰς ἑαυτὸν ἀληθῶς γὰρ ὁ ἀνὴρ ἐκεῖνος πολλὰ τῶν παρὰ Ἰουδαίοις νομίμων, εἰς τὴν αὐτοῦ μετῆγε φιλοσοφίαν *Hæc faciebat dicebatque Judæorum ac Thracum opiniones imitans & sibi vindicans Vere enim vir ille multa Judæorum instituta in suam philosophiam transtulit* Τὸ θνησιμαίων ἀπέχεσθαι, abstinere morticinis, inter Pythagoræ præcepta ponit Hierocles, Porphyrius epistola ad Anebonem, & Ælianus lib IV id est ex Levit VII 15. Deut XIV 21 Θεοῦ τύπον μὴ ἐπίγλυφε δακτυλίῳ, ex Pythagora est apud Malchum sive Porphyrium, Horatione ad Philosophiam, & apud Diogenem Laertium; id ex Decalogi est præcepto secundo. *Quod non posuisti ne tollas,* inter Judaica ponit Josephus contra Appionem libro altero, inter Pythagorica Philostratus. Jamblichus ἥμερον φυτὸν καὶ ἔγκαρπον μήτε βλάπτειν, μήτε φθείρειν, *arbor mitis & frugifera ne corrumpatur, neve ei noceatur* Ex Deut XX 19 Non transeundum locum ubi asinus in genua sederit, Pythagoræ tribuit is quem dixi, Hermippus. Origo ex historia quæ est Num XXII 27. Platonem quoque multa ex Hebræis sumpsisse agnoscebat Porphyrius, ut Theodoretus notat sermone contra Græcos I. Partem eorum videbis in Præparatione Eusebii.

[Vereor tamen ne *Hermippus*, aut *Josephus*, pro *Judæis*, debuerint dicere *Idæos*, hoc est, sacerdotes Jovis Idæi in Creta, quos invisit *Pythagoras* Vide quæ de iis collegit *Joan Marshamus* ad Sæc x rerum Ægyptiacarum Canonicas]

2 *Veteribus Judæis insigne & religionis & justitiæ testimonium perhibent & Strabo & ex Trogo Justinus*] Strabo quidem lib. XVI post Mosis historiam Οἱ δὲ διαδεξάμενοι χρόνους μέν τινας ἐν τοῖς αὐτοῖς διέμενον δικαιοπραγοῦντες καὶ θεοσεβεῖς ὡς ἀληθῶς, *Successores vero ad aliquod tempus in iisdem institutis manserunt juste agentes vereque religiosi* Idem paulo post eos qui Mosi crediderant ait fuisse τιμῶντας τὸ θεῖον, *Dei reverentes,* καὶ εὐνομοῦντες, *æqui amantes* Justinus vero sic, lib. XXXVI c 2 *Quorum* (Regum, scilicet, & Sacerdotum) *justitia religione permixta, incredibile quantum coaluere* Aristoteles quoque magnum sapientiæ & eruditionis testimonium Judæo, quem viderat, præbuit, Clearcho teste, lib o secundo de Somno, quem exscripsit Josephus. Tacitus inter multa falsa hoc vere, coli ab Judæis, *summum illud & æternum, neque mutabile, neque interiturum*, id est, Deum, ut de iisdem Judæis agens Dio Cassius loquitur, ἄῤῥητον καὶ ἀειδῆ, *qui nec voce exprimi, nec oculis conspici possit.*

fidem

fidem habeat, quæ, nisi inverecunde admodum, negari ei non potest, is omnino crediturus sit eximia olim prodigia à Deo edita: quod hic præcipue spectamus. Posteriorum vero temporum miracula, puta [3] Eliæ, Elisæi & aliorum, eo minus conficta censeri debent, quod illis temporibus & innotuisset jam magis Judæa, & ob diversitatem religionis in magno esset odio vicinorum, quibus facillimum fuisset refellere nascentem mendacii famam. Jonæ historia, qui triduo intra cetum fuerit, [4] est apud Lycophronem, & Æneam Gazæum; nisi quod subjectum est nomen Herculis, in cujus claritatem referri solitum quicquid ubique magnificum esset, [5] notatum Tacito. Certe Julianum, Judæorum, non minus quam Christianorum, hostem, historiæ evidentia coegit fateri, & [6] viros divino spiritu afflatos vixisse inter Judæos, & [7] ad Mosis atque Eliæ

3 *Eliæ.*] De cujus Prophetia Eupolemo scriptum librum dicit Eusebius Præp. lib. IX. c. 30. Ejusdem locum de Jeremiæ Prophetiis profert eodem libro Eusebius c. XXXIX.

4 *Est apud Lycophronem*] Versus hi sunt

Τριεσπέρου λέοντος, ὅν ποτε γνάθοις
Τρίτωνος ἠμάλαψε κάρχαρος κύων·
Ἔμπνους δὲ δαιτρὸς ἡπάτων φλογούμενος
Τινθῷ λέβητος, ἀφλόγοις ἐπ' ἐσχάραις
Σμήριγγας ἐστάλαξε κωδείας πέδῳ.

Trivesperi leonis, olim quem suis
Malis voravit sæva Tritonis canis,
Cum vivus intra, ceu coquus, versans jecur
Ino lebetis in sine ignibus foco,
Sudore totum per caput madesceret

Ad quem locum Tzetzes. Διὰ τὸ ἐν τῷ κήτει τρεῖς ἡμέρας ποιῆσαι· *quia per triduum intra cetum fuit.* Æneas Gazæus, Theophrasto ὥσπερ καὶ Ἡρακλῆς ᾄδεται, διαρραγείσης τῆς νεὼς ἐφ' ἧς ἔπλει, ὑπὸ κήτους καταποθῆναι καὶ διασώζεσθαι. *Sicut Hercules narratus, fracta qua vehebatur nave, à ceto voratus incolumis factus.*

5 *Notatum Tacito*] Germ. 34. & Servio, tum Varrone, tum Verrio Flacco auctoribus.

6 *Viros divino spiritus afflatos vixisse inter Judæos*] Libro III. apud Cyrillum.

7 *Ad Mosis atque Eliæ sacrificia ignem cœlitus delapsum*] Julianus in libro Cyrilli decimo: Προσάγειν δὲ ἱερεῖα βωμῷ καὶ θύειν παρ-

Eliæ sacrificia ignem cœlitus delapsum. Ac sane notandum in hac parte est, non modo [8] supplicia gravia, apud Hebræos, constituta fuisse in eos qui Prophetiæ munus falso sibi arrogarent; sed [9] plurimos Reges qui auctoritatem sibi eo modo conciliare poterant, plurimos viros eruditissimos, [1] qualis Esdras, atque alii, numquam ausos eum sibi honorem arrogare, [2] nec aliquot sæculis quemquam ante Jesus tempora. Multo vero minus imponi populo tot millium potuit in adseveratione prodigii, quasi perpetui ac publici, id est, [3] oraculi ejus,

παρῃτήσατε· πῦρ γάρ, φησιν, οὐ κάτεισιν ὥσπερ ἐπὶ Μωσέως τὰς θυσίας ἀναλίσκον· ἅπαξ τοῦτο ἐπὶ Μωσέως ἐγένετο, καὶ ἐπὶ Ἠλίου τοῦ Θεσβίτου πάλιν μετὰ πολλοὺς χρόνους. *Aris admovere victimas & sacrificare diffugitis. Nempe, quod ignis de cœlo non descendat ut Mosis tempore, & victimas consumat. Atqui id semel tantum accidit sub Mose, & multo post tempore, cum viveret Elias Thesbita.* Vide & sequentia de igne cælesti. Cyprianus Testimoniorum III. *Item in sacrificiis quæcumque accepta habebat Deus, descendebat ignis de cœlo qui sacrificata consumeret.* Menander autem in Phœnicum historia meminerat summæ illius siccitatis, quæ Elia florente contigit, id est, regnante apud Tyrios Ithobalo. Vide Josephum Antiquæ historiæ lib VIII. cap. 17.

8 *Supplicia gravia apud Hebræos constitua fuisse in eos, qui Prophetiæ munus sibi falso arrogarent*] Deut. XIII. 5 XVIII. 20 & seq

9 *Plurimos Reges.*] Nemo id ausus post Davidem.

1 *Qualis Esdras*] Ad illa tempora adscribere solent Hebræi. *Hactenus Prophetæ, jam incipiunt Sapientes.*

2 *Nec aliquot sæculis quemquam ante Jesu tempora.*] Itaque libro I Macchab. IV. 46 legimus contaminati altaris lapides sepositos seorsum, μέχρι τοῦ παραγενηθῆναι προφήτην τοῦ ἀποκριθῆναι περὶ αὐτῶν. *Donec veniret Propheta qui de iis responderet.* Ejusdem libri cap IX 20. Καὶ ἐγένετο θλίψις μεγάλη ἐν τῷ Ἰσραήλ, ἥτις οὐκ ἐγένετο ἀφ' ἧς ἡμέρας οὐκ ὤφθη προφήτης αὐτοῖς. *Facta est tribulatio magna in Israel, quæ non est facta a qua die non est visus Propheta eis.* Idem legis in Thalmude, titulo de Synedrio.

3 *Oraculi eius, quod ex pectorali summi Pontificis effulgebat*] Vide Exodi XXVIII 30 Levit. VIII 8 Num XXVII 21. Deut XXXIII. 8 I Sam. XXI. II. XXII 10 13 15 XXIII. 2 3. 9 10 11 12. XXVIII 6 Adde Nehemiam VII 65 Adde Josephum lib. III 9 Hoc est ἐρώτημα δήλων apud Sirachidem XXXIII.

ejus, quod ex pectorali summi Pontificis[4] effulgebat: quod durasse ad excidium usque templi primi, tam firme à Judæis omnibus semper creditum est, ut necesse omnino sit, eorum majores id habuisse compertissimum.

§ XVII. *Probatum idem, quod supra, ex prædictionibus.*

Huic ex miraculis argumento adfine est alterum ad probandam Dei providentiam non minus effi-

XXVIII. 4. Nam vox δῆλα proprie respondet Hebræo אורים, atque ita vertunt LXX. dictis locis Num. XXVII. 21. 1 Sam. XXVIII. 6. & alibi δήλωσιν, ut Exodi XXVIII. 26. Levit. VIII. 8. תמים vero idem vertunt ἀλήθειαν. Imitati hoc, sed ut pueri virorum res imitantur, Ægyptii. Diodorus lib. I. in rebus Ægyptiorum describit ἀρχιδικαστὴν ἔχοντα τὴν ἀλήθειαν ἐξηρτημένην ἐκ τοῦ τραχήλου. *Summum judicem qui habebat de collo pendentem veritatem.* Atque iterum postea: Συντάξεις δὲ τῶν ἀναγκαίων παρὰ τοῦ βασιλέως τοῖς μὲν δικασταῖς ἱκαναὶ πρὸς διατροφὴν ἐχορηγοῦντο, τῷ δ' ἀρχιδικαστῇ πολλαπλάσιοι. ἐφόρει δ' οὗτος περὶ τὸν τράχηλον ἐκ χρυσῆς ἁλύσεως ἠρτημένον ζῴδιον τῶν πολυτελῶν λίθων, ὃ προσηγόρευον ἀλήθειαν. τῶν δ' ἀμφισβητήσεων ἤρχοντο ἐπειδὰν τὴν τῆς ἀληθείας εἰκόνα ὁ ἀρχιδικαστὴς προσθοῖτο. *Salaria ad victum reliquasque res necessarias à Rege judicibus præbebantur: amplissima autem summo judici. Gestabat is de collo pendens ex aurea catena simulacrum è pretiosis lapidibus, cui nomen Veritas. Causæ autem dictio tunc incipiebat, cum hoc Veritatis simulacrum sibi summus judex aptasset.* Ælianus variæ historiæ lib. XIV. cap. 34. Δικασταὶ δὲ τὸ ἀρχαῖον παρ' Αἰγυπτίοις ἱερεῖς ἦσαν· ἦν δὲ τούτων ἄρχων ὁ πρεσβύτατος, καὶ ἐδίκαζεν ἅπαντας. ἔδει δὲ αὐτὸν εἶναι δικαιότατον ἀνθρώπων καὶ ἀφειδέστατον. εἶχε δὲ καὶ ἄγαλμα περὶ τὸν αὐχένα ἐκ σαπφείρου λίθου, καὶ ἐκαλεῖτο τὸ ἄγαλμα, ἀλήθεια. *Apud Ægyptios qui judicabant, sacerdotes olim erant. Eorumque princeps, qui ætate anteibat cæteros: is in omnes jus dicebat. Eum vero esse oportebat omnium & justissimum & parcentem nemini. Gerebat autem de collo imaginem ex sapphiro, eaque imago Veritas dicebatur.* Gemara Babylonica capite I. codicis Joma ait, in secundo Templo defuisse quæ in primo fuerant, Arcam cum propitiatorio & Cherubim, Ignem cœlitus lapsum, Schechina, Spiritum sanctum, Urim & Thummim.

4 *Effulgebat*] Est hæc conjectura Rabbinorum, nullis Scripturæ verbis nixa. Credibilius multo est Sacerdotem ipsum oracula ore protulisse. Vide notata à nobis ad Exod. XXVIII, 30, Num. XXVII. 21. *Clericus.*

cax,

cax, ex prædictionibus rerum futurarum, quæ apud Hebræos plurimæ exstant, & apertissimæ. [5] ut de orbitate ejus, qui Hierichuntem restitueret de exscindendo per regem, Josiam nomine, templo Bethelis, [6] trecentis & amplius annis priusquam res eveniret. Sic [7] Cyri quoque nomen ipsum ac res præcipuæ præsignificatæ ab Esaia, exitus obsidionis, qua Chaldæi Hierosolyma cinxerunt, ab Jeremia: [8] à Daniele vero translatio imperii ab Assyriis ad Medos ac Persas, [9] inde ad Alexandrum Macedonem, [1] cujus deinde ex parte successores forent Lagidæ, & Seleucidæ, quæque mala populus Hebræus ab his omnibus, [2] maxime vero ab Antiocho illustri accepturus esset, adeo perspicue, [3] ut Porphyrius, qui historias Græcas suo adhuc tempore exstantes cum vaticiniis istis contulit, aliter se expedire non potuerit, quam ut

5 *Ut de orbitate ejus qui Hierichuntem restitueret*] Confer Josuæ VI. 26. cum I Reg. XVI. 34.

6 *Trecentis & amplius annis.*] CCCLXI ut Josephus putat Antiquæ historiæ lib. x. c. v.

7 *Cyri quoque nomen ipsum ac res præcipuæ præsignificatæ ab Esaia*] Cap. XXXVII. XXXVIII. Implementum vide cap. XXXIX & LII. Et prophetiæ & implementi testimonium ex Eupolemo adfert Eusebius Præpar. lib. IX. c. 39.

8 *A Daniele vero translatio imperii ab Assyriis ad Medos et Persas*] Daniel. II. 32. 39. V. 28. VII. 5. VIII. 3, 20. X. 20. XI. 2.

9 *Inde ad Alexandrum Macedonem.*] Dicto cap. II. 32. & 39. VII. 6. VIII. 5, 6, 7, 8, 21. X. 20. XI. 3, 4.

1 *Cujus deinde ex parte successores forent Lagidæ et Seleucidæ*] Cap. II. 32, 40. VII. 7. 10, 23, 24. VIII. 22. X. 5, 6, 7, 8, 9, 10, 11, 12, 13, 14, 15, 16, 17, 18, 19, 20.

2 *Maxime vero ab Antiocho illustri accepturus esset*] VII. 8. 11, 20, 24, 25. VIII. 9, 10, 11, 12, 13, 14, 23, 24, 25, 26. XI. 21, 22, 23, 24, 25, 26, 27, 28, 29, 30, 31, 32, 33, 34, 35, 36, 37, 38, 39, 40, 41, 42, 43, 44, 45. XII. 1, 2, 3, 11. Hæc loca, sicut nos, exponunt Josephus lib. X. c. 12. XII. c. 11. & e Bello Judaico lib. I. c. I. Chrysostomus II. adversus Judæos, Josephi utens testimonio & Polychronius, Græcorumque alii.

3 *Ut Porphyrius, &*] Vide Hieronymum passim ad Danielem.

diceret

diceret ea, quæ Danieli tribuebantur, post eventum fuisse scripta: quod perinde est, quasi quis neget, quæ sub Virgilii nomine exstant, & pro Virgilianis habita sunt semper, ab ipso scripta Augusti ævo. Non enim de isto, quod dicimus, magis umquam dubitatum inter Hebræos fuit, quam ne hoc apud Romanos. Addi his possunt oracula plurima & clarissima, [4] apud Mexicanos & Peruanos, quæ Hispanorum in eas terras adventum, & secuturas inde calamitates prædixerunt.

Argumentis aliis.

[5] Referri huc possunt & somnia non pauca, tam exacte congruentia cum eventibus, qui & in se, & in caussis suis, somniantibus erant plane incogniti, ut ad casum, aut casus naturales referri, nisi inverecunde, non possint: cujus generis illustria exempla ex probatissimis scriptoribus, [6] libro de

4 *Apud Mexicanos et Peruanos*] Mira sane sunt quæ de istis oraculis referunt [*Garcilasso de la Vega*] Inca, Acosta, Herrera, alii Vide & Petrum Ciezam tomo II rerum Indicarum

5 *Referri*, &c] Quæ hic habentur non tam probant Deum esse, qui curet res humanas, quam rebus humanis interesse potentiores hominibus naturas inconspicuas, quod tamen qui credunt facile etiam Deum esse credunt. Necesse alioqui non est omnia, quæ sunt præter ordinem naturæ, Deo ipsi tribui, quasi per se omnia faceret, quæ ab hominibus, aut vi rerum corporearum, fieri nequeunt, *Clericus*.

6 *Libro de Anima Tertulliani*] Cap. XLVI ubi notabilia refert somnia Astyagis, Philippi Macedonis, Himeræ feminæ, Laodices, Mithridatis, Balaridis Illyrici, M Tullii, Artorii, Polycratis Samii filiæ, ejus quæ gerula Ciceroni Cleonymi Piclæ, Sophoclis, Neoptolemi tragœdi Habes quædam horum & apud Valerium M x. lib 1. cap 7 præterea Calpurniæ de Cæsare, P Decii & T Manlii Consulum, T. Atinii, M Tullii in exsilio, Annibalis, Alexandri Magni, Simonidis, Crœsi, matris Dionysii tyranni, C. Sempronii Gracchi, Cassii Parmensis, Aterii Rufi equitis Romani, Amilcaris Pœni, Alcibiadis Atheniensis, Arcadis

de anima, Tertullianus congessit. & [7] spectra, non visa tantum, sed & loqui audita, tradentibus hæc historicorum etiam illis, qui à superstitiosa credulitate absunt longissime & nostri quoque ævi testibus qui in Sina, quique in Mexicana & aliis Americæ partibus vixere. Neque spernenda publica illa [8] ad tactum ignitorum vomerum inno-

cadis cujusdam. Sunt & notabilia apud Ciceronem de Divinatione, nec indignum memoratu quod Plinius habet lib. xxv. cap 2 de matre in Lusitania militantis. Adde illa Antigoni & Artuculis, qui Osmanidarum generis auctor, in Monitis Lipsianis lib I. cap. v. 5 & alia quæ collegit vir magnæ diligentiæ Theodorus Zuingerus Voluminis v. lib. IV titulo de insomniis

7 *Spectra non visa tantum, sed & loqui audita.*] Vide Plutarchum, vita Dionis & Bruti, & de eodem Bruto Appianum Civilium quarto, & Florum lib IV cap 7 Adde Tacitum de Curtio Rufo Annalium XI quæ eadem historia est in Epistola Plinii XXVII. lib VII. simul cum altera, de eo quod vidit Athenis philosophus sapiens & intrepidus Athenodorus Vide & quæ apud Valerium Maximum lib I cap VIII. præsertim de Cassio homine Epicureo exterrito ad conspectum Cæsaris à se occisi, & apud Lipsium Monitorum lib. I. cap v. 5. Multas historias tales congesserant Chrysippus, Plutarchus libro de Anima, Numenius secundo libro de Animarum immortalitate, memorante Origene contra Celsum quinto.

8 *Ad tactum ignitorum vomerum innocentiæ examina*] Vide testimonia hac de re congesta à Francisco Jureto ad epistolam Ivonis Episcopi Carnotensis 74. Quam autem id antiquum sit, docet Sophocles Antigone, ubi sic Thebani Oedipodæ loquuntur

Ἦμεν δ' ἕτοιμοι καὶ μύδρους αἴρειν χεροῖν,
Καὶ πῦρ διέρπειν καὶ θεοὺς ὁρκωμοτεῖν.
Τὸ μήτε δρᾶσαι, μήτε τῳ ξυνειδέναι.

In hoc parati tangere ardentes sumus
Massas, per ignes ire, jurare aut Deos.
Nos hujus esse nec reos, nec conscios.

Docet & ex iis quæ in loco Feroniæ apud Soracte olim spectata ferunt Strabo lib. v Plinius Hist natur lib VII. c. 2. & ad Virgilium XI Æneidos Servius. His naturæ ordinem egredientibus addi posse arbitror, quæ contra telorum jactus tutandis corporibus usurpari videmus. Vide & de iis qui exsecta ob religionem lingua locuti, testes certissimos Justinianum l. I. C. de Officio Præfecti prætorio Africæ, Procopium Vandalicorum I Victorem Vitensem libro de Persecutionibus, Æneam Gazæum Theophrasto.

centiæ examina, quorum tot Germanicarum nationum historiæ, ipsæque leges meminerunt.

§ XVIII. *Solvitur objectio, quod miracula nunc non conspiciantur.*

Nec est, quod quisquam objiciat, talia miracula hoc tempore non conspici, nec audiri tales prædictiones. Satis enim est ad probationem divinæ providentiæ, factum id esse aliquando, qua semel constituta, consequens est, ut tam provide ac sapienter nunc credatur Deus abstinere à talibus, quam olim ea usurpaverit. Neque vero æquum fuit, leges universo datas, de rerum cursu naturali & futurorum incertitudine, temere aut semper excedi: sed tum demum, cum digna incidisset causa: ut quo tempore veri Dei cultus toto prope orbe ejectus in uno mundi angulo, id est, in Judæa residebat, & adversus circumfusam impietatem novis sub inde præsidiis muniendus erat; aut cum Christiana Religio, de qua peculiariter mox agemus, ex Dei decreto, per totum Orbem primum spargi debuit.

§ XIX. *Et quod tanta sit scelerum licentia.*

Solent nonnulli, ut de divina providentia dubitent, moveri conspectu scelerum, quorum velut diluvio quodam hic Orbis obruitur: quæ coercere atque reprimere præcipuum contendunt divinæ providentiæ, si qua esset, opus futurum fuisse. Sed facilis est responsio: cum hominem Deus condidisset liberum ad bene maleque agendum, sibi reservata bonitate plane necessaria atque immutabili, [9] æquum haud fuisse, ut malis actionibus

bus

9 *Æquum haud fuisse ut malis actionibus impedimentum poneret et Libertati contrarium.*] Tertullianus adversus Marcionem II.

Tota

bus impedimentum poneret ei libertati contrarium. Cæterum quæcumque ſunt impediendi rationes, cum libertate data non pugnantes, ut legis conſtitutio ac promulgatio, monitus interni externique, cum minis etiam & promiſſis, earum nulla à Deo prætermittitur ſed nec malitiæ effectus ſinit, quo poſſent, evagari. Unde nec imperia everti, nec legum divinarum cognitio plane deleri umquam potuit. Quæ vero permittuntur ſcelera, non carent interim ſuo fructu, cum adhibeantur, ut attingere ſupra cœpimus, aut ad puniendos alios non minus ſceleratos, aut ad corrigendos, qui extra virtutis viam prolapſi ſunt, aut ad exigendum ſpecimen eximium patientiæ atque conſtantiæ ab his, qui magnos in virtute profectus fecerunt. [1] Poſtremo & ipſi, quorum ad tempus diſſimulata videntur ſcelera, pœnas eorum, cum temporis uſura, ſolent ſolvere; ut de iis fiat, quod Deus voluit, qui fecerunt, quod Deus noluit.

Tota ergo libertas arbitrii in utramque partem conceſſa eſt illi, ut ſui dominus conſtanter occurreret, & bono ſponte ſervando, & malo ſponte vitando; quoniam & alias poſitum hominem ſub judicio Dei, oportebat juſtum illud efficere de arbitrii ſui meritis, liberi ſcilicet. Cæterum nec boni nec mali merces jure penſaretur ei, qui aut bonus aut malus neceſſitate fuiſſet inventus, non voluntate. In hoc & lex conſtituta eſt, non excludens, ſed probans libertatem, de obſequio ſponte præſtando, vel tranſgreſſione ſponte committenda, ita in utrumque exitum libertas patuit arbitrii. Mox. *Igitur conſequens erat, uti Deus ſecederet à libertate ſemel conceſſa homini, id eſt, contineret in ſemetipſo & præſcientiam & præpotentiam ſuam, per quas interceſſiſſe potuiſſet, quominus homo, male libertate ſua frui aggreſſus, in periculum laberetur. Si enim interceſſiſſet, reſcidiſſet arbitrii libertatem, quam ratione & bonitate permiſerat.* Tractat hoc ipſum erudite, ut ſolet, Origenes quarto contra Celſum, ubi hoc inter alia Ἀρετῆς ἐὰν ἀνέλῃς τὸ ἑκούσιον, ἀνεῖλες αὐτῆς καὶ τὴν οὐσίαν. *Virtuti humanæ ſi auferas libertatem, ipſam ejus naturam ſuſtuleris.*

1 *Poſtremo*] De hac tota re vide notata ad § VIII.

§ XX.

§ XX. *Sæpe ita ut opprimantur boni.*

Quod ſi quando nulla apparent ſcelerum ſupplicia, &, quod multos infirmos ſolet offendere, boni quidam, malorum violentia oppreſſi, non vitam modo agunt ærumnoſam, ſed & mortem ſæpe ſubeunt, & quidem infamem: non ideo mox tollenda eſt à rebus humanis Dei providentia, quæ tam validis, ut jam diximus, argumentis eſſe oſtenditur; ſed potius, [2] cum ſapientiſſimis viris, ita colligendum eſt.

§ XXI. *Retorquetur hoc ipſum, ad probandum animos ſupereſſe corporibus.*

Cum Deus curet actiones hominum, juſtuſque ſit, & iſta interim fiant, exſpectandum eſt aliquod poſt hanc vitam judicium; ne aut inſignis improbitas ſine pœna, aut magna virtus ſine ſolatio præmioque maneat.

§ XXII. *Quod confirmatur traditione.*

[3] Hoc autem ut ſtatuamus, etiam animos ſupereſſe corporibus ſtatui neceſſe eſt quæ antiquiſſima traditio à primis (unde enim alioqui?) parentibus ad populos moratiores pene omnes manavit; ut [4] ex Homeri carminibus apparet, & [5] ex Philoſophis

2 *Cum ſapientiſſimis viris.*] Ut Stoicis, de quorum ſententia vide *Senecam* in Libro de Providentia, & *M. Ant Mureti* ad eum præfationem Adi & Diſſertationes Arrianeas *Epicteti* *Clericus.*

3 *Hoc autem ut ſtatuamus, etiam animos ſupereſſe corporibus ſtatui neceſſe eſt.*] Qui argumentum hoc fuſius tractatum volet legere, recurrat ad Chryſoſtomum ad 2 Cor. cap. XVIII in Ethico, eundem Tomo VI contra eos qui à dæmonibus ajunt res humanas adminiſtrari, & quarto Sermone de Providentia.

4 *Ex Homeri carminibus apparet.*] Maxime in ea parte quæ νεκυΐα dicitur, cui addi poſſunt ſimiles νεκυΐαι apud Virgilium, Senecam in Oedipode, Lucanum,

losophis non Græcorum tantum, sed & Gallorum veterum, [6] quos Druidas vocabant, & [7] Indorum, quos Brachmanes & ex iis [8] quæ de Ægyptiis [9] & Thracibus, quin & Germanis scriptores plurimi prodiderunt Quin & de judicio divino, post hanc vitam, plurima exstitisse videmus non apud Græcos tantum, [1] sed & apud Ægyptios & [2] Indos,

num, Statium, & quod est 1 Sam. XXVIII.

5 *Ex Philosophis.*] Pherecyde, Pythagora ac Platone omnique horum schola His Empedoclem & oracula plurima adjungit Justinus Apologetico II, Anaxagoram & Xenocratem Theodoretus

6 *Quos Druidas vocabant*] Docebant hi non interire animas, teste Cæsare lib. VI. de bello Gall. Strabo lib IV de iisdem ἀφθάρτους δὲ λέγουσι καὶ οὗτοι καὶ ἄλλοι τὰς ψυχὰς *Et hi & cum his alii interitus expertes dicunt animas.* [Vide & Lucanum Lib. I. 455.]

7 *Et Indorum, quos Brachmanes*] Quorum sententiam sic exprimit nobis Strabo lib XV Νομίζειν μὲν γὰρ δὴ τὸν ἐνθάδε βίον, ὡς ἂν ἀκμὴν κυομένων εἶναι τὸν δὲ θάνατον γένεσιν εἰς τὸν ὄντως βίον καὶ τὸν εὐδαίμονα τοῖς φιλοσοφήσασι. *Hanc vitam habendam esse quasi recens concepti fœtus statum. mortem vero partum esse ad eam, quæ vere vita est, plureque beatam, iis scilicet qui sapientiam sectati fuerint.* Vide & insignem de hac eorum sententia locum, libro IV Porphyrii, De non edendis animalibus

8 *Quæ de Ægyptiis*] Herodotus Euterpe Ægyptiorum esse ait dogma ὡς ἀνθρώπου ψυχὴ ἀθάνατός ἐστι, *morte carere humanas animas.* Idem tradit de iis Diogenes Laertius in prœmio Tacitus lib V. histor. de Judæis. *Corpora condere quam cremare è more Ægyptio Eademque cura. & de inferris persuasio.* Vide de anima Osiridis Diodorum Siculum, & Servium ad VI. Æneidos, cujus pleraque ab Ægyptiis desumta ait

9 *Et Thracibus*] Repete hic locum Hermippi de Pythagora, quem modo ex Josepho protulimus Mela lib II de Thracibus: *Alii redituras putant animas obeuntium alii etsi non redeant, non exstingui tamen sed ad beatiora transire.* De iisdem Solinus c X. *Nonnulli eorum putant obeuntium animas reverti: alii non exstingui, sed beatas magis fieri.* Hinc mos ille lætitiæ signis funera prosequendi, & iis scriptoribus memoratus, & Valerio Max. lib. I c VI 12. Facit ea res credibile quod ex Scholiaste Aristophanis modo diximus, Hebræorum quosdam jam olim venisse in Thraciam

1 *Sed & apud Ægyptios*] Quæ de inferis Orpheus prodidit, ab Ægyptiis sumta ait Diodorus Siculus lib I Repete quæ ex Tacito jamjam habuimus

2 *Indos*] In quorum sententiis ponit Strabo libro XV τῶν καθ' ᾅδου κρίσεων, de judiciis quæ apud inferos exercentur.

ut nos Strabo, Diogenes Laertius, [3] Plutarchus docent; quibus addi potest traditio de Mundo hoc conflagraturo, quæ olim [4] apud Hystaspen & Sibyllas, nunc quoque [5] apud Ovidium [6] & Luca-

3 *Plutarchus*] De his qui sero à Deo puniuntur, & de facie in orbe Lunæ. Vide & egregium ejus locum ex dialogo de Anima recitatum ab Eusebio Præparationis Evangelicæ libro XI. 38.

4 *Apud Hystaspen & Sibyllas*] Testis Justinus Apologetico altero, & Clemens Stromateon VI. unde & illud sumtum quod ex tragœdia citatur:

Ἔσται γὰρ ἔσται κεῖνος αἰῶνος χρόνος,
Ὅταν πυρὸς γέμοντα θησαυρὸν σχάσῃ
Χρυσωπὸς αἰθὴρ· ἡ δὲ βοσκηθεῖσα φλὸξ
Ἅπαντα τἀπίγεια καὶ μετάρσια
Φλέξει μανεῖσ', ἐπὰν δ' ἀρ' ἐκλίπῃ τὸ πᾶν,
Φροῦδος μὲν ἔσται κυμάτων ἅπας βυθός,
Γῆ δενδρέων ἔρημος, οὐδ' ἀὴρ ἔτι
Πτερωτὰ φῦλα βαστάσει πυρούμενος.

Nam veniet ille, veniet haud dubie, dies,
Laxabit ignis cum redundantes opes
Auratus æther. lege tum spreta furens
Terras, & illis quidquid est sublimius,
Depascet ardor. inde cum defecerit
Hoc omne, nullas jam ferent undas vada,
Neque ulla ramos eriget tellus neque
Exustus aer pascet aligerum genus.

[Mallem hæc omissa, cum nemini non suspecta sint *Hystaspis* & *Sibyllarum* Scripta. *Clericus.*]

5 *Apud Ovidium*] Metamorphoseon I.

Esse quoque in fatis reminiscitur adfore tempus,
Quo mare, quo tellus, correptaque regia cœli
Ardeat, & mundi moles operosa laboret.

6 *Et Lucanum*] *Libro I.*

—— Sic cum compage soluta
Sæcula tot mundi suprema coegerit hora,
Antiquum repetent iterum chaos omnia, mistis
Sidera sideribus concurrent. ignea pontum
Astra petent: tellus extendere littora nolet,
Excutietque fretum. fratri contraria Phœbe
Ibit, & obliquum bigas agitare per orbem
Indignata, diem poscet sibi: totaque discors
Machina divulsi turbabit fœdera mundi.

Præiverat Lucano patruus Seneca, fine ad Marciam. *Sidera sideribus incurrent, & omni flagrante materia, uno igne, quicquid nunc ex disposito lucet, ardebit.* [Fuit hæc sententia Stoicorum, de qua vide ad L. II. 10.]

num

-num [7] & Indos Siamenses reperimus: cujus rei indicium [8] & Astrologis notatum, Solem ad terras propius accedens. Etiam cum in Canarias, Americam, & alia longinqua loca primum ventum est, reperta ibi quoque eadem de animis & judicio sententia.

§ XXIII *Cui nulla ratio repugnet*

9 Neque vero ullum potest reperiri ex natura petitum argumentum, quod hanc tam veterem, tam

7 *Et Indos Siamenses*] Vide Ferdinandum Mendesium.

8 *Et Astrologis notatum*] Copernico Revolutionum lib III c. 16. Joachimo Rhætico ad Copernicum, Gemmæ Frisio, Vietæ & Ptolemæum lib. III c. [illegible] Mathematicæ Magnæ [illegible] quibus [illegible] ipsum [illegible] *Et occasum sui rerum labentium probatione testari*, ait Cyprianus ad Demetrianum. [Propior est Terra Soli quando est in Perihelio, hoc est, cum ad apsidem imam ellipseos suæ versatur. Quamvis itidem semper distantius ac erat Terris, tamen hinc liquet, si Deus vellet, propius eam posse accedere, & à Sole, si ita Deo videretur, incendi: quod contingit Cometis. Clericus]

9 *Neque vero ullum &c.*] Res hæc accuratius aliquanto, ex meliore philosophandi ratione, tractari posset, si per angustiam chartæ liceret. 1. Definienda esset *mors animi*, quæ contingeret si aut ipsa animi substantia in nihilum redigeretur, aut si tanta in eo oriretur mutatio, ut facultatum suarum usu omni destitutus esset. Sic & res corporeæ interire dici possunt, si earum substantia desinat esse, aut si forma ita destruatur, ut species ipsa earum pereat, veluti cum plantæ comburuntur, aut putrescunt, quod & animalibus mortuis convenit. 2. Nemo probare queat animi substantiam perire, cum ne corpora quidem ulla intereant, sed tantum dividantur, ac disjiciantur eorum particulæ. Nec probet etiam quisquam animum desinere, post mortem hominis, cogitare, qua in re sita est animi vita; loquor enim, destructo corpore, destructum iri animum, cujus substantiam corpoream esse nemo probabit. 3. Sed nec possumus etiam ostendere, rationibus certe philosophicis ex natura ipsius animi deductis, contrarium, quia nobis non est nota. In nihilum quidem mens natura sua non redigitur, ut nec corpora. Opus est hanc in rem actione singulari Creatoris. Verum posset forte sine cogitatione ulla & sine memoria esse, qui

status

tam late patentem traditionem refellat. Nam quæ perire cernimus omnia, ea pereunt, aut oppositu contrarii validioris, sicut frigus perit vi magna caloris, aut subtractione subjecti, à quo pendent, ut magnitudo vitri fracto vitro, aut defectu causæ efficientis, ut lux Solis abitu. Nullum autem horum potest de animo dici. Non primum, quia nihil potest dari, quod animo sit contrarium, imo ea est ejus natura peculiaris, ut quæ inter se contraria sunt, ea pariter, & eodem tempore, in se capiat suo, id est, intellectuali modo. Non secundum, quia nec subjectum est ullum, a quo pendeat animi natura. [1] Si quod enim esset, id esset corpus humanum. At id non esse ex eo apparet, quod cum vires, quæ corpori inhærent, agendo lassentur, solus animus actione lassitudinem non contrahit. Item [2] corporis vires læduntur

status vocaretur etiam, ut dixi, ejus mors. 4. Sed si animus, corpore dissoluto, in eo statu in æternum maneret, nec umquam ad pristinas cogitationes suas & memoriam rediret, tum nulla ratio reddi posset *Divinæ Providentiæ*, quam tamen argumentis antea allatis, certo prorsus constat. Dei bonitas, ac justitia, amorque Virtutis & odium Vitii, quæ ei inesse nemo dubitare queat, inania essent nomina, cum Deus intra brevia & exigua bona hujus vitæ beneficentiam suam coerceret, Vitiumque & Virtutem nullo discrimine haberet, bonis & malis in æternum æque intereuntibus, nec in hac vita præmia aut pœnas ullas recte, vel secus factorum videntibus. Quo pacto, Deus desineret esse Deus, hoc est, perfectissima natura; sublatoque Deo, nullius propemodum rei rationem reddere possemus, ut satis ostendit *Grotius*, argumentis quibus omnia à Deo creata esse demonstravit. Igitur quandoquidem est Deus, isque amans Virtutis & Vitii osor, sunt quoque animi hominum immortales, præmiisque & pœnis alterius vitæ servantur. Sed pluribus hæc doceri oporteret. *Clericus.*

1 *Si quod enim esset, id esset corpus humanum.*] Id non esse bene probat Aristoteles ex sensibus, libro de anima I. cap. 4. Idem lib. III. cap. 4. Anaxagoram laudat quod *νοῦν ἀμιγῆ* εἶναι, mentem impermistum aliquod, nimirum, ut res alias possit cognoscere.

2 *Corporis vires læduntur à nimia excellentia rei objectæ.*] Aristoteles libro III. de Anima, cap. 5.

læduntur à nimia excellentia rei objectæ, ut visus à Solis luce: at animus, quo circa excellentiora versatur, ut circa figuras à materia abstractas, circa universalia, [3] eo redditur perfectior. Quæ corpori inhærent vires, occupantur circa ea, quæ locis ac temporibus definita sunt, quæ est natura corporis. At animus etiam circa infinitum & æternum. Quare cum in operando animus à corpore non pendeat, ne esse quidem ipsius inde pendet. Nam rerum, quas non cernimus, natura aliunde, quam ex operationibus, colligi nequit. Sed nec tertius ille pereundi modus hic locum habet. Neque enim dari potest causa effectrix, à qua animus semper emanet. Non enim parentes diverjis, cum iis mortuis vivere filii soleant. Quod si quam omnino velimus esse causam, unde emanet animus, non potest alia ea esse, quam causa prima atque universalis, quæ ex parte potentiæ numquam deficit. Ex parte autem voluntatis eam deficere, hoc est, vel e Deum, ut ex-

cap. 5 Ὅτι δ' οὐχ ὁμοία ἡ ἀπάθεια τοῦ αἰσθητικοῦ καὶ τοῦ νοητικοῦ φανερὸν ἐπὶ αἰσθητηρίων καὶ τῆς αἰσθήσεως· ἡ μὲν γὰρ αἴσθησις οὐ δύναται αἰσθάνεσθαι ἐκ τοῦ σφόδρα αἰσθητοῦ, οἷον ψόφου ἐκ τῶν μεγάλων ψόφων, οὐδ' ἐκ τῶν ἰσχυρῶν ὀσμῶν καὶ χρωμάτων, οὔτε ὁρᾶν οὔτε ὀσφρᾶσθαι· ἀλλ' ὁ νοῦς ὅταν τι νοήσῃ σφόδρα νοητόν, οὐχ ἧττον νοεῖ τὰ ὑποδεέστερα, ἀλλὰ καὶ μᾶλλον· τὸ μὲν γὰρ αἰσθητικὸν οὐκ ἄνευ σώματος, ὁ δὲ νοῦς χωριστός. *Non esse autem similem impatibilitatem partis sentientis & intelligentis, apertum est ex sentiendi instrumentis, ipsaque sensione. Sensus enim ubi nimia est res sensibilis sentire nequit, id est, nec audire sonos vehementes, nec odores tales olfacere, nec conspicere colores. At mens ubi aliquid cepit quod egregium sit intellectu, non minus id intelligit quam minora, imo & magis. Id eo venit, quod sentiens pars non sit sine corpore, mens autem aliquid a corpore separabile.* Adde Plotini locum egregium, quem posuit Eusebius in Præparatione libro xv c. 22. Adjunge, quod nimius eos qui ex corpore nascuntur affectus vi sua vincit, ipsique corpori cruciatus interitumque imperat.

3 *Eo redditur perfectior.*] Et quæ magis animum à corpore ſcoucunt, eæ sunt animi actiones excellentiores.

stinguatur animus, nullo potest probari argumento.

§ XXV. Multa favent.

Imo argumenta sunt non levia in contrarium: datum homini [4] dominium in suas actiones, appetitus immortalitatis insitus, conscientiæ vis consolantis se, ob actiones bonas quamvis molestissimas, & spe quadam sustentantis; [5] contra, cruciantis sese ob prave acta, præsertim circa mortem, tanquam sensu imminentis judicii. quam vim [6] sæpe nec pessimi tyranni intra se exstinguere,

4 *Dominium in suas actiones.*] Et in animantia cætera. Adde notitiam Dei & naturarum immortalium. Θνητὸν δὲ οὐδὲν ἀθάνατον οἶδε, ait Sallustius Philosophus. *Nulli naturæ mortali immortalis natura cognita est.* Memoriæ autem [illegible], quam [illegible] graves, quin non Dei causa animus soleat contemnere. Adde quod potentiam intelligendi agendique non habet circumscriptam, ut cætera animantia, sed indefatigabilem, & in infinitum patentem, & sic Deo similem, quæ differentia hominis à cæteris animantibus etiam Galeno notata.

5 *Contra, cruciantis sese ob prave acta, præsertim circa mortem.*] Plato I de Republica prior: Ἐπειδάν τις ἐγγὺς ᾖ τοῦ οἴεσθαι τελευτήσειν, εἰσέρχεται αὐτῷ φόβος καὶ φροντὶς περὶ ὧν ἔμπροσθεν οὐκ εἰσῄει. *Cum jam prope sit ut quis arbitretur se fato functurus, tunc metus ei venit ac sollicitudo earum rerum, de quibus ante non instituerat cogitare.*

6 *Sæpe nec pessimi tyranni intra se exstinguere, cum maxime id vellent, potuerunt.*] Testis illa Tiberii ad Senatum epistola: *Quid scribam vobis, Patres Conscripti, aut quomodo scribam, aut quid omnino non scribam hoc tempore, Dii me Deæque pejus perdant quam perire me quotidie sentio, si scio.* Quæ recitata, addit Tacitus Annalium VI. *Adeo facinora atque flagitia sua ipsi quoque in supplicium verterant. Neque frustra præstantissimus sapientiæ firmare solitus est, si recludantur tyrannorum mentes posse aspici laniatus & ictus, quando ut corpora verberibus, ita sævitia, libidine, malis consultis, animus dilaceretur.* Plato est is, quem hic indicat Tacitus, qui de Republica nono de tyranno. Πένης τῇ ἀληθείᾳ φαίνεται, ἐάν τις ὅλην ψυχὴν ἐπίστηται θεάσασθαι, καὶ φόβου γέμων διὰ παντὸς τοῦ βίου, σφαδασμῶν τε καὶ ὀδυνῶν πλήρης. *Mendicus revera est, si quis universum ipsius animum recte norit inspicere, plenus formidinis per* omnem

guere, cum maxime id vellent, potuerunt, ut multis exemplis apparet.

§ XXV. *Cui consequens est, ut finis hominis sit felicitas post hanc vitam.*

Quod si animus & ejus est naturæ, quæ nullas habeat in se intereundi causas, & Deus multa nobis signa dedit, quibus intelligi debeat, velle ipsum, ut animus superstes sit corpori, non potest finis homini ullus proponi ipso dignior, quam ejus status felicitas. & hoc est, quod Plato, & Pythagorici dixerunt, [7] bonum esse hominis Deo quam simillimum reddi. Qualis autem ea sit felicitas, & quomodo comparetur, possunt quidem homines conjecturis indagare: sed si quid ejus rei à Deo patefactum est, id pro verissimo & certissimo haberi debet.

§ XXVI. *Ad quem comparandum indagandaque a Religio.*

Quod cum Christiana Religio, supra alias, se nobis adferre polliceatur, sitne ei fides habenda, secunda hujus operis parte examinabitur.

omnem vitam, plenus mœroris & cruciatuum His similia idem Philosophus habet in Gorgia Suetonius capite 67, eam quam dixi Tiberii epistolam recitaturus sic præfatur *Postremo semetipse pertæsus talis epistolæ principio tantum non summam malorum suorum professus est.* Ad Platonis locum etiam Claudianus respexit, Rufinum carmine secundo describens.

—— pectus mustæ
Deformant maculæ, vitiisque inolevit imago

7 *Bonum esse hominis Deo quam simillimum reddi*] Quod a Platone accepere Stoici. Notat Clemens, Strom. v.

HUGO GROTIUS
DE
VERITATE
RELIGIONIS
CHRISTIANÆ

LIBER SECUNDUS.

§ I *Ut probetur, hunc titulum Christianæ Religioni competere.*

SEcundus igitur liber, fusis ad Christum in cœlo jam regnantem precibus, ut ea nobis Spiritus sui auxilia subministret, quæ ad rem tantam nos idoneos reddant, consilium explicat, non hoc esse, ut omnia dogmata Christianismi tractentur, sed ut ostendatur, Religionem ipsam Christianam verissimam esse atque certissimam, quod sic orditur.

§ II. *Ostenditur Jesum vixisse.*

Jesum Nazarenum vixisse quondam in Judæa, rerum Romanarum potiente Tiberio, non tantum Christiani, per omnes terrarum oras sparsi, constantissime profitentur; sed & Judæi omnes, qui nunc

nunc sunt, & qui unquam post illa tempora scripserunt. testantur idem & Pagani, hoc est, nec Judaicæ, nec Christianæ Religionis Scriptores, ut [1] Suetonius, [2] Tacitus, [3] Plinius junior, & post hos multi.

§ III. *Eumdem affectum morte ignominiosa.*

Eumdem Jesum à Pontio Pilato Judææ Præside, cruci affixum, omnes quidem Christiani,

1 *Suetonius*] Claudio cap. 25. ubi *Chresto* scribitur pro *Christo*, quia nomen illud Græcis & Latinis notius.

2 *Tacitus*] Libro xv. ubi de Christianorum suppliciis *Auctor nominis ejus Christus qui Tiberio imperitante per Procuratorem Pontium Pilatum supplicio affectus erat.* Ubi flagitia & odium generis humani nihil aliud sunt quam falsorum Deorum neglectus, quam eandem causam etiam Judæis maledicendi Tacitus habuit, & Plinius major, cui Judæi dicuntur *gens contumelia numinum insignis.* Nimirum, Romani plerique ita erant facti, ut, quod Seneca laudat, civilis Theologiæ partes in animi religione non haberent, sed in actibus fingerent, servarentque tanquam legibus jussa, credentes cultum magis ad morem, quam ad rem pertinere. Varronis & Senecæ hac de re sententiam, quæ eadem Taciti, vide apud Augustinum lib. IV. cap. 33. & lib. VI. cap. 10. de Civitate Dei. Interim nota Jesum, qui à Pontio Pilato supplicio affectus est, jam Neronis tempore à multis etiam Romæ pro Christo habitum. Confer quæ apud Justinum sunt Apologetico II. de hac historia, ubi Imperatores & Senatum Romanum alloquitur, qui ex Actis nosse ista poterant.

3 *Plinius junior*] Epistola omnibus obvia, quæ libri decimi est XCVII. cujus & Tertullianus Apologetico meminit, & Eusebius in Chronico. Ubi laudes Christianos carmen Christo, quasi Deo, dicere solitos, obstrictosque inter se, non in scelus aliquod, sed ne furta, ne latrocinia, ne adulteria committerent, ne fidem fallerent, ne depositum appellati abnegarent. Pervicaciam & inflexibilem in iis obstinationem culpat Plinius, in hoc uno, quod deos appellare & simulacris numinum thure ac vino supplicare, ac Christo maledicere nollent, neque ut id facerent ullis tormentis cogi possent. Epistola quæ ei respondet Trajani, eum ait re ipsa manifestum facere Christianum non esse, qui diis Romanis supplicet. Historiam quandam Jesu etiam, apud Numenium Pythagoricum, exstitisse docet Origenes contra Celsum libro quarto.

quanquam ignominiosum videri poterat talem Dominum colentibus, fatentur [4] fatentur & Judæi; cum tamen non ignorent, eo se nomine, quod majores sui Pilato id statuendi auctores fuerint, gravissimam invidiam apud Christianos, quorum sub imperiis passim degunt, sustinere. Pagani vero, quos jam diximus, scriptores idem memoriæ prodiderunt. Imo multo post tempore exstiterunt [5] Acta Pilati, quibus id constaret, ad quæ Christiani nonnunquam provocabant. Neque Julianus, aut alii oppugnatores Christianismi, id umquam in controversiam vocarunt: ita ut nulla excogitari possit historia, quæ certior hac sit; ut quæ tot, non dicam hominum, sed populorum, inter se discordantium testimoniis approbetur. [6] Quod cum ita sit, videmus tamen per dissitissimas Mundi regiones ipsum, ut Dominum, coli.

§ IV. *Et tamen post mortem adoratum etiam à viris sapientibus.*

Neque nostris tantum, aut actis paullo ante temporibus, sed & superioribus, usque dum ad ætatem rei gestæ proximam veniatur, puta sub Neronis imperio, quo tempore plurimos Christi venerationem professos ob id ipsum affectos supplicio, is, quem diximus, Tacitus, & alii testantur.

4 *Fatentur & Judæi.*] Qui vocant תלוי, id est, suspensum Jesum Hierosolymis occisum agnoscit Benjaminus Tudelensis in Itinerario.

5 *Acta Pilati*] Vide Epiphanium in Tessarescedecaticis. [Mallem tamen omissum id argumentum, quia imprudentes Christiani, ad supposititia acta provocare potuerunt, nec satis constat illa umquam genuina fuisse. *Clericus.*]

6 *Quod cum ita sit, videmus tamen per dissitissimas Mundi regiones ipsum, ut Dominum, coli.*] Tractat hoc fusius Chrysostomus ad 2 ad Cor. v. 7.

§ V. *Cujus rei causam aliam esse non posse, quam miracula ab ipso edita.*

Fuerunt autem semper, inter cultores Christi, plurimi, & judicio præditi, & litterarum non rudes: quales (ut de Judæis nunc taceamus) [7] Sergius Cypri Præses, [8] Dionysius Areopagita, 9 Polycarpus, [1] Justinus, [2] Irenæus, [3] Athenagoras, [4] Origenes, [5] Tertullianus, [6] Clemens Alexandrinus, ac porro alii: qui tales cum essent, cur homini ignominiosa morte affecto se cultores addixerint, præsertim cum prope omnes in aliis Religionibus educati essent, nec in Christiana quidquam esset, aut honoris, aut commodi, nulla potest causa reddi, præter hanc unam, quod diligenti inquisitione, qualis viros prudentes in maximi momenti negotio decet, comperissent, veram & firmis testibus subnixam fuisse famam, quæ de miraculis ab eo editis percrebuerat, ut de sanatis sola voce, & quidem palam, morbis gravibus atque inveteratis, de visu reddito ei, qui cæcus natus esset, de auctis non semel panibus in alimenta multorum millium, quæ id testari poterant, de mortuis in vitam revocatis, & quæ plura sunt ejusmodi.

7 *Sergius Cypri Præses.*] Act. XIII. 12.

8 *Dionysius Areopagita.*] Act. XVII. 34.

9 *Polycarpus.*] Qui martyrium passus in Asia, anno Christi CLXIX. juxta Eusebium.

1 *Justinus.*] Qui pro Christianis scripta edidit anno Christi CXLII. Vide eundem Eusebium.

2 *Irenæus.*] Floruit Lugduni anno Christi CLXXXIII.

3 *Athenagoras.*] Atheniensis hic fuit. Floruit autem circa annum Christi CLXXX. ut ex libri inscriptione apparet.

4 *Origenes.*] Floruit circa annum Christi CCXXX.

5 *Tertullianus.*] Celeber anno Christi CCVII.

6 *Clemens Alexandrinus.*] Circa idem tempus. Vide Eusebium.

§ VI. *Quæ miracula non naturali efficaciæ, neque diabolicæ adscribi possunt, sed omnino à Deo sint profecta.*

Quæ quidem fama tam certam atque indubitatam habuit originem, ut edita à Christo prodigia aliqua, [7] neque Celsus, [8] neque Julianus, cum in Christianos scriberent, negare ausi fuerint, [9] Hæbræi vero in Thalmudicis libris aperte fateantur. Naturali vi non patrata fuisse quæ diximus opera, satis hoc ipso apparet, quod prodigia, sive miracula appellantur. Neque vero per naturæ vim fieri potest, ut sola voce aut contactu, morbi graves, & quidem subito, tollantur. Quod si ad naturalem efficaciam referri opera ista aliquo modo potuissent, dictum jam pridem id fuisset ab iis, qui se aut Christi in terris agentis, aut Euangelii ipsius hostes professi sunt. Simili argumento colligimus, nec præstigias fuisse. quia pleraque opera palam gesta sunt, [1] inspectante populo, & in populo multis eruditis Christo male volentibus, cuncta ipsius opera observantibus. Adde quod similia opera sæpe repetita, & ipsi effectus non momentanei, sed permanentes. Quibus, ut oportet, expensis, omnino sequitur, quod & Judæi fatentur, opera hæc processisse à virtute aliqua plusquam humana; id est, à spiritu aliquo bono,

7 *Neque Celsus.*] Cujus verba apud Originem lib II Ἐνομίσατε αὐτὸν εἶναι υἱὸν Θεοῦ, ἐπεὶ χωλοὺς καὶ τυφλοὺς ἐθεράπευσε. *Credidistis eum esse Dei filium, ideo quod claudos & cæcos sanavit.*

8 *Neque Julianus.*] Imo rem fatetur, cum dicit, verbis recitatis à Cyrillo lib. VI. Εἰ μή τις οἴεται τοὺς κυλλοὺς καὶ τυφλοὺς ἰάσασθαι, καὶ δαιμονῶντας ἐφορκίζειν ἐν Βηθσαϊδᾷ καὶ ἐν Βηθανίᾳ ταῖς κώμαις, τῶν μεγίστων ἔργων εἶναι. *Nisi quis existimat inter maxima esse opera, claudos & cæcos integritati restituere, & dæmonio correptos adjuvare in vicis Bethsaidæ aut Bethaniæ*

9 *Hebræi vero in Thalmudicis libris aperte fateantur.*] In titulo Aboda Zara.

1 *Inspectante populo*] Act. XXXVI. 26. Luc. XII. 1.

vel

vel malo. A malo autem ſpiritu non eſſe profecta hæc opera, inde probatur, quod doctrina hæc Chriſti, cui probandæ iſta opera adhibebantur, malis ſpiritibus adverſatur. Vetat enim malos ſpiritus coli, abſtrahit homines ab omni immunditia morum, qua tales ſpiritus delectantur. Rebus quoque ipſis apparet, ubicumque ea doctrina recepta eſt, collabi Dæmonum cultum, [2] & artes magicas, & unum Deum coli, cum deteſtatione Dæmonum quorum vim ac poteſtatem Chriſti adventu infractam [3] Porphyrius ipſe agnovit. Credendum autem non eſt, quemquam malum ſpiritum adeo eſſe imprudentem, ut ea faciat & quidem ſæpiſſime, ex quibus nihil honoris ſibi, aut commodi, contra vero maximum detrimentum ac dedecus accedat. Sed neque ſapientiæ, aut bonitati ipſius Dei, ullo modo convenit, ut paſſus credatur, aſtu Dæmonum, illudi hominibus ab omni malitia alienis, & ſui metuentibus; quales fuiſſe primos Chriſti diſcipulos, vita ipſorum inculpata, & multæ calamitates, conſcientiæ cauſa, toleratæ manifeſtum faciunt. Quod ſi dicas, à bonis mentibus, Deo tamen inferioribus, profecta Chriſti opera, jam eo ipſo fateris, illa Deo placuiſſe, & ad Dei honorem pertinuiſſe, cum bonæ mentes nihil faciant, niſi quod Deo gratum, ipſique glorioſum ſit ut jam taceamus, quædam Chriſti opera eſſe talia, quæ Deum ipſum auctorem teſtari videantur, ut mortui non unius in vitam revocatio. Jam vero Deus miracula nec facit, nec fieri ſinit, abſque cauſa: id enim ſapientem legis conditorem decet, à legibus

2 *Et artes magicas.*] Quarum & libri hortatu diſcipulorum Jeſu combuſti. Act XIX 19.

1 *Porphyrius ipſe agnovit*] Locus eſt apud Euſebium Præparationis lib. v cap I. Ἰησοῦ τιμωμένου, οὐδεμιᾶς τις θεῶν δημοσίας ὠφελείας ᾔσθετο. *Ex quo Jeſus coli cœptus eſt, publicam Deorum opem nemo ſenſit.*

ſuis

suis non nisi ob causam, & quidem gravem, recedere. Causa autem nulla alia reddi potest, cur hæc facta sint, quam ea, quæ à Christo allata est: nempe [4] ut doctrinæ ipsius redderetur testimonium. Neque vero, qui ea adspicerent, aliam causam ullam animo concipere potuerunt: quos inter cum multi, ut diximus, pio essent animo, Deum hoc egisse, ut eis imponeret, impium est creditu. Et hæc una fuit causa cur Judæorum plurimi, qui circa Jesu tempora vixerunt, etiam [5] qui induci non possent, ut legis à Mose datæ partem ullam omitterent, quales fuerunt qui Nazareni & Ebionæi dicebantur, nihilominus Jesum, ut missum cœlitus magistrum, agnoscerent.

§ VII *De ipsius Jesu resurrectione constare testimoniis fide dignis.*

Miraculis à Christo editis par argumentum præbet Christi ipsius post crucem, mortem, sepulturam, admirabilis reditus in vitam. Id enim non

4 *Ut doctrinæ ipsius, &c.*] Adde eventum ipsum, quo factum est ut tanta Humani Generis pars Christianam Religionem amplecteretur, ostendisse rem Deo tanti fuisse, ut propterea miraculis eam initio confirmaret. Si tot fecerat, in gratiam unius Gentis, nec ita magnæ, Hebræam intelligo, quanto magis consentaneum bonitati ejus fuit tantæ Humani Generis parti, in densissimis tenebris jacenti, cœlestem hanc lucem impertiri? *Clericus.*

5 *Qui induci non possent ut legis a Mose datæ partem ullam omitterent*] Vide Actor. xv. Rom. xiv. Hieronymus in Chronico Eusebiano ad annum Christi cxxv. cum Christianos Episcopos Hierosolymitanæ Ecclesiæ quindecim nominasset: *Hi omnes usque ad eversionem, quam a Hadriano perpessa est Jerusalem, ex circumcisione Episcopi præfuerunt.* Severus Sulpitius de illorum locorum ac temporum Christianis, *Christum Deum sub legis observatione credebant, & ex circumcisione eorum Ecclesia habebat sacerdotem.* Adde Epiphanium, ubi de Nazarenis & Ebionæis agit. Nazareni non ex nomine partis alicujus, sed omnes in Palæstina Christiani, ideo quod Dominus eorum Nazarenus fuisset, sic appellabantur: Act. xxiv. 5.

modo

modo ut verum, sed ut præcipuum suæ fidei fundamentum, adferunt omnium locorum & temporum Christiani: quod fieri non potuit, nisi qui primi Christianam fidem docuerunt, certo auditoribus suis persuaserint, rem ita gestam. Certo autem persuadere hoc non potuerunt hominibus aliquo judicio præditis, nisi affirmarent, semetipsos oculatos rei testes esse. sine qua affirmatione, nemo mediocriter sanus illis habuisset fidem, præsertim iis temporibus, cum illis credere maximis malis ac periculis constaret. Affirmatum hoc ab ipsis magna constantia, etiam libri ipsorum, [6] & aliorum docent. imo ex libris apparet, provocasse eos [7] ad testes quingentos, qui Jesum post mortem redivivum conspexerint. Non est autem mos mentientium, ad tam multos testes provocare. Neque fieri potest, ut in falsum testimonium tam multi conspirent. Et ut alii testes non fuissent, quam duodecim illi notissimi Christianæ doctrinæ primi propagatores, sufficere hoc debebat. Nemo gratis malus est. Honorem ex mendacio sperare non poterant, cum honos omnis esset penes Paganos, aut Judæos, a quibus ipsi probris & ignominia afficiebantur: non divitias, cum contra hæc professio sæpe & bonorum, si qua essent, damno mulctaretur: atque ut hoc non fuisset, tamen Euangelium doceri ab ipsis non posset, nisi omni bonorum temporalium cura omissa. Neque vero alia ulla vitæ hujus commoda ad mentiendum movere eos potuerunt, cum ipsa

6 *Et aliorum.*] Etiam Celsi, qui adversus Christianos scripsit. Vide Originem lib. II.

7 *Ad testes quingentos.*] Paulus I ad Corinth. xv. 6. quosdam eorum eo tempore mortuos esse dicit; sed horum quoque libere & aperte superstites audiri poterant, ac testari quæ audierant. Major autem horum pars etiam tum vivebat, scribente ista Paulo. Hæc apparitio in monte Galilææ contigit.

Euan-

Euangelii prædicatio laboribus, fami, siti, verberibus, carceribus eos objecerit. Fama dumtaxat inter suos tanti non erat, ut propterea homines simplices, & quorum vita ac dogma à fastu abhorrebat, tantam malorum vim subirent. neque vero sperare ullo modo poterant tantum progressum sui dogmatis, cui & intenta commodis suis natura, & ubique imperantium auctoritas repugnabant, nisi ex divino promisso. Accedat, quod etiam hanc qualemcunque famam nullo modo durabilem sibi poterant promittere; cum, Deo de industria suum in hoc consilium celante, [8] mundi totius exitium quasi de proximo imminens opperirentur, quod & ipsorum, & sequentium Christianorum scripta apertissimum faciunt. Restat ergo, ut Religionis suæ tuendæ causa mentiti dicantur, quod omnino, si res recte expendatur, dici de illis non potest. Nam aut Religionem illam veram, ex animi sententia, crediderunt, aut non crediderunt. Si non credidissent optimam, numquam hanc elegissent omissis Religionibus aliis magis tutis, magisque honoratis. imo quamvis veram, professi non essent, nisi & professionem ejus credidissent necessariam, præsertim cum & facile prævidere possent, & experimento statim discerent, hanc professionem post se trahere mortem immensi agminis, cui sine justa causa causam dare à latrocinii scelere non abscedebat. Quod si crediderunt Religionem suam veram, imo & optimam, & profitendam omnino, & quidem post Magistri sui mortem; sane id fieri non potuit, si fefellisset eos Magistri sui de sua

8 *Mundi totius exitium quasi de proximo imminens opperirentur*] Vide 1 Thessal. IV. 15, 16. 1 Cor. XV. 52. Tertullianus de Monogamia. *Quum magis nunc tempus in collecto factum sit.* Hieronymus ad Gerontiam. *Quid ad nos, in quos fines sæculorum devenerant?*

resur-

resurrectione pollicitato Nam [9] id cuivis sano homini satis fuisset, ad excutiendam etiam ante conceptam fidem. Rursus Religio omnis, præsertim vero Christiana, [1] mendacium ac falsum testimonium, maxime in divinis rebus, prohibet: non potuerunt ergo Religionis, & quidem talis amore, ad mendacium permoveri. Adde jam, quod viri fuerunt vitæ ne ab adversariis quidem culpatæ, & quibus nihil objicitur [2] præter solam simplicitatem, cujus ingenium à confingendo mendacio longissime abest. Nemo etiam eorum fuit, qui non gravissima quæque passus sit, propter illam professionem de Jesu resuscitato. Multi etiam ipsorum morte exquisitissima, ob id testimonium, affecti sunt. Jam vero, ut quis sensus sui compos talia toleret ob conceptam animo opinionem, fieri potest at ut ob falsum, quod falsum esse norit, tam dura pati velit, non unus aliquis, sed plures, quorum id falsum credi nihil interfit, res est plane incredibilis. Amentes autem eos non fuisse, & vita & scripta satis testantur. Quod de primis illis diximus, idem de Paulo quoque dici potest, qui Christum in cœlo regnantem a se conspectum [3] palam prædicavit, [4] cum nihil eru-

9 *Id cuivis sano homini satis fuisset ad excutiendam etiam ante conceptam fidem*] Fusius hoc argumentum exsequitur Chrysostomus ad 1 Corinth 1. in fine.

1 *Mendacium ac falsum testimonium, maxime in divinis rebus, prohibet*] Matth xii. 36 Joh viii 44, 45 Eph iv 25. Rom. ix 1 2 Cor. vii. 14. xi. 31 Gal 1. 20 Col. iii 9. 1 Tim. 1. 10 & 11 7 Jac iii. 14 Matth. xxii 16. Marc xii 14. Luc xx 21 Joh. xiv. 16. Eph. v. 9. & alibi.

2 *Præter solam simplicitatem.*] Etiam Celsus. Vide Originem lib. 1.

3 *Palam prædicavit.*] 1 Cor. xv 9. 2 Cor xii 4 Adde quæ discipulus Pauli Lucas scribit Act. ix. 4, 5, 6, & xxii, 6, 7, 8

4 *Cum nihil eruditionis Judaicæ ipsi deesset*] Act. xxii. 3 Gamalieles duos eruditionis nomine Hebræi prædicant. Horum alterius discipulus fuit Paulus, neque legis tantum, sed & ex-

eruditionis Judaicæ ipsi deesset, nec ipsis honorum, si patrum viam insistit: contra vero ob illam professionem & odiis cognatorum suorum subjacere, & toto orbe peregrinationes difficiles, periculosas, laboriosas suscipere deberet, ac postremo etiam supplicium cum infamia perpeti.

§ VIII. *Solutio adversus objectionem sumtam ab eo, quod Resurrectio videatur impossibilis.*

Sane tantis ac talibus testimoniis fidem detrahere nemo potest, nisi dicat, rem ipsam talem esse, ut nullo modo fieri possit; qualia sunt, quæ contradictionem, ut loquuntur, implicant. [5] Id autem hac de re dici non potest. Posset sane, si quis eumdem tempore eodem & vixisse, & mortuum fuisse, pronunciaret. Cæterum ut mortuo vita reddi possit, præsertim per ejus efficaciam, qui vitam primum homini dedit, cur pro impossibili habeatur, [6] nihil causæ est. Neque vero viri

sapientes

& eorum quæ a magistris erant tradita, apprime gnarus. Vide Epiphanium.

5 *Id autem hac de re dici non potest.*] Responsio septima ad objecta de resurrectione in Justini operibus: Ἄλλο τὸ πάντη ἀδύνατον, καὶ ἄλλο τό τινι ἀδύνατον. πάντη μὲν ἀδύνατόν ἐστιν, ὡς τῇ διαμέτρῳ τὸ σύμμετρον εἶναι τῇ πλευρᾷ· τινὶ δὲ ἀδύνατόν ἐστιν, ὡς τῇ φύσει τὸ χωρὶς σπέρματος ποιεῖν ζῶον. τίνι τούτων τῶν ἀδυνάτων ὑποβάλλουσι τὴν ἀνάστασιν οἱ ταύτην ἀπιστοῦντες, ἀλλ' εἰ μὲν τῷ πρώτῳ, ψευδής ἐστιν ὁ λόγος· οὐ γὰρ κατὰ ἀνάκτισιν σύμμετρος γίνεται ἡ διάμετρος τῇ πλευρᾷ. οἱ δὲ ἀνιστάμενοι κατὰ ἀνάκτισιν ἀνίστανται. εἰ δὲ τῷ τινὶ, ἀλλὰ τῷ Θεῷ πάντα δυνατὰ τά τινι ἀδύνατα. *Aliud est quod omnino est impossibile, aliud quod alicui. Omnino impossibile, ut dimetiens par sit lateri. Alicui impossibile quomodo naturæ est impossibile sine semine animans producere. Utri horum duorum impossibilium generum resurrectionem conferunt qui ei non credunt? Si priori, falsa est ratio: neque enim nova creatio hoc facit, ut dimetiens par sit lateri. Resurgent autem homines, per novam creationem. At si intelligunt id quod alicui impossibile est, certe Deo possibilia ea omnia quæ impossibilia tantum alicui.* De discrimine hoc impossibilium vide quæ docte notat Maimonides, Ductoris dubitantium Parte III. cap. 15.

6 *Nihil causæ est.*] Adcuratioris

sapientes id impossibile crediderant, cum & Eri Armenio id evenisse scripserit Plato, & mulieri cuidam [8] Heraclides Ponticus [9] Aristæo Herodotus [1] alii Plutarchus, quæ sive vera, sive falsa sunt, ostendunt opinionem eruditorum de ea re tanquam possibili.

§ IX. *Resurrectione Jesu posita, evinci dogmatis veritatem.*

Quod si nec impossibile est, ut Christus in vitam redierit, & satis magnis testimoniis id constat, quibus convictus Judæorum Magister [2] Bechai veritatem hujus rei agnovit. is ipse autem Christus, ut & sui & alieni fatentur, novum pro-

tioris Philosophiæ Periti omnes fatebuntur tam difficile esse intellectu animal in utero matris formari, quam mortuum ad vitam revocari. Verum homines indocti non mirantur quod solent videre, nec difficile putant, quamvis rationem ejus ignorent, sed fieri posse non putant quod numquam viderunt, quamvis quotidianis rebus nequaquam difficilius. *Clericus.*

7 *Eri Armenio*] Locus hac de re Platonis exstat de Repub. libro decimo, transcriptus Eusebio Præparatione Evangelica libro XI cap 35. Historiæ autem ipsius memoria apud Valerium Maximum lib I c VIII exemplo externorum primo, in Protreptico quod est inter Justini Opera, apud Clementem Strom. V apud Origenem lib II. contra Celsum, apud Plutarchum Symposiacon IX 5 apud Macrobium initio ad Somnium Scipionis.

8 *Heraclides Ponticus*] Ejus erat liber περὶ ἄπνου, cujus meminit Diogenes Laertius in Proœmio & Empedocle, & Galenus VI de locis affectis. De eo & Plinius lib. VII. cap 32. *Nobile illud apud Græcos volumen Heraclidis, septem diebus fœminæ exanimis alloquium renarrantis.* Et triginta dies ei tribuit Diogenes Laertius, loco posteriore.

9 *Aristæo Herodotus*] Melpomene. Vide & Plinium historiæ naturalis lib VII c. 52. & Plutarchum Romulo, & Hesychium de Philosophis.

1 *Alii Plutarchus*] Thespesio, Habet hoc Plutarchus libro de sera Dei vindicta. Item Antyllo, de quo Plutarchi locum ex primo de Anima nobis servavit Eusebius, Præp lib XI cap. 36. & Theodoretus Serm XI.

2 *Bechai*] Optandum fuisset locum a *Grotio* fuisse prolatum; quamvis enim ratiocinatio ducta à resurrectione Christi minime indigeat adprobatione R. Bechai, aut cujusquam alius, Judæi forte ejus auctoritate possent moveri. *Clericus.*

tulit

tulit dogma tamquam mandato divino, sane sequitur, ut dogma verum sit, cum divinæ justitiæ ac sapientiæ adversetur tam excellenti modo eum ornare, qui falsum in re tanta commisisset: præsertim vero, cum ipse ante mortem suam, & mortem, & mortis genus, & reditum suum in vitam prædixisset suis, & quidem addito, [3] hæc ideo eventura, ut de sui dogmatis veritate constaret.

§ X. *Christianam Religionem præstare aliis omnibus.*

Et hæc quidem ex factis ipsius veniunt argumenta: veniamus ad ea, quæ veniunt ex natura dogmatis. Sane aut omnis omnino Dei cultus repudiandus est, quod numquam ei in mentem veniet, qui & Deum esse, & curare res conditas credat, & hominem consideret cum intellectu eximio, tum vi electrice boni malique moralis præditum, ac proinde ut præmii, ita & pœnæ in ipso esse materiam: aut hæc admittenda Religio, non tantum ob factorum testimonia, de quibus jam egimus, verum etiam ob ea, quæ Religioni sunt intrinseca: cum nulla ex omnibus sæculis ac nationibus proferri possit, aut præmio, excellentior, aut præceptis perfectior, aut modo, quo propagari jussa est, admirabilior.

§ XI. *Præmii propositi excellentia.*

Nam ut à præmio, id est, à fine homini proposito, incipiamus, quia id, ut dici solet, in exsecutione est ultimum, sed intenditur primum, [4] Moses in Religionis Judaicæ institutione, si di-

3 *Hæc ideo eventura ut de sui dogmatis veritate constaret.*] Vide Joh. XVII. Luc. XXIV 46, 47

4 *Moses in Religionis Judaicæ institutione, si diserta legis pacta respicimus, nihil promisit supra hujus vitæ bona*] Vide Deut. XI. & XXVIII. Heb. VIII. 6.

ſerta legis pacta reſpicimus, nihil promiſit ſupra hujus vitæ bona, terram uberem, penum copioſam, victoriam de hoſtibus, longam & valentem ſenectam, poſteros cum bona ſpe ſuperſtites. Nam ſi quid eſt ultra, id umbris obtegitur, aut ſapienti ac difficili ratiocinatione colligendum eſt. quæ cauſa fuit, cur multi, qui legem Moſis ſequi ſe profiterentur, ut [5] Sadducæi, ſpem omnem de bonis poſt hanc vitam adipiſcendis projecerint. Apud Græcos, ad quos eruditio uſque à Chaldæis & Ægyptiis perlata eſt, qui de vita poſt hujus conſpicuæ vitæ interitum ſpem habebant aliquam, [6] valde de ea re hæſitanter loquebantur; [7] ut ex Socratis diſſertationibus, ex ſcriptis [8] Tullii, [9] Senecæ,

5 *Sadducæi, ſpem omnem de bonis poſt hanc vitam adipiſcendis projecerint*] Matth. XXII 23. Lucas Act XXIII 8 Joſephus Σαδδουκαῖος τὰς ψυχὰς ὁ λόγος συναφανίζει τοῖς σώμασι Alibi ψυχῆς δὲ τὴν διαμονὴν καὶ τὰς καθ' ᾅδου τιμωρίας καὶ τιμὰς ἀναιροῦσι Hieronymus de iisdem *Animam putabant interire cum corporibus*

6 *Valde ea de re hæſitanter loquebantur.*] Notatum hoc Chryſoſtomo, I ad Cor c I. 25

7 *Ut ex Socratis diſſertationibus*] In Platonis Phædone: Νῦν δὲ εὖ ἴστε, ὅτι παρ' ἄνδρας τε ἐλπίζω ἀφίξεσθαι ἀγαθούς καὶ τοῦτο μὲν οὐκ ἂν πάνυ διισχυρισαίμην *Hoc ſciatis, ſpem mihi eſſe venturum me ad viros bonos. quod tamen non nimium affirmaverim* Et poſtea Εἰ μὲν τυγχάνει ἀληθῆ ὄντα ἃ ἐγὼ λέγω, καλῶς δὴ ἔχει τὸ πεισθῆναι εἰ δὲ μηδέν ἐστι τελευτήσαντι, ἀλλ' οὖν τοῦτόν γε τὸν χρόνον αὐτὸν τὸν πρὸ τοῦ θανάτου ἧττον τοῖς παροῦσιν ἀηδὴς ἔσομαι ὀδυρόμενος. ἡ δὲ ἄγνοιά μοι αὕτη οὐ ξυνδιατελεῖ (κακὸν γὰρ ἂν ἦν) ἀλλ' ὀλίγον ὕστερον ἀπολεῖται *Si enim vera ſunt quæ dico, pulchrum eſt ea credere Si vero mortuo nihil supereſt, hoc tamen tempore, quod mortem antecedit, minus torquebor præſentibus hic autem meus error non manebit (id enim malum foret,) ſed paulo poſt interibit* Tertullianus de Anima *Adeo omnis illa tunc ſapientia Socratis de induſtria venerat conſultæ æquanimitatis non de fiducia compertæ veritatis* Idem in Socrate obſervat Paræneſis, quæ eſt inter Opera Juſtini

8 *Tullii*] Ut Tuſculanarum I *Expone igitur mihi, niſi moleſtum eſt, primum animos, ſi potes, remanere poſt mortem, tum, ſi id minus obtinebis (eſt enim arduum,) docebis carere omni malo mortem.* Deinde *Præclarum autem neſcio quid adepti ſunt, quod didicerunt ſe, cum tempus mortis veniſſet,*

loci

[9] Senecæ, [1] aliorumque apparet. Et cum ad eam rem argumenta conquirerent, nihil ferme adferebant certi. Nam quæ adferunt, pleraque [2] nihil magis de homine, quam de bestiis, procedunt. Quod cum alii animadverterent, mirandum adeo non est, [3] si transitum animarum de hominibus in bestias, de bestiis in homines commenti sunt. Rursum vero, cum hoc quoque nullis testimoniis, aut argumentis certis niteretur, & tamen negari non posset, quin homini finis aliquis esset propositus: eo perducti sunt alii, ut dicerent, [4] virtutem sibi esse præmium, & satis beatum esse sapientem, etiam in Phalaridis tauro. Sed & hoc non sine causa aliis displicuit, qui satis videbant, [5] in ea re, quæ secum haberet pericula, incommoda,

totos esse perituros: quod ut ita sit, (nihil enim pugno,) quid habet ista res aut lætabile aut gloriosum? Postea: *Fac enim sic animum interire, ut corpus. Num igitur aliquis dolor, aut omnino post mortem sensus in corpore est? nemo id quidem dicit.* Citat ex eodem Cicerone hoc ejus, post disputationem de animo, dictum Lactantius libro VII. cap. 8. *Harum sententiarum quæ vera sit, Deus aliquis viderit.*

9 *Senecæ.*] Epistola LXIV. *Et fortasse (si modo sapientum vera fama est, recepitque nos locus aliquis,) quem putamus perisse præmissus est.*

1 *Aliorumque.*] Generaliter, Justinus Martyr colloquio cum Tryphone: Οὐδὲν οὖν ἴσασι περὶ τούτων οἱ φιλόσοφοι, οὐδὲ γὰρ ὅ τι ποτέ ἐστι ψυχὴ ἔχουσιν εἰπεῖν. *Nihil horum norunt Philosophi neque vel quid sit anima, valent dicere.*

2 *Nihil magis de homine, quam de bestiis procedunt.*] Ut illud Socratis sive Platonis, *quod se movet, æternum est.* Vide Lactantium 1. 6. jam loco.

3 *Si transitum animarum de hominibus in bestias, de bestiis in homines commenti sunt.*] Ut Brachmanes olim & nunc quoque, à quibus hausit Pythagoras & ejus Schola.

4 *Virtutem sibi esse præmium, & satis beatum esse sapientem, etiam in Phalaridis tauro.*] Vide Ciceronem in Tusculanarum II. & Lactantium lib. III. Institutionum, cap. 27. ubi contra hanc sententiam fortiter disputat, ut & Augustinus epistola III.

5 *In ea re, quæ secum haberet pericula, incommoda, cruciatum, interitum, felicitatem, præsertim summam, non posse esse positam.*] Lactantius lib. III. cap. 12. *virtus per seipsam beata non est,* quoniam

moda,

6

moda, cruciatum, interitum; felicitatem, præsertim summam, non posse esse positam; nisi verborum sonum, sine rerum sensu, sequi liberet. Ideoque bonum supremum finemque hominis collocarunt in iis rebus, quarum voluptas sensibus perciperetur. Sed hæc quoque sententia à plurimis, & quidem efficaciter, refutata est: ut quæ honestum omne, cujus semina quædam in animo condita habemus, extingueret, hominemque ad sublimia erectum dejiceret in sensum pecudum, quæ pronæ nihil nisi terrestre respiciunt. In tantis dubitationibus incertum palabatur genus humanum ea ætate, cum Christus veram finis cognitionem intulit, promittens sectatoribus suis, post hoc ævum, vitam non modo sine morte, sine dolore ac molestia, verum etiam summo gaudio comitatam: neque id parti tantum hominis, id est, animo, de cujus speranda post hanc vitam felicitate partim conjectura, partim traditio aliqua exstabat, verum etiam corpori, & id quidem justissime, ut corpus, quod ob legem divinam sæpe incommoda, cruciatus, atque interitum pati debet, repensationis expers non esset. Gaudia autem, quæ promittuntur, non vilia sunt, [6] ut epulæ, quas post hanc vitam sperant crassiores

quoniam in perferendis, ut dixi, malis tota vis ejus est Et mox cum Senecæ adduxisset locum: *Sed & Stoici, quos secutus est, negant sine virtute effici quemquam beatum posse Ergo virtutis præmium beata vita est, si virtus, ut recte dictum est, beatam vitam facit Non est igitur, ut ajunt, propter seipsam virtus expetenda, sed propter vitam beatam, quæ virtutem necessario sequitur. Quod argumentum docere eos potuit, quod esset summum bonum Hæc autem vita præsens & corporalis beata esse non potest, quia malis est subjecta per corpus.* Bene Plinius Historiæ Naturalis lib. VII. cap. 7. *Mortalium nemo felix.*

6 *Ut epulæ quas post hanc vitam sperant crassiores Judæi*] Loca adducentur infra ad librum V.

Judæi,

Judæi, [7] & concubitus, quos sibi promittunt Mahumetistæ sunt enim hæc caducæ vitæ propria mortalitatis remedia, illud quidem ad singulorum animantium conservationem, hoc vero ad durationem generum. sed in corporibus vigor perpetuus, & plusquam siderea pulchritudo; in animo intellectio sine errore, etiam Dei ac divinæ providentiæ, & si quid nunc occultum latet; voluntas vero tranquilla, maxime in Dei conspectu, admiratione laudibusque occupata; in summa, majora multo ac meliora omnia, quam optimarum ac maximarum rerum comparatione concipi possint.

§ XII. *Solvitur obiter objectio inde sumpta, quod dissoluta corpora restitui nequeant*

Solet hic præter eam objectionem, cui jam ante respondimus, alia adferri, quasi omnino fieri nequeat, ut quæ dissoluta sunt hominum corpora, in eamdem compagem redeant sed hoc ratione nulla nititur. [8] Cum enim inter plerosque Philosophos constet, rebus quantumcumque mutatis, manere materiam diversarum specierum capacem: quis dicat, aut Deum nescire, quibus in locis, etiam longissime distantibus, sint materiæ ejus,

7 *Et concubitus quos sibi promittunt Mahumetistæ*] Alcoranus Azoara IV, V, XLVII, LIV, LXV, LXVI.

8 *Cum enim, &c*] Si cui sequentia *Grotii* verba non satisfaciant, ei responderi queat, minime necessarium esse, ut eadem sit numero materia quæ excitatur, cum ea quæ, homine moriente, in sepulcrum illata est. Neque enim minus fuerit idem homo is, cujus animus conjunctus fuerit cum materia, cum qua numquam conjunctus fuerit, si sit idem animus, quam fuit idem homo senex decrepitus, & infans vagiens in cunis, quamvis ne particula quidem forte supersit in sene ejus materiæ, quæ fuit in infante, propter perpetua efflux a quæ ex corpore elabuntur *Resurgere corpus* dici optime potest, cum simile ex terra à Deo formatur, conjungiturque menti. Itaque non opus est ut in nimias angustias nos redigamus, dum ταυτότητα materiæ nimis rigide defendimus. *Clericus.*

quæ

quæ ad humanum corpus pertinuit, partes; aut deesse ei potentiam, qua eas reducat, atque recomponat, idemque faciat in suo universo, quod in fornacibus, aut vasis, facere Chymicos videmus, ut, quæ congenera sunt, quamvis disjecta, colligant? Ut vero, specie quantumvis mutata, res tamen ad originis suæ formam redeat, ejus & in rerum natura exempla sunt, ut in arborum animantiumque seminibus. Neque insolubilis est ille, qui a multis nectitur nodus de humanis corporibus, quæ in ferarum aut pecudum alimenta transeunt, quibus ita pastis homines interim pascantur. Nam eorum, quæ comeduntur, pars maxima non in corporis nostri partem abit, sed in excrementa, aut accessiones corporis, quales sunt & pituita, & bilis: & de eo, quod alendi vim habet, morbis, interno calore, circumfuso aere multum absumitur: quæ cum ita sint, Deus, qui etiam mutorum animantium generi ita curat, ut nullum eorum intereat, potest humanis corporibus singulari quadam cura prospicere, ut quod inde ad aliorum hominum escam pervenit, non magis in substantiam eorum vertatur, quam solent venena, aut medicamenta; eoque magis, quod quasi naturaliter constet humanam carnem ad hominum victum non datam. Id si non sit, & aliud, quod posteriori corpori aliunde accesserit, inde debeat decedere, non hoc tamen efficiet, ut non idem sit corpus, [9] cum etiam in hac vita major contingat

Cum etiam in hac vita major contingat particularum mutatio] Alfenus in l. Proponebatur D. de Judiciis. *Quod si quis putaret partibus commutatis, aliam rem fieri, fore ut ex ejus ratione nos ipsi non iidem essemus, qui abhinc anno fuissemus, propterea quod, ut Philosophi dicerent, ex quibus particulis minimis consisteremus, hæ quotidie ex corpore nostro decederent, aliæque extrinsecus in earum locum accederent.* Seneca Epistola LVIII. *Corpora nostra rapiuntur fluminum more: quicquid vides currit cum tem-*

Particularum mutatio: [1] imo & papilio insit in verme, & herbarum substantia, aut vini, [2] in minimo aliquo, unde iterum instaurentur in veram magnitudinem. Certe cum & hæc, & alia multa, non incommode poni possint, nulla est causa, cur inter impossibilia habeatur restitutio dissoluti corporis, cum viri eruditi, [3] Zoroaster apud Chaldæos;

pore nihil ex his quæ videmus maret. Ego ipse, dum loquor mutari ista, mutatus sum. Vide quæ pulchre hac de re disserit Methodius, cujus verba nobis servavit Epiphanius, qui Origenianos refutat numeris XII, XIII, XIV, XV.

1 *Imo & papilio insit in verme*] Ovidius ultimo Metamorphoseon:

> *Quæque solent canis frondes intexere filis*
> *Agrestes tineæ, res observata colonis,*
> *Ferali mutent cum papilione figuram.*

Addamus ex Plinio quædam Historiæ Naturalis lib. x. cap. 5. de Ranis. *Mirumque semestri vita resolvuntur in limum, nullo cernente, & rursus vernis aquis renascuntur quæ fuere natæ.* Eodem lib. cap. 9. *Coccyx ex accipitre videtur fieri, tempore anni figuram mutans.* Libro XI. cap. 20. *Sunt qui mortuas, si intra tectum hieme serventur, deinde sole verno torreantur, ac ficulneo cinere toto die foveantur, putent reviviscere.* Ibidem cap. 22 de bombycibus. *Et alia horum origo è grandiore vermiculo, gemina protendens sui generis cornua. Hic erucæ sunt. Fit deinde quod vocatur bombylis; ex ea necydalus, ex hoc in sex mensibus bombyces.* Ibidem cap. 23. de bombyce Coa. *Fieri autem primo papiliones parvos nudosque.* cap. 26. de cicadis: *Fit primum vermiculus, deinde ex eo quæ vocatur tettygometra, cujus cortice rupto circa solstitia evolant.* c. 30. *Muscis humore exanimatis, si cinere condantur, redit vita.* cap. 32. *Multa autem insecta & aliter nascuntur. Atque Asilus imprimis ex rore insidet hic raphani folio primo vere, & spissatus sole in magnitudinem milii cogitur. Inde oritur vermiculus parvus, & triduo mox eruca, quæ adjectis diebus crescit immobilis, duro cortice, ad tactum movetur araneæ. Hæc eruca, quam chrysalidem appellant, rupto deinde cortice volat papilio.*

2 *In minimo aliquo*, &c.] Si *Grotius* in hoc nostrum ævum dilatus fuisset, plenius esset loquutus, cum constet omnia animalia, cujuscumque generis, exo ovo nasci in quo sunt formata, ut plantæ omnes in seminibus, quamvis summæ tenuitatis. Sed hoc nihil ad resurrectionem, non enim ex similibus primordiis corpora renascentur. *Clericus.*

3 *Zoroaster apud Chaldæos.*] Vide Clementem Strom. v.

dæos, [4] Stoici prope omnes, [5] & inter Peripateticos Theopompus, eam & fieri posse, & futuram crediderint.

§ XI. *Præceptorum eximia sanctitas circa Dei cultum.*

Secundum, quo Christiana Religio, omnes alias, quæ aut sunt, aut fuerunt, aut fingi possunt, exsuperat, est summa sanctitas præceptorum, cum in iis, quæ ad Dei cultum, tum quæ ad res cæteras pertinent. Paganorum sacra ferme per to-

4 *Stoici prope omnes.*] Clemens Strom. v. Οἶδεν γὰρ οὗτος ἐκ τῆς βαρβάρου φιλοσοφίας μαθὼν, τὴν διὰ πυρὸς κάθαρσιν τῶν κακῶς βεβιωκότων, ἣν ὕστερον ἐκπύρωσιν ἐκάλεσαν οἱ Στοϊκοί· καθ' ὃν καὶ τὸν ἰδίως ποιὸν ἀναστήσεσθαι δογματίζουσι· τοῦτ' ἐκεῖνο τὴν ἀνάστασιν περιέποντες. *Norat enim ille* (Heraclitus) *edoctus è barbara philosophia, Mundum à malis hominibus purgatum iri per ignem, quod* ἐκπύρωσιν *postea Stoici dixere, qui & per eam hunc talem quemque revicturum docent, his vocibus obtegentes resurrectionis rem.* Origenes lib. IV adversus Celsum. Φασὶ δὴ οἱ ἀπὸ τῆς Στοᾶς κατὰ περίοδον ἐκπύρωσιν τοῦ παντὸς γενέσθαι, καὶ ἐξ αὐτοῦ διακόσμησιν πάντ' ἀπαράλλακτα ἔχουσαν. *Ajunt de porticu Philosophi post sæculorum circuitus fore incendium universi, deinde ejusdem formationem quæ eadem omnia habeat.* Postea: Κἂν μὴ ὀνομάζουσιν οὖν τὸ τῆς ἀναστάσεως ὄνομα, τὸ πρᾶγμά γε δηλοῦσιν· *quamquam igitur resurrectionis non usurpant vocabulum, rem tamen agnoscunt.* Addit hic Origenes Ægyptios. Chrysippus de Providentia citatus Lactantio lib VII. Institutionum, c 23. Τούτου δὲ οὕτως ἔχοντος, δῆλον ὡς οὐδὲν ἀδύνατον, καὶ ἡμᾶς, μετὰ τὸ τελευτῆσαι, πάλιν περιόδων τινῶν εἰλημμένων χρόνων, εἰς ὃ νῦν ἐσμὲν ἀποκαταστήσεσθαι σχῆμα. *Hoc cum ita se habeat, apparet non esse impossibile, ut & nos post mortem, sæculorum certis circuitibus evolutis, restituamur in eum in quo nunc sumus statum.* Vide, si vacat, Nathanaelem Carpentarium Liberæ Philosophiæ exercitatione XVI

5 *Et inter Peripateticos Theopompus.*] De quo Diogenes Laertius initio libri. Καὶ Θεόπομπος ἐν τῇ ὀγδόῃ τῶν Φιλιππικῶν, ὃς καὶ ἀναβιώσεσθαι κατὰ τοὺς μάγους φησὶ τοὺς ἀνθρώπους καὶ ἔσεσθαι ἀθανάτους, καὶ τὰ ὄντα ταῖς αὐταῖς διακλήσεσι διαμενεῖν. *Theopompus vero etiam octavo Philippicorum, qui revicturos homines ex magorum sententia tradit, immortalesque futuros, & omnia suis iisdem semper mansura nominibus*

tum orbem terrarum, ut late oſtendit [6] Porphyrius, & noſtri etiam ſæculi navigationes docent, plena erant crudelitatis. Nam receptum ferme ubique, ut & humano ſanguine Dii placarentur: quem morem nec Græca eruditio, nec Romanæ leges ſuſtulerunt: ut apparet ex iis, quæ [7] de victimis factis Baccho Omeſtæ apud Græcos, de Græco & Græca, [8] Gallo & Galla mactatis Jovi Latiali legimus. Myſteria autem illa ſanctiſſima, ſive Cereris, ſive Liberi patris, pleniſſima fuere omnes obſcœnitatis, ut apparuit, poſtquam ſemel,

6 *Porphyrius*] De abſtinentia ab eſu animalium. Unde multa ſumpſit Cyrillus IV. contra Julianum.

7 *De victimis factis Baccho Omeſtæ apud Græcos*] Meminit Plutarchus Themiſtocle, & Pauſanias. Similia ſacra Meſſeniorum, Pellæorum, Lyctiorum in Creta, Leſbiorum, Phocæenſium, habes apud Clementem Protreptico.

8 *Gallo & Galla mactatis Jovi Latiali*] Antiquum in Italia homines immolare docet nos libro I. Dionyſius Halicarnaſſenſis. Quamdiu id manſerit Plinius libro XXVIII cap. I. *Boario vero in foro Græcum Græcamque defoſſos, aut aliarum gentium cum quibus tum res eſſet, etiam noſtra ætas vidit.* Manſit mos ad Juſtini & Tatiani tempora. Juſtinus enim ſic Apologetico I Romanos alloquitur: Τῷ παρ' ὑμῖν τιμωμένῳ εἰδώλῳ, ᾧ ἐ μόνον ἀλόγων ζώων αἵματα προσραίνεται, ἀλλὰ καὶ ἀνθρώπεια, διὰ τῦ παρ' ὑμῖν ἐπισημοτάτυ καὶ εὐγενεςάτυ ἀνδρὸς τὴν πρόσχυσιν τῦ τῶν φονευθέντων αἵματος ποιυμένυ. *Ut ei quod vos colitis idolo, cui non tantum ratione carentium animantium ſanguis adſpergitur, ſed & humanus, nobiliſſimo atque illuſtriſſimo veſtrum, ob ſceleratum hominum affundente ſanguinem.* Tatianus vero: Εὗρον παρὰ μὲν Ῥωμαίοις τὸν Λατιάριον Δία λύθροις ἀνθρώπων, καὶ τοῖς ἀπὸ τῶν ἀνδροκτασιῶν αἵμασι τερπόμενον. *Cum comperi enim apud Romanos Latialem Jovem humano cruore, & per homicidium fuſo ſanguine oblectari.* Porphyrius ad Adriani tempora manſiſſe talia ſacra nos docet. Apud Gallos mos is vetus humanis victimis litandi, ut ex Cicerone pro M. Fonteio, & ex Plutarcho de Superſtitione diſcimus. Eum ſuſtulit inde Tiberius memorante Plinio lib. XXX cap. I. De Britannis eumdem ibi Plinium vide, & Dionem Nerone, & Solinum. De Slavis vero Helmoldum lib. I cap. 3. Porphyrius libro de non eſu animantium ſecundo manſiſſe ad ſuam ætatem ait, & in Arcadia & Carthagine, imo & ἐν τῇ μεγάλῃ πόλει, id eſt Romæ, ſacrum nominans Jovis Latialis.

prrupta

perrupta arcani religione, evulgari cœperunt: quod late exsequuntur [9] Clemens Alexandrinus, & [1] alii. Tum vero illi dies, qui Deorum honori sacrati erant, talibus spectaculis celebrabantur, [2] quibus interesse Catonem puduit. At Judaica Religio nihil quidem habuit illicitum, aut inhonestum, sed tamen [3] ne pronus ad idololatriam populus à vera Religione desisceret, multis præceptis earum rerum, quæ per se nec bonitatem, nec malitiam habebant, oneratus est; qualia sunt pecudum mactationes, circumcisio, exacta quies sabbati, & ciborum aliquammultorum interdictio, quorum nonnulla mutuati sunt Mahumetistæ, addita vini prohibitione. At Christiana Religio Deum, ut mentem purissimam, [4] pura mente colendum docet, [5] & iis operibus, quæ suapte natura etiam citra præceptum honestissima sunt. Sic [6] non carnem vult circumcidi, sed cupiditates: [7] non ab omni opere, sed ab illicito nos feriari: non pecudum sanguinem, aut adipem Deo sacrare, sed, si opus sit, [8] pro veritate ipsius testanda

9 *Clemens Alexandrinus.*] In Protreptico

1 *Et alii.*] Maxime Arnobius.

2 *Quibus interesse Catonem puduit.*] Martialis initio Epigrammatum I. Gellius X. 13. Valerius Maximus lib. II. c. 10.

3 *Ne pronus ad idololatriam populus à vera Religione desisceret, multis præceptis earum rerum, quæ per se nec bonitatem nec malitiam habebant, oneratus est.*] Hanc causam talium præceptorum reddit & Maimonides, quem sequitur Josephus Albo.

4 *Pura mente colendum docet.*] Joh. IV. 24.

5 *Et iis operibus quæ suapte natura etiam citra præceptum honestissima sunt.*] Unde λογικὴ λατρεία dicitur, cultus rationi consentaneus, Rom. XII. 1. Adde Philipp. IV. 8.

6 *Non carnem vult circumcidi, sed cupiditates.*] Rom. II. 28, 29. Philipp. III. 3.

7 *Non ab omni opere, sed ab illicito nos feriari.*] 1 Cor. [illegible] 8.

8 *Pro veritate ipsius testanda, si opus sit, nostrum sanguinem.*] 1 Corinth. X. 16. Hebr. XII. 4. 1 Petr. II. 21.

nostrum offere sanguinem · & [9] quæ de bonis nostris egentibus damus, Deo data credere · non certis ciborum potusve generibus abstinere, sed [1] utroque uti cum modo, qui sanitati conveniat; [2] interdum & jejuniis subactum corpus animo addicere, quo is alacrior ad sublimia feratur. Præcipua vero pars Religionis ubique ostenditur posita [3] in pia fiducia, [4] qua compositi ad fidele obsequium [5] in Deum toti recumbimus, [6] ejusque promissis non dubiam habemus fidem, [7] unde & spes exsurgit, [8] & verus amor, cum Dei, tum proximi, quo fit ut præceptis ipsius pareamus, [9] non serviliter pœnæ formidine, [1] sed ut ipsi placeamus, [2] ipsumque habeamus pro sua bonitate patrem ac [3] remuneratorem. [4] Precari vero jube-

9 *Quæ de bonis nostris egentibus damus, Deo data credere.*] Matth. VI. 4. Luc. XII. 33. 2 Cor. IX. 7. Heb. III. 6.

1 *Utroque uti cum modo qui sanitati conveniat.*] Luc. XXI. 34. Rom. XIII. 13. Eph. V. 18. Gal. V. 21. 1 Tim. V. 3. 1 Petr. IV. 3.

2 *Interdum & jejuniis subactum corpus animo addicere.*] Matth. VI. 18. XVII. 21. 1 Corinth. VII. 5.

3 *In pia fiducia.*] Ut Joh. III. 44.

4 *Qua compositi ad fidele obsequium.*] Luc. XI. 28. Joh. XIII. 17. & sequentibus. Rom. I. v. 1 Cor. VII. 19. 1 Petr. I. 2.

5 *In Deum toti recumbimus.*] Matth. XX. 21. 2 Tim. I. 12.

6 *Ejusque promissis non dubiam habemus fidem.*] Rom. IV. 20. 2 Cor. VII. 1. Gal. III. 29.

7 *Unde & spes exsurgit.*] Heb. VI. 11. Rom. VIII. 24, XV. 4.

8 *Et verus amor, cum Dei, tum proximi.*] Gal. V. 6. 1 Thess. III. 6.

9 *Non serviliter pœnæ formidine.*] Rom. VIII. 15.

1 *Sed ut ipsi placeamus.*] Hebr. XII. 28.

2 *Ipsumque habeamus pro sua bonitate patrem.*] Rom. VIII.

3 *Ac remuneratorem.*] Coloss. III. 24. 2 Thess. I. 6. [Adde &c. ut liqueat nos intelligere præcepta ejus eo dignissima esse, & naturæ nostræ ita convenire, ut meliora, aut æque convenientia alia nemo comminisci possit. Itaque & grati animi causa, & quod optima ac præstantissima sint ejus præcepta, ei nos parere decet, quamvis nullæ essent pœnæ luendæ non parentibus, præter ipsius facti turpitudinem. Hoc demum est Deo filiorum, non servorum instar, parere. *Clericus*

4 *Precari vero jubemur.*] Mat. VI. 10.

mur,

mur, non ut divitias, aut honores nanciſcamur, & quæ alia multum optata plurimis male ceſſerunt. ſed primum quidem ea, quæ Deo ſunt glorioſa; nobis vero de rebus caducis ea, quæ natura deſiderat, reliquum permittentes divinæ providentiæ, utramcumque in partem res ceciderit ſecuri ea vero, quæ ad æterna ducunt, omni ſtudio, nempe, retro commiſſorum veniam, in poſterum auxilium Spiritus, quo firmati adverſus minas omnes atque illecebras in pio curſu perſtemus. Hic eſt Dei cultus in Religione Chriſtiana, quo certe nihil excogitari poteſt Deo dignius.

§ XII. *Circa ea officia humanitatis, quæ proximo debemus, etiam læſi.*

Similia ſunt quæ adverſus proximum exiguntur officia. Mahumetis Religio in armis nata, nihil ſpirat niſi arma, armis propagatur. Sic & Laconum inſtituta, quæ inter Græcanica maxime laudabantur, etiam Apollinis oraculo, tota ad vim bellicam fuiſſe directa, [5] notat, & in culpa ponit Ariſtoteles. Sed idem in Barbaros bellum dicit eſſe naturale, cum contra verum ſit, inter homi-

5 *Notat & in culpa ponit Ariſtoteles*] Polit. VII cap. 14. Παραπλησίως δὲ τούτοις καὶ τῶν ὕστερόν τινες γραψάντων ἀπεφήναντο τὴν αὐτὴν δόξαν ἐπαινοῦντες γὰρ τὴν Λακεδαιμονίων πολιτείαν ἄγανται τοῦ νομοθέτου τὸν σκοπόν, ὅτι πάντα πρὸς τὸ κρατεῖν καὶ πρὸς τὸν πόλεμον ἐνομοθέτησεν, ἃ καὶ κατὰ τὸν λόγον ἐστὶν εὐέλεγκτα, καὶ τοῖς ἔργοις ἐξελήλεγκται νῦν. *Pari modo & qui poſteriores ſcripſerunt, oſtenderunt ejuſdem ſe eſſe ſententiæ. Nam in laudatione Lacedæmoniorum Reipublicæ, admirantur propoſitum conditoris legum in eo, quod leges omnes ad bellicas res victoriamque direxit. quod & ratione refelli facile poteſt & ipſis factis refutatum nunc apparet* Euripides Andromacha Ariſtoteli prævenit

[———— εἰ δ' ἀπῆν δορὸς
Τοῖς Σπαρτιάταις δόξα καὶ μάχης ἀγών,
Τ' ἄλλ' ὄντες ἐστὲ μηδενὸς βελτίονες.

[———— *ſi vis Martia,*
Vobis Laconis abſit & ferri decus,
Spectatur ultra quod ſit eximium nihil.

nes a natura amicitiam ac societatem constitutam. [6] Quid enim iniquius, quam singulas cædes puniri, occisarum gentium, velut gloriosum facinus, triumphis ostentari? Et tamen illa adeo celebrata Romana civitas, quo tantum nomen, nisi bellis, [7] sæpe manifeste injustis, [8] ut de bello in Sardiniam [9] & Cyprum ipsi fatentur, consecuta est? Et certe generatim, ut à præclaris annalium conditoribus memoriæ proditum est, [1] latrocinia extra fines

6 *Quid enim iniquius, quam singulas cædes puniri, occisarum gentium, velut gloriosum facinus, triumphis ostentari?*] Sumtus ex Senecæ epistola 96 & de Ira lib. II cap 8 ex Cypriani epistola secunda.

7 *Sæpe manifeste injustis*] Petronius

— si quis sinus abditus ultra,
Si qua foret tellus fulvum quæ mitteret aurum,
Hostis erat —

8 *Ut de bello in Sardiniam*] Vide Polybium Historiarum III.

9 *Et Cyprum, ipsi fatentur*] Florus lib III cap 9 *Divitiarum tanta erat fama, nec falso, ut victor gentium populus, & donare regna consuetus, Publio Clodio Tribuno duce, socii vivique Regis confiscationem mandaverit.* Meminit ejusdem rei Plutarchus Catone, Appianus lib. II Civilium, Dion. lib. XXXVIII. Vide eumdem Florum de Bello Numantino & de Cretico.

1 *Latrocinia extra fines plerisque gentibus nullam habebant infamiam*] Thucydides lib I Οἱ γὰρ Ἕλληνες τὸ πάλαι, ϗ τῶν βαρβάρων οἵ τε ἐν τῇ ἠπείρῳ παραθαλάσσιοι, ϗ ὅσοι νήσους εἶχον, ἐπειδὴ ἤρξαντο μᾶλλον περαιοῦσθαι ναυσὶν ἐπ' ἀλλήλους, ἐτράποντο πρὸς λῃστείαν, ἡγουμένων ἀνδρῶν οὐ τῶν ἀδυνατωτάτων, κέρδους τοῦ σφετέρου αὐτῶν ἕνεκα ϗ τοῖς ἀσθενέσι τροφῆς· ϗ προσπίπτοντες πόλεσιν ἀτειχίστοις ϗ κατὰ κώμας οἰκουμέναις ἥρπαζον, ϗ τὸ πλεῖστον τοῦ βίου ἐντεῦθεν ἐποιοῦντο, οὐκ ἔχοντός πω αἰσχύνην τούτου τοῦ ἔργου, φέροντος δέ τι ϗ δόξης μᾶλλον. δηλοῦσι δὲ τῶν τε ἠπειρωτῶν τινες ἔτι ϗ νῦν, οἷς κόσμος καλῶς τοῦτο δρᾶν, ϗ οἱ παλαιοὶ τῶν ποιητῶν, τὰς πύστεις τῶν πλεόντων πανταχοῦ ὁμοίως ἐρωτῶντες, εἰ λῃσταί εἰσιν, ὡς οὔτε ὧν πυνθάνονται ἀπαξιούντων τὸ ἔργον, οἷς τ' ἐπιμελὲς εἴη εἰδέναι οὐκ ὀνειδιζόντων. ἐλῄζοντο δὲ ϗ κατ' ἤπειρον ἀλλήλους, ϗ μέχρι τοῦδε πολλὰ τῆς Ἑλλάδος τῷ παλαιῷ τρόπῳ νέμεται, περί τε Λοκροὺς τοὺς Ὀζόλας ϗ Αἰτωλοὺς ϗ Ἀκαρνᾶνας, ϗ τὴν ταύτῃ ἤπειρον. *Olim quippe Græci, non minus quam barbari, tum qui in continente, tum qui per insulas vivebant, postquam sæpius alii ad alios navibus transire cœperunt, ad latrocinandum se converterunt, ad quam rem viri illustres duces ipsis erant, partim quæstus sui causa, partim ut victum suppeditarent egentibus: adortique civitates mœnibus carentes, aut per vic-*

fines plerisque gentibus nullam habebant infamiam. [2] Ultionis exactionem Aristoteles, & Cicero, in virtutis parte ponunt [3] Gladiatorum mutuæ dilaniationes inter oblectamenta erant publica Paganorum. [4] exponere liberos quotidianum Apud Hebræos sane lex melior, sanctior disciplina, sed tamen in populo impotentis iræ dissimulata quædam, aut etiam ipsis concessa:

vicos sparsas, diripiebant eas, maximamque partem hinc sibi alebant, nondum infami eo vitæ genere, quin & nonnihil habente gloriæ. Manifestissimum id faciunt etiam nunc quidam continentis terræ habitatores, qui pro decoro habent strenue id facere, & vetusti Poetarum, apud quos frequentes sunt interrogationes ad navigantium obvios, an prædones essent, nimirum, quod nec defugituri id nomen illi essent qui interrogabantur, nec exprobraturi hi qui interrogabant. In ipsa quin etiam terra continente, spoliabant alii alios, & nunc quoque magna portio Græcorum sic vivit, apud Locros Ozolas, apud Ætolos, apud Acarnanas & vicina terrarum. Interrogatio illa, cujus Thucydides meminit, est apud Homerum Odyssea Γ ubi Scholiastes οὐκ ἄδοξον ἦν παρὰ τοῖς παλαιοῖς τὸ λῃστεύειν, ἀλλ' ἔνδοξον *Apud veteres latrocinari adeo infame non erat, ut & gloriæ duceretur.* Justinus lib XLIII c. 3. de Phocensibus *Studiosius mare quam terras exercuere, piscando, mercando, plerumque etiam latrocinio maris (quod illis temporibus gloriæ habebatur) vitam tolerabant.* De Hispanis vide Plutarchum Mario & Diodorum lib. VI de Tyrrhenis; Servium ad VIII. & X Æneidos: de Germanis Cæsarem, Tacitum, Saxonem Grammaticum

2 *Ultionis exactionem Aristoteles & Cicero in virtutis parte ponunt.*] Aristoteles De moribus ad Nicomachum IV II Δοκεῖ γὰρ οὐκ αἰσθάνεσθαι οὐδὲ λυπεῖσθαι μὴ ὀργιζόμενός τε οὐκ εἶναι ἀμυντικός· τὸ δὲ προπηλακιζόμενον ἀνέχεσθαι, ἀνδραποδῶδες. *Videtur talis & sensus & dolore carere, & cum non irascatur, vindictæ esse negligens Servile, si contumeliose tracteris, id tolerare* Cicero autem de Inventione II. inter ea quæ ad jus naturæ pertineant, ponit vindicationem, *per quam vim, aut contumeliam defendendo, aut ulciscendo propulsamus.* Ad Atticum *Odi hominem & odero utinam ulcisci possem.* In Antonium: *Sed ulciscar facinora singula, quemadmodum à quibusque sum provocatus.*

3 *Gladiatorum mutuæ dilaniationes inter oblectamenta erant publica Paganorum.*] Vide Lactantium lib II. Tertullianum de Spectaculis cap 19.

4 *Exponere liberos quotidianum.*] Justinus Apologetico secundo. Tertullianus Apologetico cap 9. Vide & Lactantium lib. VI. Institutionum, cap. 20. & Terentii Hecyram.

 [5] ut

[5] ut vis in populos septem id meritos; qua non contenti, [6] omnes à se diffidentes creduli odio sunt persecuti, [7] cujus signa nunc etiam in ipsorum precibus adversus Christanos conceptis apparent. At [8] dolorem suum talionis judicio exsequi, homicidam propinqui sui privata manu occidere, lege ipsa permittebatur. Christi vero lex omnino [9] prohibet injuriam sive verbis, sive rebus factam reponere, ne, quam in aliis improbamus malitiam, rursum probemus imitando · bene fieri vult bonis quidem præcipue, sed & malis, [1] ad Dei exemplum, à quo Solem, astra, aerem, ventos, imbres habemus communia in homines quosvis dona.

§ XIII *Circa conjunctionem maris & fœminæ.*

Conjunctio maris cum fœmina, per quam propagatur genus humanum, dignissima res est legum cura Quam partem neglectui habitam a Paganis haud mirum est, cum eorum, quos colerent, [2] Deorum stupra & adulteria narrarentur. Quid quod

5 *Ut vis in populos septem id meritos*] Exodi XXXIV 11, 12. Deut VII 1, 2

6 *Omnes à se diffidentes creduli odio sunt persecuti.*] Dandam operam ut eis damnum quovis modo inferatur, docet R. Levi ben Gersom · non reddenda illis quæ furtis subducta sunt, Bechai

7 *Cujus signa etiam nunc in precibus adversus Christianos conceptis apparent.*] Vide Libellum precum editum Venetiis forma minima, fol. 8 & librum Germanicum Antonii Margaritæ Maimonidem ad XIII. Articulos, ubi perdendos ait, qui eis non credunt Et dictum est in ore Judæorum *Omnes sectarii subito pereant* Similia sunt dicta R Isaaci in Bereschith rabba. & Thalmud in Baba Kama, & Baba Bathra.

8 *Dolorem suum talionis judicio exsequi*] Levit XXIV. 20. Deut XIX. 21

9 *Prohibet injuriam sive verbis sive rebus factam reponere*] Matth. V. 38 44

1 *Ad Dei exemplum, à quo Solem, astra, aerem, ventos, imbres habemus communia in homines quosvis dona*] Matth. V. 45.

2 *Deorum stupra & adulteria.*] Euripides Ione:

ἰδὲς-

quod & [3] concubitus marium cum maribus Deorum exemplis defendebantur? in quorum numerum eo merito relati olim Ganymedes, [4] postea Antinous; quod flagitium apud Mahumetistas quoque frequens est, apud Sinenses, & gentes alias etiam pro licito à Græcis autem Philosophis in id laboratum videtur, [5] ut rei turpi honestum nomen impo-

——νουθετητέος δέ μοι
Φοῖβος, τί πάσχει παρθένους
βίᾳ γαμῶν,
Προδίδωσι παῖδας ἐκτεκνού-
μενος λάθρα,
Θνήσκοντας ἀμελεῖ; μὴ σύ γ'.
ἀλλ' ἐπεὶ κρατεῖς,
Ἀρετὰς δίωκε. καὶ γὰρ ὅστις ἂν
βροτῶν
Κακὸς πεφύκῃ, ζημιοῦσιν οἱ
θεοί.
Πῶς οὖν δίκαιον, τοὺς νόμους
ὑμᾶς βροτοῖς
Γράψαντας, αὐτοὺς ἀνομίαν
ὀφλισκάνειν;
Εἰ δ' οὐ γὰρ ἔσται, τῷ λόγῳ δὲ
χρήσομαι,
Δίκας βιαίων δώσετ' ἀνθρώποις
γάμων,
Σὺ καὶ Ποσειδῶν, Ζεύς θ', ὃς
οὐρανοῦ κρατεῖ,
Ναοὺς τίνοντες ἀδικίας κενώ-
σετε.

—— monendus, si tamen fas
est, mihi,
Apollo per vim virginum minuit decus,
Quosque ipse sevit liberos, interfici
Cum patitur, ab e'u ista: sed quando imperas,
Honesta sequere. Dii quis est mortalium,
Qui scelera patrat, exigunt pœnam Dii
At nonne iniquum est, vos, suas leges quibus
Gens debet hominum, jure nullo vivere?
Si (quod futurum non erit, dicam tamen)
Hominibus æquo stupra lueretis modo,
Neptunus & tu, rexque supremi poli,
Vacuaret omnes mulcta templorum domos.

Vide hæc fuse tractata apud Clementem Protreptico, Athenagoram, Tatianum, Arnobium libro IV. Nazianzenum I contra Julianum, Theodoretum Sermone III.

3 *Concubitus marium cum maribus*] Hæc quoque vide apud Clementem & Theodoretum dictis locis.

4 *Postea Antinous.*] Meminit Justinus Apologetico II. Clemens Protreptico Origenes libro contra Celsum tertio & octavo: Eusebius Historiæ Ecclesiasticæ IV. 8 Theodoretus octavo & Historici illorum temporum

5 *Ut rei turpi honestum nomen imponeretur*] Ita sine censura non Lucianus tantum, libello De amoribus, sed & Gregorius Nazianzenus Oratione III contra Julianum, & ad eum Elias Cretensis & Nonnus, Cyrillus contra Julianum libro VI. & late Theodoretus libro XIII a

imponeretur. Inter eosdem Græciæ Philosophos præstantissimi, [6] communione mulierum laudata, quid aliud quam ex civitate tota unum fecerunt lupanar? [7] cum etiam inter muta animantia quædam sit fœdus aliquod conjugale, quanto æquius ne sanctissimum animal homo incerto semine nascatur, exstinctis etiam parentum & liberorum inter se affectibus? Lex Hebræa omnem quidem spurcitiem inhibet, sed & [8] plures uni concedit uxores, [9] & marito dimittendæ ob quasvis causas uxoris jus facit quod & hodie usurpant Mahumetistæ, & olim Græci, ac Latini, tanta licentia,

Græcos Philonis, qui Platoni favit plurimum, locum hic omittere non possum e libro De vita contemplativa: Τὸ δὲ Πλάτωνος μὲν ὅλον σχεδόν ἐστι περὶ ἔρωτος, οὐκ ἀνδρῶν ἐπὶ γυναιξὶν ἐπιμανέντων, ἢ γυναικῶν ἀνδράσιν αὐτὸ μόνον· ἐπιπληροῦνται γὰρ αἱ ἐπιθυμίαι αὗται νόμῳ φύσεως· ἀλλὰ ἀνδρῶν ἄρρεσιν ἡλικίᾳ μόνον διαφέρουσι· καὶ γὰρ εἴ τι περὶ ἔρωτος καὶ οὐρανίας Ἀφροδίτης κεκομψεῦσθαι δοκεῖ, χάριν ἀστεϊσμοῦ παρείληπται. *Platonicum autem convivium totum fere in amoribus consumitur, non virorum modo in mulieres, aut mulierum in viros* [illegible]: *tales enim cupiditates lege naturæ explentur; sed virorum in sexus ejusdem sola ætate dispares: nam si quid ibi de Venere & Amore cœlesti speciose dici auditur, id honesti obtentus causa assumitur.* Tertullianus de Anima, Christianam sapientiam præferens Socraticæ: *Nec nova inferens dæmonia, sed vetera depellens, nec adolescentiam vitians, sed omni bono pudoris formans,*

6 *Communione mulierum laudata*] Platonem vide tum alibi, tum maxime de Republica V.

7 *Cum etiam inter muta animantia quædam sit fœdus aliquod conjugale*] Plinius lib. X. cap. 33. *Ab his columbarum gesta spectantur maxime, simili ratione. Mores iidem, sed pudicitia illis prima, & neutri nota adulteria: conjugii fidem non violant.* De palumbium castitate conjugali vide Porphyrium De non esu animantium tertio.

8 *Plures uni concedit uxores*] Apparet ad Deut XVII 16, 17. XXI 15. 2 Sam XII 8. Sic legem intelligunt Hebræi, & Chrysostomus I ad Cor. XI. Augustinus de doctrina Christiana libro III cap. 12 & veterum alii. Josephus legis peritissimus, Antiquitatum XVI. πάτριον ἐν τ' αὐτῷ πλείοσιν ἡμῖν συνοικεῖν. *Mos nobis patrius eodem tempore plures habere uxores.*

9 *Et marito dimittendæ ob quasvis causas uxoris jus facit.*] Deut. XXIV. 1, 2, 3, 4. Levit. XXI. 14.

ut

ut & uxores ad tempus utendas aliis darent [1] Lacones, & Cato. At perfectissima Christi lex ad ipsas penetrat vitiorum radices, & eum, qui attentavit mulieris cujusquam pudicitiam, vel oculis libavit, [2] reum habet, inspectore cordis Deo judice, concupiti, nec peracti criminis. Cumque omnis vera amicitia perpetua sit & insolubilis, [3] merito talem eam esse voluit, quæ cum animorum societate corporum quoque continet communionem: quod etiam ad rectam liberorum educationem haud dubio est utilius. Inter Paganos paucæ gentes una uxore contentæ fuerunt, ut [4] Germani, & Romani. [5] Sequuntur & hoc Christiani, ut, scilicet, animus ab uxore in solidum marito datus, [6] æquali retributione pensetur, [7] rectiusque procedat sub una præside domesticum regimen; neu diversæ matres discordiam liberis inferant.

§ XIV. *Circa usum bonorum temporalium.*

Ad usum eorum, quæ bona vulgo dicuntur, ut

1 *Lacones & Cato* [Vide Herodotum libro VI. Plutarchum Lycurgo & Catone Uticensi.

2 *Reum habet, inspectore cordis Deo judice, concupiti, nec peracti criminis.*] Matth. V. 28.

3 *Merito talem eam esse voluit, quæ cum animorum societate corporum quoque continet communionem.* Matth. V. 32. XIX. 9.

4 *Germani & Romani.*] Græcos etiam addere potuit, quibus plerisque, certe privatis, singulæ fuerunt uxores. *Clericus.*

5 *Sequuntur & hoc Christiani*] Paulus Apostolus I Cor. VII. 4. Lactantius Institutionum VI. 23. Hieronymus adversus Oceanum.

6 *Æquali retributione pensetur*] Bene enim Sallustius Jugurthino: *Apud eos qui plures uxores habent, levis ista ducitur necessitudo, quod animus multitudine distractus nullam pro socia obtinet, omnes pariter viles sunt.* Ammianus de Persis l. XXIII. *Per libidines varias caritas dispersa torpescit.* Claudianus bello Gildonico:

—— Connubia mille:
Non illis generis nexus, non pignora curæ,
Sed numero languet pietas.

7 *Rectiusque procedat sub una præside domesticum regimen, neu diversæ matres discordiam liberis inferant.*] Utrumque recte concepit & expressit Euripides Andromacha,

venia-

veniamus, furta videmus à gentibus paganis quibusdam, [8] ut Ægyptiis & [9] Spartiatis, permissa. & qui privatis non permiserunt, publice hoc ferme unum agebant, ut Romani. [1] quibus ad casas redeundum dicebat Romanus orator, si suum cuique reddere deberent. Hebræis nihil quidem tale, sed [2] fœnus tamen in extraneos permissum, ut eorum ingenio se lex aliquatenus aptaret; [3] quæ propterea legem servantibus, inter cætera, divitias pollicebatur. At [4] Christiana lex non modo omne injustitiæ genus, & in quosvis prohibet; [5] sed & vetat nos studium nostrum rebus illis caducis impendere: quia, scilicet, non sufficiat animus noster ad duo sedulo curanda, quæ singula hominem totum requirant, & sæpe in contraria consilia nos trahent: deinde vero & in quærendis, & in servandis divitiis, [6] sollicitudo servitutem quamdam, & cruciatum secum ferat, quæ ipsam voluptatem, quæ ex divitiis speratur, corrumpant. [7] ea vero quibus natura contenta est, & pauca sint, & facile sine magno labore, aut impendio parentur. Quod si quid tamen Deus ultra indulserit, non hoc in mare projicere jubemur,

8 *Ut Ægyptiis*] Diodorus Siculus Historiarum libro 1.

9 *Et Spartiatis.*] Plutarchus Lycurgo.

1 *Quibus ad casas redeundum esse dicebat Romanus orator, si suum cuique reddere deberent.*] Verba hunc in sensum Ciceronis ex tertio de Republica recitat Lactantius in Epitome cap 1.

2 *Fœnus tamen in extraneos permissum*] Deut XXIII 19.

3 *Quæ propterea legem servantibus, inter cætera, divitias pollicebatur.*] Levit. XXVI 5 Deuter. XXVIII. 4, 5, 6, 7, 8, 11, 12.

4 *Christiana Lex non modo omne injustitiæ genus & in quosvis prohibet*] Matth. VII. 12. Ephes. V 3.

5 *Sed & vetat nos studium nostrum rebus illis caducis impendere.*] Matth VI 24 & sequentib. XIII. 22. Luc VIII. 14. 1 Tim VI. 9.

6 *Sollicitudo servitutem quamdam & cruciatum secum ferat.*] Matth VI 3- Philipp IV 6.

7 *Ea vero quibus natura contenta est, & pauca sint, & facile sine magno labore aut impendio parentur*] 1 Tim. VI. 7, 8.

ut

[8] ut Philosophi quidam imprudenter fecerunt; neque detinere inutile, neque prodigere, sed supplere inde hominum aliorum inopiam, [9] sive donando, * sive dando mutuum id rogantibus; [1] ut decet eos, qui se non dominos harum rerum, sed Dei summi parentis procuratores ac dispensatores credant: bene enim locatum beneficium [2] thesaurum esse bonæ spei plenum, in quem nec furum improbitati, nec casuum varietati quicquam liceat. Cujus veræ, non fucatæ, liberalitatis exemplum admirabile præbuerunt Christianorum primi; [3] cum usque ex Macedonia & Achaia ea mitterentur, quæ Palæstinorum egestatem sublevarent: non aliter, quam si orbis totus una esset familia. Atque hic illa quoque cautio in Christi lege additur, [4] nequa repensationis aut honoris spes beneficentiam defloret: [5] cujus apud Deum perit gratia, si aliud præter Deum respicit. Ac ne quis, ut fieri solet, obtendat tenacitati suæ velum, quasi metuat, ne ipse olim senex, aut à calamitate aliqua deprehensus, suis rebus opus habeat, [6] promittit lex curam specialem pro his, qui illa præcepta servaverint; & quo magis confidant, in

8 *Ut Philosophi quidam imprudenter fecerunt.*] Habent hoc de Aristippo Laertius & Suidas, de Cratete Philostratus.

9 *Sive donando*] Matth. v. 42

* *Sive dando mutuum id rogantibus*] Matth. ibidem, Luc. VI 35

1 *Ut decet eos qui se non dominos harum rerum, sed Dei summi parentis procuratores ac dispensatores credant*] 1 Tim. VI. 17, 18

2 *Thesaurum esse bonæ spei plenum, in quem nec furum improbitati, nec casuum varietati quicquam liceat*] Matth. VI. 20.

3 *Cum usque ex Macedonia & Achaïa ea mitterentur, quæ Palæstinorum egestatem sublevarent*] Rom XV 25, 26. & sequentibus. 2 Cor IX. 1, 2, 3, 4. Philipp. IV 18.

4 *Nequa repensationis aut honoris spes beneficentiam defloret*] Matth VI. 1, 2 Luc. XIV. 12.

5 *Cujus apud Deum perit gratia, si aliud præter Deum respicit*] Matthæus dicto jam loco.

6 *Promittit lex curam specialem pro his qui illa præcepta servaverint*] Matth. VI. 32. Luc. XII. 7. XXI. 18.

mentem

mentem illis revocat [7] conspicuam Dei providentiam in alendis feris ac pecudibus, & in ornandis herbis, floribusque: rem vero fore indignam, si Deo tam bono, tam potenti, tanquam malo nomini non credamus ultra, quam dum pignori incumbimus.

§ XV. *Circa jusjurandum.*

Perjurium vetant leges aliæ, [8] hæc vero etiam jurejurando extra necessitatem omnino vult abstineri, & ita coli veracitatem in quovis sermone, [9] ut jusjurandum à nobis ne exigatur quidem.

§ XVI. *Circa facta alia.*

Ac plane nihil egregium reperiri potest, aut in Græcorum philosophicis scriptis, aut in sententiis Hebræorum, aliarumve gentium, quod non hic contineatur, & quidem ut sancitum divina auctoritate: puta [1] de modestia, [2] temperantia, de [3] bonitate, [4] de morum honestate, [5] de prudentia, [6] de officio magistratuum & subditorum, [7] parentum & liberorum, [8] dominorum & servorum, [9] item conjugum inter se; maxime vero

7 *Conspicuam Dei providentiam in alendis feris ac pecudibus & in ornandis herbis floribusque* Matth. VI. 26, 28.

8 *Hæc vero etiam jurejurando extra necessitatem omnino vult abstineri.*] Matth. V. 33, 34, 35, 36, 37. Jac. V. 12.

9 *Ut jusjurandum à nobis ne exigatur quidem.*] Matth. dicto jam loco.

1 *De modestia*] 1 Pet. III. 3.

2 *Temperantia*] Tit. II. 12. 1 Tim. II. 9.

3 *Bonitate.*] 2 Cor. VI. 6. Galat. V. 22. Coloss. III. 12. 1 Cor. XIII. 4.

4 *De morum honestate*] Phil. IV. 8. 1 Tim. II. 2. III. 4. Tit. II. 7.

5 *De prudentia.*] Matth. X. 16. Eph. I. 8.

6 *De officio magistratuum & subditorum.*] 1 Tim. II. 2. Rom. XIII. 1 Pet. II. 13, 17.

7 *Parentum & liberorum*] Coloss. III. 20, 21. Ephes. VI. 1, 2, 3, 4.

8 *Dominorum & servorum.*] Ephes. VI. 5, 6, 7, 8, 9, 10. Coloss. III. 22, 23, 24, 25.

9 *Item conjugum inter se.*] Ephes. V. 22, 23, 24, 25, 28, 33. Coloss. III. 18, 19. 1 Tim. II. 12.

de vitandis vitiis, quæ specie quadam honesti plurimis Græcis Romanisque imposuerunt, [1] cupiditatibus, scilicet, honorum ac gloriæ. Summa vero præceptorum solida brevitate admirabilis, [2] ut Deum amemus supra omnia, proximum vero juxta nos ipsos, [3] id est, ut alteri faciamus, quod nobis velimus fieri.

§ XVII. *Solvitur objectio sumta ex controversiis, quæ sunt inter Christianos.*

Opponat forte aliquis, contra dogmatum Christi excellentiam, quam prædicamus, magnam opinionum inter Christianos discrepantiam, unde orta sit & sectarum multitudo. Sed parata responsio, idem in omnibus ferme artibus accidere, partim imbecillitate humani ingenii, partim quod studiis judicium impeditur: sed solent istæ opinionum varietates consistere intra certos terminos, de quibus convenit, & unde ad ambigua argumentum petitur. sicut in Mathematicis, an quadrari circulus possit disputatur, non item an, si æqualibus æqualia demantur, quæ remanent sint æqualia, idemque in Physicis, Medicina, & aliis Artibus, videre est. Sic & discrepantia illa opinionum inter Christianos impedire nequit, quominus de præcipuis, id est, [4] de præceptis illis, ex quibus Christianam Reli-

1 *Cupiditatibus, scilicet, honorum ac gloriæ*] Matth. xviii. 4 xxiii 12 Luc xiv 11. xviii 14 Joh. v 44 Ephes iv 2 Coloss ii 18 iii 23 1 Joh ii 16 Philipp ii. 3 1 Thess ii 6 1 Petr. 1 24. v 5.

2 *Ut Deum amemus supra omnia, proximum vero juxta nos ipsos*] Matth ix 18. xxii. 37, 39. Luc. x. 27. Rom. xiii. 9, 10, 11. Galat. v. 14. Jac ii 8

3 *Id est ut alteri faciamus, quod nobis velimus fieri*] Matth. vii 12 Luc vi 31 Laudabat Imperator Alexander Vide Dionem & qui Latine Vitam ejus Imperatoris scripsit

4 *De præceptis*] Adde etiam de dogmatibus necessariis, quibus præceptorum observatio nititur, qualia sunt quæ memorantur

Religionem maxime commendavimus, ſatis conſtet: eorumque certitudo hoc ipſo emicat, quod qui odiis inter ſe inflammati quærunt diſſidendi materiam, eo progredi non auſint, ut hæc negent à Chriſto imperata, ne illi quidem ipſi, qui vitam ſuam ad eam normam nolunt componere. Quod ſi quis etiam his velit contradicere, par habendus ſit Philoſophis, qui nivem albam negarunt. Nam ut hi ſenſu refelluntur, ita illi conſenſu omnium gentium Chriſtianarum, & librorum, quos ſcripſerunt Chriſtianæ Religionis primi, ac primis proximi, & deinceps ſecuti doctores, etiam illi, qui ſuam in Chriſtum fidem morte teſtati ſunt. Nam quod hi omnes ut Chriſti dogma agnoſcunt, id omnino pro tali habendum eſt ab æquo rerum judice: ſicut Platoni, Xenophonti, aliiſque Socraticis credimus, de dogmatibus Socratis; Stoicorum ſcholæ, de his quæ Zeno tradidit.

§ XVIII. *Probatur amplius præſtantia Chriſtianæ Religionis, ex præſtantia ipſius Magiſtri.*

Tertium, quo Chriſtianam Religionem omnibus aliis, quæ ſunt, aut fingi poſſunt, præſtare diximus, eſt ipſe modus, quo tradita fuit ac propagata: qua in parte, prima eſt inſpectio de ipſo dogmatis auctore. Græcæ ſapientiæ auctores nihil ferme certi ſe adferre ipſi fatebantur: quippe [5] veritatem velut in puteo demerſam, & [6] mentem noſtram

rantur in antiquiſſimis Symbolis, qualia exſtant apud *Irenæum* & *Tertullianum*, & quale eſt *Apoſtolicum*, ut nunc vocatur. Quod paulo plenius oſtendimus in Libello hiſce ſubjecto, *de eligenda inter diſſidentes Chriſtianos ſententia* § IV. Clericus.

5 *Veritatem velut in puteo demerſam*] Democriti eſt, ἐν βυθῷ ἀλήθεια, memoratum & aliis & Ciceroni in Academicis

6 *Mentem noſtram non minus caligare ad Divina, quam occulos noctuæ ad lumen Solis*] Ariſtoteles Metaphyſicorum II. c I. Ὥσπερ γὰρ καὶ τὰ τῶν νυκτερίδων ὄμματα

nostram non minus caligare ad Divina, quam oculos noctuæ ad lumen Solis. Ipsorum præterea [7] nemo non aliquo vitio obsitus, [8] alii Regum adulatores, [9] alii scortorum amoribus addicti, [1] alii caninæ impudentiæ. Invidiæ vero omnium inter se magnum argumentum, [2] rixæ de verbis, aut nullius momenti rebus · frigoris vero in Dei

ὄμματα πρὸς τὸ φέγγος ἔχει τὸ μεθ' ἡμέραν, οὕτω καὶ τῆς ἡμετέρας ψυχῆς ὁ νοῦς πρὸς τὰ τῇ φύσει φανερώτατα πάντων. *Sicut enim vespertilionum oculi ad lumen dici se balent, ita & animi nostri mens ad ea quæ omninm sunt clarissima.*

7 *Nemo non aliquo vitio obsitus*] Maximo consensu omnium laudatur Socrates. At ejus summam iracundiam, quæ in dictis & factis se ostenderit, ante oculos nobis Porphyrii verbis ponit Cyrillus, sexto adversus Julianum.

8 *Alii Regum adulatores*] Plato, Aristippus

9 *Alii scortorum amoribus addicti*] Marium Zeno, Stoicæ sectæ princeps. Feminarum prope omnes, Plato, Aristoteles, Epicurus, Aristippus. Athenæus libro III. & XIII. Laertius, Lactantius, testes. Theognis ipse de se multis in locis.

1 *Alii caninæ impudentiæ.*] Dicti inde Cynici.

2 *Rixæ de verbis aut nullius momenti rebus*] Bene id notatum Timoni Pnliasio

Σχέτλιοι ἄνθρωποι, κακ' ἐλέγχεα, γαστέρες οἶον,
Ποίων ἐκ τ' ἐρίδων καὶ λεσχομάχων πεπλάνεσθε,
Ἄνθρωποι, κενεῆς οἰήσιος ἔμπλεοι ἀσκοί,
Mortales miseri, probra pessima, nil nisi ventres,
Quæ vos tan.loquo failunt certamine lites?
O homines, tumidis inflati fastibus utres

Item

Φοιτᾷ δὲ βροτολοιγὸς ἔρις κενὸν λελακυῖα,
Νείκης ἀνδροφόνοιο κασιγνήτη καὶ ἔριθος,
Ἥτ' ἀλαὴ περὶ πάντα κυλίνδεται· αὐταρ ἔπαιτα
Ἔς τε βροτοὺς στήριξε κάρη, καὶ ἐς ἐλπίγα βάλλει.
Aspera lis quædam provenit inania clamans,
Incensi in cædes odii soror atque ministra,
Quæ cæca huc illuc circumque voluta, supremum
Mortales capite incurrit, spemque injicit illis.

Item

Τίς δ' ἄρ τοὺς δ' ὀλοῇ ἔριδι ξυνέηκε μάχεσθαι,
Ἠχοῦς σύνδρομος ὄχλος· ὁ γὰρ σιγῶσι χολωθεὶς,
Νοῦσον ἐπ' ἀνέρας ὦρσε λαλήν· ὀλέκοντο δὲ πολλοί
Ecquis eos tanto pugnæ inflammavit amore?
Ad strepitum accurrens plebs atque exosa silentes:
Unde loquax morbus multa cum peste cucurrit.

Invenies hæc apud Clementem Strom v. apud Eusebium in fine Præparationis, & apnd Theodoretum Sermone II.

cultu, quod & qui Deum unum crediderunt, tamen illo seposito, aliis, & quidem quos Deos non crederent, cultum exhibuerunt, [3] Religionis normam statuentes id quod receptum esset publice. De præmio quoque pietatis nihil adseverabant certi, [4] quod vel ex ultima illa Socratis morituri disputatione apparet. Mahumetes, late sparsæ Religionis auctor, [5] projectus ad libidinem per omnem vitam ne à suis quidem negatur. Tum vero nullam fidem dedit, qua constare posit, quod ipse promisit præmium, in epulis & Venere positum, id vere exstiturum; cum ipsius corpus in vitam rediisse ne dicatur quidem, imo in hunc diem Medinæ situm sit. At Hebrææ legis conditor Moses, vir eximius, non tamen ab omni culpa liberatur, [6] cum & legationem ad Regem Ægyptium à Deo sibi mandatam multo cum renisu vix susceperit, [7] & ad pollicitum Dei de aqua è rupe excitanda diffidentiæ nonnihil ostenderit, ut Hebræi fatentur. Eorum vero, quæ per legem suis

3 *Religionis normam statuentes id quod receptum esset publice.*] Xenophon Memorabilium v oraculum recitat, quo jubentur Dii coli ex lege cujusque civitatis. Repete hic Senecæ verba, quæ ex Augustino supra citavimus, post quæ sic Augustinus: *Colebat quod reprehendebat, agebat quod arguebat, quod culpabat adorabat.* Nimirum, ut Plato dixit in Timæo, & alibi, & Porphyrius loco qui est apud Eusebium Præparat. lib. IV cap. 8. periculo non caret vera de rebus divinis apud vulgus disserere. Ejus autem periculi metum Græca & Latina & barbara philosophia pluris fecit, quam veri sinceram professionem: quod vel unum sufficit, ne quis tales sibi per omnia sequendos putet. Notat hoc in Platone Justinus martyr, Parænesi ad Græcos.

4 *Quod vel ex ultima illa Socratis morituri disputatione apparet.*] Vide quæ attulimus supra.

5 *Projectus ad libidinem per omnem vitam ne à suis quidem negatur.*] Vide quæ dicentur lib. VI.

6 *Cum & legationem ad Regem Ægyptium à Deo sibi mandatam multo cum renisu vix susceperit.*] Exodi IV. 2, 10, 13, 15.

7 *Et ad pollicitum Dei de aqua è rupe excitanda diffidentiæ nonnihil ostenderit.*] Numer. XX. 12.

promisit,

promisit, præmiorum vix quicquam ipse consecutus est, desertis in locis [8] jactatus perpetuis seditionibus, [9] neque ingressus in terram illam felicem. At Christus [1] peccati omnis expers à suis describitur, [2] nec ab aliis ullius commissi allatis testimoniis arguitur. Tum vero [3] quicquid præscripsit aliis, id præstitit ipse. Quæ enim sibi à Deo mandata erant implevit fideliter, [4] in vita omni simplicissimus, [5] injuriarum ac cruciatuum patientissimus, quod in ipso crucis supplicio ostendit, amantissimus hominum etiam inimicorum, etiam à quibus ad mortem actus fuerat, [6] ita ut pro iis etiam Deum deprecaretur. Quod autem suis promisit præmium, ejus ipse compos factus excellentissimo modo & perhibetur, & certa fide comprobatur. In vitam enim redditum [7] viderunt multi, audierunt, palparunt etiam: [8] in cœlum evectus est, spectantibus duodecim ibi potestatem, quæ suprema est, consecutus ostenditur eo,

8 *Jactatus perpetuis seditionibus*] Exodi xxii Num. xi. xii xiv. xvi. xx xxi.

9 *Neque ingressus in terram illam felicem*] Num. xx. 12 Deut. xxiv. 4.

1 *Peccati omnis expers à suis describitur.*] Joh viii. 46. x. 32. 2 Cor v. 21. 1 Pet ii. 22. Heb. iv. 15 Pietatem ejus etiam oraculo, apud Gentes auctoritatem habente, laudatam ostendemus ad lib. iv

2 *Nec ab aliis ullius commissi allatis testimoniis arguitur*] Notatum id Origeni lib. iii. contra Celsum.

3 *Quicquid præscripsit aliis, id præstitit ipse*] Bene Lactantius fine Institutionum · *Nec monstravit tantum, sed etiam præcessit, nequis difficultatis gratia iter virtutis horreret.*

4 *In vita omni simplicissimus.*] 1 Pet ii. 22

5 *Injuriarum ac cruciatuum patientissimus*] Math xxvi. 50, 52. Joh viii 23. Act. vii. 32.

6 *Ita ut pro iis etiam Deum deprecaretur*] Luc. xxiii 34.

7 *Viderunt multi, audierunt, palparunt etiam*] Joh xx 27, 21, 29. Joh 1 Epist. i. 1. Math. xxviii. Marci xvi. Luc xxiv. 1 Cor. xv. 3, 4, 5, 6, 7, 8

8 *In cœlum evectus est, spectantibus duodecim*] Marc. xvi. 19. Luc. xxiv. 31, 52. Actor, i. 9, 10, 11. Adde Actor. vii. 55. ix. 3, 4, 5. xxii. 6. 1 Cor. xv. 8.

quod

quod suos sectatores, & [9] linguarum, quas non didicerant, loquela, [1] & aliis mirificis virtutibus donavit, [2] ita ut facturum se discedens promiserat: quæ omnia faciunt, ut nec de fide, nec de potentia ejus ad retribuendum nobis id, quod pollicitus est, præmium, dubitare ullo modo liceat. Ac sic collegimus, hanc Religionem in hoc quoque eminere supra cæteras, quod ejus Magister, quæ jussit ipse, præstitit, quod promisit, ipse est consecutus.

Ex admirabili propagatione istius Religionis.

Videamus jam etiam effectus allati ab ipso dogmatis; qui profecto, si recte animadvertantur, tales sunt, ut si Deo ulla est cura rerum humanarum, non possit hoc dogma non divinum credi. Conveniebat divinæ providentiæ id efficere, ut quod optimum esset, pateret quam latissime. Id autem contigit Religioni Christianæ, quam ipsi videmus per Europam omnem, [3] ne Septentrionis quidem recessibus exclusis, doceri: [4] nec minus per Asiam omnem, [5] etiam ejus insulas in Oceano,

9 *Linguarum, quas non didicerant, loquela*] Actor. II 3, 4. x 46 XIX. 6. I Cor. XII. 10, 28, 30 XIII. 1, 8. XIV. 2, 4, 5, 6, 9. 13, 14, 18, 19, 22, 23, 26, 27, 39

1 *Et aliis mirificis virtutibus donavit.*] Actor III. V. VIII. IX. X. XI. XIII. XIV XVI. XIX. XX XXI XXVII. Rom. XV. 19. 2 Cor. XII 12. Heb. II. 4. Ostendunt hujus rei veritatem & Justinus eum Tryphone disputans, & Irenæus libro II. Tertullianus Apologetico, Origenes adversus Celsum VII. Lactantius, & alii

2 *Ita ut facturum se discedens promiserat.*] Joh. XIV. 12. XVII. 28. Marci XVI. 17

3 *Ne Septentrionis quidem recessibus exclusis.*] Vide Adamum Bremensem, & Helmoldum, & qui de Islandia scripsere.

4 *Nec minus per Asiam omnem.*] Vide Acta Conciliorum Universalium

5 *Etiam ejus insulas in Oceano*] Vide Osorium in Lusitanicis,

per

[6] per Ægyptum quoque, [7] per Æthiopiam, [8] & alias aliquot Africæ partes, [9] postremo & per Americam. Neque id nunc tantum fieri, sed & olim factum, ostendunt omnium temporum historiæ, libri Christianorum, acta Synodorum, vetus traditio nunc quoque apud Barbaros conservata [1] de itineribus ac miraculis Thomæ, [2] Andreæ, aliorumque Apostolorum. Jam suis temporibus quam late Christi nomen celebraretur, apud Britannos, Germanos, aliasque ultimas gentes, [3] notant Clemens, [4] Tertullianus, [5] & alii. Quæ est

6 *Per Ægyptum quoque.*] Apparet ex Actis Conciliorum Universalium, ex historia Ecclesiastica vetere, ac nominatim Eusebio VI. 34. ex Liturgia Coptitarum.

7 *Per Æthiopiam.*] Vide Franciscum Alvaresium

8 *Et alias aliquot Africæ partes*] Vide Tertullianum, Cyprianum, Augustinum, & Conciliorum per Africam acta, præcipue ejus Concilii quod Cypriani operibus subtexitur.

9 *Postremo & per Americam*] Vide Acostam & alios de rebus Americanis

1 *De itineribus ac miraculis Thomæ.*] Vide Abdiam libro IX. Eusebium Historiæ Ecclesiasticæ lib. I. in fine, & libro II. capite primo · & initio libri III. Ruffinum libro X. cap. 9. Adde Osorium & Linschotium de rebus Indiæ Orientalis, & Freitam De imperio Lusitanorum Asiatico. Sepulcrum ejus Apostoli in terra Coromandel etiam nunc monstratur.

2 *Andreæ*] Eusebius dicto libro III initio, & Origenes ad Genesim.

3 *Notant Clemens*] Christum is dicit omnibus notum gentibus, Strom. V

4 *Tertullianus.* Adversus Judæos I. *In quem enim alium universæ gentes crediderunt, nisi in Christum, qui jam venit? cui enim & aliæ gentes crediderunt, Parthi, Medi, Elamitæ, & qui inhabitant Mesopotamiam, Armeniam, Phrygiam, Cappadociam, & incolentes Pontum & Asiam & Pamphyliam. immorantes Ægyptum, & regionem Africæ quæ est trans Cyrenen inhabitantes, Romani & incolæ. tunc & in Hierusalem Judæ & cæteræ gentes ut jam Gætulorum varietates & Maurorum multi fines, Hispanorum omnes termini, & Galliarum diversæ nationes, & Britannorum innaccessa Romanis loca, Christo vero subdita. & Sarmatarum & Dacorum & Germanorum & Scytharum, & abditarum multarum gentium, & provinciarum & insularum multarum nobis ignotarum & quæ enumerare minus possumus, in quibus omnibus locis Christi nomen, qui jam venit, regnat.* Mox ostendit quando latuis

est Religio, quæ cum tam lata possessione possit contendere? nam si Paganismum dixeris, nomen unum

latius Christi regnum suis temporibus, id est, sine sæculi secundi, patuerit quam olim Nabuchodonosoris, & Alexandri aut Romanorum *Christi autem regnum ubique porrigitur, ubique creditur ab omnibus gentibus supra enumeratis* (numeraverat autem Babylonios, Parthos, Indiam, Æthiopiam, Asiam, Germaniam, Britanniam, Mauros, Gætulos, Romanos) *colitur, ubique regnat, ubique adoratur, omnibus ubique tribuitur æqualiter.*

5 *Et alii*] Irenæus Tertulliano vetustior, lib. I cap 3. *Nam etsi in Mundo loquelæ dissimiles sunt, virtus traditionis una & eadem est Et neque hæ quæ in Germania sunt fundata Ecclesiæ aliter credunt, aut aliter tradunt neque hæ quæ in Iberis sunt, neque hæ quæ in Oriente, neque hæ quæ in Ægypto, neque hæ quæ in Libya, neque hæ quæ in medio mundi sunt constituta. sed sicut Sol creatura Dei in universo mundo unus & idem est, sic & lumen, prædicatio Veritatis, ubique lucet, & illuminat omnes homines, qui volunt ad cognitionem Veritatis venire* Origenes Homilia ad Ezechielem IV *Confitentur & miserabiles Judæi hæc de Christi præsentia prædicari, sed stulte ignorant personam, cum videant impleta quæ dicta sunt Quando enim terra Britanniæ, ante adventum Christi, in unius Dei consensit religionem? quando terra Maurorum? quando totus semel orbis?* Arnobius libro II. *Virtutes sub oculis positæ, & inaudita illa vis rerum, vel quæ ab ipso fiebat palam, vel ab ejus præconibus celebrabatur in orbe toto, eas subdidit appetitionum flammas, & ad unius credulitatis assensum mente una concurrere gentes & populos fecit, & moribus dissimillimas nationes. Enumerari enim possunt atque in usum computari nis venire ea quæ in India gesta sunt apud Seras, Persas, & Medos in Arabia, Ægypto, in Asia, Syria, apud Galatas, Parthos, Phrygas: in Achaia, Macedonia, Epiro in insulis & provinciis omnibus quas Sol oriens atque occidens lustrat, ipsam denique apud dominam Romam* Athanasius in Epistola Synodica quæ apud Theodoretum est libro IV. cap 3 Ecclesias Christianas commemorat Hispaniæ, Britanniæ, Galliæ, Italiæ, Dalmatiæ, Mysiæ, Macedoniæ, Græciæ, Africæ, Sardiniæ, Cypri, Cretæ, Pamphyliæ, Lyciæ, Isauriæ, Ægypti, Libyæ, Ponti, Cappadociæ. Theodoretus adversus Græcos Sermone VIII de Apostolis sic loquitur Ἡνίκα μὲν γὰρ μετὰ τῶν σωμάτων ἐπολιτεύοντο, νῦν μὲν παρὰ τούτους, νῦν δὲ πρὸς ἐκείνους ἐφοίτων· καὶ ἄλλοις μὲν Ῥωμαίοις, ἄλλοις δὲ Ἱσπανοῖς, ἢ Κελτοῖς διελέγοντο· ἐπειδὴ δὲ πρὸς ἐκεῖνον ἐξεδήμησαν ὑφ' οὗ μετεπέμφθησαν, ἅπαντες αὐτῶν ἐνδελεχῶς ἀπολαύουσιν, οὐ μόνον Ῥωμαῖοι καὶ ὅσοιγε τὸν τούτων ἀγαπῶσι ζυγὸν, καὶ ὑπὸ τούτων ἰθύνονται, ἀλλὰ καὶ Πέρσαι, καὶ Σκύθαι, καὶ Μασσαγέται, καὶ Σαυρομάται καὶ Ἰνδοὶ, καὶ Αἰθίοπες, καὶ ξυλλήβδην

unum dixeris, non Religionem unam. Nam nec idem adorabant: alii enim astra, alii elementa, alii pecudes, alii res non subsistentes, nec eadem ex lege, nec ullo communi magistro. Judæi

δὴν εἰπεῖν ἅπαντα τῆς οἰκουμένης τὰ τέρματα. *Olim enim mortale corpus induti, nunc hos nunc illos accedebant, modo Romanis loquentes, modo Hispanis, aut Gallis: at postquam ad eum iverunt à quo missi fuerant, omnes populi illorum fruuntur laboribus, non Romani tantum, & qui Romana amant imperia, & ab ipsis reguntur, sed & Persæ, & Scythæ, & Massagetæ, & Sauromatæ, & Indi, & Æthiopes, &, ut summatim rem eloquar, omnes qui sunt intra oras habitabiles.* Idem lib. IX. conversis gentibus adnumerat Persas, Massagetas, Tibarenos, Hyrcanos, Caspios, Scythas. Hieronymus epitaphio Nepotiani Christianis adnumerat Indos, Persas, Gothos, Ægyptios, Bessos & pellitos populos: in epistola ad Lætam Indos, Persas, Æthiopas, Armenios, Hunnos, Scythas, Getas: in Orthodoxi & Luciferiani Dialogo Britannos, Gallos, Orientem, Indorum populos, Iberos, Celtiberos, Æthiopas. Chrysostomus Homilia VI. ad priorem ad Corinthios: Πῶς δ' ἂν τὰ γραφέντα καὶ εἰς τὴν βαρβάρων καὶ εἰς τὴν Ἰνδῶν καὶ πρὸς αὐτὰ τὰ ἔσχατα τὰ πέρατα ἀφίκετο, εἰ μὴ ὅτι τῶν λεγόντων ἀξιόπιστων; *Quomodo vero quæ ab iis scripta sunt, ad terras barbarorum, etiam Indorum, ipsos denique fines Oceani pervenissent, nisi auctores illi fide digni fuissent?* Idem posteriore Homilia in Pentecosten: Ἤρχετο τὸ Πνεῦμα τὸ ἅγιον ἐν εἴδει γλωσσῶν, ἑκάστῳ μερίζον τῆς κατὰ οἰκουμένην διδασκαλίας τὰ κλίματα, καὶ διὰ τῆς δοθείσης γλώττης, καθάπερ δέλτου τινὶ, γνωρίζον ἑκάστῳ τῆς ἐμπιστευθείσης ἀρχῆς τε καὶ διδασκαλίας τὸν ὅρον. *Venit Spiritus sanctus in linguarum specie, dividens unicuique orbis regiones, quas instituerent, & per concessum linguæ donum velut codicillis quibusdam definiens terminos mandati ipsis magistralis imperii.* Idem oratione egregia, Christum esse Deum: Ἐννοήσωμεν ὅτι οὐκ ἔστιν ἀνθρώπου φύσεως τοσαύτην ἐν βραχεῖ καιρῷ περιελθεῖν οἰκουμένην καὶ γῆν καὶ θάλατταν, καὶ ἐπὶ τοιούτοις καλεῖν πράγμασι ἀνθρώπους, καὶ ταῦτα ὑπὸ ἀτόπου συνηθείας προκατειλημμένους ἀνθρώπους, μᾶλλον δὲ ὑπὸ τοσαύτης κακίας κατεχομένους. Καὶ ὅμως ἴσχυσε τούτων πάντων τὸ τῶν ἀνθρώπων γένος ἐλευθερῶσαι, οὐχὶ Ῥωμαίους μόνον ἀλλὰ καὶ Πέρσας, καὶ ἁπλῶς τὰ τῶν βαρβάρων γένη. *Non est meri hominis, tantum orbis brevi spatio peragrare, terra marique, ad res tales tali modo vocare homines, mala consuetudine occupatos, imo a tanta malitia possessos. Et tamen ab his malis liberavit humanum genus, non Romanos tantum, sed & Persas, & omnes barbarorum gentes.* Vide & quæ sequuntur lectu dignissima.

sparsi quidem, sed gens una, nec post Christum eorum Religio ulla accepit notabilia incrementa: imo lex ipsorum magis per Christianos, quam per ipsos innotuit. Mahumetismus satis multas terras insidet, sed non solus. Nam per easdem terras colitur & Christiana Religio, aliquibus in locis numero majore: cum contra Mahumetistæ non reperiantur in partibus plerisque, ubi sunt Christiani.

Considerata infirmitate ac simplicitate eorum, qui eam primis temporibus docuerunt.

Sequitur & hoc videamus, quibus instrumentis progressus fecerit Christiana Religio, ut hac quoque parte cum aliis contendatur. Videmus ita plerosque homines comparatos esse ut regum & potentium exempla facile sequantur, eoque magis si lex etiam & coactio adsit. Hinc Paganicarum Religionum, hinc Mahumeticæ incrementa. At qui Christianam Religionem primi docuerunt, non modo sine imperio omni fuerunt, sed & fortunæ humilis, piscatores, textores, & si quid his simile. Et horum tamen opera dogma illud intra annos triginta, aut circiter, [6] non tantum per omnes Romani imperii partes, sed ad Parthos quoque & Indos pervenit. Nec tantum ipso initio, sed per tria ferme sæcula, privatorum opera, sine minis ullis, sine ullis invitamentis, imo renitente quam maxime eorum vi, qui imperia obtinebant, promota est hæc Religio, [7] ita ut antequam Con-

6 *Non tantum per omnes imperii Romani partes*] Rom. xv. 19.

7 *Ita ut antequam Constantinus Christianismum profiteretur, hæc pars Romani orbis prope major esset*] Jam suo ævo Tertullianus dixerat in Apologetico: *Hesterni sumus, & vestra omnia implevimus, urbes, insulas, castella, municipia, conciliabula*-

stantinus

Trajanus Christianismum profiteretur, hæc pars Romani orbis prope major esset. Apud Græcos, qui morum præcepta tradiderunt, alii simul artibus reddebant se commendabiles, ut Geometriæ studio Platonici, Peripatetici animantium ac plantarum historia, Stoici dialectica subtilitate, numerorum & concentuum cognitione Pythagorici; multis adfuit & admirabilis quædam facundia, ut Platoni, Xenophonti, Theophrasto. At primis Christianismi doctoribus ars talis nulla, [8] sermo simplicissimus & sine illecebris, sola præcepta promissa, minas nuda oratione proferens, quæ cum per se non habeant efficaciam parem tantis progressibus, omnino necesse est statuamus, aut miracula adfuisse, aut arcanam Dei actionem adspirantem negotio, aut utrumque.

§ XIX. *Et maximis impedimentis quæ homines retraherent ab ea amplectenda, aut à profitenda deterrerent.*

Cui considerationi & hæc addenda est, quod qui Christianismum illis docentibus receperunt, animum non habebant à certa norma Religionis vacuum, ac proinde ductilem, ut qui Paganica sacra, & Mahumetis legem primi susceperunt; multoque minus antecedente quadam institutione præparatum, sicut Hebræi circumcisione & unius Dei cognitione ad legem Mosis acceptandam idonei erant redditi, sed contra impletum opinionibus & consuetudine, quæ velut altera natura est, repugnante cum istis novis institutis, educati, scili-

bula, castra ipsa, tribus, decurias, palatium, senatum, forum. Sola vobis relinquimus templa.

8 *Sermo simplicissimus*] Prudenter id notatum Chrysostomo 1 ad Cor. I. 17. & Theodoreto, post recitata jam verba.

cet, legumque & parentum auctoritate confirmati in sacris Paganicis, aut Judaicis ritibus. Huic obstaculo accedebat non minus alterum, gravissima, scilicet, mala, quæ Christianismum suscipientibus, eam ob causam, ferenda aut metuenda constabat. Cum enim à malis talibus abhorreat humana natura, sequitur, ut, quæ eorum malorum causæ sunt, non nisi difficillime recipiantur. Honoribus arcebantur diu Christiani, accesserunt mulctæ, & bonorum publicationes, & exsilia sed levia hæc, damnabantur ad metalla: iis afficiebantur tormentis, quibus crudeliora nulla reperiri poterant: supplicia vero ad mortem tam frequentia, ut testentur illorum temporum scriptores, nulla fame, nulla pestilentia, nullo bello plus hominum uno tempore absumptum. Nec vulgaria erant mortium genera, sed [9] vivicomburia, cruces, atque id genus pœnæ, quæ sine maximo horrore legi aut cogitari non possunt atque hæc sævitia, quæ non longis interpositis spiramentis, & his ipsis non ubique, ad Constantini ferme tempora in orbe Romano, alibi longius duravit, adeo eos non imminuit, ut contra sanguis eorum semen esse diceretur: ita recisis plures succrescebant. Comparemus hic quoque cum Christianismo Religiones alias. Græci, Paganique cæteri soliti sua in majus attollere, paucos numerant, qui dogmatis causa mortem toleraverint, Gymnosophistas aliquos, Socratem, haud multo plures sed his viris notissimis quin aliqua inesse potuerit famæ ad posteritatem transmittendæ cupiditas, vix est ut

9 *Vivicomburia, cruces, atque id genus pœnæ.*] Domitius Ulpianus nobilis Jurisconsultus libros septem scripsit, Quibus pœnis affici deberent Christiani. Lactantius meminit libro v. capite 11.

negetur.

negetur. At inter Christianos, mortem ob suum dogma perpessos, fuere homines de plebe plurimi, vix vicinis suis cogniti, mulieres, virgines, adolescentes, quibus nec appetitus inerat, nec spes probabilis duraturi nominis; sicut & pauci sunt, quorum nomina in Martyrologiis exstant, [1] præ numero eorum, qui eam ob causam supplicium tolerarunt, & tantum in cumulum recensentur. Accedit, quod levi aliqua simulatione, puta thuris jactu in aram, plerique se liberare à tali pœna potuerunt; quod de illis dici non potest, qui, qualemcumque sensum in corde premerent, certe in factis conspicuis ad vulgi mores se aptaverant: ita ut prope ob Dei honorem mortem subiisse non aliis tribui possit, quam Judæis, & Christianis: ac ne Judæis quidem, post Christi tempora ante ea vero paucis, si cum Christianis comparentur, quorum plures in una aliqua provincia pro Christi lege supplicium tolerarunt, quam umquam Judæi quorum omnis patientia ejus generis ferme ad Manassis & Antiochi tempora redigitur. Quare cum Christiana Religio, hac quoque in parte, tam in immensum cæteras excellat, merito aliis anteponenda est. Ex illa tanta multitudine omnis generis sexusque hominum, tot locis ac sæculis distinctorum, qui pro hac Religione mori non dubitarunt, colligendum, magnam aliquam tantæ

1 *Præ numero eorum qui eam ob causam supplicium tolerarunt, & tantum in cumulum recensentur*] Ut Massa candida trecentorum Carthagine, quorum memoria in Martyrologio Romano XXIV Augusti: Plurimi in Africa sub Severo sub Valeriano, Antiochiæ & in Arabia, Cappadocia, & Mesopotamia: in Phrygia, in Ponto sub Maximino Nicomediæ, in Numidia, Romæ, in Thebaide, Tyro, Treveris sub Diocletiano in Perside sub Cabada, Sapore . quorum sine nominibus mentio in Martyrologio

constantiae fuisse causam, quae alia cogitari non potest, quam lux veritatis, & Dei Spiritus.

Respondetur his qui plura & validiora argumenta requirunt.

Si quis allatis hactenus argumentis, pro Christiana Religione, satis sibi factum non putet, sed magis urgentia desideret, scire debet, [2] pro rerum diversitate, diversa quoque esse probandi genera, alia in Mathematicis, alia de affectionibus corporum, alia circa deliberationes, alia ubi facti est quaestio, in quo genere sane standum est nulla suspicione laborantibus testimoniis: quod ni admittitur, non modo omnis historiae usus periit, Medicinae quoque pars magna; sed & omnis, quae inter parentes liberosque est, pietas, [3] ut quos haud aliter noscamus. [4] Voluit autem Deus id,

2 *Pro rerum diversitate diversa quoque esse probandi genera*] Aristoteles Ethicorum ad Nicomachum lib. I. Λέγοιτο δ' ἂν ἱκανῶς εἰ κατὰ τὴν ὑποκειμένην ὕλην διασαφηθείη· τὸ γὰρ ἀκριβὲς οὐχ ὁμοίως ἐν ἅπασι τοῖς λόγοις ἐπιζητητέον. *Satis de re dictum erit ubi ea explicabitur, quantum fert materia: exacta enim tractatio non pari modo in omni genere quaerenda est.* Metaphysicorum I parte posteriore, capite ultimo: Τὴν δ' ἀκριβολογίαν τὴν μαθηματικὴν οὐκ ἐν ἅπασιν ἀπαιτητέον. *Certitudo mathematica non in omnibus rebus quaerenda est.* Chalcidius ad Timaeum ex Platonis sententia: *Credulitatem omnes doctrinas praecedere maxime cum non quorumlibet, sed magnorum & prope divinorum virorum sit assertio.*

3 *Ut quos haud aliter noscamus*] Homerus

Οὐ γάρ πώ τις ἑὸν γόνον αὐτὸς ἀνέγνω.

Generis nemo sibi conscius ipse est.

Exactissimo, scilicet, sciendi genere.

4 *Voluit autem Deus, &c.*] Duo sunt genera dogmatum, in Religione Christiana, quorum altera possunt philosophice demonstrari, altera non possunt. Priora sunt exsistentia Dei, creatio Mundi, Dei providentia, & sanctitas atque utilitas ejus praeceptorum, quae omnia possunt demonstrari, suntque à *Grotio* & aliis ita demonstrata, ut necesse sit ea admitti, nisi Rationi nuncius remittatur. Attamen adfectus, qui iis contrarii sunt, obstant ne ab Incredulis admit-

id, quod credi a nobis vellet, ſic ut illud ipſum credere tanquam obedientiam a nobis acceptaret, non ita evidenter patere, ut quæ ſenſu aut demonſtratione percipiuntur, ſed quantum ſat eſſet ad fidem faciendam, remque perſuadendam homini non pertinaci: ut ita ſermo Euangelii tamquam lapis eſſet Lydius, ad quem ingenia ſanabilia explorarentur. Nam cum ea, quæ diximus, argumenta tam multos probos, eoſdemque ſapientes in aſſenſum traxerint, hoc ipſo liquet, apud cæteros, incredulitatis cauſam non in probationis penuria eſſe poſitam, ſed in eo, [5] quod nolint verum videri id quod affectibus ſuis adverſatur, quod, ſcilicet, durum illis ſit honores & alia commoda parvi ducere, quod faciendum ſit, ſi ea recipiant quæ de Chriſto narrantur, ac propterea etiam Chriſti præceptis obtemperandum putent. Idque eo ipſo detegitur, quod multas alias narrationes Hiſtoricorum pro veris habeant, quas tamen veras eſſe ſola auctoritate conſtet, non etiam manentibus in hunc diem veſtigiis, qualia habet Chriſti hiſtoria, partim confeſſione Judæorum, qui nunc ſuperſunt, partim iis, qui ubique reperiuntur

admittantur; quia ſi vera agnoſcerentur, ii adfectus eſſent exuendi, quod nolunt iis dudum adſueti. Poſteriora ſunt facta hiſtorica, quibus veritas Euangelii nititur, & quæ ſunt à *Grotio* expoſita & hiſtoricis argumentis probata. Ea etiam firma argumenta haberentur ab Incredulis, quemadmodum probationes omnium Hiſtoriarum, quas non negant, quamvis non viderint, niſi eadem adverſaretur ratio, ab adfectibus petita, qui obſtant ne ea admittantur, quibus admiſſis, inolitis conſuetudinibus eſſet valedicendum. Vide libellum noſtrum Gallicum, *de Incredulitate*. Clericus.

5 *Quod nolint verum videri id quod affectibus ſuis adverſatur*] Tractat hoc pulchre Chryſoſtomus 1 Cor cap. III in principio. Idem ad Demetrium. Τὸ ἀπιςεῖν ταῖς ἀκολαῖς ἐκ τοῦ πρὸς τὴν ἐκπλήρωσιν ἐκλελύσθαι τῶν ἐντολῶν γίνεται. *Quod præceptis non creditur, ex inertia, ad implenda quæ præcepta ſunt, venit.*

Christianorum cœtibus; quorum omnino causam aliquam exstitisse oportuit. Cumque illa Religionis Christianæ tam diuturna continuatio, & tam late diffusa propagatio ad nullam humanam efficaciam referri possit, sequitur, ut tribuenda sit miraculis, aut si quis miraculis neget id factum, [6] hoc ipsum, quod sine miraculo tale quid tantas acceperit vires, majus habendum est omni miraculo.

6 *Hoc ipsum quod sine miraculo tale quid tantas acceperit vires, majus habendum est omni miraculo*] Tractat hoc argumentum Chysostomus 1. ad Corinth. cap. 1 in fine, & Augustinus de Civitate Dei libro XXII. cap. 5.

HUGO

HUGO GROTIUS

DE

VERITATE RELIGIONIS CHRISTIANÆ

LIBER TERTIUS.

§ I. *Pro auctoritate librorum Novi Fœderis.*

QUI jam his, quæ allata ſunt, argumentis, aut ſiqua præter hæc ſunt alia, perſuaſus, eam quam Chriſtiani profitentur, Religionem veram optimamque crediderit; ut partes ejus omnes ediſcat, mittendus eſt ad libros antiquiſſimos eam Religionem continentes, quos Novi Teſtamenti, aut Fœderis potius libros dicimus. Inique enim faciat, ſi quis neget illis libris eam Religionem contineri, ſicut Chriſtiani omnes affirmant, cum omni ſectæ, ſive bonæ, ſive malæ, æquum ſit credi in eo, quod aſſerunt, hoc aut illo libro ſua dogmata contineri, ſicut Mahumetiſtis credimus Mahumetis Religionem contineri Alcorano. Quare cum ſupra jam probata ſit veritas Religionis Chriſtianæ, ſimulque conſtet eam ipſam his libris contineri, satis, vel hoc solo, adstruitur illis libris sua auctoritas. Si quis tamen eam magis speciatim sibi monstrari postulet, primum illam ponemus usitatam apud æquos omnes judices regulam, ut qui impugnare velit Scriptum aliquod multa per sæcula receptum, [1] ei incumbat onus adferendi argumenta fidem Scripto derogantia quod si id facere nequeat, defendendum librum, velut in possessione suæ auctoritatis.

§ II. *Libros qui nomina præscripta habent eorum esse quorum nomen præferunt.*

Dicimus ergo, Scripta, de quibus dubitatum inter Christianos non est, quæque certum nomen præferunt, ejus esse Scriptoris cujus titulo insigniuntur quia, scilicet, primi illi, puta Justinus, Irenæus, [2] Clemens, ac deinceps alii sub his ipsis nominibus eos libros laudant. cui accedit, quod [3] Tertullianus aliquot librorum ipsa archetypa suo adhuc tempore ait exstitisse quodque omnes Ecclesiæ illos libros tanquam tales, antequam conventus ulli communes habiti essent, receperunt. neque aut Pagani, aut Judæi umquam controversiam moverunt, quasi non eorum essent opera,

1 *Ei incumbat onus adferendi argumenta fidem Scripto derogantia*] Baldus in rubrica de Fide instrumentorum Vide & Gail. lib. II Obs. CXLIX num. 6, & 7. & quos ibi profert

2 *Clemens*] Exstat tantum *Clementis* Ep. ad Corinthios ubi loca quidem Novi Testamenti proferuntur, sed sine nomine Scriptorum. Itaque potuisset *Clementis* nomen omitti, imo etiam *Justini*, qui nomina addere non solet. *Clericus.*

3 *Tertullianus*] De præscriptione adversus hæreticos *Age jam qui voles curiositatem melius exercere, in negotio salutis tuæ, percurre Ecclesias Apostolicas, apud quas ipsæ adhuc cathedræ Apostolorum suis locis præsident, apud quas ipsæ authenticæ literæ eorum recitantur.* Quidni ipsa manus Apostolorum tum exstiterint, cum Quintilianus dicat suo tempore extitisse manum Ciceronis, Gellius Virgilii suo tempore?

quorum

quorum dicebantur.[4] Julianus vero aperte etiam fatetur, Petri, Pauli, Matthæi, Marci, Lucæ, esse ea, quæ Christiani legunt iisdem nominibus inscripta. Homeri aut Virgilii esse, quæ eorum dicuntur, nemo sanus dubitat, ob perpetuum de hoc Latinorum, de illo Græcorum testimonium: quanto magis de horum librorum auctoribus standum est testimonio prope omnium, quotquot per orbem sunt, gentium?

§ III. *De libris olim dubitatis sublatam dubitationem.*

Sunt sane in eo, quo nunc utimur, volumine libri aliquot non ab initio pariter recepti, ut [5] Petri altera, ea quæ Jacobi est, & Judæ, duæ sub nomine Joannis presbyteri, Apocalypsis, & ad Hebræos epistola: sed ita tamen, ut a multis Ecclesiis sint agniti; quod ostendunt Christiani antiqui, cum illorum testimoniis tanquam sacris utuntur. unde credibile est, Ecclesias, quæ ab initio eos libros non habuerunt, eo tempore eos ignorasse, aut de iis dubitasse, postea autem de rei veritate edoctas, ad cæterarum exemplum iis libris uti cœpisse, ut nunc ferme omnibus in locis fieri videmus. Neque vero causa idonea fingi potest, cur illos libros quisquam supposuerit, cum nihil inde colligi possit, quod non aliis indubitatis libris abunde contineatur.

4 *Julianus vero aperte etiam fatetur Petri, Pauli, Matthæi, Marci, Lucæ esse ea quæ Christiani legunt iisdem nominibus inscripta.*] Extat locus libro Cyrilli decimo. [Vide & adnotata à nobis, in Dissertatione de IV Evangeliis *Harmoniæ Evangelicæ* subjecta. *Clericus.*

5 *Petri altera.*] De hac tamen ipse *Grotius* dubitabat, cujus dubitationis rationes ipse reddidit, initio adnotationum ad eam Epistolam. Sed quamvis una aut altera Epistola in dubium revocaretur, nec propterea ceteræ dubiæ fierent, nec ulla fidei Christianæ pars, quæ abunde alibi tradita est, periret. *Clericus.*

§ IV. *Libris sine nomine constare auctoritatem, ex qualitate scriptorum*

Non est etiam, quod fidem quis detrahat epistolæ ad Hebræos, eo solo nomine, quod nesciatur ejus scriptor, ac similiter duabus epistolis Johannis, & Apocalypsi, quod dubitent nonnulli, an earum scriptor Johannes sit Apostolus, an alius quis ejus nominis. [6] In Scriptoribus enim qualitas magis, quam nomen attenditur. Itaque multos libros historicos recipimus quorum Scriptores nescimus; ut de bello Alexandrino Cæsaris; nempe, quia videmus eum, quisquis fuit, & illis vixisse temporibus, & rebus interfuisse. Sic etiam cum qui libros scripserunt, de quibus nunc agimus, & prima ætate se vixisse testentur, & donis Apostolicis fuisse præditos, sufficere id nobis debet. Nam si quis dicat potuisse fingi has qualitates, item in aliis Scriptis etiam nomina; rem dicat minime credibilem; eos, scilicet, qui ubique veritatis ac pietatis studium inculcant, nulla decausa voluisse se crimine falsi obstringere; quod non tantum apud bonos omnes detestabile est, sed [7] Romanis etiam legibus capite puniebatur.

§ V. *Hos Scriptores vera scripsisse, quia notitiam habebant eorum, quæ scribebant.*

Constare ergo debet, libros Novi Fœderis scriptos ab illis, quorum nomina præferunt, aut à talibus, quales ipsi se testantur. quibus si accedat, ut itidem constet illis & nota fuisse quæ scriberent,

6 *In Scriptoribus*] Aptius dixeris, *in Scriptis*, seu libris, & hæc fuit mens *Grotii*, ut sequentia ostendunt *Clericus*

7 *Romanis etiam legibus capite puniebatur.*] L. Falsi nominis, D de lege Cornelia Paulus libro v Sent xxv. § 10 & 11. Pœnæ exempla vide apud Valerium Maximum librorum ejus fine, & apud Capitolinum in Pertinace.

neque

neque studium fuisse mentiendi, sequitur, ut quæ scripserunt, vera sint; cum omne falsum aut ab ignorantia, aut à mala voluntate debeat proficisci. Matthæus, Johannes, Petrus, Judas, ex sodalitio illorum duodecim fuere, quos Jesus vitæ suæ ac dogmatum testes elegerat, [8] ita ut notitia illis eorum, quæ narrant, deesse non potuerit. Idem de Jacobo dici potest, qui aut Apostolus fuit, aut, ut alii volunt, [9] proximus consanguineus Jesu, & ab Apostolis constitutus Hierosolymorum Episcopus. Paulus quoque ignorantia falli non potuit circa dogmata, quæ sibi ab ipso Jesu in cœlo regnante revelata profitetur, neque magis circa res a se gestas falli ipse potuit, aut etiam Lucas, [1] individuus ei itinerum comes. Idem Lucas, quæ de vita ac morte Jesu scripsit, facile scire potuit, natus in locis proximis, per ipsam Palæstinam peregrinatus, [2] ubi & locutum se ait cum iis, qui oculati rerum testes fuerant. Haud dubie, præter Apostolos, quibuscum amicitiam habuit, alii quoque multi tum vivebant ab Jesu sanati, & qui morientem ac redivivum viderant. Si Tacito & Suetonio credimus de iis, quæ multo ante eos natos contigerunt, quod eorum diligenti inquisitioni confidamus: quanto huic Scriptori æquius est credi, qui se omnia ab ipsis, qui inspexerant, hausisse dicat? [3] Marcum constans fama est Petro

8 *Ita ut notitia illis eorum quæ narrant deesse non potuerit*] Joh. xv 27 Idem 1 Epist. 1. 1. Actor 1 21, 22

9 *Proximus consanguineus Jesu*] Ita & alii sentiunt non pauci, & ubique Chrysostomus Vide & Josephum. [Adde & *Eusebium* H E Lib II c. 1. & 23]

1 *Individuus ei itinerum comes*] Vide Actor. xx. & sequentia, Coloss IV. 14 2 Tim. IV. 11 Philem 24

2 *Ubi & locutum se ait cum iis qui oculati rerum testes fuerant*] In proœmio Euangelicæ historiæ

3 *Marcum constans fama est Petro semper hæsisse comitem*] Irenæus lib III c 1 Clemens in Hypotyposeon libris citatus in Ecclesiastica Eusebii historia.

semper

semper hæsisse comitem, ita ut, quæ scripsit ille, habendi sint quasi Petrus, qui res illas ignorare non potuit, ipse dictasset: præter quod, quæ ille scribit, etiam in Apostolorum Scriptis reperiuntur pœne omnia. Neque falli potuit Apocalypseos Scriptor in iis visis, [4] quæ sibi divinitus immissa dicit, [5] aut ille ad Hebræos, in iis, quæ profitetur se, aut à Dei Spiritu, aut ab Apostolis ipsis didicisse.

§ VI. *Et quia mentiri nolebant.*

Alterum, quod diximus, non fuisse ipsis mentiendi voluntatem, connexum est cum eo, quod supra tractavimus, cum generatim Christianæ Religionis, & historiæ resurrectionis Christi, fidem adstrueremus. Qui testes ex parte voluntatis refellunt, necesse est aliquid adferant, quo voluntatem credibile sit a vero dicendo diverti. Id autem hic dici non potest. Nam si quis objiciat ipsorum causam agi, videndum erit, cur ipsorum sit hæc causa: non sane commodi consequendi, aut vitandi periculi alicujus gratia, cum hujus professionis causa, & commoda omnia amitterent, & nulla non adirent pericula. Causa ergo hæc ipsorum non fuit, nisi ob Dei reverentiam, quæ certe neminem inducit ad mentiendum, in eo maxime negotio, unde humani generis æterna salus pendeat. Tam impium facinus de illis credi vetant, & [6] dogmata pietatis ubique plenissima, & vita ipsorum

4 *Quæ sibi divinitus immissa dicit*] Apoc I 1, 2 I. 1, & sequentibus XXII. 18, 19, 20, 21

5 *Aut ille ad Hebræ. in iis quæ profitetur se, aut à Dei Spiritu, aut ab Apostolis ipsis didicisse*] Heb II 4 V. 14 XIII. 7, 8, 23

6 *Dogmata pietatis ubique plenissima*] Et mendacio infesta, Joh XIV 17. XV. 26. XVI 13. XVII 17, 19. XVIII. 37 Actor. XXVI, 25 Rom, 1. 25. 2 Thess. II,

ipſorum numquam ullius mali facinoris accuſata, ne ab inimiciſſimis quidem, qui ſolam illis imperitiam objiciunt, quæ non eſt nata falſimoniam parere. Quod ſi vel minimum quid in ipſius fuiſſet malæ fidei, non ipſi ſuas culpas æternæ memoriæ prodidiſſent, [7] ut de omnium fuga in Chriſti periculo, [8] de Petro ter negatore

§ VII. *Adſtruitur Scriptoribus fides inde, quod miraculis illuſtres fuerint.*

Contra vero bonæ ipſorum fidei Deus ipſe teſtimonia illuſtria reddidit editis prodigiis, [9] quæ cum magna fiducia ipſi, ipſorumve diſcipuli, publice adſeverarunt, additis perſonarum, locorumque nominibus & circumſtantiis cæteris, ita ut facillime poſſet a Magiſtratibus, inquiſitione facta, veritas aut falſitas adſeverationis detegi. inter quæ dignum obſervatione eſt, quod & [1] de linguarum, quas non didicerant, uſu apud multa hominum millia, & de ſanatis ſubito corporum vitiis in populi conſpectu conſtantiſſime prodiderunt. Neque eos deterruit, quod ſcirent, iis temporibus Judæos magiſtratus ſibi eſſe infeſtiſſimos, & Romanos iniquos admodum: qui nullam omiſſuri eſſent, ipſos, tanquam novæ religionis auctores, aliquo crimine traducendi materiam. Neque

II 20. 1 Joh. I. 6, 8, II. 4, 21 2 Cor VI 8. Eph. IV. 15, 25 Coloſſ III 9. Apoc XXII 15 2 Cor II 31. Gal I 20 Vide quam ſollicite Paulus diſtinguat quæ à ſe ſunt, & quæ à Domino, 1 Cor VII 10 12 quam formidet dicere, quæ vidit, in corpore an extra corpus viderit, 2 Cor XII. 2

7 *Ut de omnium fuga in Chriſti periculo*] Matth. XXVI. 31, 56.

8 *De Petro ter negatore*] Matth. XXVI 69 & ſequentibus, Marc. XIV 66 & ſequentibus Luc XXII. 54 & ſequentibus

9 *Quæ cum magna fiducia ipſi, ipſorumve diſcipuli publice adſeverarunt*] Vide tota Acta Apoſtolica 2 Cor XII 12.

1 *De linguarum, quas non didicerant, uſu*] Loca ſupra producta ſunt,

vero

vero aut Judæi, aut Pagani, umquam negare proximis illis temporibus ausi sunt, prodigi ab his viris edita, [2] imo Petri miracula Phlegon Adriani Imperatoris libertus, in Annalibus suis, commemoravit & ipsi Christiani in his libris, quibus fidei suæ rationem Imperatoribus, Senatui, Præsidibus reddunt, [3] facta hæc tamquam notissima, & de quibus dubitari non posset, affirmant: imo & [4] apud sepulcra eorum vim mirificam durasse per aliquot sæcula, aperte prædicant, cum non nescirent, si id falsum esset, facillime à magistratibus cum ipsorum pudore ac supplicio revinci posse.

2 *Imo Petri miracula Phlegon Adriani Imperatoris libertus in Annalibus suis commemoravit*] Libro XIII. Testis Origenes contra Celsum II. Est autem hic ipse Phlegon, cujus reliquias de Mirabilibus rebus & de hominibus longævis habemus.

3 *Facta hæc tamquam notissima, & de quibus dubitari non posset, affirmant*] Loca sunt plurima, maxime apud Origenem. Vide totum cap. VIII Augustini, libro XXII. de Civitate Dei.

4 *Apud sepulcra*] Miracula apud sanctorum virorum sepulcra tum cœperunt jactari, cum, rerum potientibus Christianis, lucro cœperunt esse iis, in quorum Ecclesiis sepulta erant Martyrum, aliorumve cadavera. Quare nollem hoc argumento uti, ne certis miraculis, una cum dubiis, aut commentitiis fides detrahatur. Notum est quot fabulæ à IV. sæculo narratæ sint, hac de re. Sed Origenes ejusmodi miraculorum non meminit. Quin & lib. VII. contra Celsum, ait, *signa Spiritus Sancti ab initio prædicationis Jesu, & post ejus adscensionem plura ostensa, postea vero pauciora. Verumtamen*, inquit, *nunc quoque sunt ejus vestigia apud paucos, qui purgatos habent animos verbo & huic convenientibus actionibus.* Σημεῖα δὲ τοῦ ἁγίου πνεύματος καὶ ἀρχὰς μὲν τῆς Ἰησοῦ διδασκαλίας, μετὰ δὲ τὴν ἀνάληψιν αὐτοῦ, πλείονα ἐδείκνυτο, ὕστερον δὲ ἐλάττονα· πλὴν καὶ νῦν ἔτι ἴχνη ἐστὶν αὐτοῦ παρ' ὀλίγοις τὰς ψυχὰς τῷ λόγῳ καὶ ταῖς κατ' αὐτὸν πράξεσι κεκαθαρμένοις. Quis credat uno atque alio sæculo, post Origenem, cum minus erat recessu, tot facta esse miracula? Certe IV. & V sæculi miraculis tam fides, sine flagitio, detrahi potest, quam, sine impudentia, Christi & Apostolorum miraculis negari nequit. Miracula hæc, non sine periculo, prædicari potuerunt, illa non sine periculo rejici, nec sine utilitate eorum, qui forte fingebant, credi. Quod magnum est discrimen. *Clericus.*

poſſe. Fuit vero prodigiorum apud ſepulcra, quæ dixi, editorum tanta frequentia, tot eorum teſtes, [5] ut etiam Prophyrio ejus rei confeſſionem expreſſerint. Sufficere quidem hæc debent, quæ diximus, ſed & alia ſuppetunt in cumulum argumenta, quæ fidem librorum illorum nobis commendant.

§ VIII. *Et ſcriptis inde, quod ibi multa ſint quæ eventus comprobavit divinitus revelata.*

Multa enim in illis prædicta apparent de rebus, quas homines ſuapte vi noſſe non queunt, quæ ipſo eventu mire ſunt confirmata: [6] ut de ſubita atque ingenti hujus Religionis propagatione, [7] de duratione ejus perpetua, [8] de ea rejicienda à Judæis pleriſque; [9] amplectenda vero ab extraneis, [1] de odio Judæorum in profitentes hanc Religionem, [2] de ſuppliciis graviſſimis ob eam ſubeundis, [3] de obſidione & exſcidio Hieroſolymorum ac Templi, [4] ſummiſque Judæorum calamitatibus.

5 *Ut etiam Porphyrio ejus rei confeſſionem expreſſerint*] Vide Cyrillum lib. x. contra Julianum, & Hieronymum adverſus librum Vigilantii

6 *Ut de ſubita atque ingenti hujus Religionis propagatione*] Matth XIII. 33 & ſeq. Luc. x 18 Joh. XII. 32

7 *De duratione ejus perpetua*] Luc. I 33. Matth, XXVIII. 20. Joh XIV. 16

8 *De ea rejicienda à Judæis pleriſque*] Matth XXI 33 & ſequentibus XXII. in principio. Luc. XV. 11 & ſequentibus.

9 *Amplectenda vero ab extraneis.*] Iiſdem in locis, ac præterea Matth. VIII. 11. XII. 21. XXI, 43

1 *De odio Judæorum in profitentes hanc Religionem*] Matth. x. 17

2 *De ſuppliciis graviſſimis ob eam ſubeundis.*] Matth. x. 21. 39. XXIII 34

3 *De obſidione & exſcidio Hieroſolymorum ac Templi*] Matth. XXIII. 38. XXIV. 16 Luc. XIII. 34 XXI 24

4 *Summiſque Judæorum calamitatibus.*] Matth. XXI. 33 & ſequentibus. XXIII. 34. XXIV. 20.

§ IX.

§ IX. *Tum etiam ex cura quam decebat à Deo suscipi, ne falsa scripta subjicerentur*

Ad hæc addo, quod si recipimus, curare Deum res humanas, & maxime eas, quæ ad honorem suum cultumque pertineant non potest fieri, ut is tantam multitudinem hominum, quibus nihil aliud propositum erat, quam Deum pie colere, passus sit falli mendacibus libris Jam vero quod, post subortas tot in Christianismo sectas, vix ulla reperta fuit, quæ non hos libros, aut omnes, aut plerosque, exceptis paucis, qui nihil singulare continent, amplecteretur, magnum est argumentum, quo credatur, nihil illis libris potuisse opponi, cum illæ sectæ tantis in se odiis exarserint, ut quicquid his placuisset, aliis ob id ipsum displiceret.

§ X. *Solutio objectionis, quod multi libri à quibusdam rejecti fuerint.*

Fuerunt sane inter eos, qui Christiani dici volebant, pauci admodum, qui eorum librorum omnes rejicerent, quos suo peculiari dogmati videbant adversari: puta qui aut Judæorum odio, [5] Deum Judæorum mundi opificem, & legem maledictis insectabantur, aut contra formidine malorum, quæ Christianis erant subeunda, [6] latere volebant sub nomine Judæorum, [7] quibus impune

5 *Deum Judæorum mundi opificem & legem maledictis insectabantur*] Vide Irenæum lib. I cap 29 Tertullianum contra Marcionem Epiphanium de eodem.

6 *Latere volebant sub nomine Judæorum.*] Vide Gal II. II. VI. 13, 14. Philipp III. 18. Irenæum lib I cap 28 Epiphanium de Ebionæis

7 *Quibus impune licebat suam religionem profiteri*] Actor. IX. 20 XIII. & eo libro sæpe Philo contra Flaccum, & De legatione. Josephus passim. Adde L Generaliter. D. de Decurionibus. L I. C. de Judæis. Ter-

impune licebat suam Religionem profiteri. Sed hi ipsi [8] ab omnibus aliis, qui ubique erant, Christianis abdicati sunt [9] illis temporibus, cum adhuc omnes, salva pietate, dissentientes magna cum patientia ex Apostolorum præscripto tolerarentur. Horum Christianismi adulteratorum prius illud genus satis refutatum arbitror supra, cum ostendimus, unum esse verum Deum, cujus opificium sit mundus & sane ex ipsis etiam libris, quos illi, ut Christiani aliquo modo videantur, recipiunt, [1] quale est imprimis Lucæ Euangelium, satis patet, eumdem Deum, quem Moses & Hebræi coluerunt, à Christo prædicatum Genus alterum tum opportune refellemus, cum eos, qui Judæi & sunt & dici volunt, oppugnabimus Interim hoc dicam, miram esse eorum inverecundiam, qui Pauli auctoritatem elevant, cum nemo fuerit Apostolorum, qui plures Ecclesias instituerit; & cujus tot miracula narrata sint jam eo tempore, cum, ut modo dicebamus, facilis esset facti inquisitio. Quod si miracula edidit, quid causæ est, cur non & de visis cœlestibus acceptaque à Christo institutione ipsi credamus? Quod si Christo tam carus fuit, ut quidquam doceret Christo ingratum, id est, falsum, fieri non potest. Quodque unum in illo culpant, dogma, nempe, de

Tertullianus Apologetico *Sed & Judæi palam lectitant vectigalis libertas vulgo aditur sabbatis omnibus.*

8 *Ab omnibus aliis, qui ubique erant, Christianis abdicati sunt.*] Tertullianus adversus Marcionem I *Nullam Apostolici census Ecclesiam invenias, quæ non in creatore christianizet.*

9 *Illis temporibus cum adhuc omnes, salva pietate, dissentientes magna cum patientia ex Apostolorum præscripto tolerarentur*] Vide quæ hac de re dicentur ad finem libri VI Adde Irenæi epistolam ad Victorem, & quod de ea in Catalogo scribit Hieronymus Cyprianus Concilio Africano: *Neminem judicantes, aut a jure communionis aliquem, si diversum senserit, amoventes*

1 *Quale est imprimis Lucæ Euangelium*] Ostendit id manifestissime Tertullianus adversus Marcionem libro IV.

libertate

libertate Hebræis parta à ritibus per Mosem olim imperatis, ejus docendi præter veritatem nulla ei causa fuit, [2] cum & circumcisus esset ipse, [3] & pleraque legis ultro observaret; [4] Religionis autem Christianæ causa, multa & faceret difficiliora, & duriora ferret, quam lex imperabat, aut legis occasione habebat exspectandum; [5] atque eadem & faciendi & ferendi auctor esset discipulis suis: quo apparet, nihil ipsum dedisse auribus aut commodis auditorum, qui, pro sabbato, [6] singulos dies divino cultui impendere docebantur, pro exiguis secundum legem impendiis [7] bonorum omnium ferre jacturam, [8] &, pro pecudum sanguine suum ipsorum Deo consecrare. Jam vero palam affirmat ipse Paulus, [9] sibi à Petro, Johanne, & Jacobo in signum consensus datas dexteras: quod, ni verum fuisset, numquam ausus esset dicere, cum ab ipsis adhuc viventibus mendacii potuisset argui. His ergo, quos dixi, exclusis, qui vix Christianorum nomine censeri possunt, tot reliquorum cœtuum manifestissimus in recipiendis his libris consensus, supra ea, quæ modo diximus de miraculis, quæ Scriptores ediderunt, & de singu-

2 *Cum & circumcisus esset ipse.*] Philipp. III. 5.

3 *Et pleraque legis ultro observaret*] Actor XVI. 3 XX. 6 XXI. & sequentibus

4 *Religionis autem Christianæ causa multa & faceret difficiliora & duriora ferret, quam lex imperabat, aut legis occasione habebat exspectandum.*] 2 Cor II. 23 & sequentibus, & passim in Actis. Vide & 1 Cor. II. 3. 2 Cor X. 30 XII 10.

5 *Atque eadem & faciendi & ferendi auctor esset discipulis suis*] Actor. XX. 29. Rom V 3. VIII. XII. 12. 2 Cor. I. 4, 8. II. 4. VI. 4. 1 Thess. I. 6. 2 Thess. I. 6.

6 *Singulos dies divino cultui impendere docebantur*] Act II. 46 V. 42. 1 Tim. V. 5 2 Tim. I 3.

7 *Bonorum omnium ferre jacturam.*] 2 Cor. VI 4 XII 10.

8 *Et, pro pecudum sanguine, suum ipsorum Deo consecrare*] Rom VIII. 36 2 Cor. IV. 11 Philipp. I 20.

9 *Sibi à Petro, Johanne, & Jacobo in signum consensus datas dexteras*] Gal. II 9. Adde 1 Cor. XV. 11. 2 Cor. XI. 5. XII. 11.

liri Dei curatione circa res hujus generis, æquis omnibus sufficere debet, ut fides narratis habeatur quippe cum aliis quibusvis Historicorum libris, quibus nulla ejus generis adsunt testimonia, credi soleat, nisi valida ratio in contrarium adferatur, quæ hic certe nulla est.

§ XI. *Solutio objectionis, quasi his libris contineantur impossibilia.*

Nam si quis dicat, quædam in his libris narrari, quæ fieri non possint, [1] cum jam supra ostenderimus, esse quædam, quæ ab hominibus præstari non possint, à Deo autem possint, quæ, scilicet, nullam in se repugnantiam includunt, atque earum rerum in numero esse etiam illas, quas maxime miramur, prodigiosas virtutes, & mortuorum in vitam revocationem, evanescit ista objectio

§ XII. *Aut à ratione dissona.*

Neque magis audiendi sunt, si qui dicant dogmata quædam in his libris reperiri, quæ à recta ratione dissonent. Nam primum refellitur hoc tanta multitudine virorum ingenio, eruditione, sapientia valentium, qui horum librorum auctoritatem secuti sunt, jam inde à primis temporibus. Tum vero quæcumque in primo libro ostensa sunt congruere rectæ rationi, puta Deum esse, & quidem unicum, perfectissimum, immensæ virtutis, vitæ, sapientiæ, bonitatis, facta ab ipso quæcumque subsistunt; curam ejus ad opera omnia, præsertim ad homines pertingere; posse eum, etiam post hanc vitam, præmia reddere sibi obtemperantibus; frænum injiciendum sensuum cupiditatibus;

1 *Cum jam supra ostenderimus*] Libro II.

bus; cognationem esse inter homines, ac proinde æquum ut alii alios diligant. omnia hæc in his libris apertissime tradita reperias. Ultra hæc pro comperto aliquid affirmare, aut de Dei natura, aut de ejus voluntate, [2] solo ductu humanæ rationis, quam sit intutum ac fallax, docent tot dissonantia non scholarum modo inter se, sed & singulorum Philosophorum placita. Neque vero id mirum. Nam si [3] de mentis suæ natura disserentes in longissime distantes opiniones dilabuntur; quanto magis necesse fuit id accidere de suprema illa, tantoque supra nos posita mente, definire aliquid cupientibus? [4] Si Regum consilia indagare rerum prudentes periculosum aiunt, nec ideo nos assequi, quis est, qui ita sit sagax, ut quid Deus velit ex earum rerum genere, quas libere velle potest, id suapte conjectura speret se posse deprehendere? Quare optime Plato [5] horum nihil sciri posse dicebat, sine oraculo Jam vero nullum proferri potest oraculum, quod tale revera esse majoribus testimoniis constet, quam ea sunt, quæ in libris Novi Fœderis continentur. Tantum abest, ut probetur, ne adseritur quidem, Deum quidquam de natura sua hominibus prodidisse, quod his libris repugnet; neque de voluntate ipsius ulla potest proferri, quæ credibilis sit, posterior significatio Nam si quid in eo genere rerum, quæ aut plane sunt mediæ, aut certe non omnino

2 *Solo doctu humanæ rationis quam sit intutum ac fallax.*] Matth. XI 27. Rom XI. 33, 34, 35 I Cor II. II, 16

3 *De mentis suæ natura differentes in longissime distantes opiniones dilabuntur*] Vide in operibus Plutarchi librum IV. de Placitis Philosophorum · Stobæum in Physicis, capite XI.

4 *Si Regum consilia indagare rerum prudentes periculosum aiunt, nec ideo nos assequi*] Habet id Tacitus Annalium VI.

5 *Horum nihil sciri posse dicebat sine oraculo*] Locus est Phædone. paria in Timæo Bene Ambrosius · *Cui magis de Deo, quam Deo credam?*

per se debitæ, nec plane turpes, ante Christi tempora, aliter imperatum aut permissum fuit, id his libris non obstat, [6] cum in talibus leges posteriores prioribus derogent.

§ XIII. *Solutio objectionis, quod his libris quædam inter se repugnantia contineantur.*

Solet a nonnullis objici esse quandam in his libris interdum sensuum discrepantiam. Sed contra quisquis hanc rem æquis animis volet dijudicare, reperiet hoc quoque argumentis pro eorum librorum auctoritate posse adjici, quod in rebus, quæ aliquod dogmatis aut historiæ momentum in se habent, manifestissima est ubique consensio; qualis nulla alibi inter ejusdem sectæ Scriptores reperiatur, [7] sive Judæos sumas, [8] sive Græcos Philosophos, [9] aut Medicos, [1] sive Romanos Juriscon-

6 *Cum in talibus leges posteriores prioribus derogent*] Αἱ μεταγενέστεραι διατάξεις ἰσχυρότεραι τῶν πρὸ αὐτῶν εἰσίν. *Constitutiones tempore posteriores plus valent prioribus.* Dictum est Modestini L. ultima D. de Constitutionibus principum. Tertullianus: *Puto autem etiam humanas constitutiones atque decreta posteriora pristinis prævalere.* Idem Apologetico: *Veterem & squalentem silvam legum novis principalium rescriptorum & edictorum securibus truncatis & cæditis.* Et de Baptismo: *In omnibus posteriora concludunt, & sequentia antecedentibus prævalent.* Plutarchus Symp. ix. Ἔν τε δόγμασι καὶ νόμοις, ἔν τε συνθήκαις καὶ ὁμολογίαις κυριώτερα τὰ ὕστερα νομίζεται καὶ βεβαιότερα τῶν πρώτων. *Et in decretis & in legibus & in contractibus ac pactis, posteriora prioribus validiora ac firmiora habentur.*

7 *Sive Judæos sumas*] Quorum diversissimas sententias cum alibi videas, tum apud illarum litterarum doctissimum Manassem Israelis filium, libris de Creatione & Resurrectione.

8 *Sive Græcos Philosophos*] Vide dictum modo librum de Placitis Philosophorum.

9 *Aut Medicos*] Vide Galenum de Sectis, & de Secta optima, & Celsum initio De re medica. Tum vero Spagiricos adde.

1 *Sive Romanos Jurisconsultos*] Nota olim discordia Sabinianorum & Proculianorum: nunc eorum qui Bartolum & sequentes eum, quique Cujacium & alios litteratiores sequuntur,

risconsultos: in quibus omnibus sæpissime reperias non modo pugnare inter se, qui sectæ sunt ejusdem, [2] ut Platonem & Xenophontem, sed & [3] eumdem sæpe Scriptorem nunc hoc, nunc illud, velut sui oblitum, aut quid statuat incertum, adseverare. At hi, de quibus agimus, Scriptores, credenda eadem inculcant, eadem dant præcepta, etiam de Christi vita, morte, reditu in vitam, summa ubique est eadem. Quod vero ad exiguas aliquas circumstantias, & ad rem nihil facientes attinet, facillime fieri potuit, ut non desit commoda conciliatio, sed nos lateat, ob res similes diversis temporibus gestas nominum ambiguitatem, aut hujus hominis, aut loci plura nomina, & si quid his simile est. Imo hoc ipsum Scriptores illos ab omni doli suspicione liberare debet, [4] cum soleant, qui falsa testantur, de compacto, omnia ita narrare, ut ne in speciem quidem quidquam diversum appareat. Quod si ex levi aliqua discrepantia etiam quæ conciliari nequiret, totis libris fides decederet, jam nulli libro, præsertim historiarum, credendum esset; cum tamen & Polybio, & Halicarnassensi, & Livio, & Plutarcho, in quibus

quuntur. Vide & Gabrielii sententias communes, communiores, communissimas.

2 *Ut Platonem & Xenophontem*] Vide epistolam Xenophontis ad Æschinem Socraticum: Athenæum XI. Laertium Platonis vita: Gellium libro XIV.

3 *Eumdem sæpe Scriptorem nunc hoc, nunc illud, velut sui oblitum, aut quid statuat incertum, adseverare*] Ostendere id multi in Aristotele: in Romanis Jurisconsultis alii.

4 *Cum soleant qui falsa testantur, de compacto, omnia ita narrare, ut ne in speciem quidem quidquam diversum appareat*] Hoc est quod docet Imperator Adrianus, videndum in testibus utrum unum eumdemque meditatum sermonem attulerint, L. testium D. de Testibus Speculator lib. I. parte IV. de Teste in pr. n. 81. Exactissima circumstantiarum omnium notitia in teste non est necessaria. Vide Luc. I. 56. III. 23. Joh. II. 6. VI. 10, 19. XIX. 14.

talia

talia deprehenduntur, sua apud nos de rerum summa constet auctoritas. quo magis æquum est, ut nihil tale eorum fidem destruat, quos videmus ex ipsorum scriptis pietatis & veri semper fuisse studiosissimos?

§ XIV. *Solutio objectionis ex testimoniis extrinsecis & ostensum ea magis esse pro his libris.*

Alius restat modus testimonia refellendi, ex contrariis extrinsecus testimoniis. At ego cum fiducia affirmo, talia repertum non iri, nisi forte eo referre quis velit dicta multo post natorum, & quidem talium, qui inimicitias adversus Christianum nomen professi, sub testium nomine non veniunt. Imo contra, quamquam eo opus non est, multa habemus testimonia, quæ historiæ istis libris traditæ partes aliquot confirmat. Sic Jesum cruci affixum, ab ipso & discipulis ejus miracula patrata, & Hebræi, & Pagani, memorant. De Herode, Pilato, Festo, Felice, de Johanne Baptista, de Gamaliele, de Hierosolymorum exscidio exstant scripta luculentissima Josephi, edita paulo post annum à Christi abitu quadragesimum: cum quibus consentiunt ea quæ apud Thalmudicos de iisdem temporibus leguntur. Neronis sævitiam in Christianos Tacitus memoriæ prodidit. Exstabant olim & libri, tum privatorum, [5] ut Phlegontis, [6] tum & Acta publica, ad quæ Christiani provo-

[5] *Ut Phlegontis.*] Libro XIII. Chronicorum sive Olympiadum, his verbis: Τῷ δ' ἔτει τῆς C B Ὀλυμπιάδος ἐγένετο ἔκλειψις ἡλίου μεγίστη τῶν ἐγνωρισμένων πρότερον, καὶ νὺξ ὥρᾳ ς' τῆς ἡμέρας ἐγένετο, ὥστε καὶ ἀστέρας ἐν οὐρανῷ φανῆναι, σεισμός τε μέγας κατὰ Βιθυνίαν γενόμενος τὰ πολλὰ Νικαίας κατέστρεψε. *Quarto autem anno CCII Olympiadis, maxima & excellens inter omnes, quæ ante eam acciderant, defectio solis facta: dies hora sexta in tenebrosam noctem versus, ut stellæ in cælo visæ sint, terræque motus in Bithynia Nicææ urbis multas ædes subverterit.* Habes hæc in

provocabant, quibus constabat [7] de eo sidere, quod post Christum natum apparuit, de terræ motu, & solis deliquio contra naturam, plenissimo lunæ orbe, circa tempus, quo Christus crucis supplicio affectus est.

§ XV. *Solutio objectionis de mutata scriptura.*

Quid amplius opponi his libris possit, sane non video: nisi forte non tales mansisse, quales ab initio fuerant. Fatendum est, ut aliis libris, ita his quoque accidere potuisse, accidisse etiam, ut exscriptorum incuria, aut perversa cura, litteræ quædam, syllabæ, verba mutarentur, omitterentur, adderentur. Sed [8] iniquum est, ob talem, quæ per multa tempora non potest non accidere, exemplorum diversitatem, tali instrumento aut libro moveri controversiam, cum & mos postulet, & ratio, ut quod plurima, & antiquissima exem-

Chronico Eusebii & Hieronymi. Sed & Origenes meminit tract. XXXV ad Matthæum, & adversus Celsum II

6 *Tum & Acta publica.*] Tertullianus Apologetico cXXI. *Eum mundi casum relatum in arcanis vestris habetis.*

7 *De eo sidere quod post Christum natum apparuit.*] Chalcidius Platonicus in commentario ad Timæum: *Est quoque alia sanctior & venerabilior historia, quæ perhibet ortu stellæ cujusdam non morbos mortesque denunciatas, sed descensum Dei venerabilis ad humanæ conservationis, rerumque mortalium gratiam: quam stellam cum nocturno itinere inspexissent Chaldæorum profecto sapientes viri, & consideratione rerum cœlestium satis exercitati, quæsisse dicuntur recentem ortum Dei, repertaque illa majestate puerili veneratos esse, & vota Deo tanto convenientia nuncupasse.*

8 *Iniquum est ob talem, &c.*] Liquet hoc hodie quam maxime ex adcuratissimis collectionibus variarum lectionum Novi Testamenti, & præsertim ex editione *Joannis Millii.* Quantacumque sit varietas, nullum propterea dogma inde novum nascitur, aut antea receptum evertitur. Nulla etiam historia, quæ quidem alicujus sit momenti, ad veritatem Religionis quod adtinet, antea credita ex libris Novi Testamenti eliminatur, aut ex variis lectionibus antea ignota colligitur. Quod dicimus de Novi Testamenti Libro, idem de Vetere Testamento dictum censeri potest. *Clericus.*

pla ostendunt, id cæteris præferatur. At vero dolo, aut alio quovis modo, omnia exempla vitiata, & quidem in iis, quæ ad dogma, aut insigne aliquod historiæ caput pertinerent, numquam probabitur: neque enim aut instrumenta sunt, quæ id doceant, neque testes illorum temporum. quod si quid, ut jam modo dicebamus, serius multo dictum est ab iis, qui in horum librorum discipulos atrocissima odia exercebant, id pro convicio, non pro testimonio, habendum est. Et sufficere quidem hæc, quæ diximus, possent adversus eos, qui Scripturæ mutationem objiciunt; [9] cum qui id affirmet, præsertim adversus Scripturam diu lateque receptam, is, quod intendit, probare ipse debeat. at nos, quo magis patescat illius objectionis vanitas, ostendemus id, quod illi factum fingunt, nec factum esse, nec potuisse fieri. Evicimus supra libros eorum esse Scriptorum, quorum nomina præferunt. quo posito, sequitur, non esse alios libros pro aliis suppositos. Pars quoque aliqua insignis mutata non est. Nam cum ea mutatio aliquid sibi deberet habere propositum, ea pars à cæteris partibus librisque non itidem mutatis notabiliter discreparet, quod nunc nusquam conspicitur, imo ut diximus, admirabilis est ubique sensuum consonantia. Tum vero ut primum Apostolorum aliquis, aut virorum Apostolicorum aliquid edidit; dubium non est, quin Christiani magna diligentia, ut ipsorum pietatem & studium conservandæ propagandæque ad posteros veritatis decebat, exempla sibi inde plurima sumserint, quæ proinde sparsa sint quam late patebat Christianum nomen, per

9 *Cum qui id affirmet, præsertim adversus Scripturam diu lateque receptam, is, quod intendit, probare ipse debeat*] L. ult. C. de Edicto Divi Adriani tollendo.

Europam, Asiam, & Ægyptum, quibus in locis Græcus sermo vigebat: imo & archetypa nonnulla, ut jam ante diximus, ad annum usque ducentesimum servata sunt. Non potuit autem liber aliquis in tot exempla diffusus, custoditus non privata tantum singulorum, sed & communi Ecclesiarum diligentia, [1] falsariam manum recipere. Adde jam, quod proximis statim sæculis versi sunt hi libri in sermonem Syriacum, Æthiopicum, Arabicum, Latinum, quæ versiones etiamnum exstant, & à Græcis libris in nulla alicujus momenti re discrepant. Jam vero habemus & Scripta eorum, qui ab Apostolis ipsis, aut ab eorum discipulis instituti fuerunt, qui loca non pauca ex his libris adferunt eo, quem nos nunc quoque legimus, sensu. Neque vero quisquam fuit in Ecclesia, tantæ auctoritatis, per illa tempora, cui mutare quidquam volenti paritum fuisset, quod satis ostendunt Irenæi, Tertulliani, & Cypriani liberæ dissensiones ab iis, qui in Ecclesia maxime eminebant. Post hæc, quæ dixi, tempora, secuti sunt alii multi magnæ eruditionis, magnique judicii, qui, post diligentem inquisitionem, hos libros, ut in originaria sua puritate perstantes, receperunt. Jam & illud, quod de diversis Christianorum sectis modo dicebamus, huc quoque aptari potest, illas omnes, saltem quæ Deum mundi opificem, & Christum Legis novæ auctorem agnoscunt, uti his libris ita ut eos nos habemus. Quod si qui instituissent par-

1 *Falsariam manum*] Quæ omnia, nimium, exemplaria pervaderet, & versiones omnes corrumperet nam alioqui potuerunt, hic, illic, homines pravi, aut dogmatibus suis perverse addicti exemplaria sua corrumpere, quod non *Marcion* modo fecit, sed & librarii nonnulli rectius sentientes: quod ostendimus in *Arte* nostra *Critica* Part. 3 Sect. 1 c. xii *Clericus*.

tem aliquam interpolare, eos tamquam falsarios cæteri detulissent. Neque vero ullam sectam id umquam habuisse licentiæ, ut hos libros mutando ad sua placita aptaret, vel inde satis colligas, quod omnes sectæ & adversus omnes hinc sibi argumenta depromunt. Tum quod de divina providentia attigimus, ad partes præcipuas non minus, quam ad totos libros pertinet; ei non convenire, ut sciverit Deus tot millia hominum pietatis studiosa, & æternam salutem sincero proposito quærentia, induci in eum errorem, quem vitare omnino non possent. Et hæc quidem pro Novi Fœderis libris dicta sunto, qui si soli exstarent, satis esset, unde veram Religionem disceremus.

§ XVI. *Pro auctoritate librorum Veteris Fœderis.*

Nam cum Deo visum fuerit etiam Judaicæ Religionis, quæ vera olim fuit, & Christianæ non exigua testimonia præbet, instrumenta nobis relinquere, non abs re erit his quoque fidem suam adstruere. Esse autem hos libros eorum, quorum dicuntur, pari modo constat, quo id de nostris libris probavimus. Hi autem, quorum nomina præferunt, aut Prophetæ fuerunt, aut viri fide dignissimi, qualis & Esdras, qui eos in unum volumen collegisse creditur, quo tempore adhuc Prophetæ vivebant Aggæus, Malachias, Zacharias. Non repetam hic, quæ in Mosis commendationem dicta sunt supra. Neque vero pars tantum illa prima à Mose tradita, ut primo libro ostendimus, sed & recentior historia multos Paganorum habet adstipulatores. Sic [2] Davidis & Salo-

2 *Davidis & Salomonis nomina, & fœdera cum Tyriis præferebant Phœnicum Annales.*] Vide quæ ex iis recitat Josephus Antiquæ historiæ lib. VIII c. 2 ubi addit volentem exempla habere

Salomonis nomina, & fœdera cum Tyriis, præferebant

habere epistolarum, quas inter se scripsere Salomo & Iromus, petere ea posse à publicis Tyri archivorum custodibus [Noli tamen hoc credere, sed vide quæ diximus ad 1 Reg. v. 3.] De Davide locus est insignis ex IV historiarum Damasceni Josepho citatus Antiquæ Historiæ lib. VII. cap. 6. *Multo post hæc tempore indigenarum quidam, Adadus nomine præpotens factus, & Damascum & Syriæ, præter Phœnicen, cætera regna tenuit. Sed suscepto in Davidem Judææ regem bello, cum multis prœliis concurrisset, postremo ad Euphratem commisso victus est, præstantissimus regum habitus, animi virtute & roboris excellentia. Eo mortuo posteri ejus in decem stirpes regnarunt, simulque cum paterno imperio nomen ejus acceperunt, quomodo Ægypti reges Ptolemæi dicuntur. Tertius horum cum multum invaluisset, reparare volens avi cladem, in Judæos profectus Samaritidem populatus est.* Priorem historiæ hujus partem habes 2 Sam. VIII. 5 1 Chron. XVIII posteriorem 1 Reg. XX. ubi Joseph vide. Adadus ille Josepho *Ader* dicitur, *Adores* Justino ex Trogo. Plura de Davide ex Eupolemo nobis dat Euseb. Præparat. Euang. lib. IV. c. 30. Idem Joseph. eodem cap. & priore contra Appionem hunc locum profert ex Dii hist. Phœnicia. *Abibalo mortuo regnavit filius ejus Iromus. Hic ad ortum regionem urbi addidit, ipsamque urbem veterem fecit majorem, etiam Jovis Olympii templum, quod seorsim in insula erat, aggerato quod intercedebat spatio, urbi annexuit, ornavitque donariis aureis. Ajunt & qui Hierosolymis tunc regnabat Salomonem ad Iromum ænigmata misisse quædam, & cupiisse ab ipso alia accipere: Sed Iromum cum ænigmata illa solvere nequiret, magnam pecuniæ vim pro mulcta pependisse: postea vero Abdemonum hominem Tyrium solvisse ea, quæ proposita fuerant, ac proposuisse vicissim alia, quæ cum solvere Salomon nequisset, Iromo ab eo magnas pecunias persolutas.* Addit deinde Menandri Ephesii, qui Regum tam barbarorum quam Græcorum res perscripsit, locum illustrem. *Mortuo Abibalo successit in regnum filius ejus Iromus, qui vixit annos* XXXIV. *Hic aggeravit latam quæ dicitur regionem, idem auream columnam posuit quæ in Jovis est templo. Deinde materiam excidit è monte Libano, cedrinas arbores ad templi tecta, templisque veteribus dejectis fecit nova. Etiam Herculis & Astartes delubra sacravit. Sed Herculis prius erexit Peritio, deinde Astartes, quo tempore Tityis arma intulit, tributa non solventibus, eosque sibi cum subjecisset reversus est. Hac ætate Abdemonus vixit juvenis, qui victor fuit explicando problemata missa à Salomone Hierosolymorum Rege. Tempus autem ab hoc Rege ad conditam Carthaginem sic computatur. Mortuo Hiromo regnum ejus accepit filius ejus Beleazarus, qui vixit annos* XLIII *regnavit* VII. *Post hunc Abdastratus ejus filius annos vixit* XXIX. *regnavit*

18.

IX *Hunc nutricis ipsius filii quatuor per insidias interfecere quorum qui maximus natu erat, regnavit annos* XII *post quos Astartus Delæastart filius, qui vixit annos* LIV. *regnavit* XII. *Post hunc frater ejus Aserymus vixit annos* LIV. *regnavit* IX. *Hic à fratre Phelete occisus fuit qui accepto regno imperavit menses* VIII *vixit annos* L. *Hunc interemit Ithobalus Sacerdos Astartes, regnavitque annos* XXXII. *vixit* LXVIII *Successit ei filius Badezorus, qui vixit annos* XLV. *regnavit* VI. *Hujus successor fuit filius Matgenus: vixit is annos* XXXII *regnavit* IX. *Excepit hunc Pygmalion, vixit annos* LVI. *regnavit* XLVII. *Septimo hujus anno, soror ipsius profuga urbem in Africa struxit Carthaginem.* Locum hunc Menandri, sed contractiorem, posuit Theophilus Antiochenus libro ad Autolycum tertio. Tertullianus Apologetico capite 19. *Reseranda antiquissimarum etiam gentium archiva, Ægyptiorum, Chaldæorum, Phœnicum, per quos notitia subministrata est, aliqui Manethon Ægyptius & Berosus Chaldæus, sed & Iromus Phœnix Tyri rex: sectatores quoque eorum Mendesius Ptolemæus, & Menander Ephesius, & Demetrius Phalereus, et Rex Jubæ, et Appion, & Thallus.* Iromi illius & Salomonis ei coævi mentionem etiam apud Alexandrum Polyhistorem, Menandrum Pergamenum, & Lætum in Phœnicicis exstitisse ait Clemens Strom. I. unde corrigendus Tatianus, apud quem Καῖτος pro Λαῖτος scribitur, diciturque is in Græcum transtulisse quæ Phœnices Theodotus, Hypsicrates & Mochus scripserant. Azaelis Syriæ Regis, qui nominatur 1 Reg XIX. 15 2 Reg. VIII 11. XII. 17 XIII 3, 24. memoria Damasci divinis honoribus conservata, tradente Josepho Antiquæ historiæ libro IX c 2. Est idem nomen apud Justinum ex Trogo. De Salmanasare, qui Decem Tribus in servitutem avexit, ut narratur 2 Reg XVII. 3 & sequentibus, & Samariam cepit, 2 Regum XVIII 9 locus est Menandri, quem diximus, Ephesii apud Josephum libro eodem nono, capite XIV. *Elulæus nomine apud Tyrios regnavit annos* XXXVI. *Hic Citiæos qui ab imperio suo defecerant classe eo vectus ad obsequium reduxit. Sed in hos misit Rex Assyriorum, Phœnicenque omnem bello incursavit: mox tamen pace cum omnibus facta, rediit retro. Verum descivere à Tyriorum imperio Sidon, Arce, Palætyrus, multæque urbes aliæ, quæ se Assyriorum Regi dediderunt. Cum tamen non ob id se dederent Tyrii, Assyriorum rex bellum eis rursus intulit, cum accepisset à Phœnicibus naves sexaginta, remiges octingentos. In quas invecti Tyrii navibus duodecim, disjectis hostium navibus, homines fecere captivos quingentos. Aucta hinc apud Tyrios rerum omnium pretia. Cum abiret Rex Assyriorum, constituit custodes ad flumina & aquæductus, qui Tyrios ab aquæ haustu arcerent Toleratumque id Tyriis per annos quinque, bibentibus interim ex puteis quos foderant.* Addit Josephus eodem loco ipsum hujus Regis nomen Salmanasarum exstitisse ad sua tempora in Tyriorum archivis, Senacheribi, qui

ferebant Phœnicum Annales. [3] Nabuchodonosori,

Judæam prope omnem, exceptis Hierosolymis, subegit, ut narratur 2 Reg. XVIII. 13. 2 Paral. XXXII. 1. Esai. XXXVI. 1 & nomen & expeditiones in Asiam & Ægyptum in Berosi Chaldaicis repertas testatur idem ille Josephus lib. X. cap. 1. Ejusdem Σαναχαρίβῳ Senacheribi meminit & Herodotus libro II. vocatque Arabum & Assyriorum Regem. Baladæ Babyloniorum Regis mentio est 2 Reg. XX. 12. & Esaiæ XXXIX. Ejusdem nomen in Berosi Babylonicis exstitisse testatur Josephus Antiquæ Historiæ lib. X. cap. 3. Herodotus prælii illius in Mageddo, quo Nechao Rex Ægypti Judæos vicit, quæ historia est 2 Paral. XXXV. 22. Zach. XII. 1. meminit dicto libro II. his verbis: Καὶ Σύροισι πεζῇ ὁ Νεκὼς συμβαλὼν ἐν Μαγδόλῳ ἐνίκησε. *Et cum Syris* (ita semper Judæos vocat Herodotus, ut & alii,) *Necos congressus in Magdolo eos vicit.*

3 *Nabuchodonosor.*] De hoc Berosi locum nobis servavit Josephus Antiquæ historiæ X. adversus Appionem libro I. conferendus cum Eusebio, qui & in Chronico circa hæc tempora, & Præparationis libro IX. cap. 40 & 41. hunc, & qui sequetur Abydeni locum, producit, *Cum audisset pater ejus Nabopolasarus eum, qui in Ægypto Syriaque Cœlesyria Phœnice præpositus fuerat, Satrapen defecisse, ipse ferendis laboribus per ætatem impar, filio Nabuchodonosoro adhuc juveni tradidit partem exercitus, ut desertorem bello peteret. Hic autem cum eum aggressus esset prælio, ipsum cepit, regionemque omnem iterum sub imperium redegit. Sub id tempus evenit ut pater Nabopolasarus, cum morbum contraxisset, in urbe Babylone de vita decederet, postquam regnarat annos XXIX. Nabuchodonosor post id, simul patris morbum intellexit, rebus Ægypti vicinarumque gentium bene ordinatis, amicorum cuidam commisit captivos ex Judæis, Phœnicibus, ac Syris, & ex Ægypti populis, una cum exercitu rebusque aliis servari dignis, reportandos Babylonem. Ipse cum comitibus paucis, breviore per desertum via, Babylonem se contulit. Ibi cum reperisset res à Chaldæis administrari, & ipsum regnum asservari ab eorum potissimo, totum patris quod fuerat imperium adeptus est, captivisque conspectis, jussit illis idoneas per Babylonicum imperium colonias assignari. Ipse vero de belli manubiis Beli aliaque templa ornavit, urbemque Babylonis quæ jam erat, nova altera addita, instauravit cum in modum, ne possent posthac qui ad obsidendam venirent urbem abacto flumine eam aggredi, ternaque mœnia urbis interiori, totidem exteriori circumdedit, partim ex cocto latere & bitumine, partim ex latere solo. Bene munita urbe, portisque magnifice ornatis, ad paternam regiam novam adjecit, supereminentem & altitudine & omni splendore, quem longum sit exsequi. Suffecerit dicere, hoc opus & magnitudine & omni rerum paratu eximium intra dies perfectum esse quindecim. In hac regia*

regia ex lapide sublimia, erexit ambulacra, speciemque aedit montibus persimilem, omnis etiam generis arboribus ibi consitis, addito & paradiso pensili, quod uxor ejus in Mediæ locis educata montium aspectu delectaretur. Sed inter hæc opera morbo implicitus mox de vita excessit, cum regnasset annos XLIII. Uxor illa Nabuchodonosori est N[illegible]ris Herodoto libro ejus primo, ut docuit magnus Scaliger in præclara Temporum Emendatorum Appendice. Interpretatur hæc Curtius libro V quem vide, passim & Strabo lib. XV. & Diodorus libro II. Berosus, ex quo hæc & alia supra protulimus, Beli Sacerdos fuit post Alexandri Magni tempora, cui ob divinas prædictiones Athenienses publico in gymnasio statuam inaurata lingua statuere, memorante Plinio Historiæ Naturalis libro VII. cap. 37. Librum ejus *Babylonica* vocat Athenæus XIV. Tatianus, qui & ipse Nabuchodonosori Berosum meminisse affirmat, & Clemens, *Chaldaica*. Ex iis Rex Juba profitebatur accepisse se quæ de rebus Assyriis scripsit, ut notat Tatianus. Meminere ejus & Vitruvius & Tertullianus in Apologetico, & Scriptor Chronici Alexandrini. Nabuchodonosori mentionem alterius ex Abydeno Assyriorum scriptore nobis tradit Eusebius cum in Chronico, tum in nono de Præparatione. Verba hæc sunt: *Megasthenes autem ait Nabucodrosorum Hercule ipso fortiorem fuisse, bello & Libyæ & in Africam & Hispaniam illato, quos inde deportatos collocasse ad dextram Ponti oram. Præterea vero narrant de eo Chaldæi, quondam cum regiam conscendisset, numine aliquo afflatum eum hæc prædixisse: Ego Nabucodrosorus o Babylonii, imminentem vobis prænuncio calamitatem, quam ut arceant Parcæ nunquam eas [illegible] Belus generis nostri auctor, aut regina Beltis permovere poterunt. Persicus veniet mulus, qui vestris Diis auxiliantibus servitium imponet. Hujus mali adjutor erit Medus, Assyriorum gloriatio. Utinam eum, antequam cives prodat, Charybdis aut mare absorptum funditus intermat, aut ipse alio raptus erret per solitudines, ubi neque urbes neque hominum ulla sint vestigia, ubi feræ pascantur, circumvolentque libere aves, ut ibi inter rupes faucesque solus vagetur. Utinamque & ego felicem exitum sortitus fuissem, priusquam hæc animo meo obversarentur. Hæc ubi effatus erat, statim disparuit.* Confer hæc postrema cum iis, quæ in Danielis libro de hoc Nabuchodonosoro habemus. Prima illa ex Megasthene etiam Josephus habet libro X. Antiquæ historiæ cap. XI. & ait exstare Indicorum IV. Habet ex Abydeno etiam hæc de Nabuchodonosoro Eusebius: *Fama est ubi nunc est Babylon omnia aquam fuisse, dictam Mare. Hunc sustulisse Belum, agrosque distribuisse viritim, & mœnia circumjecisse Babyloni, quæ tempus aboleverit. Nova autem mœnia structa à Nabuchodonosoro, eaque mansisse ad imperium Macedonum tempora, portis æneis. Postea Nabuchodonosorus, ubi in imperium successerat, Babylona muris [illegible] triplicibus mœnibus, intra dies quindecim, & Narmalcam amnem, qui diverticulum est Euphratis, fini[illegible] Acracanum autem*

sori, 4 & aliorum Chaldæorum Regum Berosu-
non

amnem diverti. Tum in gratiam civitatis Sippareronum, fossam effecit, quæ in ambitu haberet parasangas XL, *in altum vires quatuor pateret sparsæ manus, apposuitque septa quibus apertis irrigaretur ager. Ea septa appellant aquæductuum normas. Maris quoque Rubri eluvionem operibus circumdatis repressit. Teredonem condidit, ad reprimendos Arabum impetus, regiam præterea instruxit arboribus, quas paradisos pensiles vocant.* Confer Danielem IV. 27. Strabo libro XV ex eodem Megasthene hoc adfert: Ναβυχοδρόσορον δὲ τὸν παρὰ Χαλδαίοις εὐδοκιμήσαντα Ἡρακλέους μᾶλλον, καὶ ἕως στηλῶν ἐλάσαι. *Nabuchodonosorum, cujus apud Chaldæos fama Herculem vincit, ad Columnas venisse cum exercitu.* Fuere & alii qui ejus Regis historiam attigere, sed quorum nunc nomina tantum supersunt, Diocles Persicorum secundo, Philostratus tum in Indicis, tum in Phœniciis, qui Tyrum ab eo obsessam ait per annos XIII ut Josephus nos docet cum Antiquæ historiæ dicto jam loco, tum adversus Appionem priore, ubi ex Phœnicum Actis publicis hæc profert: *Ithobalo apud Tyrios regnante, Nabuchodonosorus Tyrum obsedit per annos* XIII. *Post hunc regnavit Baal annos* X. *Post hunc Judices constituti sunt, qui Tyrum rexere: Ecnibalus Baslachi menses duos, Chelbes Abdæi menses decem, Abbarus Sacerdos summus menses tres, Mytgonus & Gerastratus Abdelimi Judices fuere per annos sex, sed medio inter hos tempore, annum unum cum potestate regia Tyro præfuit Balatorus. Quo mortuo, misere Tyrum qui ex Babylone Merbalum advocarent, regnavit is annos* IV. *Hoc quoque mortuo, advocarunt fratrem ejus Iromum, qui regnavit annos* XX. *Hujus temporibus Cyrus apud Persas potens fuit.* Hæc supputatio quam pulchre cum sacris libris congruat, vide Josephum dicto contra Appionem libro. Sequitur ibidem apud Josephum de Hecatæo: Πολλὰς μὲν γὰρ ἡμῶν, φησίν, ἀνασπάστους εἰς Βαβυλῶνα Πέρσαι πρότερον αὐτῶν ἐποίησαν μυριάδας. *Nostrorum ille multa millia ait à Persis Babylonem translata.* Et de bello Senacheribi, & de deportatione per Nabuchodonosorum facta, vide Demetrii locum, apud Clementem, Strom. I.

4 *Et aliorum Chaldæorum Regum Berosus non minus, quam Hebræi libri, meminerat.*] Apud Berosum, post modo prolata, hæc sequebantur, Josepho duobus quos indicavimus locis id referente: *Regnum accepit filius ejus Evilmeradochus. Hic cum inique per malam libidinem res administraret, petitus insidiis Neriglissorori, qui sororem ejus in matrimonio habebat, interiit, postquam per annos regnaverat decem. Eo sublato regni compos factus interfector ejus Neriglissoorus imperium tenuit per annos quatuor. Hujus filius Laborosoarchodus puer adhuc regnum tenuit menses novem: sed quia pravæ in illo indolis multa signa apparerent, insidiis amicorum trucidatus est. Hoc mortuo cum inter se coiissent ejus facinoris*

non minus, quam Hebræi libri, meminerat.

facinoris particeps, communi conjessu regnum detulere ad Nabonnidum ex Babyloniis unum, qui & ipse in eadem conjuratione fuerat, Hoc regnante meliora facta sunt ea quæ ad amnem erant ex latere & bitumine Babylonis mœnia. Cum vero regni ejus annus curreret decimus & septimus, venit ex Perside multo cum exercitu Cyrus, reliquaque Asia subacta, ad Babylonem perrexit. Adventus ejus cognito, Nabonnidus occurrit magno & ipse exercitu, prælioque facto victus, cum paucis fugit, conclusitque se in urbem Borsippenorum. Cyrus autem Babylone capta constituit exteriora ejus mœnimenta diruere, quod civitatem videret ad res novas mobilem, urbem vero capi difficilem: inde in Borsippum proficiscitur ad obsidendum Nabonnidum Verum is obsidionis non tolerans se dedidit. Cyrus benigne exceptum è Babylonia exire eum ad Carmaniam habitandam jussit Atque ibi Nabonnidus, transacto vitæ cætero, diem suum obiit Abydeni, post ea quæ modo attulimus de Nabuchodonosoro verba, hæc nobis servavit Eusebius dicto loco 'Ο δὲ οἱ παῖς Εὐιλμαλουρουχὸς ἐβασίλευσε τὸν δὲ ὁ κηδεστὴς ἀποκτείνας Νηριγλισάρης, λείπει παῖδα Λαβοσσοάρασκον· τούτου δὲ ἀποθανόντος βιαίῳ μόρῳ Ναβαννιδοχον ἀποδεικνῦσι βασιλέα προσηκόντα οἱ οὐδέν· τῷ δὲ Κῦρος, ἑλὼν Βαβυλῶνα, Καρμανίης ἡγεμονίην δωρέεται. *Post hunc filius regnavit Evilmaluruchus. Hujus interfector, qui affinis ipsi fuerat Nerglissares, filium reliquit Labossoracum. Hoc violenta morte exstincto, Babylonii Nabannidochum regem faciunt cum rege nullo junctum sanguine Cyrus hunc, cum Babylonem cepisset, Carmaniæ præfecit* Evilmeraduchus iste nominatur 2 Reg xxv 27 De cæteris vide Scaligerum Ista de Babylone à Cyro capta congruunt, cum istis Herodoti, Οὕτω Κῦρος ἤλαυνε ἐπὶ τὴν Βαβυλῶνα οἱ δὲ Βαβυλώνιοι ἐκστρατευσάμενοι ἔμενον αὐτὸν ἐπεὶ δὲ ἐγένετο ἐλαύνων ἀγχοῦ τῆς πόλιος, συνέβαλόν τε οἱ Βαβυλώνιοι, καὶ ἑσσωθέντες τῇ μάχῃ κατειλήθησαν εἰς τὸ ἄστυ *Sic Cyrus in Babylonem movit Babylonii autem educto contra exercitu eum exspectarunt. At postquam Cyrus urbi appropinquavit, pugnarunt cum eo Babylonii, sed prælio victi in intima urbis se receperunt,* Cum quibus confer Jeremiam LI 30, 30, 31. de fuga ad Borsippa eundem Jeremiam II. 30 de exsiccato amnis alveo, Herodotus consentit Jeremiæ XI 32 Verbo Herodoti Τὸν γὰρ ποταμὸν διώρυχι ἐσαγαγὼν εἰς τὴν λίμνην ἐοῦσαν ἕλος, τὸ ἀρχαῖον ῥέεθρον διαβατὸν εἶναι ἐποίησε, ὑπονοστήσαντος τοῦ ποταμοῦ. *Amnem diffidit, parte ejus in lacum palustrem deducta, ac pristinum alveum fecit pervium, aqua derivata.* An ea quæ de Belesi Chaldæo narrat Diodorus lib II ad Danielem possint referri, cui nomen Chaldæum fuit בלטשאצר Dan. I. 7. cogitemus,

[5] Qui Vaphres Ægypti rex Jeremiæ, [6] Apries est Herodoto. Jam [7] Cyri, & successorum ejus [8] ad Darium usque, pleni Græcorum libri. Multaque alia ad Judæorum Gentem pertinentia adfert Josephus, in libris contra Appionem, quibus jungi possunt, [9] quæ ex Strabone, & Trogo supra attulimus. Nos vero, qui Christiani sumus, omnino non est, quod de eorum librorum fide dubitemus, cum ex illis pæne singulis testimonia exstent in libris nostris, quæ in Hebræis itidem reperiuntur. Neque Christus, cum plurima in Legis doctoribus, & temporis sui Pharisæis reprehenderet, umquam eos accusavit falsimoniæ in libros Mosis, aut Prophetarum commissæ, aut quod suppositis mutatisve libris uterentur. Post Christi tempora Scripturam in iis, quæ momentum habent, vitia-

5 *Qui Vaphres Ægypti Rex Jeremiæ*] Ita Septuaginta & Eusebius vertunt quod in Hebræo Jeremiæ XLIV. 30 est חפרע Fuit is Nabuchodonosoro coævus.

6 *Apries est Herodoto.*] Lib. II.

7 *Cyri.*] Vide loca jam allata: Diodorum Siculum libro II. Ctesiam Persicis, Justinum libro IV. cap. 5. & sequentibus. Sub Cyro jacta Templi Hierosolymitani fundamenta, sub Dario consummatum opus, Beroso teste, probat Theophilus Antiochenus.

8 *Ad Darium usque.*] Codomannum. Vide eosdem & Æschylum Persis, & Scriptores rerum Alexandri. Sub hoc Dario summus Hebræorum Sacerdos fuit Jaddus, Nehem. XII. 22. is qui Alexandro victori ivit obviam, narrante Josepho Antiquæ historiæ libro XI. 8. His ipsis temporibus vixit Hecatæus Abderita celebratus Plutarcho libro de Iside, & Laertio in Pyrrhone. Is de Judæis librum scripsit singularem, unde egregiam & urbis Hierosolymorum & Templi descriptionem deprompsit Josephus, adversus Appionem libro priore, quem locum habet & Eusebius Præparationis Euangelicæ lib. IX. cap. 9. Uterque horum etiam Clearchi habent locum, qui Aristotelis verbis Judaicam sapientiam commendat. Laudatores etiam Judæorum rerumque Judaicarum testes Josephus dicto libro nominat Theophilum, Theodoretum, Mnaseam, Aristophanem, Hermogenem, Euemerum, Cononem, Zopyrionem & alios.

9 *Quæ ex Strabone & Trogo supra attulimus.*] Libro I.

tam,

tam, neque probari poteſt, neque vero credibile fiet, ſi quis recte cogitaverit, quam longe lateque ſparſa eſſet per orbem terrarum Gens Judæorum illos ubique libros cuſtodientium. Nam primum ab Aſſyriis abductæ in Mediam Decem Tribus, duæ poſtea: & ex his quoque, poſt conceſſum à Cyro reditum, multi in terris exteris ſubſederunt. [1] Macedones in Alexandriam magnis commodis eos invitarunt. Antiochi ſævitia, Aſmonæorum civilia arma, externa Pompeii, & Soſſii, multos disjecerunt, plena Judæis erat [2] Cyrenaica: plenæ [3] urbes Aſiæ, [4] Macedoniæ, [5] Lycaoniæ, etiam inſulæ [6] Cyprus, [7] Creta, atque aliæ. Jam [8] Romæ numerus eorum ingens vel [9] ex Horatio,

1 *Macedones in Alexandriam magnis commodis eos invitarunt.*] Hecatæus Joſepho deſcriptus, in libro priore contra Appionem, de Judæis loquens: Οὐκ ὀλίγας δὲ (nempe μυριάδας, ex præcedentibus) καὶ μετὰ τὸν Ἀλεξάνδρου θάνατον εἰς Αἴγυπτον καὶ Φοινίκην μετέστησαν, διὰ τὴν ἐν Συρίᾳ στάσιν. *Non pauca etiam millia poſt Alexandri mortem in Ægyptum & Phœnicen migrarunt, ob exortas in Syria ſeditiones.* Adde Philonem in Flaccum, Ὅτι οὐκ ἀποδέουσι μυριάδων ἑκατὸν τὴν Ἀλεξάνδρειαν καὶ τὴν χώραν Ἰουδαῖοι κατοικοῦντες ἀπὸ τοῦ πρὸς Λιβύην καταβαθμοῦ μέχρι τῶν ὁρίων Αἰθιοπίας. *Non minus decies centenis millibus Judæos in Alexandria & regione circumſita habitare ab Africæ deſcenſu ad fines Æthiopiæ.* Adde Joſephum libro XII. cap. 2 3. & ſequentibus. Libro XIII. cap. 4, 5, 6, 7, 8. XVIII. 10. Et habebant Judæi Alexandriæ jus civitatis: Joſephus XIV 17.

2 *Cyrenaica.*] Joſephus Antiquæ hiſtoriæ libro XVI. 10 & alibi. Actor VI. 9. XI. 20.

3 *Urbes Aſiæ*] Joſephus XII. 3 XIV. 17. XVI. 4. Actor. XIX

4 *Macedoniæ*] Act XVII.

5 *Lycaoniæ*] Act. XIV. 18.

6 *Cyprus.*] Act. XIII 5.

7 *Creta*] Act. II 11.

8 *Romæ.*] Joſephus XVIII. Hiſtoriæ Antiquæ, cap. 5. Act. XVIII 2 XXVIII. 17

9 *Ex Horatio*] Lib I Sat IV.

—— *nam multo plures ſumus: ac veluti te.*
Judæi cogemus in hanc concedere turbam.

Sat V.

—— *credat Judæus Apella.*

Sat IX.

—— *hodie triceſima ſabbata,* &c.

[1] Juvenali & [2] Martiali discatur. Tam dissitis inter se cœtibus imponi nulla arte potuit nec magis ipsi in falsum convenire. Adde quod [3] trecentis ferme ante Christum annis, cura Ægypti regum, Hebræorum libri in Græcum sermonem ab his, qui LXX dicuntur, versi sunt, ita ut jam & à Græcis, sermone quidem alio, ut sensu in summam eodem possiderentur, eoque minus mutationem reciperent. Quin & in Chaldaicum, & in Hierosolymitanum, id est, semi-Syriacum, translati sunt iidem libri, [4] partim paulo ante,

1 *Juvenali.*]

Quidam sortiti metuentem sabbata patrem,

Et quæ sequuntur Sat. XIV.

2 *Martiali.*] III. 4.

Quid jejunia sabbatariorum

Et alibi ut VII. 29 & 34. XI. 97. XII. 57. Adde Rutilium Itinerarii libro I.

Atque utinam numquam Judæa subacta fuisset
Pompeii bellis, imperioque Titi!
Latius excisæ pestis contagia serpunt,
Victoresque suos natio victa premit.

Quod ex Seneca desumptum, qui dixerat de iisdem Judæis. *Cum interim usque eo sceleratissimæ gentis consuetudo convaluit, ut per omnes terras recepta sit. Victi victoribus leges dederunt.* Locus est apud Augustinum de Civitate Dei libro VI. cap. 11. Sceleratissimam gentem vocat, tantum ob legum, quæ Dei unius cultum damnabant, neglectum, ut supra notavimus, quo nomine & Socratem culpabat Major Cato. Adde latissime sparsi Judæi nominis testem Philonem in Legatione Ὅσον ἐστὶν ἐν πολυανθρωπίᾳ, ὅπερ οὐκ ἐξεδέξατο καθάπερ τῶν ἄλλων ἕκαστον μίας χώρας τῆς ἀποκεκληρωμένης αὐτῷ μόνῳ περίβολος, ἀλλ' ὀλίγου δέω φάναι πᾶσα ἡ οἰκουμένη· κέχυται γὰρ ἀνά τε τὰς ἠπείρους καὶ νήσους ἁπάσας, ὡς τῶν αὐθιγενῶν μὴ πολλῷ τινι δοκεῖν ἐλαττοῦσθαι. *Quanta illa gens est hominum numero, quam non, ut cæteras, una continet attributa regio, sed paullo minus terra tota. Diffusa enim est per terras continentes perque insulas omnes, ita ut videri possit ipsis indigenis non multo minor.* Dion Cassius libro XXXVI. de Judæorum genere Κολουσθὲν μὲν πολλάκις, αὐξηθὲν δὲ ἐπὶ πλεῖστον, ὥστε καὶ εἰς παῤῥησίαν τῆς νομίσεως ἐκνικῆσαι. *Cohibita sæpe, nihilo minus aucta plurimum: ita ut & libertatem Institutorum suorum evicerit.*

3 *Trecentis ferme ante Christum annis.*] Vide Aristæum, & Josephum libro XII. 2.

4 *Partim paulo ante.*] Ut ab Onkelo, forte & ab Jonathane

[5] partim non multo poſt Chriſti tempora. Secutæ deinde verſiones in Græcum, aliæ, Aquilæ, Symmachi, Theodotionis, quas cum illa interpretum LXX Origenes contulit, & poſt eum alii, nulla hiſtoriæ, aut rerum pondus habentium diverſitate. Philo Caligulæ ævo floruit, Joſephus ad Veſpaſianorum tempora provixit, uterque ex Hebræorum libris ea adferunt, quæ nos hodieque legimus. His autem ipſis temporibus, magis magiſque ſpargi cœpit Chriſtiana Religio, quam profitentium [6] multi Hebræi erant, [7] multi Hebræas litteras addidicerant, quibus proinde promptum fuit, ſi quid à Judæis falſi fuiſſet admiſſum, in parte, inquam, inſigni, id ipſum collatis libris antiquioribus deprehendere, apertumque facere. At non modo id non faciunt, ſed etiam plurima adducunt ex veteri Fœdere teſtimonia plane in eum ſenſum, quo apud Hebræos exſtant: quos ſane Hebræos cujuſvis potius criminis, quam, non dicam falſi, ſed vel negligentiæ circa hos libros convincas, [8] cum eos ſumma religione deſcribere ac

5 *Partim non multo poſt*] Ut à Scriptore Thargumi Hieroſolymitani, & Joſepho cæco, aut quiſquis ille eſt qui Jobum, Pſalmos, Proverbia, & quæ Hagiographa dicuntur, vertit, unus, ſive plures.

6 *Multi Hebræi erant*] Aut vicini Hebræis, ut Juſtinus qui fuit Samarita.

7 *Multi Hebræas litteras addidicerant.*] Ut Origenes, Epiphanius, maxime vero Hieronymus.

8 *Cum eos ſumma religione deſcribere ac conferre ſolerent*] Joſephus priore contra Appionem. Δῆλον δ' ἐστὶν ἔργῳ πῶς ἡμεῖς τοῖς ἰδίοις γράμμασι πεπιστεύκαμεν· τοσούτου γὰρ αἰῶνος ἤδη παρῳχηκότος, οὔτε προσθεῖναί τις οὐδὲν, οὔτε ἀφελεῖν αὐτῶν, οὔτε μεταθεῖναι τετόλμηκεν. *Quantum vero fidem nos ſcriptis apud nos receptis habeamus, rebus ipſis apparet. Cum enim tot ſæcula tranſierint, nemo aut addere quidquam, aut demere, aut mutare aliquid eſt auſus.* Vide legem Deut. IV. 2. Thalmudum titulo Schebuoth, [Intelligenda hæc ſunt de temporibus quæ Maſſoretharum ætatem ſequuta ſunt. Alioquin ante & ſtante Republica, & poſt eam everſam à Chaldæis, non tam diligentes fuiſſe

ac conferre soleant, etiam ut litteras quoties quæque ocurrat numeratas habeant. Addatur ultimo loco & hoc minime spernendum non mutatæ per Judæos de industria Scripturæ argumentum, quod Christiani ex iis ipsis, quos Judæi legunt, libris evincunt, & quidem, ut confidunt, valide, suum Magistrum Jesum esse illum ipsum Messiam, qui Judæorum majoribus jam olim sit promissus. Quod vel maxime, ne fieri posset, cavissent Judæi, post ortum inter ipsos & Christianos certamen, si umquam in eorum potestate fuisset mutare quæ vellent.

fuisse, quam vulgo creduntur, liquet cum ex *Lud. Capelli* Critica Sacra, tum ex virorum doctorum Commentariis in V. T. adeoque ex ipsis *Grotii* adnotationibus. Nos quoque ad libros Historicos V. T. rem demonstravimus. *Clericus*

ADDENDA SUPERIORIBUS NOTIS.

Ad Not. 1 p. 152. *Hecatæi* auctoritas parum ad rem facit, cum sit spurius Vide *Ger. Joan. Vossium*, de Historicis Græcis. *Clericus*

Ad Not. 1. p. 154. Veritas eorum quæ de Chaldæis Regibus in Scriptura leguntur, egregie confirmatur, Chronologia Canonis Astronomici Nabonassari, de quo vide *Joan. Marshamum* in Chronico Canone *Idem*.

HUGO

HUGO GROTIUS
DE
VERITATE
RELIGIONIS
CHRISTIANÆ

LIBER QUARTUS.

§ I. *Refutatio specialiter Religionum à Christiana discrepantium.*

QUartus liber, initio facto ab ea voluptate, quam plerique homines capiunt ex spectaculo alieni periculi, cum ipsi extra periculum positi sunt, ostendit summam Christiani hominis in hac vita eam esse debere, ut non modo de reperta veritate sibi gratuletur, sed & aliis, qui in variis eorum amfractibus palabundi versantur, opem ferat, & eos tanti boni participes faciat. Quod nos aliquo quidem modo conati sumus facere, libris prioribus, quia veri demonstratio in se continet erroris refutationem: sed tamen, cum singula religionum genera, quæ se Christianis opponunt, Paganismus puta, Judaismus & Mahumetismus, præter id quod inter se habent commune,

mune, proprios quosdam errores habeant, & peculiari quædam argumenta, quæ nobis solent opponere; non abs re fore credimus, si specialem adversus hæc singula disputationem instituamus, rogatis lectoribus, ut & à studiis, & à longa consuetudine, tamquam bonæ mentis impedimentis, judicium liberent, quo æquiore animo de iis, quæ dicenda sunt, cognoscant.

§ II. *Ac primum Paganismi. Unum tantum esse Deum. Mentes creatas bonas esse, aut malas. Bonas non colendas, nisi ad præscriptum summi Dei.*

Ac primum adversus Paganos dicimus, si plures Deos statuant æternos & æquales, id jam primo libro satis refutatum, cum docuimus, unum dumtaxat esse Deum rerum omnium causam. Quod si Deorum nomine vocent mentes creatas homine superiores, eas aut bonas esse, aut malas. Si bonas dicant, primum constare ipsis deberet hoc, an bonæ sint, [1] ne forte periculose labantur, inimicos

1 *Ne forte periculose labantur, inimicos pro amicis, transfugas pro legatis recipientes*] 2 Cor. XII 14. Porphyrius secundo De abstinendo ab animatis Διὰ μέν τοι τῶν ἐναντίων καὶ ἡ ἅπασα γοητεία ἐκτελεῖται· τούτους γὰρ μάλιστα καὶ τὸν προεστῶτα αὐτῶν ἐκτιμῶσιν, οἱ τὰ κακὰ διὰ τῶν γοητειῶν πάσης φαντασίας ἐπιτηδεύοντες· οὗτοι γὰρ ἱκανοὶ διὰ τῆς τερατουργίας ἀπατῆσαι. δι' αὐτῶν φίλτρα καὶ ἐρωτικὰ κατασκευάζουσιν οἱ κακοδαίμονες· ἀκολασία γὰρ πᾶσα καὶ πλούτων ἐλπὶς καὶ δόξης διὰ τούτων, καὶ μάλιστα ἡ ἀπάτη· τὸ γὰρ ψεῦδος τούτοις οἰκεῖον. βούλονται γὰρ εἶναι θεοὶ, καὶ ἡ προεστῶσα δύναμις αὐτῶν δοκεῖν θεὸς εἶναι. *Per illos oppositos Diis omnis ars malefica perficitur. Nam qui per malas artes animis illudere ac res pravas efficere student, illos spiritus & eorum præsidem maxime colunt: possunt enim hi prodigiorum specie imponere. Per hos philtra & alia ad amores pertinentia miseri homines sibi quærunt. Omnis enim mala libido & opum spes & gloriæ ab his maxime spiritibus, præcipue vero fraudes. Mendacium enim his proprium. Dii siquidem esse volunt, & qui eorum princeps est, Deus ipse haberi.* Deinde de Ægyptiis Sacer-

inimicos pro amicis, transfugas pro legatis recipientes. tum vero rationem exigere, ut evidens aliquod in ipſo cultu diſcrimen ſit inter Deum ſummum, & has mentes: deinde ſciendum eſſet, quis inter eas mentes ſit ordo, quid a quaque boni exſpectari poſſit, quo quamque honore affici velit Rex ſummus, quæ omnia cum deſint in ipſorum Religione, ſatis hinc apparet, quam ea nihil in ſe certi habeat, quantoque facerent tutius, ſi ad unius Dei ſummi cultum ſe transferrent, quod ſapientis hominis eſſe officium, [2] etiam Plato dixit, eoque magis, quia cum bonæ Mentes Dei ſummi miniſtræ ſint, [3] non poſſit eas non ſibi addictas habere, qui Deo utatur propitio.

cerdotibus Οἱ δὲ εἶναι μὲν ἔξωθεν τίθενται τὸ ὑπήκοον γένος ἀπατηλῆς φύσεως, παντόμορφόν τε καὶ πολύτροπον, ὑποκρινόμενον, καὶ θεοὺς καὶ δαίμονας καὶ ψυχὰς τεθνηκότων, καὶ διὰ τοῦτο πάντα δύνασθαι τῶν δοκούντων ἀγαθῶν ἢ κακῶν εἶναι, ἐπεὶ εἰς τά γε ὄντως ἀγαθὰ, ἅπερ εἰσὶ κατὰ ψυχὴν μηδὲν καθάπαξ συμβαλέσθαι δύνανται, μηδὲ εἰδέναι ταῦτα, ἀλλὰ κακοσχολεύεσθαι καὶ τωθάζειν, καὶ ἐμποδίζειν πολλάκις τοῖς εἰς ἀρετὴν ἀφικομένοις, πλήρεις τε εἶναι τύφου καὶ χαίρειν ἀτμοῖς καὶ θυσίαις. *Illi vero illud quidem extra controverſiam ponunt, eſſe genus quoddam ſpirituum omni fraudulentiæ inſerviens, multiforme, verſutum, quod modo Deos ſimulat, modo Dæmonas modo mortuorum animas, eoque modo omnia eos poſſe immittere quæ bona, quæque mala habentur. Ad vera autem bona, quæ in animo conſiſtunt, nihil eos poſſe, neque eorum eos habere notitiam, ſed male uti otio, ludificari & impedire eos qui in via ſunt ad virtutem plenos eſſe faſtus, gaudentes nidoribus ac victimis.* Arnobius libro IV adverſus Nationes *Sic Magi haruſpicum fratres ſuis in actionibus memorant antitheos ſæpe obrepere pro veris: eſſe autem hos quoſdam materiis ex craſſioribus ſpiritus, qui Deos ſe fingunt* Idem ſenſus eſt, ne nimium multa tranſcribam, apud Jamblichum de myſteriis Ægyptiorum lib. III. cap. 32. & libro IV cap 17

2 *Etiam Plato dixit*] Μετὰ μὲν Διὸς ἡμεῖς ἄλλοι δὲ μετὰ ἄλλων δαιμόνων *Cum Jove nos: cum aliis Diis alii.* Citat Origenes contra Celſum VIII.

3 *Non poſſit eas non ſibi addictas habere, qui Deo utatur propitio*] Pulchere hoc exſequitur Arnobius libro III.

§ III.

§ III. *Malos spiritus adoratos à Paganis probatur, & ostenditur quam id sit indignum.*

At vero non bonas, sed malas fuisse Mentes, quibus Paganorum cultus impendebatur, non levibus constat argumentis. Primum, [4] quod cultores suos non rejecerunt ad cultum summi Dei; imo eum cultum, quantum poterant, sustulerunt; aut saltem omnibus modis summo Deo, in cultu, æquari voluerunt. Secundo, quod unius summi Dei cultoribus mala maxima procurarunt, concitatis in ipsorum pœnas magistratibus & populis. Nam cum Poetis impune liceret Deorum parricidia & adulteria canere, & Epicureis Divinam providentiam è rebus tollere, neque ulla esset Religio alia tam ritibus dissona, quæ non in societatem admitteretur, ut Ægyptiaca, Phrygia, Græca, Thusca sacra Romæ: soli Judæi passim [5] deridiculo erant, ut ex Satiris & Epigrammatis apparet, [6] interdum & relegabantur. [7] Christiani vero præterea etiam atrocissimis afficiebantur suppliciis: cujus rei non alia potest reddi causa, quam quod hæ duæ sectæ unum Deum venerarentur, cujus honori recepti Dii adversabantur, non tam inter se, quam illius æmuli. Tertio ex modo cultus,

4 *Quod cultores suos non rejecerunt ad cultum summi Dei.*] Bene hoc exsequitur Augustinus de Civitate Dei libro x. cap. 14. 16, 19.

5 *Deridiculo erant.*] Ut curti, recutiti, sabbatarii, nubium & cœli adoratores, clementes in porcos.

6 *Interdum & relegabantur.*] Joseph. XVIII. 5 Tacitus Annalium II. Seneca epistola CIX. Actor. XVIII. 1. Suetonius Tiberio cap. XXXVI.

7 *Christiani vero præterea etiam atrocissimis afficiebantur suppliciis.*] Tacitus Annalium XV quo & illa pertinent Juvenalis

——tæda lucebis in illa
Qua stantes ardent, qui fixo gutture fumant,
Et latus mediam sulcus diducit arenam.

qui

qui bonam honeſtamque mentem non deceat, [8] per ſanguinem humanum, [9] per nudorum hominum in templis curſationem, per ludos [1] & ſaltationes plenas ſpurcitiæ: qualia nunc etiam conſpiciuntur apud Americæ & Africæ populos, Paganiſmi tenebris obſitos. Imo, quod eſt amplius, & olim ferunt, & nunc ſunt populi, qui malas Mentes adorant, quas tales norunt ac profitentur; [2] ut Arimanium Perſæ, Græci Cacodæmonas, [3] Vejoves Latini, & nunc alios Æthiopum & Indorum quidam: quo nihil poteſt magis impium excogitari. Nam cultus religioſus quid eſt aliud, quam teſtimonium ſummæ bonitatis, quam agnoſcas in eo, quem colas? qui ſi malo ſpiritui impenditur, falſus eſt ac mendax, & in ſe continet rebellionis crimen; cum debitus regi honos non modo ei ſubtrahitur, ſed & in deſertorem ejus atque hoſtem transfertur. Stulta autem eſt perſuaſio, qua fingunt, Deum bonum id non vindicaturum, quia id à bonitate alienum eſſet. Nam [4] clementia, ut juſta ſit, ſuos habet limites, & ubi ſcelera modum excedunt, pœnam juſtitia ex ſe quaſi neceſſario producit. Neque minus culpandum, quod metu adductos ſe dicant Malis mentibus præſtare obſequium: cum is, qui ſumme bonus eſt, ſit etiam ſumme communicativus, ac proinde etiam natura-

8 *Per ſanguinem humanum.*] Vide quæ hac de re dicta lib. II

9 *Per nudorum hominum in templis curſationem*] Ut in Lupercalibus Livius libro I. Plutarchus Antonio, & alii.

1 *Et ſaltationes plenas ſpurcitiæ.*] Ut in Floribus Ovidius quarto Faſtorum. Adde Tatianum. Origenem octavo contra Celſum.

2 *Ut Arimanium Perſæ.*] Plutarchus de Iſide & Oſiride. Diogenes Laertius in præfatione. [Vide *Thomam Stanleium* de Philoſophia Perſarum, & quæ nos in Indice ad vocem *Arimanius* notavimus. *Clericus.*]

3 *Vejoves Latini*] Cicero III. De natura Deorum.

4 *Clementia, ut juſta ſit, ſuos habet limites*] *Quomodo diliges, niſi times non diligere?* Tertullianus adverſus Marcionem I.

rum cæterarum productor. Quod si est, sequitur, ut in naturas omnes, tamquam opificia sua, jus supremum habeat, ita ut ab earum nulla aliquid possit fieri, quod ipse plane impedire cupiat. Quibus positis, facile colligitur, ei, qui Deum summum ac summe bonum faventem habeat, malos spiritus non amplius nocere posse, quam Deus ille, boni alicujus causa, velit pati ut fiat. Neque vero à malis spiritibus quidquam impetrari potest, quod non rejiciendum sit, quia [5] malus bonum cum simulat, tunc est pessimus, & [6] hostium munera insidiæ sunt.

§ IV. *Contra cultum exhibitum hominibus vita functis, in Paganismo.*

Fuerunt & Pagani, & sunt nunc etiam, qui vita functorum hominum animis cultum exhibere se aiunt. Sed primum hic quoque cultus distinguendus, notis conspicuis, fuerat à summi Dei cultu: tum vero inanes sunt ad illos preces, nisi ab illis animis aliquid nobis tribui possit, de quo nihil cultoribus constat, nec quidquam est, cur magis id dicant fieri, quam non fieri. Illud vero pessimum, quod quibus hominibus hunc honorem habuerunt, ii comperiuntur magnis vitiis fuisse insignes. Ebriosus Bacchus, mulierosus Hercules, impius in fratrem Romulus, in patrem Jupiter: ita ut illorum honos ad Dei veri & probitatis ipsi placentis ignominiam redundet, [7] dum vitiis satis

5 *Malus bonum cum simulat, tunc est pessimus.*] Syri mimi versus

6 *Hostium munera insidiæ sunt*] Sophocles:

Ἐχθρῶν ἄδωρα δῶρα κ' οὐκ ὀνήσιμα.

Damnosa ab hoste dona, quin nec dona sunt.

7 *Dum vitiis satis per se ad blandientibus addit ex religione commendationem*] Exemplum vide in Eunucho Terentiano Actu III. Scena V. Cyprianus epistola

ſatis per ſe adblandientibus addit ex religione commendationem.

§ V. *Contra cultum exhibitum aſtris & elementis.*

[8] Vetuſtior iſto fuit cultus Aſtrorum, &, quæ elementa diſcimus, Ignis, Aquæ, Aeris, Terræ: nec ipſe quidem magno vacans errore. Nam cultus religioſi pars maxima ſunt preces, quæ adhiberi, niſi ſtulte, non poſſunt niſi apud naturas intelligentes. Tales autem non eſſe eas, quæ elementa diſcimus, ſenſu quodammodo apparet. De aſtris ſiquis aliud affirmaverit, nihil habebit, quo id probet; cum ex aſtrorum operationibus, quæ naturarum ſunt indices, nihil tale poſſit colligi; imo contrarium ſatis aperte colligitur ex motu non vario, qualis eſt eorum, quæ voluntatem habent liberam, [9] ſed rato atque præſcripto. Jam vero alibi oſtendimus, aſtrorum curſus ad hominum uſus eſſe temperatos. unde homo agnoſcere debuit, ſe Deo & ſimiliorem parte ſui potiore, & cariorem eſſe, ac proinde nobilitati ſuæ injuriam ſe facere, ſi ſe iis rebus ſubjiciat, quas Deus ipſi donaverit: cum contra pro illis Deo gratias agere debeat, quod ipſæ pro ſe non poſſunt, aut poſſe non docentur.

ſtola II. *Deos ſuos quos venerantur, imitantur: ſunt miſeris & religioſa delicta.* Auguſt. Epiſt. CLII. *Nihil homines tam inſociabiles reddit vitæ perverſitate, quam illorum Deorum imitatio, quales commendantur & deſcribuntur literis eorum.* Chalcidius in Timæo: *Itaque factum ut pro gratia, quæ ab hominibus debetur divinæ providentiæ, origo & ortus ſacrilegio panderetur.* Vide locum totum.

8 *Vetuſtior*] Sunt rationes, quæ ſuadeant Idololatriam cœpiſſe à cultu Angelorum & Animorum humanorum, quas vide in Indice Philoſophiæ Orientalis, ad vocem *Idololatria*. Clericus.

9 *Sed rato atque præſcripto*] Quo argumento motus quidam Rex Peruanus negabat Solem eſſe poſſe Deum. Vide hiſtoriam Incarum.

§ VI.

§ VI. *Contra cultum animantibus mutis exhibitum*

Illud vero indignissimum, quod & [1] ad bestiarum cultum delapsi sunt homines, Ægyptii præsertim. Quamquam enim in quibusdam aliqua se ostendit quasi umbra intelligentiæ, ea tamen ipsa nihil est, si ad hominem spectetur, cum nec internos conceptus distinctis vocibus scripturaque explicent: neque opera diversorum generum faciant, neque ejusdem generis opera diverso modo; multo minus numerorum, dimensionum, cœlestiumque cursuum cognitionem assequantur. [2] Contra vero homo

1 *Ad bestiarum cultum delapsi sunt homines, Ægyptii præsertim*] De quibus Philo in Legatione οἱ κύνας ϗ λύκυς ϗ λέοντας ϗ κροκοδείλυς, ϗ ἄλλα πλείονα θηρία ϗ ἔνυδρα χερσαῖα ϗ πτηνὰ θεοπλαστῦντες: *Qui canes, lupos, leones, crocodilos, aliaque aquatica, terrestria, volucria animantium pro Diis habent.* Adde longam ea de re Dissertationem lib. 1. Diodori Siculi.

2 *Contra vero homo validissima quæque animantia, feras, aves, pisces capit solertia ingenii sui*] Euripides Æolo

Βραχύ τοι σθένος ἀνέρος.
Ἀλλὰ ποικιλίαις πραπίδων
Δαμᾶ φῦλα πόντυ,
Χθονίων τ' ἀερίων τε παιδεύματα.

Vis exigua est, quamcumque homini
Natura dedit: sed consiliis
Variis artes, quæ nata mari
Et quæ terra cœloque domant.

Antiphon:

Τέχνη κρατῦμεν ὧν φύσει κρατύμεθα.

Natura quorum superat, arte hæc vincimus.

Non male hinc explices quod est Gen. I. 26. & Psal. VIII. 8. Latiorem hac de re disseratationem qui desiderat, videat Oppianum initio quinti de piscatu, & Basilium in Hexaëmeron Homilia X, Origenes contra Celsum libro IV. Καὶ ἐνταῦθα δὲ ὁρᾶς τινα τρόπον ἡ σύνεσις μέγα βοήθημα ἡμῖν δέδοται, ϗ παντὸς ὅπλυ κρεῖττον, ὃ δοκεῖ ἔχειν τὰ θηρία. ἡμεῖς γῦν οἱ πολλῷ τῷ σώματι τῶν ζώων ἀσθενέστεροι, τινῶν δὲ ϗ εἰς ὑπερβολὴν βραχύτεροι, κρατῦμεν διὰ τὴν σύνεσιν τῶν θηρίων, ϗ τὺς τηλικύτυς ἐλέφαντας θηρεύομεν, τὰ μὲν πεφυκότα τιθασσεύεσθαι, ὑποτάσσοντες τῇ ἡμετέρᾳ ἡμερότητι· κατὰ δὲ τῶν μὴ πεφυκότων, ἢ μὴ δοκύντων ἡμῖν χρείαν παρέχειν ἐκ τῆς τιθασσείας, ὕτω μετὰ τῆς ἡμετέρας ἱςάμεθα ἀσφαλείας, ὥςε ὅτε μὲν βυλόμεθα ἔχομεν τὰ τοιαῦτα θηρία κατακεκλεισμένα· ὅτε δὲ χρήζομεν τροφῆς τῆς ἀπὸ τῶν σωμάτων αὐτῶν, ὕτως αὐτὰ ἀναιρῦμεν ὡς ϗ τὰ μὴ ἄγρια τῶν ζώων. δῦλα ὖν πάντα τῦ λογικῦ ζώυ ϗ τῆς φυσικῆς αὐτῦ συνέσεως κατεσκεύασεν

homo validissima quæque animantia, feras, aves, pisces capit solertia ingenii sui, partim etiam sub leges suas subigit. ut elephantes, leones, equos, boves ex iis, quæ maxime sunt noxia utilitates sibi deducit, ut medicamenta ex serpentibus hunc certe usum ex omnibus habet, quem ipsæ ignorant, quod corporum compagem situmque partium speculatur, & tum species, tum genera inter se comparans, hic quoque suam dignitatem discit, quanto humani corporis perfectior cæteris, nobiliorque structura est. quæ si quis consideret, tantum abest, ut pro Diis animantia colat cætera, potius sese illorum quasi Deum quemdam, sub summo Deo, constitutum arbitrabitur.

§ VII. *Contra cultum exhibitum iis rebus quæ substantiæ non sunt.*

Adoratas legimus à Græcis, Latinis, atque aliis etiam, eas res, quæ non subsistunt, sed aliarum rerum sunt accidentia. Nam ut sæva illa [3] Febrim, Impudentiam, & similia omittam Sanitas nihil est aliud, quam partium corporis recta temperies:

ἅτε ὁ δημιουργός. *Vel hinc videas quam validum nobis auxilium datum sit intellectus, quantoque præstet omnibus armis, quibus instructas feras videmus. Nos enim corpora habentes multo imbecilliora, & immensum minora aliorum animantium corporibus, horum tamen potimur, vi mentis, & elephantes illos tantos venamur, quæque sunt ita nata ut mansuescere possint, ea nostræ naturæ mansuetæ subdimus. quæ vero aut talia non sunt, aut nullam ex mansuetudine utilitatem nobis promittunt, ea cum nostra securitate ita tractamus, ut cum lubet ea teneamus conclusa: ubi eorum carne ad victum indigemus, ea non minus facile quam mansueta animalium interficimus. Apparet igitur à summo opifice facta cuncta serva animanti ratione utenti & agnato ei intellectui.* Claudius Neopolitanus, apud Porphyrium, De non esu animantium primo, sic de homine loquitur Ὃς τῶν ἀλόγων δεσπόζει ζώων, ὡς ὁ Θεὸς ἀνθρώπων. *Qui ita iis animantibus omnibus dominatur, non minus quam hominibus Deus.*

3 *Febrim, Impudentiam.*] Cicero de Legibus II.

Fortuna bona ſimilitudo eventus, cum hominis deſiderio. Affectus vero, quales Amor, Metus, Ira, Spes, atque alia ex conſideratione rei vel bonæ, vel malæ, facilis, vel difficilis, motus quidam in ea animi parte, quæ corpori per ſanguinem maxime connectitur, qui ſui juris non ſunt, ſed Voluntatis tamquam Dominæ imperio ſubſunt, certe quod durationem ac directionem eorum attinet. Virtutes vero, quarum diverſa ſunt nomina, circa utilis electionem Prudentia, in periculis ſubeundis Fortitudo, in abſtinentia alieni Juſtitia, in voluptatum moderatione Temperantia, & porro alia, pronitates quædam ſunt ad rectum in animo longa exercitatione adultæ, quæ ipſæ ut augeri, ita & neglectu minui, imo & interire in homine poſſunt [4] Honor vero, cui & ipſi templa dicata legimus, aliorum eſt de aliquo tamquam virtute prædito judicium, quod ſæpe & malis contingit, & bonis non contingit, ingenita hominibus errandi facilitate. [5] Hæc ergo cum non ſubſiſtant,

ac

4 *Honor vero, cui & ipſi templa dicata legimus*] Cicero dicto loco, Livius libro XXVII

5 *Hæc ergo cum non ſubſiſtant,* &c] Poſſet fo te aliquis cultum hunc Ethnicorum ſic interpretari, ut diceret ab iis non tam res, quæ vocibus vulgo ſignificantur, quam vim divinam unde manant, aut Ideas quaſdam, quæ ſunt in Dei intellectu, cultas fuiſſe Sic *Febrim* coluiſſe dici poſſent, non eam quæ morbus eſt & in corpore humano ſedem habet, ſed vim immitendæ & ſedandæ Febris, quæ Deo ineſt, *Impudentiam*, non vitium hominum animis inhærentem, ſed Dei mentem, quæ patitur Impudentiæ hominum aliquando quidpiam non male cedere, eamque coercere, & pœnis adficere poteſt. Similia de ceteris dici queant, ut de Amore, Metu, Ira, Spe quæ *Adfectus* ſunt, quos Deus incitare, aut cohibere poteſt; vel de *Virtutibus*, quæ ſunt in Divino Nomine perfectæ, & quarum tenues tantum adumbrationes in hominibus videmus, ex Ideis earum Virtutum, quæ conſummatiſſimæ Deo ſunt, prognatas; deque *Honore*, qui non tam eſt exiſtimatio hominum, quam Dei ipſius ſuffragatio, qua Virtutem in honore eſſe, apud homines, vult. Sed Ethnici ipſi numquam ſunt rem ita interpretati, & abſurdum eſt

ſub

ac proinde rebus ſubſiſtentibus dignitate comparari nequeant, neque precum aut venerationis intellectum habeant ullum, pro Diis colere à recta ratione alieniſſimum eſt, cum ob hæc ipſa is colendus ſit, à quo hæc dari conſervarique poſſunt.

§ VIII. *Solutio objectionis Paganorum ſumptæ à miraculis apud ipſos.*

Solent à Paganis ad Religionis ſuæ commendationem miracula adferri: ſed adverſus quæ multa excipi poſſint. Nam qui ſapientiſſimi inter ipſos Paganos fuere, multa horum, [6] ut nulla idonea teſtium fide ſuffulta, [7] planeque conficta, rejiciunt. Quædam quæ facta dicuntur, contigerunt in receſſu, nocte, coram uno aut altero; quorum oculis falſa rerum ſpecie, per aſtus ſacerdotum, imponi facile potuit. Sunt & alia, quæ admirationem tantum ſui conciverunt apud ignaros rerum naturalium, præcipue occultarum proprietatum; quale quid accideret, ſi quis apud populos

ſub nominibus obſcuris & quæ plebem fallere poſſunt, Dei adtributa & Ideas, quaſi perſonas quaſdam, colere. Simplicius & rectius multo fuit ipſum Numen, ſine ambagibus, venerari, *Clericus.*

6 *Ut nulla idonea teſtium fide ſuffulta, planeque conficta rejiciunt*] Livius initio *Quæ ante conditam condendamve urbem poeticis magis decora fabulis, quam incorruptis rerum geſtarum monumentis traduntur, ea nec affirmare nec refellere in animo eſt. Datur hæc venia antiquitati, ut miſcendo humana divinis, primordia urbium auguſtiora faciat.*

7 *Planeque conficta,* &c.] Multo ſatius eſſet in hac reſponſione adquieſcere, quam concedere miracula, aut ea, quæ à miraculis ſecernere vulgo homines non poterant, facta eſſe. Talia ſunt oracula, prodigia & curationes morborum; quæ, ſi facta eſſent, à veris miraculis vix diſtingui quiviſſent, certe à vulgo hominum. Vide hic de re dicta à nobis in Prolegomenis *Hiſt. Eccleſiaſticæ* Sect. II. c. 1. *Clericus.*

ejus rei ignaros magnete ferrum duceret: [8] quibus artibus Simonem & Apollonium Tyanæum valuisse, à multis proditum est. Non negem, conspecta & quædam his majora, quæ ex causis naturalibus sola humana vi non potuerint elici; sed talia tamen quæ vim vere Divinam, id est, omnipotentem, non desiderarent, cum ad eas sufficerent Spiritus inter Deum hominemque interpositi, qui pro sua celeritate, efficacia, atque solertia, facile possent dissita transferre, & quamvis diversa componere ad effectus tales, qui homines in stuporem darent. Sed Spiritus, per quos id effectum est, bonos non fuisse, ac proinde nec bonam Religionem, jam ex iis, quæ supra diximus, apparet, tum inde etiam, [9] quod certis carminibus invitos

8 *Quibus artibus Simonem & Apollonium Tyanæum valuisse à multis proditum est*] Tatianus Εἰσὶ μὲν ὖν ϗ νόσοι ϗ ϛάσεις τῆς ἐν ἡμῖν ὕλης δαίμονες δὲ αὐτοὶ τύτων τὰς αἰτίας, ἐπειδὸν συμϐαίνωσιν, ἑαυτοῖς προσγράφυσιν. *Sunt enim morbi & dissidia quædam in materia hac nostra. Eæ cum eveniunt, dæmones eorum causas sibi adscribunt*

9 *Quod certis carminibus invitos cogi se dicerent*] Oraculum Hecates apud Porphyrium:

Ἤλυθον εἰσαΐυσα τεῆς πολυφράδμονος εὐχῆς,
Ἣν θνητῶν φύσις εὗρε, θεῶν ὑποθημοσύνῃσι
Adverso precibus sapientibus indigetata,
Quas genus humanum monitu reperere Deorum.

Item

Τίπτε μ' ἀεὶ θείοιο ἀπ' αἰθέρος ὧδε χατίζων
Θειοδάμοις Ἑκάτην με θεὴν ἐκάλεσσας ἀνάγκῃ;
Cujus egens Hecaten me summo ex æthere tractam
Carmine vinxisti, superos cui cogere fas est?

Et Apollinis apud eumdem.

Κλῦθί μευ ὐκ ἐθέλοντος, ἐπεὶ μ' ἐπέδησας ἀνάγκῃ.
Invitum me audi, quando me lege ligasti.

Hi sunt secretarum artium ritus, quibus astantur nescio quas potestates, ut Arnobius loquitur, καὶ ἡ ἀναγκασμένας δέλας ταῖς ἐπῳδαῖς πεποιηκότες, quasi eas sibi famulas carminibus fecissent, ut Clemens explicat Minarum formula est, apud Jamblichum in Mysteriis Ægyptiorum libro IV. cap. 5, 6, 7. Habet eadem Lucanus libro IX in verbis Minoris Pompeii, & ex Porphyrio Eusebius lib. V. cap. 10. Præpar. Alias formulas comminationum habes, apud Lucanum, ubi de Erichthone agit, & Papinium, ubi de Tiresia.

se

ſe cogi dicerent, cum tamen inter ſapientiſſimos etiam Paganorum conſtet, in verbis nullam talem vim eſſe poſſe ſitam, ſed ſuadendi tantum, idque pro modo ſignificationis. Eſt & illorum nequitiæ indicium, quod [1] in amorem ſæpe hujus aut illius, hunc illumve renitentem ſe pellecturos ſuſcipiebant, aut vana policitatione, aut effectu injurioſi [2] cum hoc etiam humanæ leges, tamquam veneficium, interdicant. Neque eſt, quod miretur quiſquam, paſſum eſſe ſummum Deum, ut mira quædam a pravis Spiritibus ederentur; [3] cum deludi talibus præſtigiis meriti eſſent, qui a veri Dei cultu pridem defecerant. Tum vero impotentiæ eorum argumentum, quod eorum opera nullum inſigne bonum ſecum adferebant. Nam & ſi qui viſi ſunt in vitam revocati, non permanſerunt in vita, nec viventium functiones exercuerunt. Quod ſi quid aliquando à divina pol[l]entia procedens in Paganorum conſpectu apparuit, non tamen prædictum eſt id eventurum, ad probandam ipſorum religionem, unde nihil impedit, quo minus divina efficacia cauſas ſibi longe alias propoſitas habuerit. Exempli cauſa, ſi verum eſt per Veſpaſianum cæco viſum eſſe redditum, factum id eſt [4] ut is hac re venerabilior Imperium Roma-

num

1 *In amorem ſæpe hujus aut illius, hunc illumve renitentem ſe pellecturos ſuſcipiebant*] Vide Pharmaceutriam Theocriti & Virgilii Vide Porphyrii confeſſionem apud Euſebium lib v. Præparat. cap 17 & apud Auguſtinum libro x. de Civitate Dei, cap. xi Vide eumdem Porphyrium libro II de non eſu animantium, & Origenem contra Celſum libro VII.

2 *Cum hoc etiam humanæ leges tamquam veneficium interdicant.*] L ejuſdem. §. adjectio D. ad legem Corneliam de Sicariis & Veneficis. L ſi quis §. qui abortionis. D de Pœnis. Paulus ſententiarum lib. v. Tit XXIII.

3 *Cum deludi talibus præſtigiis meriti eſſent, qui à veri Dei cultu pridem defecerant*] Deut XIII. 3. 2 Theſſ II. 9, 10. Epheſ II. 2, 3

4 *Ut is hac re venerabilior Imperium Romanum facilius adi-*

pi..

num facilius adipisceretur; lectus quippe Deo judiciorum ipsius in Judæos minister similesque aliorum prodigiorum causæ exsistere potuerunt, [5] quæ cum Religione nihil haberent commune.

§ IX. *Et ab oraculis.*

Eadem ferme omnia aptari possunt & ad id solvendum, quod de oraculis opponunt, præcipue quod diximus, meritos eos homines, ut sibi illuderetur, contemptis illis notitiis, quas cuique ratio aut vetustissima traditio suggerit. Tum vero [6] verba oraculorum ferme ambigua, & quæ facile interpretationem ex qualicumque eventu acciperent. Quod si quid definitius prædictum ab illis, non tamen necesse est ab omniscia mente profectum; cum aut talia sint, quæ ex causis

pisceretur.] Tacitus Historiarum IV. *Multa miracula evenere, queis cœlestis favor & quædam in Vespasianum inclinatio numinum ostenderetur.* Dixerat ante Historiarum I. *Occulta lege fati & ostentis ac responsis* [illegible] *destinatum Vespasiano liberisque ejus imperium post fortunam credidimus.* Suetonius eadem miracula narraturus sic præfatur cap. 7. *Auctoritas & quasi majestas quædam, ut, scilicet, inopinato & quasi novo principi deerat: hæc quoque accessit.* Eumdem Suetonium vide paulo ante cap. 5. Josephus de eodem Vespasiano libro belli Judaici III. cap. 27. Τοῦ Θεοῦ διεγείροντος αὐτὸν εἰς ἡγεμονίαν ἤδη, καὶ τὰ σκῆπτρα δι' ἑτέρων σημείων προδεικνύοντος. *Deo jam illum excitante ad principatum, atque etiam signis et sceptra præsignificante.*

5 *Quæ cum Religione, &c.*] Sed vide examen miraculorum, quæ in gratiam Vespasiani & Hadriani facta finguntur, *Histor. Ecclesiasticæ* nostræ Sæcul. II. ann. 138. *Clericus*

6 *Verba oraculorum ferme ambigua.*] Vide OEnomai hac de re loca, apud Eusebium lib. IV. cap. 20, 21, 22, 23, 24, 25, 26. Hinc Phœbus dictus Græcis Λοξίας. Flexiloqua & obscura oracula Apollinis dicit Cicero de Divinatione II. *Utrum eorum accidisset,* inquit, *verum oraculum fuisset.* [Multa oracula post eventum forte ficta sunt, nec paucæ sunt rationes suspicandi multas fraudes adhibitas à vatibus. Qua de re elegantissimum libellum Gallice scripsit *D. de Fontenelle*, quem vide, ut quæ ad eum defendendum dicta sunt *Bibliothecæ Selectæ* Vol. XIII. & quæ Latine, ante omnes, ea de re scripsit, *Anton. van Dale* in Libro de Oraculis.]

natura-

naturalibus jam exſiſtentibus præſentiri poterant, [7] ſicut Medici quidam venturos morbos prædixerunt, aut probabiliter ex eo, quod plerumque evenit, conjectari, [8] quod & à rerum civilium peritis factum ſæpe legimus. Quod ſi quando etiam apud Paganos, aliquorum vatum opera uſus eſt Deus ad ea prædicanda, quæ cauſas certas nullas, extra Dei voluntatem, habere poterant, non id pertinuit ad confirmandam Religionem Paganicam, ſed magis ad eam evertendam: qualia ſunt, [9] quæ apud Maronem exſtant, Ecloga quarta, ex Sibyllinis carminibus deprompta, [1] quibus ille, id neſciens,

7 *Sicut Medici quidam futuros morbos prædixerunt*] Chalcidius ad Tidæum: *Aut enim alitum volatu, aut extis, aut oraculis homines præmonentur, prædicente aliquo proprio dæmone, qui ſit eorum omnium quæ deinceps ſequuntur ſcius, perinde ut ſi Medicus, juxta diſciplinam medendi, dicat vel exitium, vel ſanitatem.* Et terræ motus Anaximander & Pherecydes: Plin. lib. II. cap. 79.

8 *Quod & à rerum civilium peritis factum ſæpe legimus*] Scriptor Vitæ Attici: *Ei rei ſunt indicio præter eos libros, in quibus de eo facit mentionem* (Cicero) *qui in vulgus jam ſunt editi, ſexdecim volumina epiſtolarum, ab Conſulatu ejus uſque ad extremum tempus ad Atticum miſſarum: quæ qui legat, non multum deſideret hiſtoriam contextam illorum temporum. Sic enim omnia de ſtudiis principum, vitiis ducum, mutationibus reipublicæ perſcripta ſunt, ut nihil in iis non appareat. Et facile exiſtimari poſſit, prudentiam quodammodo eſſe divinationem. Non enim Cicero ea ſolum, quæ vivo ſe acciderunt, futura prædixit, ſed etiam quæ nunc uſu veniunt, cecinit ut vates.* Cicero vere de ſeipſo libri ſexti epiſtola ſexta: *Quo in bello nihil adverſi accidit, non prædicente me. Quare, quoniam ut augures & aſtrologi ſolent, ego quoque te augur publicus, ex meis ſuperioribus prædictis, conſtitui apud te auctoritatem augurii & divinationis meæ, debebit habere fidem noſtra prædictio. Non igitur ex alitis involatu, nec ex cantu ſiniſtro oſcinis, ut in noſtra diſciplina eſt, nec ex tripudiis ſoliſtimis aut ſomniis tibi auguror: ſed habeo alia ſigna quæ obſervem.* Sic Solon prædixit à Munychia maxima mala Athenis fore. Thales in vico, tunc deſpecto, forum aliquando Mileſiorum futurum. Plutarchus Solone.

9 *Quæ apud Maronem exſtant Ecloga quarta*] Vide Auguſtinum de Civitate Dei lib. X. cap. 27.

1 *Quibus ille, id neſciens, &c*] *Sibyllarum* vaticinia omnia aut dubia,

nesciens, Christi adventum & beneficia nobis depingit Sic in iisdem Sibyllinis erat, [2] pro Rege agnoscendum, qui vere Rex noster esset, & [3] ab Oriente venturum, qui rerum omnium potiretur. [4] Apollinis oraculum [5] apud Porphyrium legitur, quo

dubia, aut conficta esse jam satis constat. Ideoque nollem *Virgilium* Sibyllæ interpretem, quasi vaticinia, per imprudentiam, fundentem haberi; ut *Caipham*, qui nescius est vaticinatus. *Sibylla* nescio quæ, aut potius qui sub ejus larva latebat, ætatem auream prædixerat redituram, ex eorum sententia qui omnia renovatum iri putabant, & similia iterum eventura, qua de re, vide quæ dixit *Grotius* Lib II. 10 & notas ad eum locum. Itaque nec Sibylla, hac in re, vates fuit. nec *Virgilius* vaticinia de Christo exscripsit Vide *Servium* ad locum, & *Is. Vossii* illius Eclogæ Interpretationem. *Clericus*.

2 *Pro Rege agnoscendum qui vere Rex noster esset.*] Cicero meminit II. de divinatione

3 *Ab Oriente venturum qui rerum omnium potiretur.*] Suetonius de Vespasiano cap. 4. Tacitus Historiarum IV.

4 *Apollinis Oraculum apud Porphyrium legitur*] Vide Augustinum de Civitate Dei libro XX. cap. 23. & Eusebium Præparationis IV cap 4 Idem Porphyrius in libro de Oraculis. τὴν δὲ εὕρεσιν ὁ θεὸς Αἰγυπτίοις ἐμαρτύρησε, Φοίνιξί τε καὶ Χαλδαίοις, Λυδοῖς τε καὶ Ἑβραίοις *Veræ autem repertores Deus* (Apollo, scilicet) *esse testatur Ægyptios, Phœnices, Chaldæos, Lydos & Hebræos.* Paræneticus ad Græcos inter Justini opera hoc citat oraculum

Μοῦνοι Χαλδαῖοι σοφίαν λάχον, ἠδ' ἄρ' Ἑβραῖοι,
Αὐτογένητον ἄνακτα σεβαζόμενοι θεὸν ἁγνῶς.

Soli Chaldæi sapiunt, & Hebræa virum gens,
Qui puro haud genitum venerantur pectore numen.

Et illud·

Ὁ πρῶτον πλάσας μερόπων, Ἀδάμ τε καλέσσας.

Qui primum finxit mortalem, Adamque vocavit.

De ipso Jesu Hecates oracula sunt duo, quæ ex Porphyrio transscripsit Eusebius in Evangelica Demonstratione·

Ὅττι μὲν ἀθανάτη ψυχὴ μετὰ σῶμα προβαίνει,
Γιγνώσκει σοφίῃ τετιμημένος· ἀλλά γε ψυχὴ
Ἀνέρος εὐσεβίῃ προφερεστάτη ἐστὶν ἐκείνου.

Morte carere animas exutas corpore, novit
Quicunque exornat sapientia. sed pietate
Est anima illius quæ longe excellit omnes

Σῶμα μὲν ἀδρανέσι βασάνοις αἰεὶ προβέβληται
Ψυχὴ δ' εὐσεβέων εἰς οὐράνιον πόλον ἵζει.

Illius invalidos corpus tulit usque dolores.

At

quo ait, cæteros Deos aerios esse Spiritus, colendum autem unum Hebræorum Deum. cui dicto si parent Apollinis cultores, jam tales esse desinunt. si non parent, suum Deum mendacii accusant. Adde jam, quod, si Spiritus illi suis oraculis consultum voluissent humano generi, ante omnia generalem proposuissent vivendi normam, & certam fidem fecissent remunerationis, quæ maneret ita viventes, quorum neutrum ab ipsis factum est. Contra [6] laudati sæpe eorum carminibus Reges quamvis improbi, [7] pugilibus decreti honoris divini, [8] pellecti homines in amores etiam non legitimos, [9] ad mala lucra captanda, [1] ad cædes faciendas, quæ multis exemplis demonstrari possent.

§ X. *Rejicitur Paganica Religio ex eo, quod sponte defecerit, simul ac humana auxilia defuerunt.*

Tum vero ingens nobis præter ea, quæ supra sunt allata, argumentum suppeditat contra se

Ast anima adscendit cœlestia templa piorum.
Eorumdem meminit ex eodem Porphyrio Augustinus lib XXIX. cap 23 de Civitate Dei, ubi & aliud adfert oraculum, quo Apollo dixerit, legem omnium Deorum esse patrem, quem valde sancti honorant Hebræi.

5 *Apud Porphyrium*] Possunt hæc recte dici in *Porphyrium*, eosque qui paria de iis Oraculis sentiebant, & quasi argumentum *ad hominem*, ut loquuntur Dialectici, proferri. Sed cum ficta non esse hæc oracula non constet, imo vero graves sint rationes credendi commentitia esse, apud Christianos, vim nullam habere possunt, *Clericus*.

6 *Laudat sæpe eorum carminibus Reges, quamvis improbi.*] Vide ea quæ adfert OEnomaus apud Eusebium Præparationis Evangelicæ lib. v. 23 & cap. 35.

7 *Pugilibus decreti honoris divini.*] Ibidem cap 32 de Cleomede Habet hoc & Origenes contra Celsum III

8 *Pellecti homines in amores etiam non legitimos*] Ostendimus jam supra

9 *Ad mala lucra captanda.*] Vide Eusebium Præparationis v, cap. 22.

1 *Ad cædes faciendas.*] OEnomaus oracula hujus generis recitat, quæ reperies dicto jam Eusebii libro c, 10. & 27.

Pagana Religio, eo quod, ubicumque humana vi destituta est, plane concidit, tamquam sublato quo uno stabat. Nam si oculos circumferas per quotquot sunt Imperia, Christianorum aut Mahumetistarum, videbis Paganismi nullam, nisi in libris, memoriam. Imo docent historiæ, etiam illis temporibus, cum Imperatores aut vim & supplicia, ut priores, aut eruditionem & solertiam, ut Julianus, adhiberent, ad sustentandam Religionem Paganicam, in dies ei aliquid decessisse; non opposita vi ulla, non generis fulgore (fabri enim filius à vulgo Jesus habebatur,) non litterarum flore, cujus expers fuit oratio Christi legem docentium, non donis (pauperes quippe illi erant,) non ulla assentatione, cum contra omnia commoda spernenda, nihil non adversi ejus legis causa subeundum dicerent. Vide quanta fuerit Paganismi imbecillitas, cum talibus auxiliis destructus sit. Neque tantum credulitas Paganorum evanuit, ad illam doctrinam, sed & ipsi Spiritus ad Christi nomen, [2] excesserunt è corporibus, compresserunt vocem, & interrogati de silentii causa, [3] dicere sunt coacti, nihil se posse, ubi Christus invocaretur.

§ XI. *Responsio ad id, quod Religionis ortus & interitus astrorum efficaciæ adscribitur.*

Fuere Philosophi, qui ut ortum, ita interitum Religionis cujusque astris adscriberent. Sed ipsa, quam isti scire se profitentur, sideralis scientia tam

2 *Excesserunt è corporibus, compresserunt vocem*] Actor. V 16. VIII 7 XVI. 18.

3 *Dicere sunt coacti nihil se posse, ubi Christus invocaretur*] Tertullianus Apologetico Vide & Lucianum Pseudomanti, Apollo in Daphne Νεκρῶν τὸ χωρίον ἡ Δάφνη μεστὸν καὶ τοῦτο κωλύει τὸν χρησμόν. *Locus hic Daphne, plenus mortuis id oracula impedit*] Mortui illi erant Babylas & alii Christiani martyres Vide Chrysostomum contra Gentiles,

diversis

diversis sub normis traditur; [4] ut nihil in ea certi reperiatur, præter hoc ipsum, certi esse nihil. Non de illis loquor effectibus, qui ex natura necessitate causarum sequuntur; sed de his, [5] qui ab humana procedunt voluntate, quæ ita suapte vi libera est, ut nihil ei necessitatis extrinsecus imprimi possit. Quod si ex impressione tali necessario sequeretur actus voluntatis, jam vis in anima deliberandi atque eligendi, [6] quam sentimus ipsi, frustra esset data, [7] omniumque legum, præmiorumque ac pœnarum æquitas sublata, cum neque culpa, neque meritum esse possit in eo, quod plane sit inevitabile. Tum vero cum actiones voluntatis malæ quædam sint, si certa necessitate ex cœlo procedunt, eo quod cœlo cœlestibusque corporibus vim talem Deus attribuerit, jam sequetur Deum, qui perfectissime bonus est, [8] malitiæ moralis

4 *Ut nihil in ea certi reperiatur præter hoc ipsum, certi esse nihil*] Vide egregiam hac de re Bardesanis Syri Dissertationem, quam reperies in Philocalia de Origene collecta, & apud Eusebium Præparationis lib. VI cap 10

5 *Qui ab humana procedunt voluntate, quæ ita suapte vi libera est, ut nihil ei necessitatis extrinsecus imprimi possit*] Vide Alexandri Aphrodisæi hac de re librum

6 *Quam sentimus ipsi.*] Eusebium vide, Præparat. Euangel. libro VI cap. 6.

7 *Omniumque legum, præmiorumque ac pœnarum æquitas sublata*] Justinus Apologetico II Εἰ μὴ προαιρέσει ἐλευθέρα πρὸς τὸ φεύγειν τὰ αἰσχρὰ καὶ αἱρεῖσθαι τὰ καλὰ δύναμιν ἔχει τὸ ἀνθρώπειον γένος, ἀναίτιόν ἐστι τῶν ὁπωσδήποτε πραττομένων. *Nisi electione libera facultatem habet humanum genus, ut turpia fugiat, honesta sumat, in neutram partem ipsi adjudicanda actionis causa.* Vide & quæ ibidem sequuntur. Tatianus Ἐλευθερία τῆς προαιρέσεως, ὅπως ὁ μὲν φαῦλος δικαίως κολάζηται, δι' αὐτὸν γεγονὼς μοχθηρός· ὁ δὲ δίκαιος ἐπαινῆται κατὰ τὸ αὐτεξούσιον, τοῦ Θεοῦ μὴ παραβὰς τὸ βούλημα. *In hoc data voluntati libertas ut qui malus est puniatur juste, quippe sua culpa factus improbus. qui vero justus est, laudetur, ut qui eadem libertate caverit divina violare præcepta.* Adde Chalcidii hac de re disputationem, in Timæo

8 *Malitiæ moralis veram esse causam*] Contra quam dixit Plato de Republica II. Αἰτία ἑλομένου· θεὸς δ' ἀναίτιος. *Causa penes optantem, Deus extra culpam.*

ralis veram esse causam; & cum, lege posita, profiteatur se detestari malitiam, cujus vim effectricem atque inevitabilem inseruerit ipsis rebus, velle eum duo quæ inter se sunt contraria, ut idem fiat & non fiat & peccari in eo, quod quis agat divino impulsu [9] Probabilius ab aliis dicitur, astrorum influxibus aerem primum, deinde & corpora nostra contingi, & qualitates quasdam imbibere, quæ plerumque in animo excitant respondentes sibi appetitiones. ab his autem voluntatem illici, & iis obsequi sæpe. Verum hoc ita concessum nihil facit ad eam, quam tractare cœpimus, quæstionem. Nam Christi Religio cum homines vel maxime abducat ab iis, quæ corpori placent, ex corporis affectibus ortum habere non potuit, ac proinde nec è vi siderum, quæ, ut diximus, in animum non agunt, nisi per eos affectus. Prudentissimi Astrologorum [1] eximunt à siderum legibus viros vere sapientes ac bonos: at tales revera fuere, qui primi Christianam Religionem suscepe-runt, quod vita ipsorum probat. Quod si eruditioni quoque ex litteris aliquam vim damus, adversus corporis contagium, fuerunt semper inter Christianos etiam, qui hac laude florerent. Tum vero siderum effectus, ut doctissimi fatentur, certas mundi plagas respiciunt, & temporarii sunt. Hæc autem Religio jam per mille sexcentos annos

pam Ut vertit in Timæo Chalcidius quod cum Mose congruere ait Justinus dicto loco.

9 *Probabilius.*] Sed omnium verissime qui influxus illos pernegant, nec quisquam in Astris agnoscunt, præter calorem, ac lucem, quibus addere licet totius molis pondus. Atqui hæc ad animum proprie nihil faciunt. *Clericus*

1 *Eximunt à siderum legibus viros vere sapientes ac bonos*] Zoroaster Μὴ σύγε αὔξανε τὴν εἱμαρμένην. *Fatum augere noli.* Ptolemæus Δύναται ἐπιστήμων πολλὰς ἀποστρέψαι ἐνεργείας τῶν ἀστέρων. *Potest vir sapiens multas astrorum efficientias avertere.*

durat,

durat, nec in una, ſed in diſſitiſſimis mundi partibus, & quæ longe ſub alio ſunt ſiderum poſitu.

§ XII. *Oſtenditur præcipua Chriſtianæ Religionis probari à ſapientibus Paganorum. ſi quid in ea eſt difficile creditu, paria apud Paganos reperiri.*

Eo vero minus Pagani habent, quo Chriſtianam Religionem opugnent, quod ejus partes ſingulæ tantæ ſunt honeſtatis, ut ſuapte luce animos quaſi convincant, ita ut inter Paganos quoque non defuerint, qui dixerint ſingula, quæ noſtra Religio habet univerſa. utpote [2] Religionem non in

2 *Religionem non in ritibus, ſed in animo eſſe poſitam.*] Menander

Θεῷ δὲ θῦε διὰ τέλους δίκαιος ὤν,
Μὴ λαμπρὸς ὢν ταῖς χλαμύσιν ὡς τῇ καρδίᾳ.

Deo ſacrifica ſemper ingenio probo.
Neu tu albam veſtem magis quam mores induas.

Cicero de Natura Deorum II. *Cultus autem Deorum eſt optimus, idemque caſtiſſimus atque ſanctiſſimus, pleniſſimuſque pietatis, ut eos ſemper pura, integra, incorrupta & mente & voce veneremur* Idem de Legibus II *Caſte jubet lex adire ad Deos. animo videlicet, in quo ſunt omnia* Perſius Satyra II

Quin damus id ſuperis, de magna quod dare lance
Non poſſit magni Meſſalæ lippa propago,
Compoſitum jus, faſque animi, ſanctoſque receſſus
Mentis, et incoctum generoſo pectus honeſto?
Hoc cedo, ut admoveam templis, et farre litabo

Qui verſus reſpicere videntur Pythiæ oraculum, quod eſt apud Porphyrium De non eſu animantium ſecundo, ubi aliquid à viro pio oblatum Hecatombis alterius præfertur Eodem libro hæc habet paris argumenti Porphyrius Νῦν δὲ ἐσθῆτα μὲν λαμπρὰν περὶ σῶμα μὴ καθαρὸν ἀμφιασαμένοις, οὐκ ἀρκεῖν νομίζουσι πρὸς τὸ τῶν θυσιῶν ἁγνόν. ὅταν δὲ τὸ σῶμα μετὰ τῆς ἐσθῆτος τινὲς λαμπρυνάμενοι, μὴ καθαρὰν κακῶν τὴν ψυχὴν ἔχοντες, ἴωσιν πρὸς τὰς θυσίας, οὐδὲν διαφέρειν νομίζουσιν, ὥσπερ οὐ τῷ θειοτάτῳ τῶν ἐν ἡμῖν χαίροντα μάλιστα τὸν Θεὸν διακειμένῳ καθαρῶς, ἅτε συγγενεῖ πεφυκότι. ἐν γοῦν Ἐπιδαύρῳ προγέγραπτο,

Ἁγνὸν δὴ ναοῖο θυώδεος ἔνδον ἰόντα
Ἔμφαμεν ——

ἁγνεία δ' ἐστὶ φρονεῖν ὅσια. *Nunc vero eum qui candida quidem amictus ſit veſte, ſed corpore impuro, idoneum negant qui puro ſacri-*

sacrificet Ubi *vero & corpore & vestitu nitentes quidam, animum interim à malis purum non habent, & sic ad sacra accedunt, id nihil referre existimant, quasi non Deus maxime delectetur, eo quod in nobis divinissimum est bene se habente, ut cui cum ipso sit cognatio. At vero in Epidauri Templo præscriptum erat,*

Castus odorati venias ad limina Templi,
Fas jubet. ——

Castimonia autem in eo sita est, ut sancta cogites Et aliquanto post· Θεῷ μὲν τῷ ἐπὶ πᾶσιν, ὥς τις ἀνὴρ σοφὸς ἔφη, μηδὲν τῶν αἰσθητῶν μήτε θυμιῶντες, μήτε ἐπονομάζοντες· οὐδὲν γάρ ἐστιν ἔνυλον ὃ μὴ τῷ ἀύλῳ εὐθύς ἐστιν ἀκάθαρτον. διὸ οὐδὲ λόγος τούτῳ ὁ κατὰ φωνὴν οἰκεῖος, οὐδ' ὁ ἔνδον, ὅταν πάθει ψυχῆς ᾖ μεμολυσμένος· *Deo ei qui super omnia est, ut vir quidam sapiens dixit, nihil eorum quæ materiam habent aut adoleri, aut indigetari debet Nihil enim est materiæ particeps, quod non impurum sit materia carenti, quare nec sermo illi convenit, qui voce exprimitur: ac ne ille quidem internus, si ex animi perturbationibus vitium contraxerit.* Iterum ibidem Οὐ γὰρ δὴ ἐν μὲν ἱεροῖς ὑπ' ἀνθρώπων θεοῖς ἀφωρισμένοις, καὶ τὰ ἐν ποσὶ καθαρὰ δεῖ εἶναι καὶ ἀκηλίδωτα πέδιλα, ἐν δὲ τῷ ναῷ τοῦ πατρὸς, τῷ κόσμῳ τούτῳ, τὸν ἔσχατον καὶ ἐκτὸς ἡμῶν χιτῶνα τὸν δερματινον οὐχ ἁγνὸν προσήκει διατηρεῖν, καὶ μεθ' ἁγνοῦ διατρίβειν ἐν τῷ ναῷ τοῦ πατρός. *Neque enim convenit, ut in iis templis, quæ homines Diis dicarunt, etiam pedum vincula pura requirantur, & sine macula calcei, in templo vero summi Patris, Mundo hoc, scilicet, non oporteat puram servare illam externam nostri corporis ultimam è pellibus vestem, eamque quam castissime versari in illo Patris templo* Ne hoc quidem ex eodem libro omittam· Πεισθεὶς δὲ ὅτι τούτων χρείαν οὐκ ἔχουσιν οἱ θεοὶ, εἰς δὲ τὸ ἦθος ἀποβλέπουσι τῶν προσιόντων, μεγίστην θυσίαν λαμβάνοντες τὴν ὀρθὴν περὶ αὐτῶν τε καὶ τῶν πραγμάτων διάληψιν, πῶς οὐ σώφρων καὶ ὅσιος καὶ δίκαιος ἔσται, *Qui vero persuasus est victimis illis non egere Deos, sed ad animum spectare offerentis, optimumque eis censeri sacrificium, rectam tum de iis, tum de rebus sententiam, quomodo non is temperans, pius justusque evadat?* Ubi tria ista nota quæ apud Paulum Tit. II 12. σωφρόνως καὶ δικαίως καὶ εὐσεβῶς, *temperanter, juste, & pie.* Charondas in legum anteloquio· Ἔχειν τὴν ψυχὴν καθαρὰν πάσης κακίας, ὡς τῶν θεῶν οὐ χαιρόντων τῶν πονηρῶν θυσίαις τε καὶ δαπάναις, ἀλλὰ ταῖς τῶν ἀγαθῶν ἀνδρῶν δικαίαις τε καὶ καλαῖς ἐπιτηδεύσεσι. *Omnis malitiæ pura mens esto neque enim gaudent Dii pravorum hominum sacrificiis & impendiis, sed justis & honestis bonorum actionibus.* Seneca Lactantio prolatus, lib. VI. Institutionum, cap. 24. *Vultisne Deum cogitare magnum & placidum & majestate leni verendum, amicum & semper in proximo? Non immolationibus & sanguine multo colendum, sed mente pura, honestoque proposito Non templa illi, congestis in altitudinem saxis, exstruenda sunt. In suo cuique consecrandus est pectore.* Sensum eumdem habes apud Dionem Prusæensem Orat 3. Thucydides lib. I. Ἑορτὴ οὐδὲν ἄλλο ἐστὶν

in ritibus, sed in animo esse positam, [3] adulterum esse etiam, qui adulterium committere voluit; [4] non reponendam injuriam, [5] uni marito unam uxorem jungendam, [6] fœdus matrimonii debere esse perpetuum; [7] hominis officium esse homini cuivis

ἐςὶν ἢ τὸ τὰ δέοντα πράτἱειν *Festus dies nihil est aliud quam officium facere* Diogenes Ἀνὴρ ἀγαθὸς ȣ πᾶσαν ἡμέραν ἑορτὴν ἡγεῖται, *Vir bonus nonne omnem diem festum habet?*

3 *Adulteram esse etiam eum qui adulterium committere voluit.*] Ovidius

Quæ quia non licuit, non facit, illa facit
Ut jam servaris bene corpus, adultera mens est,
Omnibus exclusis intus adulter erit

Seneca pater: *Incesta est etiam sine stupro, quæ cupit stuprum.* Alibi *Non immerito in numerum peccantium refertur, quæ pudicitiam timori præstitit, & non sibi.*

4 *Non reponendam injuriam.*] Plato Critone. Maximus Tyrius, Dissertatione secunda. Menander

Οὗτος κράτιςός ἐς' ἀνὴρ, ὦ Γοργία,
Ὅς τις ἀδικεῖσθαι πλεῖς' ἐπίςαται βροτων.
O Georgia, ille vir vivorum est optimus,
Qui melius aliis callet ferre injurias.

Ariston Spartianus: *Dicenti cuipiam, regium esse amicis bene, inimicis male facere: imo, inquit, amicis bene facere inimicos, amicos reddere* Et apud Plutarchum Dion ille, Siciliæ liberator, philosophici studii veram demonstrationem in eo ait positam, non ut quis in amicos benignus sit, sed si quis, injuria affectus, sit exorabilis & clemens in eos qui peccarunt.

5 *Uni marito unam uxorem jungendam*] Vide quæ supra ex Sallustio & aliis ad hanc rem attulimus. Euripides Andromache

—— ȣδὲν γὰρ καλὸν
Δυοῖν γυναικοῖν ἄνδρ' ἕν' ἡνίας ἔχειν·
Ἀλλ' εἰς μίαν βλέποντες εὐναίαν κύπριν
Στέργουσιν, ὅς τις μὴ κακῶς οἰκεῖν θέλῃ
—— *non etenim decet*
Unum imperare feminis biris virum.
Contentus uno conjugis vivat toro,
Quicumque cupiet rite curatam domum.

In ejusdem tragœdiæ choro plura sunt in hunc sensum.

6 *Fœdus patrimonii debere esse perpetuum*] Quale fuit apud Romanos, ad annum urbis vicesimum & quingentesimum, Valerio Maximo teste lib II. cap I. Anaxandrides in hunc sensum.

Ὁ γὰ δίαυλός ἐςιν αἰσχύνην ἔχων.
Reciprocum iter hoc numquam vacat infamia.

7 *Hominis officium esse homini cuivis benefacere.*] Terentius Heautontimorumeno.

cuivis benefacere, [8] præsertim egenti; [9] juramento quantum fieri potest abstinendum; [1] contentos nos, in victu & vestitu, esse debere ad naturam necessariis. Quod si quid est in Christiana Religione creditu difficile, apud sapientissimos Paganorum paria inveniuntur: quod de animorum immortalitate, & reditu corporum in vitam, supra ostendimus. Sic Plato à Chaldæis edoctus [2] Divinam

Homo sum: humani nihil à me alienum arbitror.

Inter nos cognationem quamdam natura constituit, ait Florentinus Jurisconsultus, L. Ut vim, D. de Justitia. Eodem spectat proverbium, *Homo homini Deus.* Cicero de officiis primo, hominibus inter ipsos, omnibus inter omnes, societatem esse ait.

8 *Præsertim egenti.*] Horatius lib. II Sat. II.

Cur eget indignus quisquam te divite?

In Mimo

Bona comparat præsidia misericordia

9 *Juramento quantum fieri potest abstinendum.*] Pythagoras μὴ ὀμνύναι θεούς, ἀσκεῖν γὰρ αὑτὸν δεῖν ἀξιόπιστον παρέχειν. *Non jurandum per deos: quemque enim id curare debere, ut nec jurato sibi credatur.* Quod ipsum late ad aureum carmen explicat Hierocles. M. Antoninus lib. III in viri boni descriptione, μήτε ὅρκου δεόμενος. *Cui juramento uti non sit opus.* Sophocles OEdipode Coloneo

Οὔ τοι σ' ὑφ' ὅρκου γ' ὡς κακὸν πιστώσομαι.

Nolo te adigere jurejurando, ut malum.

Clinias Pythagoricus trium talentorum litem perdere maluit, quam jurejurando rem veram affirmare. Narrat Basilius, de legendis Græcorum libris.

1 *Contentos nos in victu & vestitu esse debere ad naturam necessariis.*] Euripides

Ἐπεὶ τί δεῖ βροτοῖσι πλὴν δυοῖν μόνον,
Δήμητρος ἀκτῆς, πώματός θ' ὑδρηχόου,
Ἅπερ πάρεστι καὶ πέφυχ' ἡμᾶς τρέφειν;

Homini quid est necesse, præterquam duo,
Cereale germen, atque lympharum latex,
Quæ sunt parata semper & vitæ satis?

Lucanus

Satis est populis fluviusque Ceresque

Aristides Ἐσθῆτος γὰρ οἶμαι, καὶ σκέπης καὶ τροφῆς δεόμεθα. *Opus, nimirum, habemus veste, tecto & alimentis.*

2 *Divinam naturam distinguit.*] Plato epistola ad Dionysium. Vide & Proclum in Timæum. Primum principium Plato vocat Patrem. Secundum principium, omnium Causam & præsidem in epistola ad Hermiam, Erastum & Coriscum. Ipsum Mentem vocat Plotinus libro περὶ τριῶν ἀρχικῶν ὑποστάσεων. Numenius Δημιουργὸν opificem,

vinam naturam distinguit in Patrem; Mentem paternam, quam & Dei germen vocat, Mundi opificem, & Animam qua cuncta contineantur. Cum humana natura divinam jungi posse, [3] Julianus tantus Christianorum hostis credidit, & exemplum dedit in Æsculapio, quem volebat, ad tradendam hominibus medendi artem, de cœlo venisse. Crux Christi multos offendit: at quæ de Diis non narrant Paganorum auctores? alios famulos Regum fuisse; fulminatos alios, dissectos, vulneratos. Et vero lætius esse honestum, quoties magno sibi constat, sapientissimi ipsorum di-

ficem, item filium, Amelius λόγον, ut videre est quod Eusebium libro XI cap 17, 18, 19. Vide & Cyrillum libro contra Julianum III IV. & VIII. Chalcidius ad Timæum primum nominat summum Deum, secundum Mentem, vel Providentiam, tertium Animam Mundi vel Mentem secundam. Alibi tria hæc sic discriminat, Ordinans, Jubens, Insinuans. De secundo sic idem *Ratio Dei Deus est humanis rebus consulens, quæ causa est hominibus bene beateque vivendi, si non concessum sibi munus summo à Deo negligant. Pythagorici ternarium numerum perfectum summo Deo assignant*, ait Servius ad Eclogam septimam. Unde non abit quod habet de iisdem Pythagoricis Aristoteles primo de Cœlo in ipso initio. [Copiosius de hisce egit vir longe doctissimus *Rod Cudworthus*, Anglici Operis de Systemate intellectuali mundi, Lib. I. cap. IV. quod consuluisse non pœnitebit. *Clericus*]

3 *Julianus tantus Christianorum hostis credidit*] Libro VI. Ὁ γὰρ Ζεὺς ἐν μὲν τοῖς νοητοῖς ἐξ ἑαυτοῦ τὸν Ἀσκληπιὸν ἐγέννησεν εἰς δὲ τὴν γῆν διὰ τῆς ἡλίου γονίμου ζωῆς ἐνέφηνεν οὗτος ἐπὶ γῆς ἐξ οὐρανοῦ ποιησάμενος πρόοδον, ἑνοειδῶς μὲν περὶ τὴν Ἐπίδαυρον ἐφάνη, &c. *Jupiter inter ea quæ intellectu percipiuntur, de se Æsculapium genuit Eundem terris cerni dedit, per Solis vitam genitabilem. Hic vero ex cœlo in terram progressu facto unica specie apud Epidaurum apparuit.* Porphyrius, verba ejus referente Cyrillo libro quem diximus VIII. Γένος εἶναί τι θεῶν οὓς δὴ καὶ τρέπεσθαι κατὰ καιροὺς εἰς ἀνθρώπους: *Genus quoddam Deorum esse quod suo tempore in homines mutetur* Quæ hac de re fuerit Ægyptiorum sententia, vide Plutarchum VIII. Symp. quæstione I Adde his locum Actorum XIV. 10.

xere.

xere. ⁴ Plato de Republica II. quasi præscius, ait, ut vere justus exhibeatur, opus esse, ut virtus ejus omnibus ornamentis spolietur, ita ut ille habeatur ab aliis pro scelerato, illudatur, suspendatur denique. Et certe summæ patientiæ exemplum ut exstaret, aliter obtineri non poterat.

4 *Plato de Republica* II *quasi præscius ait*] Græci sic habent: Μαστιγώσεται, στρεβλώσεται, δήσεται, ἐκκαυθήσεται τὼ ὀφθαλμώ. τελευτῶν, πάντα κακὰ παθὼν, ἀνασχινδυλευθήσεται. Unde Cicero illud sumpsit, & in tertium de Republica librum retulit: *Bonus ille vir vexetur, rapiatur, manus ei denique auferantur, effodiantur oculi, damnetur, vinciatur, uratur.* Lactantius, libro VI. Institutionum, cap. 17. hunc nobis locum Senecæ servavit. *Hic est ille homo honestus, qui sive toto corpore tormenta patienda sunt, sive flamma ore recipienda est, sive extendenda per patibulum manus, non quærit quid patiatur, sed quam bene.* Talem nobis & Euripides ob oculos ponit istis versibus

Πίμπρη, κάταιθε σάρκας, ἐμπλήσθητί μου
Πίνων κελαινὸν αἷμα. πρόσθε γὰρ κάτω
Γῆς εἶσιν ἄστρα, γῆ τ' ἄνεισ' εἰς αἰθέρα,
Πριν ἐξ ἐμοῦ σοι θῶπ' ἀπαντῆσαι λόγον.

Ure hæc, cremaque membra & impletor mei
Potans rubentem sanguinem in terram prius
Descendet æther, terra se in cœlum feret,
Quam noster umquam sermo adduletur tibi.

Tali vere convenit illud Æschyli, Platoni memoratum, dicto loco:

Οὐ γὰρ δοκεῖν ἄριστος, ἀλλ' εἶναι θέλει,
Βαθεῖαν ἄλοκα διὰ φρενὸς καρπούμενος,
Ἀφ' ἧς τὰ κεδνὰ βλαστάνει βουλεύματα.

Namque allaborat esse, non credi, optimus.
Sulcos profundos corde demersos gerens,
Unde illa sese pulchra consilia exserunt.

HUGO

HUGO GROTIUS

DE

VERITATE RELIGIONIS CHRISTIANÆ

LIBER QUINTUS

§ I. *Refutatio Judaismi incipiens ab allocutione ad Judæos.*

QUALE est, quod ex obscuro specu enitentibus paulatim se ostendit inter lucem tenebrasque medium, talem se nobis ex densa Paganismi caligine gradum moventibus Judaismus offert, pars & primordium veri. Quare Judæos compello, ne nos aversi audiant. Cognitum nobis, [1] esse ipsos progeniem sanctorum virorum, quos Deus & per Prophetas, & per Angelos suos, invisere solebat; ex eadem gente natum Messiam, & primos Christianismi doctores ipsorum esse arborem, cui nos sumus inoculati; custodes esse ipsos oraculorum Dei, quæ nos non minus ipsis

1 *Esse ipsos progeniem sanctorum virorum*] Sumpta hæc, & quæ sequuntur, ex Rom. ix. x. xi. Adde Matth. xv. 24

veneran

veneramur; ac cum Paulo suspiria pro ipsis ad Deum emittimus, orantes ut quamprimum veniat illa dies, cum, ablato [2] velamento, quod vultui eorum impendet, clare nobiscum visuri sunt [3] complementum Legis, cumque, ut habent veterum vaticinia, nostrûm, qui alienigenæ sumus, quilibet [4] Hebræi viri pænulam apprehendet, rogans ut concordi pietate colamus unicum illum Deum, Deum Abrahami, Isaaci, & Jacobi.

§ II. *Ostenditur Judæos debere miracula Jesu habere pro sufficienter probatis.*

Primum ergo rogantur, ne iniquum existiment in causa aliena, quod in sua æquum judicent. Si quis Paganus ab ipsis quærat, cur credant miracula à Mose facta, nihil dicant aliud, quam inter suos adeo perpetuam constantemque ejus rei fuisse famam, ut non potuerit, nisi ex testimonio eorum, qui vidissent, proficisci. Sis [5] ab Elisæo auctum apud viduam oleum, [6] purgatum subito a mala scabie Syrum, [7] hospitæ filium ad vitam revocatum, & similia alia, credunt Judæi, non aliam sane ob causam, quam quod testes bonæ fidei id proditum ad posteros transmiserunt. [8] De Eliæ vero in cœlum raptu, unius Elisæi, tamquam viri omni exceptione majoris, testimonio fidem habent. At nos, de Christi adscensu in cœlum,

2 *Velamento.*] 2 Cor. III. 14, 15, 16.

3 *Complementum Legis*] Rom. III 21. VIII. 14. X. 4. XIII. 8. Gal III 24

4 *Hebræi viri pænulam.*] Zachariæ VIII 20. & sequentibus Esaiæ II 2 XIX. 18. & 24. Michææ IV. 2. Oseæ III. 4. Rom. XI. 25.

5 *Ab Elisæo auctum apud viduam oleum*] 2 Reg cap. IV.

6 *Purgatum subito à male scabie Syrum.*] Ibidem cap. XI 5.

7 *Hospitæ filium ad vitam revocatum*] Dicto cap IV.

8 *De Eliæ vero in cœlum raptu*] Dicto libro cap. II.

9 duo-

[9] duodecim proferimus testes vitæ inculpatæ: [1] de Christo post mortem in terris viso, multo plures. quæ si vera sunt, verum sit necesse est & Christi dogma planeque nihil à Judæis pro se adferri potest, quod non & nobis pari, aut potiori jure possit aptari. Sed ut testimonia omittamus, res prodigiosas à Christo factas, [2] ipsorum Thalmudistarum & Judæorum confessio est quod ipsum sufficere debet. Neque enim potest Deus dogmati, per hominem promulgato, auctoritatem efficacius conciliare, quam miraculis editis.

§ III. *Solvitur, quod objiciunt, facta hæc miracula ope dæmonum.*

At ope Dæmonum facta ab eo prodigia, dixerunt aliqui verum hæc calumnia supra jam refutata est, eo quod ubi Christi dogma innotuit, omnis potestas Dæmonum confracta est. Quod addunt aliqui, didicisse Jesum in Ægypto magicas artes, speciem veri multo minorem habet, quam similis Paganorum adversus Mosem accusatio, [3] quam apud Plinium [4] & Apuleium videmus. Nam fuisse Jesum umquam in Ægypto, non constat, nisi ex discipulorum libris; qui addunt, infantem adhuc inde reddiisse. At Mosem magnam ætatis adultæ partem in Ægypto egisse, [5] & ipsius, [6] & aliorum narratione certum est. Sed & Mo-

9 *Duodecim proferimus testes*] Marci XVI 19 Luc XXIV 52. Actor I.

1 *De Christo post mortem in terris viso multo plures*] Matth. XXVIII Marc. XVI Luc. XXIV. Joh XX. XXI 1 Cor. XV

2 *Ipsorum Thalmudistarum & Judæorum confessio est.*] Vide quæ allata ad librum II.

3 *Quam apud Plinium.*] Libro XXX. cap. 1

4 *Et Apuleium.*] Apologetico II.

5 *Et ipsius.*] Exodi II. IV. & sequentibus.

6 *Et aliorum narratione certum est*] Manethonis, Chæremonis, Lysimachi, apud Josephum contra Appionem primo, Justini, Taciti.

sem,

sem, & Jesum, valide purgat hoc crimine lex utriusque, [7] tales artes diserte vetans, ut Deo invisas. Tum vero si Christi, & ejus discipulorum tempore, usquam aut in Ægypto, aut alibi, exstitisset ars ulla magica, qua possent ea fieri, quæ de Christo prædicantur, muti omnes subito sanari, claudis gressio, cæcis visus dari; Imperatores, [8] Tiberius, [9] Nero, atque alii, qui ad inquirenda talia nullis impendiis pepercerunt, haud dubie eam deprehendissent. Et si verum est, [1] quod tradunt Judæi, senatores magni Synedrii gnaros fuisse magicarum artium, ut reos possent convincere; sane cum iidem Jesu inimicissimi fuerint, & honori ejus maxime per miracula crescenti invidentes, aut opera similia ex eadem arte edidissent ipsi, aut certis argumentis apertum fecissent ipsius opera non aliunde proficisci,

§ IV. *Aut vi vocum.*

Quod vero Judæorum nonnulli prodigia Jesu adscribunt nomini cuidam arcano, quod a Salomone in Templo positum duo leones per mille & amplius annos custodierint, quodque ab Jesu sublectum sit, non mendaciter modo, sed & impudenter confictum est. cum de illis leonibus, re maxime insigni, atque admiranda, nec libri Re-

7 *Tales artes diserte vetans.*] Exod. XXII. 18. Levit. XX 6. 27. Num. XXIII. 23. Deut. XVIII 10. 1 Sam. XXVIII 9. 2 Reg. XVII. 17. XXI. 6. Actor. XIII. 8, 9, 10. XVI. 18. XIX 19.

8 *Tiberius*] Tacitus Annalium VI. Suetonius ejus vita c. LXIII. & LXIX.

9 *Nero.*] De quo Plinius libro XXX. cap. II. in Magiæ historia *Non citharæ tragicique cantus libido illi major fuit.* Postea *Nemo unquam ulli arti impensius favit Ad hæc non opes illi defuere, non vires, non discendi ingenium* Mox narrat magicis cœnis initiatum à Tiridate rege.

1 *Quod tradunt Judæi*] Thalmud titulo de Synedrio. & titulo de Sabbato.

gum, nec Paralipomena, nec Josephus quidquam prodant; sed nec Romani, qui cum Pompeio Templum intrarunt, ante Jesu tempora, tale aliquid compererunt.

§ V. *Ostenditur divina fuisse Jesu miracula, quia is docuit cultum unius Dei, qui Mundi est opifex.*

Verum posito à Christo edita esse prodigia, quod Judæi fatentur, dicimus, ex ipsa lege Mosis sequi, fidem ei adhibendam. Dixit enim Deus Deut XVIII. futurum, ut post Mosem, alii quoque Prophetæ à Deo excitarentur, iisque obediendum à populo; nisi id fieret, graves pœnas denuncians. [2] Certissimæ autem Prophetarum notæ sunt prodigia. Neque enim illustriora animo concipi possunt. Ad Deu XIII. dicitur, si quis Prophetam se ferens prodigia ediderit, ei non credendum, si populum ad novorum Deorum cultum pelliciat. Nam illa prodigia ut fiant, in hoc tantum à Deo permitti, ut experiatur an satis constans sit populus in veri Dei cultu. Ex quibus locis, collatis inter se, [3] Hebræi interpretes recte colligunt, omni ei [4] qui miracula faciat, credendum, extra quam si à veri Dei cultu abducat; quia in eo solo casu prædictum sit, ne miraculis, quamvis speciosis, fides habeatur. Jesus autem non modo falsos Deos colere non docuit, [5] sed contra

2 *Certissimæ autem Prophetarum notæ sunt prodigia.*] Et futurorum prædictiones, quæ & ipsæ prodigiis recte accenlentur. Deut XVIII 22.

3 *Hebræi interpretes.*] Vide Mosem Maimonidem, & alios productos in Conciliatore Manassis, quæstione IV. ad Deuteronomium.

4 *Qui miracula faciat.*] Cujusque prædicta impleantur. Hoc argumento valide pugnat Chrysostomus v adversus Judæos, & sermone, Christum esse Deum in Tomo VI. Saviliano.

5 *Sed contra hoc, tamquam crimen gravissimum, diserte vetuit.*] Marci XII. 29, 32. Joh. XVII.

contra hoc, tamquam crimen gravissimum, diserte vetuit, docuitque nos, Mosis, & qui eum secuti sunt, Prophetarum scripta venerari. quare nihil est, quod miraculis ejus objici possit. Nam quod quidam objiciunt, legem Jesu aliqua in parte a Mosis lege discrepare, id non sufficit.

§ VI. *Solutio objectionis sumptæ ex discrepantia inter legem Mosis & legem Jesu. ubi ostenditur lege Mosis perfectiorem aliam dari potuisse.*

Nam ipsi Hebræorum Doctores normam hanc ponunt: [6] ad imperium Prophetæ, id est, miracula facientis, qualecumque præceptum intrepide posse violari, excepto illo de unius Dei cultu. Et sane potestas leges condendi, quæ penes Deum fuit, cum per Mosem daret præcepta, postea ab eo non abiit. nec quisquam, qui suo jure leges dedit, eo impeditur alias etiam pugnantes dare. Quod Deum esse immutabilem objicuint, id nihil est: non enim de intrinseca Dei natura, sed de operibus agitur. Lux tenebris mutatur, juventus senectute, æstas hieme, quæ omnia Dei sunt opera. Adamo olim Deus poma cætera permisit, [7] unius arboris fructu interdixit; nempe, quia ita libuit. Prohibuit generaliter homines occidere: [8] Abrahamo imperavit ut filium mactaret. Victimas seorsim à Tabernaculo [9] alias vetuit, alias

xvii 3. Act. xv. 20. 2 Cor. v 10, 11, 18, vi. 9. x 7. xii 2. 2 Cor. vi. 16. 1 Thess. 1. 9. 1 Joh. v 21.

6 *Ad imperium Prophetæ, id est, miracula facientis, qualecumque præceptum intrepide posse violari*] Ponitur hæc regula in Thalmude titulo de Synedrio. Sic ad præceptum Josuæ violata lex Sabbati Jos. vi. Et extra locum lege præscriptum sacrificarunt prophetæ, ut Samuel, 1 Sam. vii. 17. xiii. 8. & Elias 1 Reg. xviii. 38

7 *Unius arboris fructu interdixit.*] Gen. ii. 17.

8 *Abrahamo imperavit ut filium mactaret*] Gen. xxii. 2.

9 *Alias vetuit, alias accepit.*] Diximus modo de hac re.

accepit. Nec sequitur, si bona fuit lex per Mosem data, nullam dari potuisse meliorem. Solent parentes cum infantibus balbutire, ad ætatis vitia connivere, crustulo eos ad discendum allicere. At ubi processit ætas, corrigitur sermo, instillantur virtutis præcepta, ostenditur quæ sit honesti pulchritudo, quæ ejus præmia. [1] Non fuisse autem ejus legis præcepta summe perfecta, vel eo liquet, quod multi illorum temporum viri sancti vitam secuti sunt illis præceptis excellentiorem. Moses qui ultionem doloris partim manu, partim judicio exigi permittit, ipse atrocissimis injuriis vexatus, [2] precatorem se pro inimicis constituit. Sic [3] David rebelli filio parci vult, [4] maledicta in se jacta fert patienter. Dimisisse uxores viri boni nusquam leguntur, cum tamen id lex permitteret. Nimirum [5] ad majorem populi partem aptantur leges itaque in illo statu par fuit quædam dissimulari, ad perfectiorem regulam reducenda illo tempore,

1 *Non fuisse autem ejus legis præcepta summe perfecta*] Hebr VIII 7.

2 *Precatorem se pro inimicis constituit*] Exod. XXXII. 11, 12, 13, 31. Num XI 2 XII. 13 XIV. 13 & sequentibus XXI 7, 8. Deut. IX. 18, 26, XXXIII

3 *David rebelli filio parci vult*] 2 Sam XVIII. 5

4 *Maledicta in se jacta fert patienter*] 2 Sam XVI. 10.

5 *Ad majorem populi partem aptantur leges.*] Origenes adversus Celsum III. Ὥσπερ λέγει τι, τῶν νομοθετῶν, πρὸς τὸν ἐρωτῶντα εἰ τοὺς καλλίστους ἔθετο τοῖς πολίταις νόμους, ὅτι οὐ τοὺς καθάπαξ καλλίστους, ἀλλ' ὧν ἐδύνατο τοὺς καλλίστους *Quod quidam ait legum conditorem dixisse interrogatum, an optimas dedisset leges civibus, non omnium dedisse se optimas, sed quantum fieri potuerat* Porphyrius lib I De non esu animantium, de legum conditoribus Οἱ δὲ οὖν πρὸς τὸν κατὰ φύσιν λεγόμενον μέσον βίον ἀφορῶντες, καὶ ἃ προσίεται ἂν καὶ οἱ πολλοί, οἷς τὰ ἐκτὸς ὡς τὰ ἀγαθὰ ἢ κακά, καὶ τὰ τοῦ σώματος ὡσαύτως ὑπείληπται, νομοθετοῦσιν, τί τις τὸν τούτων παραφέρων νόμον ἀνατρέπει βίον, *Quod si illi respicientes ad vitam illam quæ secundum naturam est, & media vocatur, & ad ea quæ capiant homines, qui externa, quæque in corpore sita sunt, bona malaque existimant, leges condidere, in quo lædit vitam qui talibus legibus melius aliquid adjicit?*

pore, quo majore vi Spiritûs populum novum ex cunctis populis Deus sibi erat collecturus. Etiam præmia lege Mosis aperte proposita, ad hanc vitam mortalem spectant omnia: unde fatendum est, [6] legem aliquam illa lege meliorem dari potuisse, quæ æterna præmia, non sub umbris, sed aperte proponeret, quod lege Christi factum videmus.

§ VII. *Ab Jesu in terris observatam legem Mosis, nec post abolita, nisi ea præcepta, quæ intrinsecam bonitatem non habebant.*

Notandum hic obiter ad vincendam iniquitatem Judæorum, qui Jesu coævi fuerunt, Jesum pessime ab ipsis tractatum, & supplicio deditum, cum nullum ejus admissum adversus legem posset adferri. [7] Circumcisus erat, [8] cibis utebatur Judaicis, [9] vestitu simili, [1] purgatos scabie mittebat ad Sacerdotes, [2] paschata, & alios dies festos religiose observabat. Si quos sanavit sabbato, [3] ostendit non tantum ex lege, [4] sed & ex receptis sententiis talia opera sabbato non interdicta. Tum vero primum cœpit promulgare [5] legum quarumdam abrogationem, cum morte devicta in cœlum

6 *Legem aliquam illa lege meliorem dari potuisse, quæ æterna præmia, non sub umbris sed aperte proponeret, quod Christi lege factum videmus.*] Hebr. VII. 19. 22. VIII. 6. 2 Tim. I. 10.

7 *Circumcisus erat.*] Luc. II. 21.

8 *Cibis utebatur Judaicis.*] Gal. IV. 5.

9 *Vestitu simili.*] Matth. IX. 20.

1 *Purgatos scabie mittebat ad sacerdotes.*] Mat. VIII. 4. Marc. I. 44. Luc. V. 14.

2 *Paschata, & alios dies festos religiose observabat.*] Luc. II. 41. Joh. II. 13. 23. XI. 56. XII. 1. Joh. VII. 2.

3 *Ostendit non tantum ex lege.*] Matth. XII. 5.

4 *Sed & ex receptis sententiis talia opera sabbato non interdicta.*] Matth. XII. 11.

5 *Legum quarumdam abrogationem.*] Actor. 10. Coloss. II. 14.

evectus,

evectus, etiam Spiritus Sancti conspicuis donis ornasset suos, iisque rebus ostendisset adeptum se [6] potestatem regiam, [7] in qua continetur legis condendæ auctoritas: idque secundum Danielis vaticinium, capite III. & VIII. collato etiam capite VIII. & XI. qui prædixerat fore, ut paulo post destructa regna Syriæ & Ægypti (quorum posterius sub Augusto contigit) Deus regnum daturus esset [8] homini, qui plebeius videretur, in omnis tractûs sermonisque populos, & quidem numquam desiturum. Pars vero illa legis, cujus necessitas à Christo sublata est, nihil continebat sua natura honestum: sed constabat ex rebus per se mediis, ac proinde non immutabilibus. Nam si eæ res per se aliquid haberent, cur faciendæ essent, [9] omnibus populis, non uni, eas præscripsisset Deus, & ab initio statim, non postquam bis mille, & quod excedit, annos vixerat humanum genus. Abel, Enoch, Noë, Melchisedec, Job, Abraham, Isaac, Jacob, omnes viri pii & Deo eximie cari, hanc legis partem ignorarunt, aut totam, aut ferme totam, neque eo minus acceperunt testimonium & fidei in Deum fiduciæ, &

6 *Potestatem regiam.*] Actor. II. 36. Apoc. I. 5.

7 *In qua continetur legis condendæ auctoritas*] Jacob. I. 25.

8 *Homini, qui plebeius videretur*] Dan. II. 44. VII. 13. Nam filius hominis Hebræis vilitatem quandam significat. Et sic vocantur Prophetæ, comparati cum Angelis: ut & Jachiades notavit ad Dan. X. 16.

9 *Omnibus populis, non uni, eas præscripsisset Deus*] Id autem tantum abest, ut leges aliquot, puta de primitiis, de decimis, de congregatione ad festos dies, expresse se referant ad unum Judææ locum, quo certe omnes gentes coire non poterant. Vide Exodi XXIII. 19. & XXXIV. 26. Deut. XXVI. 2. & sequentibus. Item Deut. XII. 5. & seqq. XIV. 23. & seqq. Item Exodi XXIII. 17. XXXIV. 2, 23, 24. Deut. XVI. 16. De sacrificiis lex in eo eodem modo interpretata est vetustissima consuetudo. Solis Hebræis, non & alienigenis, datam Mosis legem docet Talmud in titulo de Synedrio, & titulo Chagiga; Maimonides ad Deut. XXXIII. & Bachai.

amoris divini in se. Neque Moses soccrum Jethronem ad hos ritus suscipiendos adhortatus est, neque Jonas Ninevitas, nec alii Prophetæ Chaldæos, Ægyptios, Sidonios, Tyrios, Idumæos, Moabitas, ad quos scribunt, ob eos non susceptos reprehendunt, cum peccata ipsorum satis exacte enumerent. Peculiaria ergo erant hæc præcepta, [1] sive ad vitandum aliquod malum, in quod proni erant Judæi, sive ad experimentum obedientiæ, sive ad rerum futurarum significationem introducta. Quare non magis mirandum est, ea aboleri potuisse, quam si quis Rex municipalia quædam statuta tollat, ut toti imperio jus idem statuat. Neque vero quidquam adferri potest, quo probetur, Deum se adstrinxisse, ne quid ejus mutaret. Nam si dicas, præcepta hæc vocari perpetua, [2] eadem voce utuntur sæpe & homines, cum significare volunt, quæ sic jubent, non esse annalia, [3] aut certis temporibus, puta belli, pacis, caræ annonæ accommodata: quo tamen non impediuntur, quo minus novas de iisdem rebus constitutiones edant, ubi id publica utilitas exegerit. Sic & Dei præcepta data Hebræis alia erant temporaria, [4] quamdiu in locis desertis ageret populus, [5] alia adstricta habitationi terræ Chananææ:

1 *Sive ad vitandum aliquod malum, in quod proni erant Judæi*] Rituales supra modum, eoque ad idololatriam proni. Ostendunt id passim Prophetæ, maxime Ezechiel XVI.

2 *Eadem voce utuntur & homines* .] L. Hac edictali Cod. de Secundis nuptiis L. Hac in perpetuum. Cod. de diversis prædiis, libro XI. & alibi sæpe.

3 *Aut certis temporibus, puta belli, pacis, caræ annonæ accommodata.*] L. Valerius apud Livium lib XXXIV *Quas tempora aliqua desiderant leges, mortales, & temporibus ipsis mutatas video: quæ in pace latæ sunt, plerumque bellum abrogat, quæ in bello, pax.*

4 *Quamdiu in locis desertis ageret populos*] Ut Exodi XXVII. Deut. XXIII. 12.

5 *Alia adstricta habitationi terræ Chananææ*] Ut Deu. XII. 1, 20. XXVI. 1. Numb. XXXIII. 52.

ab his ergo ut illa distinguat, perpetua vocat, quo intelligi possit, non debere ea usquam intermitti, nisi Deus contrariæ voluntatis daret significationem. Quod loquendi genus, cum omnibus populis sit commune, eo minus mirari debent Hebræi, qui sciant in lege sua [6] jus perpetuum & servitutem perpetuam vocari, quæ duret à Jubilæo ad Jubilæum [7] Messiæ vero adventus ab ipsis vocatur complementum Jubilæi, sive magnus Jubilæus. Quid quod novi Fœderis olim incundi promissio, apud Prophetas Hebræos, exstat, ut [8] Jeremiæ XXXI. ubi pollicetur Deus novum se pactum initurum, quod ipsis mentibus sit inscripturus neque opus habiturus homines, ut Religionem alii ex aliis discant, apertam enim omnibus fore. Præterea veniam se daturum ante delictorum. Quæ res ferme ita se habet, ac si rex aliquis, post graves civium inter se inimicitias, ad pacem stabiliendam, sublata legum varietate, communem omnibus eamque perfectam legem imponat, & in posterum se emendantibus polliceatur omnium commissorum impunitatem. Hæc quamquam sufficiunt, euntes per partes singulas sublatæ legis, ostendemus, eas tales non esse, ut aut Deo per se placere possent, aut semper durare deberent

6 *Jus perpetuum & servitutem perpetuam*] Exodi XXI 6. I Sam. I 22. Et sic vocem לעולם in lege ritualis accipi [illegible] censit Josephus Albo lib III. Fundamentorum, capite 16 etiam sacerdotium Phineæ dictum עד עולם, Psal CVI. 30, 31 εἰς τὸν αἰῶνα, Siracidæ XLV 21, 29, 30. ἱερωσύνη αἰωνία, I Mach II 55.

7 *Messiæ vero adventus ab ipsis vocatur complementum Jubilæi*] In Pereck Cheleck & alibi, idque ex Esaiæ LXI 2 [*Pereck Cheleck* est Cap XI. Libri Thalmudici de Synedriis. Verum illic non occurrit quod habet *Grotius*, certe in textu Mischnæ Accuratiores hasce citationes esse oportuit]

8 *Jeremiæ XXXI.*] v. 31. & sequentibus.

§ VIII Ut sacrificia, quæ nunquam per se Deo placuerant

Præcipuum, & quod maxime in oculos incurrit, sunt sacrificia, de quibus multi Hebræi sentiunt, prius [9] ab hominum ingenio ea excogitata, quam a Deo jussa. Certe id apparet Hebræos multorum rituum fuisse appetentes, [1] ita ut satis causæ fuerit, cur Deus plurimos eis injungeret, vel ob hoc, ne ad falsorum Deorum cultum memoria Ægyptiaci incolatus redirent. At cum eorum posteri plus æquo hæc æstimarent, tamquam per se Deo grata, & veræ pietatis partem, reprehensi sunt per Prophetas; [2] *Sacrificiorum causa*, inquit Deus

9 *Ab hominum ingenio ea excogitata*] Chrysostomus XII de Statuis, de Abele locutus Οὐ γὰρ παρά τινος μαθὼν, οὐδὲ νόμου περὶ ἀπαρχῶν διαλεγομένου ταῦτα ἀκούσας ἀλλ' οἴκοθεν καὶ παρὰ τοῦ συνειδότος διδαχθεὶς, τὴν θυσίαν ἐκείνην ἀνήνεγκε *Non enim ab ullo edoctus, non lege accepta quæ de primitiis aliquid constitueret, sed apud se suapte motus conscientia sacrificium illud obtulit* In responsis ad Orthodoxos, in operibus Justini, ad Interrogatum LXXXIII Οὐδεὶς τῶν θυσάντων τὰ ἄλογα θυσίαν τῷ Θεῷ πρὸ τοῦ νόμου κατὰ τὴν θείαν διάταξιν ἔθυσε, καὶ φαίνεται ὁ Θεὸ, ταύτην προσδεξάμενος, [illegible] τ ύτης ἀποδοχῇ δεικνὺων τοι θύσασι εὐάρεστον αὐτῷ *Nemo [illegible] qui ante legem pecudes Deo obtulit, [illegible] acceptando [illegible]* [illegible] hoc de re [illegible] de [illegible] Lib. III. Diff. [illegible] vide]

1 *Ita ut satis causæ fuerit cur Deus plurimos eis injungeret vel ob hoc, ne ad falsorum Deorum cultus memoria Ægyptiaci incolatus redirent*] Hanc ipsam causam legis de sacrificiis affert. Maimonides, in Doctore dubitantium lib. III cap. 32 Tertullianus adversus Marcionem II *Sacrificiorum quoque onera & operationem, & oblationum [illegible] scrupulositates nemo reprehendet, quasi Deus talia proprie sibi desideraverit, qui tam manifeste exclamat? Quo mihi multitudinem sacrificiorum vestrorum? Et, quis exquisivit ista de manibus vestris? Sed illam Dei industriam sentiat, quæ populum pronum in idololatriam & transgressionem, ejusmodi officiis religioni suæ voluit adstringere, quibus superstitio sæculi agebatur, ut ab ea avocaret eos, sibi jubens fieri quasi desideranti, ne simulacris faciendis delinqueret.*

2 *Sacrificiorum*, &c] Paraphrasis hæc est Grotiana Ps. L. non translatio ad verbum. Talia sunt & frequentia, *Clerici*.

apud

apud Davidem Psalmo, qui est apud Hebræos quinquagesimus, *ne verbum quidem tecum velim commutare. nempe, ut holocausta alia super alia mihi mactes, ut juvencos, aut hircos accipiam de tuis septis. Nam certe quidquid animantium per saltus pascitur, aut per montes errat, meum est. In numerato habeo & volucres & feras: ita ut, si esurirem, nihil opus esset mihi te convenire, mihi, inquam, cujus est hoc Universum, & quidquid in eo conspicitur. Putasne vesci me carne pingui, aut bibere hircorum sanguinem? imo laudem Deo sacrifica, & vota redde.* Sunt inter Hebræos, qui hæc eo dici aiunt, quod qui sacrificia illa offerebant, animo vitaque impuri essent. At aliud docent, quæ attulimus verba, rem, scilicet, per se nihil habere Deo gratum. Et, si seriem totam Psalmi consideres, pios illis verbis alloquitur Deus. Dixerat enim *Congregate mihi pios*: deinde, *Audi, popule mi* [illegible] Postea sermonis, quæ attulimus, ut finis fuit, ad impios sermo convertitur. *Impio autem dicit Deus.* Eumdem sensum ostendunt loca alia, ut Psal. LI. *Sacrificia ut tibi dem, gratum tibi non est, neque holocaustis delectaris. Sed quod vere tibi placet sacrificium, est animus culpæ suæ sensu dejectus: mentem enim qui sit fractam atque contritam, o Deus, non despicis.* Simile est illud Psal. XL. *Victima & oblato libo non delectaris. Sed me tanquam perfossa aure tibi mancipas non exigens aut holocaustum, aut victimam piacularem. Itaque respondi, en adsum ac tanquam ex pacto conscripto faciam, quod velis; quæ voluntas mea est. Lex enim tua cordi meo inhæret. Æquitatis tuæ laudes non intra cogitationes meas claudo: sed veracitatem tuam ac benignitatem prædico ubique. præsertim vero misericordiam tuam atque fidem celebro in numeroso cœtu.* Apud Esaiam cap. I. ſic Deus loquens inducitur: *Quo mihi tot victimas? Satias me tenet holocauſtorum ex arietibus & adipis quo vos pinguefeciſtis. Nec cruorem ſanguinem, ſive ille juvencorum eſt, ſive agnorum, ſive hædorum, ut cum eo apud me appareatis. Nam quis hoc a vobis exegit, ut eo modo ſubdialia impuraretis?* Apud Jeremiam vero VII, locus eſt huic geminus, & ejus interpres *Sic ait Dominus Angelorum, Deus Iſraelis. Holocauſta veſtra congerite cum victimis, & ipſi earum carne veſcimini. Nam quo primum tempore majores veſtros eduxi ex Ægypto, nihil exegi aut præcepi de holocauſtis & victimis. Sed hoc eſt quod illis ſerio edixi, ut mihi obedientes forent, ſic me fore Deum ipſorum, ipſos vero meum populum. Utque ea incederent via, quam ego ipſis eram imperaturus. Sic omnia ipſis proſpere eventura.* Apud Oſeam hæc ſunt Dei verba cap. VI. *Beneficentiam in homines multo*[3] *acceptiorem habeo, quam ſacrificium de Deo recte ſentire ſupra omnia eſt holocauſta.* Apud Michæam vero cap. VI. cum quæſtio eſſet inſtituta, quomodo quiſpiam Deum ſibi optime conciliaret, arietum ingenti numero, vi magna olei, an vitulis anniculis: reſpondet Deus, *Dicam tibi quid ſit vere bonum, mihique gratum. Nimirum*[4] *ut ſuum cuique reddas, ut bene aliis facias, & ut Deo humilem ac ſubmiſſum te præbeas.* Quibus ex locis cum appareat, ſacrificia non eſſe earum rerum in numero, quas Deus per ſe aut primario velit; populus vero irrepente paulatim, ut fit, prava ſuperſtitione, in illis

3 *Acceptiorem habeo quam ſacrificium.*] Ita & Chaldæus interpres hunc locum exponit.

4 *Ut ſuum cuique reddas, ut bene aliis facias, & ut Deo humilem ac ſubmiſſum te præbeas.*] Itaque aiunt Judæi legis præcepta numero IↃCXIII, ab Eſaia contracta in XI, XXXIII 15. à Michæa hoc loco in tria, ab Eſaia in duo, LVI. 1. ab Abacuco in unum, II. 4. Item ab Amoſo V, 6.

poſuerit

poſuerit potiſſimam pietatis partem, & victimis ſuis crediderit peccata ſatis compenſari, quid mirum eſt, ſi tandem Deus ſuſtulit rem ſuapte natura mediam, ſed cujus uſus jam in vitium fluxerat, [5] cum Rex quoque Ezechia à Moſe erectum æneum ſerpentem confregerit, ideo quod populus eum religioſo cultu venerari cœpiſſet? Neque vaticinia deſunt, quæ ſacrificia illa, de quibus controverſia eſt, deſitura prædixerint; quod facile quivis intelliget, qui modo conſideraverit, ſecundum Moſis Legem ſacrificari ſoli Aaronis poſteritati conceſſum, idque dumtaxat in ſolo patrio. Jam vero Pſalmo CX, ſecundum numerum Hebræum, promittitur Rex latiſſime dominaturus, initio regnandi facto ex Sione, qui Rex idem & Sacerdos in perpetuum futurus eſſet, idque inſtar Melchiſedeci. Eſaias vero cap. XIX, dicit, altare viſum iri in Ægypto, ubi non tantum Ægyptii, ſed Aſſyrii quoque, & Iſraelitæ Deum ſint culturi: & capite LXVI. ait, futurum ut longiſſime diſſiti & omnium ſermonum populi, non minus quam Iſraelitæ, munera Deo offerant, & ex ipſis quoque conſtituantur, qui ſint Sacerdotes & Levitæ: [6] quæ omnia, ſtante Moſis Lege, fieri non poterant. His adde, quod apud [7] Malachiam cap. I Deus

5 *Cum Rex quoque Ezechia à Moſe erectum æreum ſerpentem confregerit*] 2 Reg. cap. XVIII. verſ. 4.

6 *Quæ omnia, ſtante Moſis Lege, fieri non poterant*] Adde locum Jeremiæ III. 16. *In diebus illis, dixit Dominus, non dicent ultra, Arca fœderis Domini, neque ejus rei veniet in cogitationem aut memoriam, neque viſitabunt Arcam, neque ultra, ut nunc, fiet.*

Ibid.] Ne ipſi quidem Judæi Legem ſuam obſervare amplius potuerunt, ex quo late ſparſi ſunt. Fieri enim non poterat ut mares omnes ſe ter Jeroſolymam conferrent, ex Lege Exod. XXIII. 17 ab omnibus terris quas colebant. Ea Lex ſcribi non potuit, niſi populo non magno, eique a Tentorio non admodum remoto. *Clericus.*

7 *Malachiam capite* I] Vide hujus loci luculentam paraphraſin,

Deus futura prædicens, fastidio sibi esse ait Hebræorum munera; ab ortu ad occasum, apud gentes omnes nomen suum celebrari, suffitumque sibi fieri, & purissima sibi offerri. Daniel vero cap. IX. Gabrielis Angeli de Christo oraculum referens, *abolebit*, inquit, *sacrificium & munus.* Neque verbis tantum, sed & rebus ipsis satis significat Deus, non amplius probari sibi præscripta per Mosem sacrificia, cum jam, per annos amplius mille sexcentos, patiatur Judæos esse sine Templo, sine altari, sine certo generum censu, unde constare possit, qui sint, quibus sacra facere fas sit.

§ IX. *Item ciborum discrimen.*

Quod de sacrificiorum lege ostendimus, idem ostendamus & de ea, qua ciborum certa genera interdicuntur. Constat ergo, post magnum diluvium, [8] Noæ, ejusque posteris, à Deo jus datum quolibet victu utendi, quod jus proinde non ad Japhethum tantum, & Chamum, sed & ad Semum, ejusque posteros Abrahamum, Isaacum, Jacobum transiit. Sed cum postea populus, in Ægypto pravis superstitionibus ejus gentis imbutus esset, tum primum Deus quædam animantium genera edi vetuit, [9] seu quod illa potissimum Ægyptii

sin, apud Chrysostomum II. adversus Gentes.

8 *Noæ ejusque posteris à Deo jus datum quolibet victu utendi*] Obstare videtur discrimen animalium mundorum & immundorum, in Diluvii historia. Sed aut id κατὰ πρόληψιν dictum est ad eos quibus nota lex, aut immunda intelligi debent ea quæ hominum victus naturaliter defugit: quæ profana dixit Tacitus Historiarum VI nisi malis munda accipere quæ herbis aluntur, immunda quæ aliis pascuntur animantibus

9 *Seu quod illa potissimum Ægyptii Diis suis offerrent & ex illis aruspicium facerent.*] Origenes libro IV contra Celsum Δαίμονές τινες φαῦλοι καὶ (ἵν' οὕτως ὀνομάσω) Τιτανικοὶ ἢ γιγάν-

Ægyptii Diis suis offerrent, & ex illis aruspicium face-

γάντειοι, ἀσεβεῖς πρὸς τὸν ἀληθῶς Θεὸν καὶ τοὺς ἐν οὐρανῷ ἀγγέλους γεγενημένοι, καὶ πεσόντες ἐξ οὐρανοῦ, καὶ περὶ τὰ παχύτερα τῶν σωμάτων καὶ ἀκάθαρτα ἐπὶ γῆς καλινδούμενοι, ἔχοντές τι περὶ τῶν μελλόντων διορατικὸν, ἅτε γυμνοὶ τῶν γηΐνων σωμάτων τυγχάνοντες, καὶ περὶ τοιούτων ἔργων καταγινόμενοι, βουλόμενοι ἀπάγειν τοῦ ἀληθινοῦ Θεοῦ τὸ τῶν ἀνθρώπων γένος, ὑποδύονται τῶν ζώων κατὰ τὰ ἁρπακτικώτερα, καὶ ἀγριώτερα, καὶ ἄλλα πανουργότερα, καὶ κινοῦσιν αὐτὰ πρὸς ὃ βούλονται, ὅτε βούλονται, ἢ τὰς φαντασίας τῶν τοιῶνδε ζώων τρέπουσιν ἐπὶ τὰς πτήσεις καὶ κινήσεις τοιάσδε, ἵν' ἄνθρωποι διὰ τῆς ἐν τοῖς ἀλόγοις ζώοις ἁλισκόμενοι μαντικῆς, Θεὸν μὲν τὸν περιέχοντα τὰ ὅλα μὴ ζητῶσι, μηδὲ τὴν καθαρὰν θεοσέβειαν ἐξετάζωσι, πέσωσι δὲ τῷ λογισμῷ ἐπὶ τὴν γῆν, πρὸς τοὺς ὄρνεις, τοὺς δράκοντας, ἔτι δ' ἀλώπεκας καὶ λύκους· καὶ γὰρ παρατετήρηται τοῖς περὶ ταῦτα δεινοῖς, ὅτι αἱ ἐναργέστεραι προγνώσεις διὰ τῶν τοιούτων ζώων γίγνονται, ἅτε μὴ δυναμένων τῶν δαιμόνων ἐν τοῖς ἡμερωτέροις τῶν ζώων τοσοῦτον, ὅσον δύνανται διὰ τὸ παραπλήσιον τῆς κακίας, καὶ οὐ κακίαν μὲν, οἱονεὶ δὲ κακίαν οὖσαν ἐν τοῖς τοιοῖσδε τῶν ζώων, ἐνεργῆσαι τάδε τὰ ζῶα. Ὅθεν εἴπερ ἄλλο τι Μωσέως τεθαύμακα, καὶ τὸ τοιοῦτον θαύματος ἀποφανῶ ἄξιον εἶναι, ὅτι φύσεις κατανοήσας ζώων διαφόρους, καὶ εἴτ' ἀπὸ τοῦ Θεοῦ μαθὼν τὰ περὶ αὐτῶν, καὶ τῶν ἑκάστῳ ζώῳ συγγενῶν δαιμόνων, εἴτε καὶ αὐτὸς ἀναβαίνων τῇ σοφίᾳ ἐν τῇ περὶ ζώων διατάξει, πάντα μὲν ἀκάθαρτα ἔφησεν εἶναι τὰ νομιζό-

μενα παρ' Αἰγυπτίοις καὶ τοῖς λοιποῖς ἀνθρώποις εἶναι μαντικὰ, ὡς ἐπίπαν δὲ εἶναι καθαρὰ τὰ μὴ τοιαῦτα. Mali quidam dæmones, & (ut sic loquar) Titanii aut Gigantei, qui impie in verum numen & cælestes angelos se gesserunt, ideoque e cœlo ejecti sunt, circa corporum crassiora & impuriora in terris se agitant, cumque habeant aliquam circa futura perspicaciam, ut qui a terrenis corporibus sint liberi, & in talibus negotiis multum versati, hoc unice studentes humanum genus ut abducant à vero Deo, insinuant se in animantium feraciora, rapaciora maxime, crudeliora & in calidiora, & ea, quo ipsis volunt, quo volunt movent, aut certe talium animantium imaginationes [illegible] volatus motusque, ut homines capti divinatione quæ per animalia fit, Deum cuncta continentem non quærant, nec eam [illegible] exerceant pietatem, sed ratiocinationibus suis decidant in terram, in aves, in dracones, quin etiam in vulpes & lupos. Observatum enim est harum rerum peritis, prædictiones maxime evidentes per id genus animantia fieri, cum non valeant dæmones in mitioribus tantum efficere in iis animantibus, quantum possunt in aliis quæ ob similitudinem malitiae habent, non malitiam propriam, sed quasi malitiam. Quamobrem si quid aliud in Moyse admiratus sum, & hoc admiratu dignum existimo, quod cum perspexisset naturas animantium diversas, sive à Deo edoctus

facerent; [1] seu quod in lege illa umbratica certis animan-

ea, quæ ad animantia & ad dæmones animantium cuique affines pertinerent, sive propria ipsis sciens a sapientibus ad rejiciendos animantium gradus, omnia ea impura pronunciavit, quæ ab Ægyptiis cunctisque gentibus vim divinam habere censebantur, contra vero omnia ea pura, quæ extra illum essent censum. Similia habet Theodoretus, libro VII ad versus Græcos. Non plane alienum hinc quod Manetho dixit. Λοιμωθέντας καὶ πλεῖστα ἄλλα, μάλιστα τοῖς Αἰγυπτίοις εἰθισμένοις ἐναντιούμενα. *Cum plurima constituisset alia, Ægyptiorum institutis pugnantia.* Et quod Tacitus de Judæis: *Profana illis omnia, quæ apud nos sacra.* Deinde: *Cæso ariete velut in contumeliam Ammonis, bos quoque immolatur, quem Ægyptii Apim colunt.*

1 *Seu quod in lege illa umbratica certis animantium generibus certa hominum vitia notarentur.*] Barnabas in Epistola: Ὅτι δὲ Μωσῆς εἴρηκεν, οὐ φάγεσθε χοῖρον, οὐδ' ἀετὸν, οὐδὲ ὀξύπτερον, οὐδὲ κόρακα, οὐδὲ πάντα ἰχθὺν ὃς οὐκ ἔχει λεπίδα ἐν αὐτῷ, τρία ἔλαβεν ἐν τῇ συνέσει δόγματα. πέρας γέ τοι λέγει λόγοις αὐτοῖς ἐν τῷ Δευτερονομίῳ, καὶ διαθήσονται πρὸς τὸν λαὸν τοῦτον τὰ δικαιώματα μου. ἄρα οὐκ ἔστιν ἐντολὴ τοῦ Θεοῦ τὸ μὴ τρώγειν. Μωσῆς δὲ ἐν πνεύματι ἐλάλησε. τὸ οὖν χοίριον, πρὸς τοῦτο, εἴρηκεν οὐ μὴ κολληθήσῃ, φησιν, ἀνθρώποις τοιούτοις, οἵτινές ὅμοιοί εἰσι χοίροις. ὅταν γὰρ σπαταλῶσιν, ἐπιλανθάνονται τοῦ κυρίου ἑαυτῶν. ὅταν δὲ ὑστερῶνται, ἐπιγινώσκουσι τὸν κύριον, καὶ χοῖρος, ὅταν τρώγῃ, οὐκ οἶδε τὸν κύριον, ὅταν δὲ πεινάζῃ, κραυγάζει, καὶ λαβὼν πάλιν σιωπᾷ. οὐδὲ μὴ φάγῃς, φησὶ, τὸν ἀετὸν, οὐδὲ τὸν ὀξύπτερον, οὐδὲ τὸν ἰκτῖνα, οὐδὲ τὸν κόρακα. οὐ μὴ, φησι, κολληθήσῃ ἀνθρώποις τοιούτοις, οἵτινες οὐκ οἴδασι διὰ κόπου καὶ ἱδρῶτος πορίζειν ἑαυτοῖς τὴν τροφὴν, ἀλλ' ἁρπάζουσι τὰ ἀλλότρια ἐν ἀνομίᾳ αὐτῶν, καὶ ἐπιτηροῦσιν ὡς ἐν ἀκεραιοσύνῃ περιπατοῦντες, καὶ καθήμενα ἀργὰ ταῦτα ἐκζητεῖ πῶς ἀλλοτρίας σάρκας καταφάγῃ, οἷα λοιμὰ τῇ πονηρίᾳ αὐτῶν. καὶ οὐ φάγῃς, φησὶ, σμύραιναν, οὐδὲ πολύποδα, οὐδὲ σηπίαν. οὐ μὴ, φησιν, ὁμοιωθήσῃ κολλώμενος ἀνθρώποις τοιούτοις, οἵτινες εἰς τέλος εἰσὶν ἀσεβεῖς καὶ κεκριμμένοι τῷ θανάτῳ, ὡς καὶ ταῦτα τὰ ἰχθύδια μόνα ἐπικατάρατα ἐν τῷ βυθῷ νήχεται, μὴ κολυμβῶντα ὡς τὰ λοιπὰ, ἀλλ' ἐν τῇ γῇ κάτω τοῦ βυθοῦ κατοικεῖ. ἀλλὰ καὶ τὸν δασύποδα οὐ φάγῃ, φησιν. πρὸς τί; οὐ μὴ γένῃ παιδοφθόρος, οὐδὲ ὁμοιωθήσῃ τοῖς τοιούτοις. ὅτι ὁ λαγωὸς κατ' ἐνιαυτὸν πλεονεκτεῖ τὴν ἀφόδευσιν. ὅσα γὰρ ἔτη ζῇ τοσαύτας ἔχει τρύπας. ἀλλ' οὐδὲ τὴν ὕαιναν φάγῃ. οὐ μὴ, φησι, γένῃ μοιχὸς, οὐδὲ φθορεὺς, οὐδὲ ὁμοιωθήσῃ τοῖς τοιούτοις. πρὸς τί; τοῦτο γὰρ τὸ ζῶον παρ' ἐνιαυτὸν ἀλλάσσει τὴν φύσιν, καὶ ποτὲ μὲν ἄῤῥεν, ποτὲ δὲ θῆλυ γίνεται. ἀλλὰ καὶ τὴν γαλῆν ἐμίσησε καλῶς. οὐ μὴ γὰρ, φησὶν, ὁμοιωθήσῃ τοῖς τοιούτοις, οὓς ἀκούομεν ἀνομίαν ποιοῦντας τῷ στόματι δι' ἀκαθαρσίαν, οὐδὲ κολληθήσῃ ταῖς τὴν ἀνομίαν ποιούσαις, τὸ γὰρ ζῶον τοῦτο τῷ στόματι κύει. Περὶ τῶν βρω-

animantium generibus certa hominum vitia notarentur.

βρωμάτων μὲν οὖν Μωσῆς τρία δόγματα ἐν πνεύματι ἐλάλησεν· οἱ δὲ κατ' ἐπιθυμίαν τῆς σαρκὸς, ὡς περὶ βρωμάτων ἐδέξαντο. Λαμβάνει δὲ τριῶν δογμάτων γνῶσιν Δαβὶδ, καὶ λέγει ὁμοίως· Μακάριος ἀνὴρ ὃς οὐκ ἐπορεύθη ἐν βουλῇ ἀσεβῶν καθὼς οἱ ἰχθύες πορεύονται ἐν σκότει εἰς τὰ βάθη· καὶ ἐν ὁδῷ ἁμαρτωλῶν οὐκ ἔστη, καθὼς οἱ δοκοῦντες φοβεῖσθαι τὸν κύριον, ἁμαρτάνουσιν ὡς ὁ χοῖρος· καὶ ἐπὶ καθέδρα λοιμῶν οὐκ ἐκάθισε, καθὼς τὰ πετεινὰ τὰ καθήμενα εἰς ἁρπαγήν. ἔχετε τελείως καὶ περὶ τῆς γνώσεως. ἀλλ' εἶπε Μωσῆς, φάγεσθε πᾶν δίχηλον καὶ μαρυκώμενον. τί λέγει, ὁ τὴν τροφὴν λαμβάνων οἶδε τὸν τρέφοντα αὐτὸν, καὶ ἐπ' αὐτῷ ἀναπαυόμενος, εὐφραίνεσθαι δοκεῖ. καλῶς εἶπε, βλέπων τὴν ἐντολὴν. τί οὖν λέγει, κολλᾶσθαι μετὰ τῶν φοβουμένων τὸν κύριον, μετὰ τῶν μελετώντων ὃ ἔλαβον διάσταλμα ῥήματος ἐν τῇ καρδίᾳ, μετὰ τῶν λαλούντων τὰ δικαιώματα κυρίου καὶ τηρούντων, μετὰ τῶν εἰδότων ὅτι ἡ μελέτη ἔργον ἐστὶν εὐφροσύνης, καὶ μαρυκωμένων τὸν λόγον τοῦ κυρίου. τί δὲ τὸ διχηλον, ὅτι ὁ δίκαιος ἐν τούτῳ κόσμῳ περιπατεῖ, καὶ τὸν ἅγιον αἰῶνα ἐκδέχεται. βλέπετε πῶς ἐνομοθέτησε Μωσῆς καλῶς.

Quod dixit Moses, ne vescimini porco, neque aquila, neque oxyptero, neque corvo, neque pisce qui squammis careat, in secreto intellectu tria comprehendit dogmata. Quo tendat, diserte ipse in Deuteronomio ostendit: Et testabuntur populo meo justa mea. Non igitur præceptum Dei proprie est, hoc vel illo non vesci: sed in spiritu dixit ista Moses. De porco hoc est quod voluit: nolite conglutinari cum hominibus illis, qui porcis sunt similes. Nam dum luxu diffluunt, obliviscuntur domini sui. Ubi autem res contra eunt, agnoscunt dominum. Nam & porcus ubi comedit non curat dominum: ubi esurit, clamat: & rursum ubi quod edat accepit, tacet. Neque comedas, inquit, aquilam, neque oxypterum, neque milvium, neque corvum. Hoc dicit, ne conglutineris hominibus ejusmodi, qui labore ac sudore victum sibi nesciant quærere, sed aliena rapiunt injustè factis suis, insidiasque ponunt specie sumpta bona fide ambulantium. Sic & animantia illa otiosa dum desident speculantur quomodo alienis se pascant carnibus, noxia malo suo ingenio. Ne comedas etiam murænam, inquit, nec polypum, nec sepiam. Hoc dicit, ne agglutinando similem te reddas hominibus talibus, qui perpetuo sunt impii & morti servantur, sicut pisces ium illi soli qui damnantur, in fundo natant, nec in summo, ut cæteri, fluitant, sed in imo solo degunt. Sed nec dasypodem comedas, inquit. Cur vero? id est ne sis puerorum corruptor, aut similes talibus. Lepus enim anno quoque ad ejectamenta alvi fit opulentior. Quot enim habet annos, totidem & cavernas. Sed nec hyænam, ait, vescere. id est, ne adulter esto, aut similis adulteris. Unde hoc? Hoc enim animal quotannis mutat naturam, & nunc mas fit, nunc fœmina. Sed & mustelam merito odio habuit. Nimirum, hoc monet, noli similis esse illis quos audimus ore infamia patrare,

nequo

rentur. Non esse præcepta hæc universalia, apparet exemplo ejus, quod constitutum est de carne bestiæ fato suo mortuæ, Deut. XIV. ut Israelitis quidem ea vesci non liceret, [2] incolis autem liceret, quos quidem incolas Judæi omnibus officiis, tamquam Deo commendatos, prosequi jubentur. Veteres quoque Hebræorum magistri aperte tradiderunt, [3] Messiæ temporibus, cessaturam legem de

neque aggregate te fœminis in eum modum morigerantibus, nam animal illud ore concipit. De cibis ergo loquens Moses tria dogmata in spiritu elocutus est. At illi pro cupiditate carnis suæ simpliciter de cibis ea accepere. At trium illorum dogmatum cognitionem etiam David consecutus est. Dicit enim, Beatus vir qui non ambulavit in consilio impiorum, nimirum, quomodo pisces versantur in tenebris in profundo abditi. Et in via peccatorum non stetit, nimirum, ut illi, qui cum videantur Deum timere, peccant porcorum instar. Et in cathedra pestilentium non sedit, nimirum, ut volucres quæ raptui [illegible]. Habete & ea quæ ad scientiam pertinent. Dixit Moses: Edite omne bisulcum ungulis & ruminans. Quid dicit? qui cibum sumit, agnoscitque altorem suum, & in eo acquiescens lætatur. Bene dixit ad præceptum respiciens. Quid igitur dicit? adhærendum iis qui Dominum timent, iis qui in corde meditantur [illegible] quod acceperunt [illegible] præceptum, qui loquuntur jura Dei eaque servant, iis qui norunt meditationem opus esse lætam [illegible] dum unguis? quia vir justus in hoc ævo ambulat, & alterum ævum exspectat. Vide quam pulchre leges dederit Moses. Laudat hæc Barnabæ Clemens Strom. v. Habes autem multa partim his eadem, partim similia, in Philone libro de Agricultura, & libro, Pejorem insidiari meliori, quæ longum esset transcribere. Similia ex Aristeo habet Eusebius lib. VIII. cap. 9.

2 *Incolis autem vesci licere.*] Pios scilicet, sed non circumcisos, de quibus agitur & Levitici XXII. 25. XXV. 4, 7. & in Thalmudicis titulis de Rege & Synedrio, & apud Maimonidem libro de Idololatria.

3 *Messiæ temporibus cessaturam legem de cibis vetitis, [illegible] non minus purum fore, quam buculam.*] Ita R. Samuel in [illegible] Chajim. Thalmud in titulo Nida, Legem datam non mansuram nisi ad tempora Messiæ. N[illegible] etiam quosdam Judæorum magistros, inter quos est Ba[illegible], [illegible] leges de cibis vetitis [illegible] esse terræ Palæstinæ, neque extra eas fines quenquam [illegible] obligari. Multa etiam [illegible] nomina quid [illegible] esse [illegible] inter ipsos controversum, quod credi non debet per-

de cibis vetitis, & suillam non minus puram fore, quam bubulam. Et certe, cum ex omnibus populis unum sibi colligere Deus voluit, æquius fuit ut libertatem, quam ut servitutem, in rebus talibus, communem faceret. Sequitur inspectio festorum dierum.

§ X. *Et dierum.*

Hi universim omnes instituti sunt in memoriam beneficii à Deo accepti, cum ex Ægyptiaca calamitate liberarentur, atque deinde deducerentur in terram promissam. Jam vero Propheta Jeremias xvi. & xxiii. capite, ait, tempus venturum, quo nova, multoque majora beneficia istius beneficii memoriam ita obscurent, ut ejus vix ulla mentio sit futura. Tum vero, quod modo de sacrificiis dicebamus, etiam de festis diebus verum est, iis quoque confidere populum cœpisse; tamquam his bene observatis, non magni ducenda essent, quæ de cætero peccarentur. Unde Esaiæ cap. I. Deus ait se calendas ipsorum & dies festos fastidire, & oneri tanto sibi esse, ut vix queat sustinere. De Sabbato specialiter opponi solet, esse præceptum universale, & perpetuum, quippe non uni populo datum, sed in ipsa mundi origine Adamo omnium parenti. Respondeo, assentientibus Hebræorum doctissimis, duplex esse præceptum de Sabbato, [4] præceptum recordandi, Exodi xx. 8. [5] & præceptum observandi, Exodi xxx. 31. Præceptum recordandi impletur reli-

permissurum fuisse Deum, si ad hunc diem maneret obligandi vis.

4 *Præceptum recordandi* זכור;

5 *Et præceptum observandi.*] שמור. Distinctio est Mosis Gerundensis, Isaaci Aramæ. [*Observare & recordari* idem sunt apud Mosem, in hoc negotio, ut ostendimus ad Deut. v. 1. Vera tamen est res ipsa, quæ hic agitur. *Clericus.*

glossa

giosa memoria mundi conditi. Præceptum observandi situm est in exacta abstinentia ab omni alio opere. Prius illud præceptum ab initio datum fuit, atque ei haud dubie [6] paruerunt viri pii ante legem, Enoch, Noe, Abraham, Isaac, Jacob, quorum quidem postremorum cum multæ peregrinationes legantur, [7] nullum usquam indicium est itineris ob Sabbatum intermissi, quod post exitum ex Ægypto perpetuo reperias. Nam postquam eductus ex Ægypto populus, & feliciter transgressus rubrum mare, primum diem securum egit Sabbatum, eoque cecinit Deo epinicium; ex eo tempore imperata est exacta illa Sabbati quies, cujus prima mentio est in collectione mannæ, Exod. xxxv 2 Levit. xxiii. 3 Et hoc sensu causa legis de Sabbato redditur liberatio ex Ægypto, Deut, v. 21. Et simul hac lege consultum est servis adversus dominorum duritiem, nullam ipsis à laboribus respirationem indulgentium, ut dictis locis videre est. Verum est, [8] hac lege obstrictos fuisse etiam incolas; quia, scilicet, una debebat esse totius populi quiescentis facies. Cæterum aliis populis non datam hanc exactæ quietis legem, vel inde apparet, quod multis in locis vocatur signum, atque etiam fœdus speciale inter Deum & Israelitas, ut Exodi xxxi. 13 16. Jam vero, quæ in memoriam exitus ab Ægypto instituta sunt, non esse talia, ut numquam cessare

6 *Paruerunt viri pii ante legem*] A quibus etiam ad Græcos septimæ diei veneratio aliqua pervenit, ut not tum Clementi. Vide quæ huc pertinentia diximus libro I.

7 *Nullum usquam indicium est itineris ob Sabbatum intermissi*] Hoc sensu illorum temporum pios σαββατίσαι, id est, sabbata observasse negat Justinus cum Tryphone disputans, & Tertullianus adversus Judæos duobus locis.

8 *Hac lege obstrictos fuisse etiam incolas*] Non etiam alios qui extra Judæam præcepta posterorum Noæ data observabant. Ita sentiunt Hebræi.

debeant,

debeant, supra jam ostendimus, ex promisso majorum multo beneficiorum. Adde quod, si lex de quiete Sabbati fuisset ab initio lata, & eo sensu, ut tolli numquam posset, sane prævaluisset illa lex in conflictu aliarum legum, quod nunc contra se habet. nam [9] circumcidi infantes recte, in Sabbato, constat, [1] sicut & stante templo victimæ Sabbatis non minus, quam diebus aliis, jugulabantur. Mutabilitatem hujus legis ipsi Hebræorum magistri ostendunt, cum ajunt, ad imperium Prophetæ recte opus fieri Sabbato, quod probant exemplo captæ Hierichontis, die Sabbati, imperante Josua. Messiæ autem temporibus, discrimen dierum sublatum iri non male eorumdem nonnulli ostendunt ex Esaiæ loco, LXVI. 23 ubi prædicitur, fore ut perpetuus sit Dei cultus à Sabbato ad Sabbatum, à novilunio ad novilunium.

§ XI. *Circumcisionem quoque externam.*

Veniamus ad circumcisionem, quæ sane Mose est antiquior, quippe Abrahamo imperata, ejusque posteris. Sed hoc ipsum præceptum inchoatio fuit fœderis per Mosem publicati. Sic enim dixisse Deus Abrahamo legitur Genes. cap. XVII. *Dabo tibi, & posteritati tuæ terram, in qua peregrinus egisti, terram, inquam, Cananæam in possessionem duraturam. Tu ergo fœdus meum serva, tu, inquam, & posteritas tua per sæcula. Hoc est fœdus inter me & vos, vestramque posteritatem, ut circumcidatur omnis mas.* Atqui jam supra intelleximus in hujus fœderis locum successurum fœdus novum, & quidem commune populis omnibus,

9 *Circumcidi infantes recte in Sabbato constat.*] Proverbium Hebraicum, מילהדו האת השבת *Circumcisio pellit Sabbatum,* Vide Joh. VII. 22.

1 *Sicut & stante Templo victimæ non minus Sabbatis, quam diebus aliis jugulabantur.* Num. XXVIII. 9.

bus, quam ob causam cessare etiam debuit necessitas illa notæ discriminatricis. Est & hoc manifestum, in præcepto circumcisionis contineri mysticam quandam & excellentiorem significationem; quod ostendunt Prophetæ, [2] cum jubent cor circumcidi, quo spectant Jesu præcepta omnia. Quare & promissa circumcisioni addita simili modo necesse est ad majus aliquid referantur: nempe, illud de possessione terrestri, [3] ad revelationem possessionis vere æternæ, quæ numquam apertius, quam per Jesum facta est. & [4] de Abrahamo constituendo in patrem plurimarum gentium, ad id tempus, quo non pauci aliquot populi, sed innumeri toto orbe diffusi. imitaturi essent illam adeo memoratam Abrahami in Deum fiduciam: quod profecto non nisi per Euangelium contigit. Mirum autem non est, umbras destinati operis auferri, opere impleto. [5] Dei vero gratiam huic signo adstrictam non esse, satis hinc discas, quod non vetustiores tantum, sed & ipse Abrahamus adhuc incircumcisus Deo placuit; [6] &, toto tem-

2 *Cum jubent cor circumcidi*] Deuter. x. 16. xxx. 6. Jer. IV. 4.

3 *Ad revelationem possessionis vere æternæ*] Hebr. IV.

4 *De Abrahamo constituendo in patrem plurimarum gentium, ad id tempus, quo non pauci aliquot populi, sed innumeri toto orbe diffusi imitaturi essent illam adeo memoratam Abrahami in Deum fiduciam.*] Genes. XVII. 5. Rom IV. 11, 13, 16, 17. Luc XIX. 9. Gal. III. 7.

5 *Dei vero gratiam huic signo non adstrictam fuisse*] Ἐπειδὴ εἰς σημεῖον ἦν δεδομένη, ἀλλ' οὐκ εἰς δικαιοπραγίας ἔργον, ait Justinus Colloquio cum Tryphone, *Siquidem ista vestra circumcisio in signum data erat, non in opus justitiæ.* Irenæus lib. IV. cap 30. *Quoniam autem & circumcisionem, non quasi consummatricem justitiæ, sed in signo eam dedit Deus, ut cognoscibile perseveret genus Abrahæ, ex ipsa Scriptura discimus. Dixit enim, inquit, Deus ad Abraham. Circumcidetur omne masculinum vestrum, & circumcidetis carnem præputii vestri, & erit in signum testamenti inter me & vos.*

6 *Et toto tempore itineris per Arabum deserta omissa ab Hebræis circumcisio fuit*] Josuæ V. 5, 6.

pore

pore itineris per Arabum deserta, omissa ab Hebræis circumcisio fuit, Deo ob id nihil expostulante.

§ XII. *Et tamen, in his quoque tolerandis, faciles fuisse Apostolos Jesu.*

Certe erat, cur magnas gratias agerent Jesu & ejus legatis Hebræi, quod gravissimo rituum onere per ipsum liberarentur, certique suæ libertatis fierent, [7] per dona ac miracula Mosi nihil cedentia. Sed tamen primi nostri dogmatis publicatores ne hoc quidem ab illis exegerunt, ut suam hanc felicitatem agnoscerent: sed si præcepta Jesu omnis honestatis plenissima susciperent, facile passi sunt eos in rebus mediis [8] sequi quem vellent vivendi modum; [9] ita tamen ut alienigenis, quibus lex illa rituum numquam data fuerat, ejus observandæ necessitatem non imponerent: quod vel unum satis est, ut evidenter ostendatur, inique à Judæis rejecta Jesu dogmata, prætextu illo legis ritualis. Soluta hac objectione, quæ prope unica miraculis Jesu opponi solet, veniamus ad alia argumenta, quæ ad Judæos convincendos sunt idonea.

§ XIII. *Probatio adversus Judæos, ex eo, quod in confesso est promissum eximium Messiam.*

Constat inter nos & ipsos, in Prophetarum vaticiniis supra multos, qui Hebræis divinitus con-

7 *Per dona ac miracula Mosi nihil cedentia*] Miracula Messiæ majora esse debere quam Mosis, dixit R. Levi ben Gersom, quod vel maxime patuit in mortuis resuscitatis.

8 *Sequi quem vellent vivendi modum.*] Actor. XVI. 3. XXI. 24. Rom. XIV. 1. 1 Cor. IX. 15 Gal. V. 6 Coloss. III. 11.

9 *Ita tamen ut alienigenis, quibus lex illa rituum numquam data fuerat, ejus observandæ necessitatem non imponerent*] Actor. XV. Galat. I. 3 6, 15. IV. 10. VI. 12.

tigerunt,

tigerunt, magnorum bonorum auctores, unum multo cæteris excellentiorem promitti, quem nomine communi quidem, sed huic uni eximie competente, Messiam vocari. Eum nos pridem venisse adserimus: illi venturum exspectant Superest, ut de ea lite judicium quæramus in iis libris, quorum auctoritatem pariter agnoscimus.

§ XIV. *Ostenditur eum jam venisse ex præsignificatione temporis.*

Daniel, [1] cui summæ pietatis testimonium Ezechiel perhibuit, neque nos decipere voluit, neque deceptus est ab Angelo Gabriele. Is autem Angelo dictante, cap. IX. conscriptum reliquit, post promulgatum edictum de instauranda urbe Hierosolymorum, non elapsuros annos quingentos, [2] quin adesset Messias. Atqui in hunc diem elapsi sunt ab eo tempore plus bis mille anni, nec adest is, quem Judæi exspectant, nec quemquam alium nominare possunt, in quem id tempus quadret;

1 *Cui summæ pietatis testimonium Ezechiel perhibuit.*] XIV. 14. XXVIII 3 Josephus de Daniele fine libri X. Ὅτι τὸ Θεῖον αὐτῷ Πνεῦμα συμπάρεστι. *Spiritus Dei ei aderat.* Deinde Ἅπαντα γὰρ αὐτῷ παραδόξως ὡς ἐνί τινι τῶν μεγίστων εὐτυχήθη Προφητῶν, καὶ παρὰ τὸν τῆς ζωῆς χρόνον τιμή τε καὶ δόξα παρὰ τῶν βασιλέων καὶ τοῦ πλήθους, καὶ τελευτήσας δὲ μνήμην αἰώνιον ἔχει. τὰ γὰρ βιβλία ὅσα δὴ συγγραψάμενος καταλέλοιπεν, ἀναγινώσκεται παρ' ἡμῖν ἔτι καὶ νῦν, καὶ πεπιστεύκαμεν ἐξ αὐτῶν ὅτι ὡμίλει τῷ Θεῷ *Omnia illi, supra fidem, & quantum maximorum Prophetarum ulli succedebant, dumque vixit, in summa gratia ac honore fuit apud reges & populum. & postquam mortuus est, æterna ejus viget memoria Leguntur enim apud nos in hunc diem libri, quos à se conscriptos reliquit, quorum testimonio credimus fuisse Danieli cum Deo commercium*

2 *Quin adesset Messias*] Filium hominis, apud Danielem, esse Messiam consentiunt magni Judæorum magistri Salomon Jarchi, Rabbi Josue citatus ab Abenesdra, & Saadias Sic & Rabbi Josue qui excidium Templi vidit, Messiæ tempus advenisse dicebat, ut testatur R. Jacob in Caphthor.

In

In Jesum autem tam bene convenit, ut [3] magister Hebræus Nehumias, qui annis quinquaginta eum præcessit, aperte jam tum dixerit, non posse ultra eos quinquaginta annos protrahi tempus Messiæ a Daniele significatum. Cum hac temporis nota congruit altera, quam supra attigimus, [4] de imperio in omnes nationes dando divinitus, [5] postquam Seleuci & Lagi posteritas regnare desiisset; quarum posterior in Cleopatra desiit, non multo antequam Jesus nasceretur. Tertia nota est dicto cap. IX. apud Danielem, quod post Messiæ adventum exscindenda esset urbs Hierosolyma, quod de exscidio urbis vaticinium [6] ipse Josephus ad suam refert ætatem: unde sequitur, tempus Messiæ adventui præstitutum jam tum præteriisse. Eodem pertinet quod apud Aggæum cap. II. Deus Zorobabelem Ethnarcham, & Jesum Josedeciden Pontificem Maximum mœstos, quod

3 *Magister Hebræus Nehumias*] Par fuisset Grotium unde hæc haberet significasse. A Judæo quodam accepisse se ait, nisi me fallit memoria, in Epist. quadam ad fratrem *Gulielmum Grotium* Clericus

4 *De imperio in omnes nationes dando divinitus*] Lapidem illum, cujus percussu imago illa imperiorum figuram habens comminuenda esset, Messiam esse tradidit R. Levi ben Gerson & regnum illud cætera regna absumpturum esse regnum Messiæ docent Rabbi Salomo, R Abenesdra, & R Saadia Filium hominis apud Danielem esse Messiam R. Levi ben Gerson, & Saadia.

5 *Postquam Seleuci & Lagi posteritas regnare desiisset*] Vide quæ hac de re annotata ad librum primum

6 *Ipse Josephus ad suam refert ætatem*] Libro x. cap 12, Τὸν αὐτὸν δὲ χρόνον Δανιῆλος καὶ περὶ τῶν Ῥωμαίων ἡγεμονίας ἀνέγραψε, καὶ ὅτι ὑπ' αὐτῶν ἐρημωθήσεται. ταῦτα πάντα ἐκεῖνος Θεοῦ δείξαντος αὐτῷ συγγράψας κατέλειψεν, ὥστε τοὺς ἀναγινώσκοντας, καὶ τὰ συμβαίνοντα σκοποῦντας, θαυμάζειν ἐπὶ τῇ παρὰ Θεοῦ τιμῇ τὸν Δανιῆλον *Eodem tempore Daniel etiam de Romanorum scripsit imperio, & fore ut ab eo gens nostra vastetur. Hæc omnia ille Deo indicante præscripta reliquit, ita ut non possint qui ista legunt, & eventus considerant, non admirari Danielem ob honorem à Deo acceptum.* Septuaginta annorum hebdomadas finire in exscidio Templi secundi etiam Iacchiades docet ad Dan, IX, 24.

viderent

viderent excitatum à se templum non respondere magnitudini prioris templi, solatur hoc promisso, futurum ut major honos isti Templo, quam priori, contingeret, quod profecto neque de mole operis, neque de materia, neque de arte, neque de ornatu dici posse historia horum temporum in sacris litteris, & apud Josephum, collata cum ea quæ est de Templo Salomonis, indubitatum facit. Adde quod Hebræorum Magistri adnotant, duas maximas dotes defuisse Templo posteriori, quæ priori adfuerant; [7] conspicuam quandam lucem divinæ majestatis indicem, & divinum afflatum Sed quo Templum hoc posterius priori præstiturum sit, ibi quidem breviter ostendit Deus, [8] cum pacem suam, id est, gratiam & benevolentiam, in eo templo se quasi fœdere certo stabiliturum dicit. Latius autem exsequitur Malachias cap. III. *Ecce missurus sum legatum meum, qui vias meas præparet. Brevi veniet in templum suam* (vixit autem Malachias tempore ædificati Templi posterioris) [9] *Dominus ille, quem vos desideratis, internuncius ille fœderis, deliciæ vestræ.* Venire ergo debuit Messias, stante Templo secundo, [1] quo nomine, apud Hebræos, venit totum illud

7 *Conspicuam quandam lucem divinæ majestatis indicem & divinum afflatum*] In titulo de Documentis Gemara Hierosolymitana cap. 3.

8 *Cum pacem suam, id est, gratiam & benevolentiam, in Templo se quasi fœdere certo stabiliturum*] Notandum est quod præcedit, *Veniet desiderium omnium Gentium, & implebo domum hanc gloria.* Quod mirifice convenit cum iis, quæ jam dedimus ex Malachia, ita ut hi duo Prophetæ mutuo interpretum fungantur vice Venire debuisse Messiam in Templum secundum sensit Rabbi Akiba multique alii, teste Rabbino Salomone.

9 *Dominus ille quem vos desideratis*] Hunc Malachiæ locum communiter Judæi de Messia exponunt.

1 *Quo nomine apud Hebræos venit totum illud ævum à Zorobabele ad tempus Vespasiani*] Ut in Thalmude capite ultimo de Synedrio, & titulo Juma, & titulo Rosch Hasschana.

ævum

ævum a Zorobabele ad tempus Vespasiani, quia Herodis Magni temporibus Templum non ex ruinis resuscitatum fuit, [2] sed paulatim per partes innovatum, qualis mutatio facit idem Templum appellari. Et sane tam constans apud Hebræos & vicinos fuit opinio, illis temporibus exspectandum Messiam, ut [3] multi Herodem, [4] alii Judam Gauloniten, [5] alii alios, qui circa Jesu tempora vixerunt, pro Messia heberent.

§ XV. (*Cum solutione ad id quod dicitur, dilatum adventum ob peccata populi.*)

Sentiunt se premi his argumentis, de Messiæ adventu, Judæi quæ ut eludant, nonnulli aiunt sua peccata in causa fuisse, quominus promisso tempore adveniret. [6] Ut omittam, in dictis vaticiniis

2 *Sed paulatim per partes innovatum, qualis mutatio facit idem Templum appellari*] Philo de Mundo Οὐ γὰρ δὴ τὸ ἐν οὗ πάντα μέρη φθείρεται, φθαρτόν ἐστιν ἐκεῖνο, ἀλλ' οὗ πάντα τὰ μέρη ἅμα καὶ ἐν τ' αὐτῷ ἀθρόα κατὰ τὸν αὐτὸν χρόνον *Non cujus partes pereunt utique interitui obnoxium est sed cujus omnes partes simul & eodem tempore pereunt.* Adde L. proponebatur, D. de Judiciis & L. Quid tamen §, in navis. D. Quibus modis ususfructus amittatur.

3 *Multi Herodem*] Hi Herodiani. Matt XXII 16 Marc III. 6 VIII. 15 XII. 13 Tertullianus in hæret corum enumeratione *Cum his etiam Herodianos qui Christum Herodem esse dixerunt* Paria habet de his Epiphanius quibuscum convenit vetus ad Persium. Scholiastes *Herodes apud Judæos regnavit tempore Augusti, in partibus Syriæ Herodiani ergo diem natalem Herodis observabant, ut etiam Sabbata, quo die lucernas accensas & violis coronatas in fenestris ponunt*

4 *Alii Judam Gauloniten.*] Vide Josephum XVIII. I. Act. V 36

5 *Alii alios*] Actor XXI 38 Josephus plura exempla habet temporibus Felicis, & post excidium quædam.

6 *Ut omittam in dictis vaticiniis definitum, non aliqua conditione suspensum decretum indicari.*] Id diserte affirmat R. Jochanan in Schemoth Rabba, & R David Kimchi in in Psal CVIII 5 Bene de Daniele Josephus libro X. circa finem Οὐ γὰρ τὰ μέλλοντα μόνον προφητεύων διετέλει, καθάπερ καὶ οἱ

ἄλλοι

ciniis definitum, non aliqua conditione suspensum decretum indicari quomodo ob peccata differri adventus potuit, cum hoc quoque prædictum esset, [7] ob plurima & maxima populi peccata urbem exscindendam, paulo post Messiæ tempora? Adde quod Messias venturus erat, hac quoque de causa, [8] ut corruptissimo seculo medicinam faceret, simulque cum emendandæ vitæ regulis criminum veniam adferret, unde de ejus temporibus apud Zachariam dicitur cap XIII fore tunc fontem apertum domui Davidis, & Hierosolymitis omnibus, ad peccata abluenda & apud ipsos Hebræos, receptum est Messiam appellare [9] ISCH CHOPHER, hoc est placatorem. Plane autem à ratione abhorret, dicere ob morbum aliquem dilatum id, quod præcise ei morbo erat destinatum.

§ XVI. *Item ex statu præsenti Judæorum collato cum his quæ lex promittit.*

De eo, quod dicimus, advenisse pridem in terras Messiam, ipse etiam sensus Judæos potest con-

ἄλλοι Προφῆται, ἀλλὰ καὶ καιρὸν ὥριζεν, εἰς ὃν ταῦτα ἀποβήσεται. *Non enim solum futura prædixit toto vitæ suæ tempore, ut & alii Prophetæ, sed & tempus definivit, quo quæque eventura erant* Nulla conditione suspensum fuisse decretum de Messia illo tempore mittendo, apparet & ex Malachiæ III. I Præterea cum novi fœderis auctor deberet esse Messias, ut & ibi Malachias & alii Prophetæ ostendunt, non potuit ejus adventus suspendi à conditione observati fœderis, quod antiquatum venerat

7 *Ob plurima & maxima peccata urbem exscindendam paulo post Messiæ tempora.*] Dan. IX. 24.

8 *Ut corruptissimo sæculo medicinam faceret, simulque cum emendandæ vitæ regulis criminum veniam adferret*] Esaias LIII 4. & sequentibus, Jeremias XXXI. 31. & sequentibus, Ezechiel. XI 19, 21

9 *Isch Chopher.*] איש כופר Vide Chaldæum Paraphrasten Cant. I, 14. Messiam peccata nostra portaturum dicit R Judas in Chasidim, R. Simeon in Bereschith Rabba.

vincere.

vincere. [1] Promisit Deus, fœdere per Mosem inito, ipsis felicem possessionem terræ Palæstinæ, quamdiu vitam suam ad legis præscriptum componerent: [2] contra si adversus eam graviter delinquerent, exsilium aliaque id genus mala ipsis minatus est. Quod si tamen, aliquo tempore pressi malis, & pœnitentia peccatorum ducti, ad obedientiam rediissent; se misericordia populi tactum iri, effecturumque, ut, quamvis in ultimas mundi plagas dispersi, redirent in patriam; ut videre est, tum alibi, tum Deuteronomii XXX. & Nehemiæ I. Atqui jam anni sunt mille & ultra quingentos, quod Judæi patria carent, Templo carent, [3] & si quando novum ædificare voluerunt, semper sunt impediti, etiam flammarum globis ad fundamenta erumpentibus cum operarum pernicie, [4] quod ab Ammiano Marcellino, Scriptore non Christiano, proditum est. Cum olim populus gravissimis sceleribus se contaminasset, liberos passim sacrificasset Saturno, adulteria pro nihilo duceret, viduas & pupillos expilaret, insontem sanguinem magna copia funderet, [5] quæ omnia

1 *Promisit Deus, fœdere per Mosem inito, ipsis felicem possessionem terræ Palæstinæ, quamdiu vitam suam ad legis præscriptum componerent*] Exod XV. Levit XVIII Deut VI VII XI XXVIII.

2 *Contra si adversus eam graviter delinquerent, exsilium aliaque id genus mala ipsis minatus est*] Levit. XXVI Deut IV XI. XXVIII.

3 *Et si quando novum ædificare voluerunt, semper sunt impediti*] Sub Adriano, sub Constantino, sub Juliano · Chrysostomus II adversus Judæos.

4 *Quod ab Ammiano Marcellino Scriptore non Christiano est proditum*] Libro XXIII. Chrysostomus II adversus Judæos: Πῦρ ἐκπηδῆσαν ἐκ τῶν θεμελίων εὐθέως κατέφλεξέ τε πολλοὺς ἀνθρώπους, οὐ μὴν ἀλλὰ καὶ τοὺς λίθους τοῦ τόπου ἐκείνου. *Ignis e fundamentis exsiliens multos homines combussit, ipsos quin etiam loci illius lapides* Totus locus dignus qui legatur Paria habet Scriptor idem in Matthæum Homilia IV & Sermone Christum esse Deum.

5 *Quæ omnia illis Prophetæ exprobrant.*] Esai. I 17. III. 14, 15 V. 23. XI, 2, 3. LIX.

omnia illis Prophetæ exprobrant; passus est exsilium, sed [6] non diutius annis septuaginta, atque interea non omisit Deus [7] per Prophetas illos alloqui & solari spe reditus, [8] indicato etiam ejus tempore. At nunc, [9] ex quo semel ejecti patria sunt, manent extorres, contemti: nullus ad eos venit Propheta. nulla futuri reditus significatio: Magistri ipsorum, quasi spiritu vertiginis afflati, ad turpes fabulas & ridicula dogmata delapsi sunt; quibus scatent libri Thalmudici, quos Legem ore datam audent dicere, & cum iis, quæ Moses scripsit, conferre, aut iis præferre etiam. Nam quæ ibi leguntur [1] de Dei fletu, quod urbem passus sit exscindi, [2] de ejus quotidiana diligentia in legenda Lege, [3] de Behemotho & Leviathane, [4] multisque rebus aliis, tam sunt absurda, ut etiam referre tædeat. Et tamen tanto tempore Judæi, nec ad falsorum Deorum cultus deflexerunt, ut olim, nec cædibus se contaminant, nec de adulteriis accusantur: [5] Deum vero & precibus, & jejuniis,

LXV. Amos II. 6. Jer. II. III. V VII. 31. VIII IX. XI. XVI. XXII. Ezech. II. VI. VII VIII. XVI. XXII XXIV. Dan. IX. Michæas II 1, 2. 3.

6 *Non diutius annis LXX.*] Objicit hoc R. Samuel, in epistola ad R. Isaacum

7 *Per Prophetas illos alloqui & solari spe reditus*] Jer. XXX XXXI. XXXIII. Ezech. XXXVI. XXXVII

8 *Indicato etiam ejus tempore*] Jerem. XXV 15 XXIX. 10

9 *Ex quo semel ejecti patria sunt, manent extorres, contemti, nullus ad eos venit Propheta*] Thalmud in Baba Bathra.

1 *De Dei fletu, quod urbem passus sit exscindi.*] Præfatio Echa Rabbathi. Similia in Thalmude, titulo Chagiga, in Debarim Rabba & in Berachoth.

2 *De ejus quotidiana diligentia in legenda Lege*] Thaanith, Aboda Zara.

3 *De Behemotho & Leviathane*] Thalmud Baba Bathra. Paraphrastes Chaldæus ad Cant. Canticorum VIII 2

4 *Multisque rebus aliis*] Quorum multa transcripsit Christianus Gerson in suo ad Judæos libro Vide ejus capita de diabolis, de Messia, de revelationibus per Eliam, de Gehenna, de regno Decem tribuum trans amnem Sabbaticum, de Rabbinorum facinoribus.

5 *Deum vero & precibus & jejuniis*

jejuniis, certant placare, nec exaudiuntur. Quæ cum ita se habeant, omnino ex duobus alterum statuendum est, aut fœdus illud per Mosem factum omnino esse abolitum, aut teneri Judæorum universitatem gravis alicujus peccati, tot jam per secula durantis: quod quale sit, ipsi dicant, aut si dicere non possunt, nobis credant; peccatum illud esse contemti Messiæ, qui ante advenerit, quam hæc mala ipsis contingere cœperunt.

§ XVII. *Probatur Jesus esse Messias, ex his quæ de Messia prædicta fuerunt.*

Et hæc quidem, ut diximus, ostendunt, venisse jam ante tot sæcula Messiam addimus nos, non alium eum esse, quam Jesum. Nam quicumque alii pro Messia haberi se voluerunt, aut habiti sunt, nullam reliquerunt sectam in qua ea opinio perseveraret. Nulli nunc aut Herodis, aut Judæ Gaulonitæ, aut qui Adriani temporibus Messiam se dixit, [6] & doctissimis quibusdam imposuit, [7] Barchochebæ sectatores se profitentur. At Jesu qui nomen dent, ex quo ipse in terris fuit, in hunc diem fuerunt, [8] suntque plurimi, nec in una regione, sed quam late hic orbis patet. Possem hic multa alia adferre olim de Messia prædicta, aut credita, quæ in Jesu evenisse credimus, cum de aliis ne adseverentur quidem: quale est,

Jejuniis certant placare] Quod si ipsis credendum est, optime de Deo merentur, Messiam falsum, quem tanta pars humani generis recipit, repudiando

6 *Et doctissimis quibusdam imposuit*] Ut Rabbi Akibæ, Thalmud in titulo de Synedrio & liber Zemach David.

7 *Barchochebæ*] Qui ὁ τῆς Ἰουδαίων ἀποστάσεως ἀρχηγέτης Justino Mentio ejus apud Eusebium, Hieronymum, Orosium, Thalmudico titulo de Synedrio in Bereschith Rabba, apud Rabbinos Johannem & Abrahamum Salmanticensem, & alios multis in locis.

8 *Suntque plurimi, nec in una regione, sed quam late hic orbis patet*] Vide quæ hac de re allata ad librum secundum.

[9] quod ex Davidis fuit posteritate, [1] quod ex virgine natus est, [2] edocto ea de re cœlitus eo, qui virginem eam duxerat, cum ex alio prægnantem in matrimonio non fuerat retenturus; [3] quod natus est Bethlehemi, [4] quod dogma suum serere cœpit in Galilæa, [5] quod omne genus morbos sanavit, cæcis visum, claudis gressum dedit: sed uno contentus sum, cujus effectus in hunc diem durat. Ex [6] Davidis, [7] Esaiæ, [8] Zachariæ, [9] Oseæ vaticiniis manifestissimum est, Messiam non tantum Judæorum, sed & aliarum gentium magistrum fore: [1] per ipsum collapsuros cultus falsorum Deorum, & ad unius Dei cultum perducendam ingentem multitudinem alienigenarum. Ante Jesu adventum, sub falsis cultibus totus fere orbis jacebat: deinde paulatim evanescere illi cœperunt, nec

9 *Quod ex Davidis fuit posteritate*] Psal. LXXXIX 4 Esa. IV 2 XI 10. Jerem. XXIII. 5. Ezech. XXXIV 24. Mich. V. 2. Matth. I 1, 20 IX 27 XII. 23. XV. 22. XX. 30, 31 XXI. 9, 15 XXII 42 & sequent Marc X 47 XII. 35, 36, 37. Luc. I. 27, 32, 69. II. 4, 11. XVIII. 38, 39 XX. 42, 44. Joh VII 42. Actor. XIII 34. XV. 16. Rom. I 3 2 Tim II. 8. Apoc. V. 5 XXII 16.

1 *Quod ex virgine natus est.*] Esa. VII. 14. Matth I. 18, 22, 23. Luc. I. 35.

2 *Edocto ea de re cœlitus eo qui virginem eam duxerat.*] Matth. I. 20.

3 *Quod natus est Bethlehemi*] Mich. V. 2. Matth. II. 1, 2. 3, 4, 5, 6. Lucæ II. 4.

4 *Quod dogma suum serere cœpit in Galilæa*] Esaiæ IV. 1. Matth. IV. 12, 13. Marc. I. 4. Luc. IV. 14, 15, 16, & alibi sæpe

5 *Quod omne genus morbos sanavit, cæcis visum, claudis gressum dedit*] Esaias XXXV. 5. LXI 1 Matth XI. 5 Luc. IV. 18 & alibi passim. Adde quod mortuos resuscitavit, quod inter præcipuas Messiæ notas ponit R. Levi ben Gerson

6 *Davidis*] Psal II 8 XXII. 28. LXVIII 32 LXXII 8, 17.

7 *Esaiæ*] II 2 XI 10 XIV. 1. XIX. 18. XXVII. 13 XXXV XLII. & XLIII præcipue XLIX. 6 LI. 6. LII. 15 LIV LV. 4, 5. LX 3 & sequentibus LXV. 1, 2. LXVI. 10 & seqq

8 *Zachariæ*] II. 11. VIII. 20. & sequentibus IX. 9, 10, 12 XIV. 16.

9 *Oseæ*] II. 24.

1 *Per ipsum collapsuros cultus falsorum Deorum*] Esa II. 18, 20. XXXI. 7. XLVI. 8 Sophoniæ I. 4, 5, 6. Zach. XIII. 2.

singuli

ſinguli tantum homines, ſed & populi & reges ad unius Dei cultum converti. Hæc non Judæorum Rabbinis debentur, ſed Jeſu diſcipulis, eorumque ſucceſſoribus ita. [2] populus Dei factus eſt, qui ante non erat, & impletum eſt, quod per Jacobum prædictum fuerat, Geneſ XLIX. antequam plane tolleretur civilis poteſtas à poſteris Judæ, venturum Silo, quem [3] Chaldæus, & alii Interpretes, Meſſiam exponunt, [4] cui pariture eſſent etiam exteræ gentes

§ XVIII. *Solutio ejus quod dicuntur quædam non impleta.*

Opponi hic à Judæis ſolet, quædam de temporibus Meſſiæ prædicta eſſe, quæ non conſpiciantur impleta. Sed quæ ad lucunt, obſcura ſunt, aut diverſam recipiunt ſignificationem, propter quæ non debent deſeri ea, quæ ſunt manifeſta, qualia ſunt ſanctitas præceptorum Jeſu, præmii excellentia, & in eo proponendo ſermo perſpicuus; quibus cum accedant miracula, ſufficere hæc ad amplectendum ejus dogma debebant. Ad vaticinia, [5] quæ libri clauſi nomine nuncupari ſolent,

2 *Populus Dei factus eſt qui ante non erat*] Oseæ II. 24.

3 *Chaldæus*] Tam Jonathan, quam Hieroſolymitanæ paraphraſeos Scriptor. Item Thalmudici titulo de Synedrio, Bereſith Rabba, Jakultus ad Pentateuchum, Rabbi Salomo & alii. שבט quod nunc Judæi volunt eſſe virgam caſtigationum, Thargum Chaldæo exponitur שלטן, & Græcis eodem ſenſu ἀρχων. Aquilæ σκῆπτρον. Symmacho ἐξουσία. שירה autem per בנן filius ejus, exponunt Chaldæus, R. Siloh, R. Bechai, R. Salomo, Abeneſdra & Kimchi. Vide pulchre dicta de hoc loco apud Chryſoſtomum, Sermone Chriſtum eſſe Deum.

4 *Cui pariture eſſent etiam exteræ gentes.*] Vide dictum locum Eſaiæ XI. 10. qui huic lucem adfert.

5 *Quæ libri clauſi nomine nuncupari ſolent*] Eſaias XXIX. 11. Daniel. XII. 4, 9. & ibi Iacchiades. Vide quæ hac de re diſſerit Chryſoſtomus Sermone II. Cur obſcurum ſit Vetus Teſtamentum.

recte intelligenda, opus sæpe est Dei quibusdam auxiliis, quæ merito illis subtrahuntur, qui aperta negligunt. Loca autem, quæ objiciunt, varie exponi, ne ipsi quidem ignorant. & si cui conferre libeat interpretes veteres, [6] qui in Babylonico exsilio, aut alioqui circa Jesu tempora exstiterunt, cum his, qui scripserunt postquam Christianorum nomen in odio apud Judæos esse cœpit; inveniet explicationes novas repertas partium studio, cum olim receptæ essent aliæ, quæ cum Christianorum sensu satis conveniebant Multa in sacris litteris non ex proprietate verborum, [7] sed figura quadam esse intelligenda, ne ipsi quidem ignorant. [8] ut cum Deus descendisse dicitur, cum ei [9] os, [1] aures, [2] oculi, [3] nares, tribuuntur. Quidni ergo hunc in modum explicemus & pleraque de Messiæ temporibus dicta? qualia sunt, [4] lupum cum agno, pardum cum hœdo, leonem cum pecore stabulaturum, lusurum cum anguibus infantem, [5] montem Dei surrecturum supra

6 *Qui in Babylonico, &c.*] Videtur *Grotius* respicere ad Chaldæos Interpretes Veteris Testamenti, atque ex sententia Judæorum loqui, à quibus antiquiores habentur, quam sunt. Vide *Brian. Waltoni* Proleg. in Bibl. Cap XII *Clericus.*

7 *Sed figura quadam esse intelligenda, ne ipsi quidem ignorant*] Quomodo Maimonides in libro I. ad locum Esaiæ XI 6. de Messiæ temporibus ἀλληγορικῶς vult intelligi. Idem dicit ad ipsum Esaiæ locum David Kimchi qui & similia habet ad Jerem. II 15 v 6.

8 *Ut cum Deus descendisse dicitur*] Ut Gen XI. 5. XVIII. 21. Vide de his similibusque locutionibus Maimonidem Doctoris dubitantium Parte I cap. 10 & II 29. & sequentibus, & eundem ad Deuter. ubi de Rege Messiæ res fore cœlestes ait liber Cabalisticus Nezael Israel.

9 *Os*] Ut Jeremiæ IX. 12

1 *Aures.*] Ut Psal XXXI. 3. XXXIV 16.

2 *Oculi.*] Loco Psalmi proxime citato

3 *Nares.*] Psalm. XVIII. 9. Jer XXXII. 37

4 *Lupum cum agno*] Dicto loco Esaiæ XI 6 & sequentibus.

5 *Montem Dei surrecturum supra montes alios*] Esaiæ II. 2. Michææ IV 1 & seqq.

montes

montes alios, venturos eo alienigenas, ut sacra faciant. Sunt quædam promissa, quæ ex antecedentibus aut consequentibus verbis, aut etiam ex ipso sensu conditionem in se tacitam continent. Sic multa Hebræis promisit Deus, si Messiam missum reciperent, eique parerent: quæ si non eveniunt, habent ipsi, quod sibi imputent. Quædam vero etiam definite & sine conditione promissa, si impleta nondum sunt, adhuc possunt exspectari. Constat enim etiam apud Judæos, [6] tempus, sive regnum Messiæ, durare ad finem sæculorum.

§ XIX. *Et ad id quod opponitur de humili statu & morte Jesu.*

Offendit multos humilis Jesu fortuna: inique vero; cum in sacris litteris passim dicat Deus, [7] erigi à se humiles, & superbos sterni. [8] Jacob extra se nihil præter baculum ferens Jordanem transiit: rediit eodem maxima vi pecoris ditatus. Moses exsul, pauper, pecora pascebat, [9] cum ei in rubo Deus apparuit, populique sui ductum mandavit. [1] David itidem gregem pascens ad regnum vocatur, multisque aliis exemplis talibus plena est sacra historia. De Messia vero legimus, fore eum [2] lætum pauperibus nuntium, [3] non clamorem excitaturum in publico, aut jurgiis usurum,

6 *Tempus sive regnum Messiæ durare ad finem seculorum.*] Perek Chelek. p 97

7 *Erigi à se humiles, & superbos sterni*] 1 Reg. II. 8. Psal XXXIV 19 Prov. XI. 2. Esaias LVII. 15. LXVI 2.

8 *Jacob extra se nihil præter baculum ferens Jordanem transiit*] Gen XXXII. & seqq.

9 *Cum ei in rubo Deus apparuit,*] Exodi III.

1 *David itidem gregem pascens ad regnum vocatur.*] 1 Sam XVI 7, II.

2 *Lætum pauperibus nuntium*] Esaias LXI 1 Matth. XI 5. Adde Zach, IX 9

3 *Non clamorem excitaturum in publico aut jurgiis usurum, sed acturum leniter*] Esaias XLII. 2, 3, 4. Matth XII, 19, 20.

sed acturum leniter ita ut parcat arundini concussæ, & in ellychnio fumigante alat, quod restat caloris. Neque magis cætera ejus mala, & mors ipsa, invisum eum cuiquam facere debent. Nam sæpe à Deo permitti, ut pii ab impiis non vexentur modo, [4] ut Lotus à Sodomæ civibus, sed interficiantur quoque, manifestum est [5] exemplo Abelis parricidio enecti, [6] Esaiæ dissecti, [7] Maccabæorum fratrum cum matre ad mortem excruciatorum. Ipsi Judæi Psalmum canunt LXXIX. in quo hæc verba sunt: *Dederunt servorum tuorum cadavera in cibum volucrium, reliquias eorum, quos tu, ô Deus, amas, bestiis sanguinem eorum effuderunt in pomœrio Hierosolymorum: nec quisquam fuit, qui eos sepeliret*, & quæ sequuntur. Ipsum vero Messiam debuisse per ærumnas, & mortem pervenire ad regnum suum, & ad potestatem summis bonis ornandi familiam suam, negare nemo poterit, qui ad ista Esaiæ verba, [8] capite LIII, animum volet attendere. *Quotusquisque credidit sermoni nostro, & vim Dei agnovit? Idque ideo, quia surrexit ille, Deo adspectante, tamquam tener surculus, tamquam herba ex solo arenoso: in vultu ejus nihil pulchri, nihil decori, nec, si adspiceres, quidquam erat quod oblectaret, contemtui patebat, & inter homines erat velut abjectissimus, multos dolores, multas ægritudines expertus: omnes se ab eo avertebant: tanto erat despicatui, nulloque in pretio. Sed vere*

4 *Ut Lotus à Sodomæ civibus.*] Gen. XIX.

5 *Exemplo Abelis parricidio enecti*] Gen. IV.

6 *Esaiæ dissecti*] Ita habet Judæorum traditio, ad quam respicit Scriptor ad Hebræos XI. 37. & Josephus X. 4. Chalcidius in Timæum: *Cum Prophetæ à consceleratis, unus membratim sectus, alter obrutus saxis.*

7 *Maccabæorum fratrum cum matre ad mortem excruciatorum*] 2 Maccab. VII. Josephus libro περὶ αὐτοκράτορος λογισμοῦ

8 *Capite LIII*] Quem locum de Messia interpretantur Chaldæus Paraphrastes, & Gemara Babylonica, titulo de Synedrio.

nostros

[9] *nostros ille morbos pertulit, nostra mala toleravit. Nos illum habuimus tamquam de cœlo tactum, à Deo ictum atque depressum: sed ob nostra peccata vulneratus est, attritus ob nostra crimina.* [1] *Pœna, quæ nobis salutem pareret, ipsi imposita est: tumores ipsius dati sunt nobis pro remedio. Certe enim nos ut oves aberraveramus omnes huc atque illuc: ipsi Deus inflixit pœnam, quæ nostris criminibus debebatur. Et tamen cum opprimeretur & gravissime cruciaretur, vocem non emisit, sicut agnus mactandus, aut ovis, quæ tondetur, silent muta. Post vincula, post judicium, è medio sublatus est. sed rursus vitæ ejus durationem quis digne eloqui poterit? Nimirum, ex hoc loco, in quo nos vivimus, ereptus est: sed hoc malum ei evenit ob populi mei scelera. Ad mortem usque & sepulturam datus est in manus potentium atque impiorum, cum tamen nemini fecisset injuriam, neque in sermone ejus deprehensus fuisset umquam dolus malus. Sed quamquam Deus eo usque eum passus est conteri, doloribusque affici, tamen* [2] *quia se constituit hostiam piacularem,* [3] *videbit posteritatem, vitam aget durabilem, & quæ Deo sunt placita, per ipsum feliciter curabuntur. Liberatum se à malo conspiciens, ait Deus,* [4] *voluptate satiabitur, eo maxime, quod dogmate suo ipse justus servus meus multos absolvet, eorum crimina auferens. Dabo ei par-*

9 *Nostros morbos ille pertulit*] Morborum voce quævis mala intelligi docet ad hunc locum Abarbanel.

1 *Pœna quæ nobis salutem pareret, ipsi imposita est*] De Messia hæc explicat Rabboth & Salomon Jarchi ad Gemaram titulo de Synedrio.

2 *Quia se constituit hostiam piacularem*] De malis volente animo toleratis hic agi ait Alseck.

3 *Videbit posteritatem*] Voce seminis quæ in Hebræo est, significari discipulos ait hic Alseck. Sic semel serpentes Hebræi interpretantur Chananæos. Nec aliter accipiunt nonnulli eorum filios, Esaiæ VIII. 18 ut Thalmud Hierosolymitanum notat titulo de Synedrio.

4 *Voluptate satiabitur.*] Hæc ad futurum seculum refert Abarbanel.

tem eximiam, [5] *ubi inter præliatores spolia dividentur, quia morti se dedidit, & sceleratis adnumeratus est, cumque pœnas alienorum criminum ferret ipse, pro sontibus se constituit peccatorem.* Quis potest nominari, aut regum, aut prophetarum, in quem hæc congruunt? Nemo sane. Quod autem recentiores Judæi commenti sunt, agi hic de ipso populo Hebræo disperso in omnes gentes, ut suo exemplo ac sermone multos ubique proselytos faceret; is sensus primum plurimis sacrarum litterarum testimoniis repugnat quæ clamant, Judæis [6] nihil mali accidisse, quod non ipsum, & insuper majora multo, suis factis essent promeriti. Deinde ipsa Propheticæ orationis series eam non fert interpretationem. Dicit enim sive Propheta, quod isti loco videtur convenientius, sive Deus *hoc malum illi evenit, ob populi mei scelera.* Populus autem Esaiæ, aut etiam populus Dei peculiaris, est populus Hebraicus Quare is, qui tam gravia perpessus ab Esaia dicitur, non potest idem populus esse. Melius antiqui Hebræorum Magistri fatebantur hæc de Messia dici; quod cum viderent quidam posteriorum, [7] duos Messias commenti sunt, quorum alterum vocant Josephi filium, qui mala multa & mortem cruentam pateretur, alterum Davidis filium, cui cuncta prospere succederent, [8] cum multo facilius esset, & Prophe-

5 *Ubi inter præliatores spolia dividentur*] Hæc spirituali modo intelligenda docet Gemara Babylonica titulo סוכה Per spolia intelligi sapientium honores & præmia dicit Alseck ad hunc locum

6 *Nihil mali accidisse quod non ipsum, & insuper majora multo, suis factis essent promeriti.*] Apparet id locis Prophetarum jam supra positis, & Danielis IX & Nehemiæ IX Adde quod is, de quo agit Esaias, deprecaturus erat Deum pro Ethnicis, quod Judæi non faciunt

7 *Duos Messias commenti sunt*] Thalmud titulo Succha · R Salomo R. David Kimchi

8 *Cum multo facilius esset & Prophe-*

Prophetarum ſcriptis congruentius, unum agnoſcere, qui per adverſa & mortem ad regnum eſſet perventurus, quod nos de Jeſu credimus, & verum eſſe res ipſa docet.

§ XX. *Et quaſi viri probi fuerint, qui eum morti tradiderunt.*

Retinet multos à ſuſcipienda Jeſu diſciplina præconcepta quædam opinio, de virtute ac probitate majorum ſuorum, ac maxime Sacerdotum, qui Jeſum præjudicio damnarunt, & dogma ejus repudiarunt. Sed quales ſæpe majores ipſorum fuerint, ne me ſibi maledicere exiſtiment, audiant ipſis verbis, & legis ſuæ, & Prophetarum, à quibus ſæpe appellantur [9] incircumciſi auribus & corde, [1] populus labiis & rituum apparatu Deum honorans, animo autem remotiſſimus. Majores ipſorum fuerunt, [2] qui Joſephum fratrem ſuum parum abfuit quin interficerent, re autem ipſa in ſervitutem vendiderunt. Majores ipſorum & illi, [3] qui Moſem perpetuis ſeditionibus ad vitæ tædium adegerunt, ducem ſuum ac liberatorem, cui terra, mare, aer obediebant: [4] qui panem cœlitus miſſum faſtidierunt, [5] qui velut de ſumma penuria conqueſti ſunt, cum aves comeſtas adhuc

Prophetarum ſcriptis congruentius unum agnoſcere, qui per adverſa & mortem ad regnum eſſet perventurus] Quod ipſum non uno in loco ad hoc Eſaiæ caput ſequitur Abarbanel

9 *Incircumciſi auribus & corde*] Jerem. IV 4 VI 10

1 *Populus labiis & rituum apparatu Deum honorans, animo autem remotiſſimus*] Deut XXXII. 5, 6, 15, 28 Eſaias XXIX 13. Amos V 21 Ezech. XVI. 3.

2 *Qui Joſephum fratrem ſuum parum abfuit quin interficerent, re autem ipſa in ſervitutem vendiderunt*] Gen XXXVII

3 *Qui Moſem perpetuis ſeditionibus ad vitæ tædium adegerunt*] Loca notata ſupra ad librum II

4 *Qui panem cœlitus miſſum faſtidierunt*] Num XI. 6.

5 *Qui velut de ſumma penuria conqueſti ſunt, cum aves comeſtas adhuc ructarent.*] Dicto capite XI. in fine.

ructarent. Majores ipsorum fuerunt, [6] qui Davide, tanto ac tam bono rege, deserto, secuti sunt rebellem filium. Majores ipsorum fuerunt, [7] qui Zachariam, Jojadæ filium, trucidarunt in loco sanctissimo, victimam crudelitatis suæ facientes ipsum Sacerdotem. Jam vero [8] Pontifices quod attinet, tales fuerunt, qui Jeremiæ falso crimine mortem machinati sunt, & perfecissent, nisi procerum quorumdam obstitisset auctoritas [9] extorserunt tamen, ut captivus haberetur, ad ipsum usque momentum captæ urbis. Si quis putet, meliores fuisse eos, qui Jesu temporibus vixerunt, eum ab hoc errore liberare Josephus poterit, qui atrocissima eorum facinora describit, & pœnas graviores omnibus umquam auditis, [1] & tamen, ut ipse censet, infra meritum. Neque de Synedrio melius exstimandum; præsertim cum eo tempore Senatores non veteri more cooptari, manibus impositis, [2] sed ex potentium nutu legi solerent; ut & Pontifices, non jam perpetua, [3] sed annali & sæpe empta dignitate. Non mirari ergo debemus, si homines arrogantia tumidi, ambitione & avaritia insatiabiles, in furorem acti sunt, conspecto homine, qui sanctissima præcepta adferens vitam ipsis suam, ipsa diversitate, exprobra-

6 *Qui Davide, tanto ac tam bono rege, deserto secuti sunt rebellem filium*] 2 Sam. xv.

7 *Qui Zachariam, Jojadæ filium, trucidarunt.*] 2 Paralip. xxiv. 21.

8 *Pontifices quod attinet, tales fuerunt, qui Jeremiæ falso crimine mortem machinati sunt.*] Jeremiæ xxvi.

9 *Extorserunt tamen, ut captivus haberetur ad ipsum usque momentum captæ urbis.*] Jerem. xxxviii.

1 *Et tamen, ut ipse censet, infra meritum.*] Dicit is neque urbem aliam talia perpessam mala, neque ab omni ævo ætatem fuisse omnium scelerum feraciorem. Plus Judæis mali à semetipsis illatum, quam à Romanis, qui illorum facinora expiaturi venerant

2 *Sed ex potentium nutu legi solerent.*] Josephus xiv. 19.

3 *Sed annali & sæpe empta dignitate*] Josephus xviii. 3. & 6.

bat.

bat. Nec aliud illi crimini datum, quam quod olim optimo cuique. [4] Sic Michæas ille, qui Josaphati tempore vixit, in custodiam datus est, quod intrepide verum contra quadringentos falsos Prophetas adseruisset. [5] Eliæ Achabus objecit, plane ut Jesu Sacerdotes, ipsum esse, qui pacem Israelis turbaret. [6] Jeremiæ quoque crimini datum, id quod Jesu, vaticinatio adversus Templum. Addendum hic, quod Magistri Hebræorum veteres [7] scriptum reliquerunt, temporibus Messiæ homines fore canina impudentia, asinina contumacia, ferina crudelitate. Deus ipse, qui quales Judæi plerique exstituri essent, Messiæ tempore, multo ante præviderat, futurum dixerat, [8] ut qui populus suus non fuisset, in populum adsumeretur, [9] ex Judæorum autem urbibus

4 *Sic Michæas ille, qui Josaphati tempore vixit, in custodiam datus est.*] 1 Reg. XXII.

5 *Eliæ Achabus objecit, plane ut Jesu Sacerdotes, ipsum esse qui pacem Israelis turbaret*] 1 Reg. XVIII 27. Achabus Eliæ dixit, האתה זה עכר ישראל ubi Græci, ȣ σὺ ὁ διαςρέφων τὸν Ἰσραὴλ, *Nonne tu es qui turbas Israelem?* Sic Sacerdotes de Jesu, apud Lucam XXIII. 2. Τȣ̃τον εὕρομεν διαςρέφοντα τὸ ἔθνος, *Hunc invenimus turbare Israelem*

6 *Jeremiæ quoque crimini datum, id quod Jesu, vaticinatio adversus Templum*] Jerem VII. & sequentibus XXVI 6, 11.

7 *Scriptum reliquerunt temporibus Messiæ homines fore canina impudentia, asinina contumacia, ferina crudelitate*] Thalmud de Synedrio, Ketuboth, & Sota. R. Salomo ad dictum titulum de Synedrio c. Helech. Thalmud titulo de Ponderibus. Traditio Rabbi Judæ in Gemara ad eundem titulum de Synedrio c. Helech. *quo tempore adveniet filius David, domus institutionis divinæ fiet lupanar* Vide Jerem. x. 21. XXXV. 14 [Erat hic grave mendum, nam pro *Gemara* legebatur *Masoreth*. Exstant autem hæc verba in *Gemara* ad Cap. XI tituli de Synedrio. *qua ætate veniet filius Davidis domus conventus* בית הוועד, *fiet lupanar* Edit. *Cocceii* § 27 *Clericus*]

8 *Ut, cui populus suus non fuisset, in populum adsumeretur*] Oseæ II 24.

9 *Ex Judæorum autem urbibus ac vicis singulis vix unus & alter irent ad sacrum montem sed quod ad illorum numerum deesset, id expleturos extraneos*] Jeremiæ III 14. 17. Adde Esaiam LIII.

ac vicis singulis vix unus, & alter, irent ad sacrum montem. sed quod ad illorum numerum deesset, id expleturos extraneos: item [1] Messiam Hebræis in ruinam fore. sed lapidem hunc rejectum ab ædificio præfectis, potissimo loco positum iri ad coagmentationem operis.

§ XXI. *Responsum ad objectionem, plures Deos à Christianis coli.*

Restat, ut duabus accusationibus respondeamus, quibus Judæi & dogma & cultum Christianorum impetunt. Prius est, quod plures à nobis Deos aiunt coli. Sed hoc nihil est, nisi in odium contorta alieni dogmatis explicatio. Quid enim est, cur magis id Christianis objiciatur, quam [2] Philoni Judæo, qui sæpe tria in Deo statuit, & *Dei rationem* sive [3] *sermonem* vocat *Dei nomen*,

1 *Messiam Hebræis in ruinam fore. sed lapidem hunc rejectum ab ædificio præfectis potissimo loco positum iri ad coagmentationem operis*] Esaiæ VIII 14 Psal. CXVIII 22.

2 *Philoni Judæo qui sæpe tria in Deo statuit*] De Sacrificiis Abel & Cain Ἡνίκα ὁ Θεὸς δορυφορούμενος ὑπὸ δυοῖν τῶν ἀνωτάτω δυνάμεων, ἀρχῆς τε αὖ καὶ ἀγαθότητος, εἷς ὢν ὁ μέσος τριττὰς φαντασίας ἐνειργάζετο τῇ ὁρατικῇ ψυχῇ, ὧν ἑκάστη μεμέτρηται μὲν οὐδαμῶς, ἀπερίγραφοι γὰρ αἱ δυνάμεις αὐτοῦ, μεμέτρηκε δὲ τὰ ὅλα. *Cum Deus comitatus duabus summis suis efficaciis imperio, ac bonitate, medius ipse & unus, tres conceptus operatus est animo perspicaci, quorum nullus mensura capitur. immensæ enim ejus efficaciæ sed singulæ totum metiuntur.* Mox ἀρχὴν etiam vocat ἐξουσίαν, & ἀγαθότητα vocat εὐεργεσίαν, atque à pio animo non enunciari, sed in silentii arcano adservari. Similia habet in libro de Cherubim, libro secundo de Agricultura Noæ vocat τὸ κ, τὸ δεσποτικὸν, τὴν ἵλεω δύναμιν, *id quod est, vim dominam, vim beneficam.* Maimonides initio libri de Fundamentis, & post eum Joseph Albo distinguunt in Deo, *Id quod cognoscit, quo cognoscitur, & cognitionem.* Habet quæ huc pertinent & Abenesdra ad Genes. XVIII. & Maimonides Doctoris dubitantium parte 1. cap. 68.

3 *Sermonem vocat Dei nomen.*] In Allegoriis, & de Confusione linguarum.

[4] mundi

[4] mundi opificem, [5] neque ingenitum, ut est Deus Pater omnium, neque ita genitum ut sunt homines? [6] quem & Angelum sive legatum universum hoc curantem, & ipse Philo, [7] & Moses Nehemanni

4 *Mundi opificem*] In Allegoriis: Ὁ λόγος αὐτοῦ ᾧ καθάπερ ὀργάνῳ προσχρησάμενος ἐκοσμοποίει. *Verbum ejus quo velut instrumento usus mundum fecit.* De Caino: Ὄργανον δὲ λόγον τοῦ Θεοῦ δι' οὗ κατεσκευάσθη. *Instrumentum autem Dei videbis esse ipsum verbum Dei, per quod factus est Mundus.* [Melius λόγον hic rationem vertas in *Philone*, quod pluribus ostendi in Dissertatione ad initium Joannis. *Clericus*]

5 *Neque ingenitum, ut est Deus pater omnium, neque ita genitum ut sunt homines*] Locus est libro, Quis hæres sit rerum divinarum. Idem verbum Philoni vocatur Dei imago, libro de Monarchia: & de Somniis à Deo immissis: interdum ἀπεικόνισμα, ut libro Pejorem insidiari meliori. & χαρακτὴρ libro II de Agricultura. Confer Johan I. & Heber I 3.

6 *Quem & Angelum sive legatum universum hoc curantem, & ipse Philo*] Ἄγγελον vocat in Allegoriis, & libro de Cherubim. Ἀρχάγγελον vero libro de Hærede divinorum bonorum, & libro de Confusione linguarum. Idem & Angelus & יהוה dicitur R Samueli in Mecor Chaim.

7 *Et Moses Nehemanni filius*] Ejus verba sic transtulit doctissimus Masius ad Josuæ cap v. *Iste Angelus, si rem ipsam dicamus, est Angelus redemptor. de quo scriptum est: Quoniam nomen meum in ipso est. Ille, inquam, Angelus qui ad Jacob dicebat: Ego Deus Bethel. Ille, de quo dictum est: Et vocabat Mosem Deus de rubo. Vocatur autem Angelus, quia mundam gubernat. Scriptum est enim: Eduxit nos Jehova (id est, Dominus Deus) ex Ægypto, & alibi: Misit Angelum suum, & eduxit nos ex Ægypto. Præterea scriptum est: Et Angelus faciei ejus salvos fecit ipsos. Nimirum, ille Angelus qui est Dei facies: de quo dictum est. Facies mea præibit, & efficiam ut quiescas. Denique ille Angelus est, de quo vates: & subito veniet ad Templum suum Dominus, quem vos quæritis, & Angelus fœderis quem cupitis.* Rursum alia ejusdem verba sic: *Animadvertite attente quid ista sibi velint. Moses enim & Israelitæ semper optaverunt Angelum primum. Cæterum quis ille esset, vere intelligere non potuerunt. Neque enim ab aliis percipiebant, neque prophetica notione satis adsequebantur. Atqui facies Dei ipsum significat Deum: quod apud omnes interpretes est in confesso. Verum ne per somnium quidem ista intelligere quisquam possit, nisi sit in mysteriis legis eruditus. Mox. Facies mea præcedet, hoc est, Angelus fœderis, quem vos cupitis, in quo videbitur facies mea. De quo dictum est: Tempore accepto exaudiam te. Nomen enim meum in eo est. Faciamque ut quiescas, sive efficiam, ut ipse sit tibi lenis & benignus.*

Neque

manni filius, appellat: [8] aut Cabalistis, qui Deum distinguunt in tria lumina, & quidem nonnulli iisdem, quibus Christiani, nominibus, Patris, Filii, sive Verbi, & Spiritus Sancti. Et ut id summam, quod apud omnes Hebræos maxime confessum est, Spiritus ille, quo agitati sunt Prophetæ, non est aliquid creatum, & tamen distinguitur à mittente. quomodo & illud, [9] quod Schekina vulgo vocant. Jam vero in Messia habitaturam eam vim divinam, quam *Sapientiam* vocant, [1] plurimi Hebræorum tradiderunt, [2] unde Chaldæo Paraphrastæ Messias *Dei Verbum* dicitur: sicut & [3] augusto illo Dei [4] itemque Domini nomine

Neque te ducat per jus rigidum: sed placide & clementer. Confer quæ habet Manasse Conciliator ad quæstionem XIX super Genesim. [Nomen patris hujus Rabbini melius efferatur *Nachman*, nam scribitur נחמן *Nahhman*.]

8 *Aut Cabalistis qui Deum distinguunt in tria lumina, & quidem nonnulli iisdem, quibus Christiani, nominibus Patris, Filii, sive Verbi, & Spiritus Sancti.*] Vide additamenta ad Lexicon Hebraicum Schindleri in notis אבן: Et ספירות in Deo non obstare unitati, ait liber dictus Schep-tal.

9 *Quod Schekina vulgo vocant.*] Et distinguunt à Spiritu Sancto Gemara Hierosolymitana titulo de Documentis cap. 3 & Gemara Babylonica titulo Joma cap. 1. Schekina per annos tres & dimidium se tenuisse in Monte Oliveti, exspectantem conversionem Judæorum, ait R. Jonathan, in præfatione Ecka Rabbathi, quo recte accepto nihil verius.

2 *Plurimi Hebræorum tradiderunt.*] Rabbi Salomo Idem ad Genes. XIX 18. agnoscit à Deo assumi posse humanam naturam quam & olim ad tempus assumptam putat, cui consentit Thalmud, titulo Schebuoth & Sabbathoth.

2 *Unde Chaldæo Paraphrastæ Messias Verbum Dei dicitur.*] Ut O c e v i i. [At falli eos qui quidquam, præter Deum ipsum, *Verbo Dei* significari, apud Chaldæum Paraphrasten, putant, ostendit vir doctus in *Bibliotheca Veteri* edita anno MDCC. diu post Auctoris mortem. *Clericus.*]

3 *Augusto illo Dei.*] Nempe יהוה, Jonathan & David Kimchi ad Jeremiam XXIII 6. cum quibus consentit R. Abba in Ecka Rabbathi. יהוה צבאות Zacharias XIV 16. Futurum eo tempore ut Deus יהוה digito monstretur, ait Thalmud in Taanith ex Esaia XXV. 9.

4 *Itemque Domini nomine.*] אלהים Psal. XLV. 7. quem Psal

mine Messias appellatur apud Davidem, Esaiam, & alios.

§ XXII. *Et humanam naturam adorari.*

Æque parata responsio est ad alterum, quod objiciunt nobis; nos, scilicet, cultum Deo debitum impertire naturæ à Deo conditæ. Dicimus enim, a nobis Messiæ non alium honorem, aliumve cultum exhiberi, quam exigunt [5] Psalmus II & Psalmus cx. quorum illum in Davide quodammodi impletum, sed excellentius ad Messiam pertinere, etiam [6] David Kimchi, magnus Christianorum adversator, agnoscit; posterior vero de alio, quam de Messia, exponi non potest. Nam quæ recentiores Judæi alii de Abrahamo comminiscuntur, alii de Davide, alii de Ezechia, frivola sunt. Psalmus ipse Davidis est, ut docet Hebræa inscriptio. Quod ergo David *Domino suo dictum* dicit, id nec Davidi ipsi, nec Ezechiæ, qui inter posteros Davidis fuit, Davide nulla re excellentior, aptari potest. Abrahamus autem sacerdotium aliquod eximium non habuit, imo Melchisedecus [7] ei tamquam se minori bene precatus est. Sed & hoc, & quod additur [8] de sceptro ex Sione exituro & perventuro in oras ultimas, plane in Messiam competit, [9] ut loci similes de Messia

Psalmum de Messia agere agnoscit Chaldæus ibi Paraphrastes, ut & jam dicto Esaiæ loco. Item ינודא in Psalm cx quem de Messia agere jamjam patebit.

5 *Psalmus II & Psalmus cx.* Hæc loca & Zachariæ IX 9 de Messia exponit doctissimus Rabbi Saadia.

6 *David Kimchi.*] De Messia eumdem Ps. II. exponunt Abraham Esdra, & R. Jonathan in Beresith Rabba.

7 *Ei tamquam se minori bene precatus est.*] Et ab eo decimas sacerdotali jure accepit, Gen. XIV 19, 20

8 *De sceptro ex Sione exituro, & perventuro in oras ultimas.*] Psal cx 2

9 *Ut loci similes de Messia haud dubie agentes patefaciunt.*] Ut Genes XLIX. 10 & qui ex Prophetis adducti sunt supra

haud

haud dubie agentes patefaciunt: nec aliter acceperunt vetustiores Hebræi & Paraphrastæ. Proprie autem Jesum Nazarenum esse, in quo hæc impleta sint, possem vel solis ipsius discipulis id adfirmantibus credere, ob summam eorum probitatem; sicut & Judæi Mosi credunt de iis, quæ sine teste alio, à Deo sibi tradita dixit. Sed adsunt præter hoc plurima & [1] validissima argumenta summæ illius potestatis, quam obtinere Jesum dicimus. conspectus ipse vitæ redditus à multis. conspectus in cœlum avehi. tum vero dæmones ejecti, morbique sanati solo ipsius nomine, & linguarum dona data discipulis, quæ regni sui signa Jesus ipse promiserat. His adde, quod sceptrum ejus, id est, sermo Euangelii ex Sione profectus, nulla humana ope, sola divina vi ad ultimos terrarum fines pervasit, populosque & reges sibi subegit, plane ut Psalmi prædixerant. Judæi Cabalistæ inter Deum & homines medium statuunt [2] Enochi quemdam filium, nullo tantæ potestatis indicio. Quanto nos justius illum, qui tanta dedit sui documenta? Neque ad Dei Patris imminutionem id pertinet, [3] à quo venit hæc po-

1 *Validissima argumenta summæ illius potestatis quam obtinere Jesum dicimus*] Quæ vide tractata libro supra II. Adde & quæ dicta hujus libri initio.

2 *Enochi quemdam filium*] Nomen quod ei faciunt Hebræi est מטטיר *Metator* Ita Latinus dicitur qui regi viam parat. Lucanus

Audax Hesperios veniam metator in agros

Vegetius libro II. *Metatores in castris dicuntur, qui præcedentes locum castris idoneum eligunt.* Suidas: Μετάτωρ ὁ προςελλόμενος ἄγγελος πρὸς τοῦ ἄρχοντος. *Metator, nuncius qui à principe præmittitur* [*Metatron*, מטטרון potius vocant Rabbini, de quo vide *Joan Buxtorfii* Lexicon Chaldaicum & Rabbinicum]

3 *A quo venit hæc potestas Jesu*] Ipso fatente Johan v. 19, 30, 36, 43. VI. 36, 57. VIII 28, 43. X 18, 29 XIV. 28, 31. XVI. 28 XX 21 & Apostolo Hebr V 5 Rom. VI. 4. I Cor. XI 4.

testas

testas Jesu, [4] & ad quem reditura est, [5] & cujus honori illa inservit.

§ XXIII. *Absolutio hujus partis, cum precibus pro Judæis.*

Subtilius ista rimari non hujus est operis, neque de his egissemus, nisi ut pateret, nihil esse in Christiano dogmate aut impium, aut absurdum; quod obtendere quis possit, quo minus Religionem tantis prodigiis ornatam, tam honesta præcipientem, tam eximia pollicentem, amplecti possit. Nam eam qui sit amplexus, is jam de specialibus quæstionibus consulere debet libros illos, quibus Religionis Christianæ dogmata contineri supra ostendimus. Quod ut fiat, oratur Deus, ut Judæorum mentem sua luce collustret, & efficaces reddat preces, [6] quas ipse Christus jam in cruce pendens pro illis fudit.

4 *Et ad quem reditura est*] Fatente Apostolo 1 Cor. XV. 24.

5 *Et cujus honori illa inservit*] Joh. XIII. 31. XIV. 13 Rom. XVI. 27. Ideo Thalmud in titulo de Synedrio negat Jesum idoli esse nomen, quando Christiani in ejus honore respiciant Deum Mundi opificem

6 *Quas ipse Christus jam in cruce pendens pro illis fudit.*] Luc. XXIII. 23.

HUGO

HUGO GROTIUS DE VERITATE RELIGIONIS CHRISTIANÆ

LIBER SEXTUS.

§ I. *Refutatio Mahumetismi; origo ejus.*

SExtus liber Mahumetistis oppositus, præfationis vice, Dei judicia adversus Christianos ad ipsam usque Mahumetismi originem deducit, quomodo, scilicet, [1] vera illa atque simplex pietas, quæ inter Christianos gravissime vexatos oppressosque floruerat, paulatim refrigescere cœperit; ex quo per Constantinum & sequentes Imperatores

1 *Vera illa atque simplex pietas, quæ inter Christianos gravissime vexatos oppressosque floruerat*] Ammianus Marcellinus fine libri XXI. de Constantio *Eratque super his adimere facilis quæ donabat, Christianam Religionem absolutam & simplicem anili superstitione confundens: in qua scrutanda perplexius, quam componenda gravius, excitavit dissidia plurima, quæ progressa fusius aluit concertatione verborum, ut catervis antistitum, jumentis publicis ultro citroque discurrentibus per Synodos, quas appellant, dum ritum omnem ad suum trahere conatur arbitrium, rei vehiculariæ succideret nervos.*

effectum

effectum est, ut ea professio non tuta tantum, sed & honorata esset, [2] mundo velut intruso in Ecclesiam. [3] principes primum Christianos nullum fecisse bellandi modum, etiam cum pace frui liceret: [4] Episcopos acerrime inter se certasse de summis

2 *Mundo velut intruso in Ecclesiam.*] Vide de hac re pulchre dicta Chrysostomi Morali secundo ad 2 Corinth cap XII. post v 10.

3 *Principes primum Christianos nullum fecisse bellandi modum, etiam cum pace frui liceret*] Marciani laudabile dictum apud Zonaram Μὴ δεῖν ὅπλα βασιλέα κινεῖν, ἕως εἰρηνεύειν ἐξόν *Non debere principem arma sumere, quamdiu pace frui liceret.*

4 *Episcopos acerrime inter se certasse de summis sedibus*] Ammianus libro XXVII. *Et hunc quoque* (Viventium ex quæsitore Palatii) *discordantis populi seditiones terruere civiles, quæ tale negotium excitavere. Damasus & Ursinus supra humanum modum ad rapiendam Episcopalem sedem ardentes, scissis studiis asperrime conflictabantur, adusque mortis vulnerumque discrimina adjumentis utriusque progressis: quæ nec corrigere sufficiens Viventius, nec mollire, vi magna coactus secessit in suburbanum: & in certatione superaverat Damasus, parte quæ ei favebat instante. Constatque in basilica Sicinini, ubi ritus Christiani est conventiculum, uno die* CXXXVII. *reperta cadavera peremptorum: efferatamque diu plebem ægre delinitam. Neque ego abnuo, ostentationem rerum considerans urbanarum, hujus rei cupidos, ob impetrandum quod appetunt omni contentione laterum jurgare debere; cum id adepti futuri sint ita securi, ut ditentur oblationibus matronarum, procedantque vehiculis insidentes, circumspecte vestiti, epulas curantes profusas, adeo ut eorum convivia regales superent mensas. Qui esse poterant beati revera, si, magnitudine urbis despecta, quam vitiis opponunt, ad imitationem Antistitum quorundam provincialium viverent, quos tenuitas edendi potandique parcissime, vilitas etiam indumentorum, & supercilia humum spectantia perpetuo numini verisque ejus cultoribus, ut puros commendant & verecundos.* Postea; *Hæc inter Prætextatus præfecturam urbis sublimius curans, per integritatis multiplices actus & probitatis, quibus ab adolescentiæ rudimentis inclaruit, adeptus est id quod raro contigit, ut cum timeretur, amorem non perderet civium, minus firmari solitum erga judices formidatos. cujus auctoritate justisque veritatis suffragiis tumultu lenito, quem Christianorum jurgia concitarunt, pulsoque Ursicino, alta quies parta jam proposito civium Romanorum aptissime adolescebat, gloria clari rectoris plura & utilia disponentis.* Hic est Prætextatus, de quo historiam, haud indignam quæ hic ponatur, narrat Hieronymus ad Pammachium contra errores Joannis Hierosolymitani *Prætextatus, qui designatus Consul est mortuus, solebat ludens*

summis sedibus: ac [5] sicut olim arbori vitæ prælata arbor scientiæ maxima dederat mala, ita tunc quoque curiosam eruditionem pietati antehabitam, [6] & ex Religione artem factam: cui deinde consequens

ludens beato Papæ Damaso dicere Facite me Romæ urbis Episcopum, & ero protinus Christianus. Vide & quæ idem habet Ammianus libro XV. Non frustra Concilium Africanum Cœlestinum Romanæ urbis Episcopum monet *Ne fumosum typhum sæculi in Ecclesiam Christi, quæ lucem simplicitatis, & humilitatis diem Deum videre cupientibus præfert, videamur inducere.* Adde nobiles Epistolas Gregorii Romani Episcopi, vere magni, lib. IV. 32, 34, 36. lib. VI. 30. lib. VII. Indict. I. epist. 30.

5 *Sicut olim arbori vitæ prælata arbor scientiæ maxima dederat mala*] Gen. II. & III.

6 *Et ex religione artem factam.*] Vide quæ jam prodiximus ex Ammiani libro XXI. Idem libro XXII. in Juliani historia. *Utque dispositorum roboraret effectum, dissidentes Christianorum antistites cum plebe discissa in palatium intromissos monebat, ut civilibus discordiis consopitis quisque nullo vetante religioni suæ serviret intrepidus. Quod agebat ideo obstinate, ut dissensiones augente licentia, non timeret unanimantem postea plebem, nullas infestas hominibus bestias, ut sunt sibi ferales plerique Christianorum, expertus.* Procopius Gotthicorum I cum temperamento tamen hic ut & alibi audiendus Πρέσβεις ἐκ Βυζαντίου παρὰ τὸν Ῥώμης ἀρχιερέα ἧκον, ὅ, τε τῆς Ἐφέσου ἱερεὺς Ὑπάτιος, καὶ Δημήτριος ἐκ τῶν ἐν Μακεδόσι Φιλίππων, δόξης ἕνεκεν, ἣν Χριστιανοὶ ἐν σφίσιν αὐτοῖς ἀντιλέγουσιν ἀμφαγνοοῦντες τὰ δὲ ἀντιλεγόμενα ἐγὼ ἐξεπιστάμενος, ὡς ἥκιστα ἐπιμνήσομαι. ἀπονοίας γὰρ μανιώδους τινὸς ἡγοῦμαι εἶναι, διερευνᾶσθαι τὴν τοῦ Θεοῦ φύσιν, ὁποία ποτέ ἐστιν. ἀνθρώπῳ γὰρ οὐδὲ τὰ ἀνθρώπεια εἰς τὸ ἀκριβὲς (οἶμαι) καταληπτὰ, μή τοί γε τὰ ἐς Θεοῦ φύσιν ἥκοντα. ἐμοὶ μὲν οὖν ταῦτα ἀκινδύνως σεσιωπήσθω, μόνῳ τῷ μὴ ἀπιστῆσαι τὰ τετιμημένα. ἐγὼ γὰρ οὐκ ἂν οὐδὲ ἄλλο περὶ Θεοῦ, ὅ, τι ἂν εἴποιμι, ἢ ὅτι ἀγαθός τε παντάπασιν εἴη, καὶ ξύμπαντα ἐν τῇ ἐξουσίᾳ τῇ αὐτοῦ ἔχει. λεγέτω δὲ ὥσπερ γινώσκειν ὑπὲρ αὐτῶν οἴεται καὶ ἱερεὺς καὶ ἰδιώτης. *Hæc dum ille agitat, legati à Byzantio ad Romæ antistitem veniunt, Ephesi antistes Hypatius, Philipporum vero Macedoniæ provinciæ Demetrius, ob ea quæ inter se controversa Christiani habent. Ea vero quæ sint, quamquam percognita, memorare me tædeat. Insanæ enim temeritatis esse existimo, natura Dei qualis sit scrutari. Homini enim nec humana, quantum ego existimo, plane in aperto sunt tantum abest ut ei pateant ea quæ ad æternum numen pertinent. Liceat ergo mihi impune de talibus silere, non commoventi ea quæ aliis sancta habentur. Ipse hoc tantum de Deo quod dicam habeo, esse cum omnino bonum, ejusque potestate omnia continer. Qui plus scit verit,* plus

sequens fuerit, ut [7] ad exemplum eorum, qui turrim Babylonicam ædificabant, affectatio temeraria rerum sublimium dissonas locutiones & discordiam pareret quibus plebs conspectis, sæpe nescia quo se verteret, culpam in sacras litteras rejecit, & eas tamquam venenatas cœpit fugere. Religio autem passim non in mentis puritate, sed, quasi reducto Judaismo, in ritibus collocari cœpit; [8] & in iis, quæ corporis magis exercitationem, quam animi emendationem in se continent; [9] itemque in studio flagrante semel electarum partium:

pius de eo dicat, sive in sacerdotum est ordine, sive in plebe. Laudat Gregoras libro VII. dictum Lysidis Pythagorici, deinde Synesii· τὸ δημοσίᾳ φιλοσοφεῖν μεγάλης ἐς ἀνθρώπους ἦρξε τῶν θείων καταφρονήσεως. *Apud populum subtiliter philosophari, causa hominibus fuit magni contemptus rerum divinarum.* Idem libro X multum dissuadet tales disputationes, & de Latinis sui temporis loquens Τοὺς Ἰταλοὺς δὲ στυγῶ καὶ μέμφομαι σφόδρα, ὅτι σὺν πολλῇ τῇ ὀφρύϊ τῇ θεολογίᾳ ἐπιπηδῶσι. *Italos ego odi atque contemno, quod ita temere magnoque cum supercilio ad Theologiam prosiliant.* Addit mox Οὕτω γὰρ παρ᾽ αὐτοῖς εἰπεῖν τοῖς βαναύσοις ἐκκέχυται τὰ θεολογίας μυστήρια καὶ ἔστω κεχήνασιν ἅπαντες ἐπὶ τῷ συλλογιστικῷ ἐμβατεύειν τοῖς λόγοις αὐτῶν, ὥσπερ ἐπὶ τῇ χλόῃ καὶ νομαῖς μὲν βοσκήματα. καὶ οἱ τὸ πιστεύειν ὀρθῶς ἀμφίβολον ἔχοντες, καὶ οἱ μηδ᾽ ὅπως δεῖ πιστεύειν εἰδότες, μηδ᾽ ὅ, τί ἐστιν ὃ πιστεύειν φασίν, ἀγορὰς καὶ περιπάτους καὶ θέατρα πάντ᾽ ἐμπεπλήκασι τῆς θεολογίας, καὶ οὐδὲ τοῦτον τὸν ἥλιον αἰσχύνονται μάρτυρα τῆς ἀναιδείας ποιούμενοι. *Ita apud illos etiam sellulariis opificibus effluxerunt Theologiæ mysteria, ita hiant omnes ut per syllogismos tractent talia, sicut pecudes ad herbas & pabula & qui ea, quæ omnino recte credenda sunt, in ambiguo habent, & qui nec quomodo credendum sit sciunt, nec quid sit quod se dicant credere, hi fora omnia & ambulacra & theatra implent theologia, neque Solem verentur talem impudentiæ testem facere*

7 *Ad exemplum eorum qui turrim Babylonicam ædificabant*] Gen XI exprobrat his controversiis Christianis sæpe Mahumetes, præsertim Azoara XXVI. XXXII.

8 *Et in iis quæ corporis magis exercitationem, quam animi emendationem in se continent*] 1 Tim. IV 8 Coloss. II 23.

9 *Itemque in studio flagrante semel electarum partium*] Rom. X 2 1 Cor. I. 12. & sequentibus.

tium:

tium: [1] tandemque evenit, ut ubique multi essent Christiani nomine, re paucissimi. Non dissimulavit Deus hæc populi sui vitia: quin [2] ex ultimo Scythiæ [3] ac Germaniæ recessu immensa agmina, quasi diluvio, effudit in orbem Christianum: & cum datæ ab his strages maximæ non satis profecissent, ad corrigendos superstites, justo Dei permissu [4] in Arabia Mahumetes novam sevit religionem, pugnantem eam directa fronte cum Christiana Religione, sed quæ verbis quodammodo exprimeret vitam magnæ partis Christianorum. Accepta hæc Religio primum a Saracenis, qui ab Heraclio Imperatore defecerant: quorum armis brevi subacta Arabia, Syria, Palæstina, Ægyptus, Persis, post infessa Africa, & trans mare etiam Hispania. Sed Saracenorum potentiam tum alii, [5] tum Turcæ maxime exceperunt, gens & ipsa pugnacissima; quæ post longa adversum Saracenos certamina, in fœdus invitata facile suscepit Religionem suis moribus congruentem, imperiique majestatem in se transtulit. Captæ Asiæ Græciæque urbes, & promota armorum felicitate, in Hungariam Germaniæque fines deventum est.

1 *Tandemque evenit, ut ubique multi essent Christiani nomine, re paucissimi.*] Salvianus libro III. de Gubernatione Dei. *Præter paucissimos quosdam qui mala fugiunt, quid est aliud omnis cœtus Christianorum, quam sentina vitiorum?*

2 *Ex ultimo Scythiæ*] Hunnos, Avaros, Sabiros, Alanos, Euthalitas, Turcas.

3 *Ac Germaniæ recessu.*] Gothos, Erulos, Gepidas, Vandalos, Francos, Burgundiones, Suevos, Alemannos, Saxones, Varinos, Longobardos.

4 *In Arabia Mahumetes, &c.*] Digna est quæ legatur vita Mahammedis, Anglico sermone scripta, ab *Humf. Prideauxio* & Londini edita anno 1697. Sed præ ceteris omnibus legenda ea, quæ ab *Abul' Feda* Arabice scripta & edita à Viro doctissimo *Joa. Gagnerio*, cum eximiis notis *Clericus*.

5 *Tum Turcæ maxime exceperunt*] Vide Turcica Leunclavii, & Laonicum Chalcocondylam.

§ II.

§ II. *Everſio fundamenti Mahumetiſtarum, de non inquirendo in Religionem.*

Hæc Religio plane ad fundendum ſanguinem facta, multum ritibus gaudet, [6] credique ſibi vult, nulla inquirendi libertate: unde librorum, quos ſanctos habet, lectio plebi interdicta eſt. Quod ipſum ſtatim manifeſtum eſt indicium iniquitatis. Merito enim ſuſpecta merx eſt, quæ hac lege obtruditur, ne inſpici poſſit. Verum quidem eſt, non æqualem eſſe omnibus ad omnia cognoſcenda perſpicaciam, multos arrogantia, alios affectibus, conſuetudine nonnullos in falſum abripi: ſed [7] ut via ad æternam ſalutem cognoſci nequeat ab his, qui nullo commodi aut honoris reſpectu eam quærunt, ſe ſuaque omnia Deo ſubjicientes, & eum pro auxilio orantes, bonitas divina vetat credi. Et ſane cum judicandi vim Deus inſtruerit humanæ menti, nulla pars veri dignior eſt, in quam

6 *Credique ſibi vult nulla inquirendi libertate*] Alcoranus Azoara XIII. ut habet prima editio Latina, quam hic in lectoris gratiam ſequimur.

7 *Ut via ad æternam ſalutem cognoſci nequeat ab his, qui nullo commodi aut honoris reſpectu eam quærunt, ſe ſuaque omnia Deo ſubjicientes, & cum pro auxilio orantes, bonitas divina vetat credi*] Reſponſio ad quæſtionem IV ad Orthodoxos, inter opera Juſtini: Ὅτι δὲ ἀδύνατόν ἐστι μὴ τυχεῖν τῆς εὑρέσεως τῷ ἐν ὅλῃ καρδίᾳ τε καὶ δυνάμει ἐπιζητοῦντι τὴν ἀλήθειαν, μαρτυρεῖ ὁ Κύριος λέγων· πᾶς ὁ αἰτῶν λαμβάνει καὶ ὁ ζητῶν εὑρήσει, καὶ τῷ κρούοντι ἀνοιγήσεται. *Fieri autem nequire ut non ad inventionem perveniat, qui toto corde ac viribus quærit veritatem, teſtatur Dominus dicens: Quisquis petit, accipit: & qui quærit, inveniet, & pulſanti aperietur.* Origenes VIII. contra Celſum: Ἐχρῆν δ' αὐτὸν σκοπῆσαι, ὅτι πάντ' ἐφορῶν καὶ πάντ' ἐπακούων ὁ κοινὸς πάντων πατὴρ καὶ δημιουργὸς, τὴν ἑκάστου προαίρεσιν ζητοῦσαν αὐτὸν καὶ εὐσεβεῖν βουλομένην κατ' ἀξίαν κρίνων καὶ τούτοις τινὰ ἀπονέμει καρπὸν τῆς προστασίας αὐτοῦ. *Cogitare eum oportuit communem omnium opificem ac patrem, qui cuncta ſpectat, auditque, æqua retribuere eorum animis qui ipſum quærunt ac pie vivere cupientium, eique fructum largiri aliquem ſui patrocinii.*

ea impendatur, quam illa, quæ ignorari ſine amittendæ ſalutis æternæ periculo non poteſt.

§ III. *Probatio adverſus Mahumetiſtas, ex libris ſacris Hebræorum & Chriſtianorum. eoſque non eſſe corruptos.*

[8] Moſem à Deo miſſum, [9] item Jeſum, [1] & viros ſanctos fuiſſe, qui Jeſu diſciplinam primi propagarunt, Mahumetes ejuſque ſectatores fatentur. At in Alcorano, lege Mahumetis, [2] multa narrantur, plane contra quam à Moſe & ab Jeſu diſcipulis ſunt prodita. Ut ex multis unum ſumamus exemplum, Jeſum in cruce mortuum, intra tertium diem in vitam rediiſſe, conſpectumque à multis, omnes Apoſtoli diſcipulique Jeſu maximo conſenſu teſtantur. Contra docet Mahumetes, [3] Jeſum clam ſubductum fuiſſe in cœlum, cruci autem affixum fuiſſe quoddam ejus ſimulacrum, ac proinde non mortuum Jeſum, ſed deceptos Judæorum oculos. Hæc objectio evadi non poteſt, niſi dicat Mahumetes, quod & dicit, [4] libros cum Moſis, tum diſcipulorum Jeſu, non quales

8 *Moſem à Deo miſſum*] Azoara v. xx.

9 *Item Jeſum.*] Azoara v. xii.

1 *Et viros ſanctos fuiſſe qui Jeſu diſciplinam primi propagarunt*] Azoara v. lxxi.

2 *Multa narrantur plane contra quam à Moſe & ab Jeſu diſcipulis ſunt prodita.*] Ut templum Mechæ ſtructum ab Abrahamo, Azoara ii. Alia de Abrahamo, Azoara xxxi. Confuſa Gedeonis & Saulis hiſtoria, Azoara iii. in hiſtoria Exodi multa, Azoara xvii. & xxx. & lxxviii. In hiſtoria Joſephi multa, Azoara xxii. de Avibus ab Abrahamo diſſectis, & in vitam revocatis, Azoara iv. de Maria apud Zachariam educata, Azoara v. de avibus ex luto factis per Jeſum, ibidem, & xiii.

3 *Jeſum clam ſubductum fuiſſe in cœlum, cruci autem affixum fuiſſe quoddam ejus ſimulacrum, ac proinde non mortuum Jeſum, ſed deceptos Judæorum oculos*] Azoara xi.

4 *Libros cum Moſis tum diſcipulorum Jeſu, non quales fuerant manſiſſe, ſed corruptos eſſe*] Azoara ix.

fuerant

ſuerant manſiſſe, ſed corruptos eſſe. Sed hoc commentum jam ſupra à nobis libro tertio refutatum eſt. Certe ſi quis Alcoranum corruptum diceret, negarent hoc Mahumetiſtæ. idque ſufficere dicerent adverſus non probantes: at ipſi ultro adferre, pro integritate ſui libri, ea argumenta non poſſent, quæ nos affirmus, de ſparſis ſtatim exemplis per orbem terrarum, & quidem, non ut Alcorani, uno ſermone, cuſtoditiſque ſide tot ſectarum tam diſcrepantium circa cætera. Perſuadent ſibi Mahumetiſtæ, Johannis capite XIV. ubi de Paracleto mittendo agitur, exſtitiſſe aliquid ſcriptum de Mahumete, quod Chriſtiani deleverint. Sed hic ab ipſis libet quærere, hanc ſcripturæ mutationem velintne factam poſt Mahumetis adventum, an antea. Poſt Mahumetis adventum fieri plane non potuit, cum jam eo tempore exſtarent toto orbe plurima, non Græca tantum, ſed Syriaca, Arabica, & in diſſitis ab Arabia partibus, Æthiopica, & Latina exemplaria non unius verſionis: hæc autem omnia eo in loco conſentiunt, nulla ſcripturæ varietate. Ante Mahumetis adventum nulla fuit mutandi cauſa: nemo enim ſcire poterat, quid dicturus eſſet Mahumetes. Imo ſi Mahumetis dogma nihil haberet Jeſu dogmati contrarium, non magis difficiles fuiſſent Chriſtiani in libris ejus recipiendis, quam in libris Moſis & Prophetarum Hebræorum fuerunt. Ponamus utrimque nihil ſcriptum fuiſſe, aut de Jeſu dogmate, aut de Mahumetis. doceret æquitas, pro Jeſu dogmate habendum, in quod Chriſtiani omnes; pro Mahumetis, in quod Mahumetiſtæ conſentirent.

§ IV. *Ex comparatione Mahumetis cum Chriſto.*

Conferamus jam utriuſque dogmatis adjuncta

atque affectiones, ut videamus, utrum utri præferendum sit: ac primum de auctoribus videamus. [5] Jesus Mahumetis ipsius confessione erat Messias ille, in Lege & Prophetis promissus: [6] ab ipso Mahumete vocatur Dei Verbum, [7] Mens, [8] Sapientia. [9] dicitur eidem nullum ex hominibus patrem habuisse. [1] Mahumetes, solito naturæ ordine, genitus etiam à suis creditur. Jesus vitæ semper immaculatæ, cui nihil objici posset: [2] Mahumetes diu raptor, [3] mulierosus semper. [4] Jesus in cœlum evectus, fatente Mahumete. Mahumetes in sepulcro detinetur. Uter potius sequendus sit, quis non videat?

§ V. *Item facta utriusque.*

Accedant utriusque facta. [5] Jesus visum cæcis, claudis gressum, ægrotis sanitatem dedit, imo, fatente Mahumete, etiam vitam mortuis. [6] Mahumetes

5 *Jesus Mahumetis ipsius confessione erat Messias ille in Lege & Prophetis promissus*] Azoara XXIX

6 *Ab ipso Mahumete vocatur Dei verbum*] Azoara V XI. & in libro doctrinæ Mahumetis Jesum à Mahumete vocari λόγον, κ̀ πνεῦμα Θεοῦ, ait Euthymius Zigabenus in disputatione contra Saracenos.

7 *Mens*] Azoara IV XI. XXIX & in dicto libro

8 *Sapientia*] Dictis locis

9 *Dicitur eidem nullum ex hominibus patrem habuisse*] Azoara XXXI.

1 *Mahumetes solito naturæ ordine genitus etiam à suis creditur*] Vide librum Generationis Mahumetis

2 *Mahumetes diu raptor.*] Vide Chronica Mahumetis versa ex Arabico. Vide Disputationem Saraceni & Christiani à Petro Abbate Cluniacensi editam

3 *Mulierosus semper*] Azoara XIII. XLIII LXXV & LXXVI. Vide dictam Disputationem.

4 *Jesus in cœlum evectus, fatente Mahumete*] Azoara XI

5 *Jesus visum cæcis, claudis gressum, ægrotis sanitatem dedit, imo fatente Mahumete, etiam vitam mortuis*] Azoara V XIII.

6 *Mahumetes se missum ait, non cum miraculis, sed cum armis*] Azoara III XIV XVII. XXX LXXI [Vide, hac de re, vitam Mohammedis Anglica Lingua editam ab erudito Viro *Humphredo Prideauxio* p. 30 ubi multis ostendit Pseudopropheta-

tam

humetes ſe miſſum ait, non cum miraculis, ſed cum armis. Secuti tamen ſunt, qui ei & miracula attribuerent: at qualia? Nempe, quæ aut arte humana facile poſſunt effecta reddi, ut de columba ad aurem advolante: aut quorum nulli ſunt teſtes, ut de camelo noctu ei locuto: aut quæ ſui abſurditate refelluntur, [7] ut de magna Lunæ parte in manicam ipſius delapſa, & ab ipſo remiſſa ad reddendam ſideri rotunditatem. Quis non dicat in cauſa dubia, ei legi ſtandum, quæ certiora pro ſe habet divinæ approbationis teſtimonia?

§ VI. *Eorum qui primi utramque Religionem receperunt.*

Videamus & eos, qui hanc & illam legem primi ſuſceperunt. Qui Jeſu legem amplexi ſunt, viri erant Dei timentes, vitæ ſimplicis: convenit autem Deo, ut tales neque ſermonum præſtigiis, neque ſpecie prodigiorum, decipi patiatur. At [8] qui

tam non auſum miracula ulla jactare. Attamen, ſequaces ejus multa jactarunt, ut liquet ex Vita Mohammedis ab *Abul' Feda* ſcripta, de qua jam antea *Clericus*.

7 *Ut de magna Lunæ parte in manicam ipſius delapſa, & ab ipſo remiſſa*] Azoara LXIV. Vide latius hanc fabulam ex capite Ceraniur, apud Cantacuzenum Oratione in Mahumetem § 23.

8 *Qui Mahumetiſmum primi ſuſcepe unt prædones erant*] Oſtendit vox ipſa Sarraceni, quod λῃστὰς ſignificat. Vide Scaligerum de Emendatione Temporum lib. III. cap. de Periodo Arabum. [Fuere quidem vere latrones, qui primi Mohammedem ſunt ſequuti, ſed vox Arabica, ad quam reſpicit *Scaliger*, ſignificat *clam furari*, non *prædari*. Nec credibile eſt ipſos infame nomen ſibi adſumſiſſe; ne jam dicam fuiſſe hoc antiquius Mohammede, cum apud *Ptolemæum* & *Philoſtorgium* inveniatur. Itaque malim eorum ſequi ſententiam, qui deducunt *Saracenorum* nomen a voce שרק *Scharh*, quæ *orientem* ſonat, unde שרקין *Scharkiin*, Saraceni, ſeu *Orientales*, quomodo etiam Arabes in Scriptura vocantur. Qua de re adi *Eduard Pocockium* ad Specimen Hiſtor. Arabum, ab initio. *Clericus*.

Mahumetismum primi susceperunt prædones erant, homines ab humanitate ac pietate alieni.

§ VII. *Modorum, quibus lex utraque propagata est.*

Sequitur ut modum ostendamus, quo Religio utraque propagata est. De Christiana aliquoties jam diximus, incrementa ejus esse ex miraculis, non Christi tantum, sed & discipulorum, & qui eis successerunt, tum vero ex ipsa malorum & suppliciorum patientia. At Mahumetismi doctores nulla ediderunt miracula, nullas graves ærumnas ac dura mortium genera ob eam professionem pertulerunt. Sed [9] Religio illa, quo arma eunt, sequitur, & armorum accessio est: [1] nec aliud ipsi argumentum pro ea magistri adferunt, quam bellorum successum, & imperii magnitudinem, quibus nihil ad hanc rem fallacius. Paganica sacra ipsi improbant. Et tamen scimus, quantæ fuerint Persarum, Macedonum, Romanorum victoriæ, quam late patuerint eorum imperia. Neque Mahumetistis semper prosperi bellorum eventus. [2] Notæ clades, quas plurimis in locis terra marique

9 *Religio illa, quo arma eunt, sequitur, & armorum accessio est*] Azoara x. xviii. xxvi.

1 *Nec aliud ipsi argumentum pro ea magistri adferunt, quam bellorum successum, & imperii magnitudinem*] Azoara xxxiii. xlvii.

2 *Notæ clades*] Quæ à temporibus *Grotii* majores fuere. Expulsi enim sunt, post multas clades, ditione Austriaca Hungaria, Transilvania & Peloponneso, ante aliquot annos, visumque Turcicum Imperium, ab eo tempore, retro sublapsum referri. *Clericus.* Anno quidem 1715 post hasce notulas primum editas, recuperarant Turcæ Peloponnesum segniter à Venetorum Præfectis defensum. Sed anno sequente 1716. cum Hungariam & Corcyram Insulam invadere conarentur, primum sunt in Hungaria ingenti prælio victi à Cæsarianis copiis, quibus *Eugenius à Sabaudia* præerat, amiseruntque urbem *Temesvarium* ad deditionem vehementi oppugnatione adactam; tum à Corcyra, virtute Comitis *Schulenburgii*, non fine

quæ acceperant, tota Hiſpania pulſi ſunt. Non poteſt res, quæ vices tam incertas habet, quæque bonis ac malis communis eſſe poteſt, nota eſſe certa veræ religionis: eoque minus, quod arma eorum injuſta ſunt, [3] cum ſæpe ea moveant adverſus populos ſibi non moleſtos, nulla injuria cognitos, ita ut nihil armis obtendere poſſint, niſi ſolam Religionem, quod maxime eſt irreligioſum. Nam [4] cultus Dei nullus eſt, niſi ab animo volente procedat. Voluntas autem docendo & ſuadendo elicitur, non minis, non vi. Coactus qui credit, non credit, ſed credere ſe ſimulat, ut malum vitet. Qui mali ſenſu aut metu extorquere aſſenſum vult, eo ipſo oſtendit, ſe argumentis diffidere. Rurſus autem hunc ipſum obtentum Religionis ipſi deſtruunt, cum ſubactos ſub imperium patiantur, uti, qua velint, Religione: imo & [5] palam agnoſcant interdum, Chriſtianos in ſua lege ſervari poſſe.

§ VIII. *Præceptorum inter ſe.*

Contendamus inter ſe & præcepta. Hinc patientia præcipitur, imo & benignitas in male volentes: inde ultio. Hinc perpetua matrimonii

ſine clade, repulſi in claſſem ſuam aufugerunt. Cum hæc ſcriberem menſe Aprili 1717, minabantur iis novis copiis conſcriptis eadem tentaturos, quibus tamen Cæſariani non multum moveri videbantur. *Clericus.* Res ita ſunt, ſequente æſtate, ad Albam Græcam ingenti prælio victi, eodem *Eugenio* duce, eaque Urbs & Pars Serviæ in poteſtatem Caroli VI. Cæſaris Aug. redactæ. *Idem.*

3 *Cum ſæpe ea moveant adverſus populos ſibi non moleſtos.*] Azoara XIX.

4 *Cultus Dei nullus eſt, niſi ab animo volente procedat.*] Lactantius libro v cap. 20. *Nihil eſt enim tam voluntarium quam religio, in qua ſi animus ſacrificantis averſus eſt, jam ſublata, jam nulla eſt.*

5 *Palam agnoſcant interdum, Chriſtianos in ſua lege ſervari poſſe.*] Azoara I. & XII. Liber de Doctrina Mahumetis. Vide Euthymium.

fides, mutuum mutua toleratione: [6] inde discedendi licentia. Hic maritus, quod ab uxore exigit, præstat ipse, & affigendum uni amorem exemplo suo docet: [7] ibi aliæ super alias mulieres, nova semper libidinum irritamenta. Hic intus ad animum revocata Religio, ut eo bene culta fructus exserat humano generi utiles: ibi eadem [8] in circumcisione, [9] aliisque rebus per se mediis, vim suam prope totam consumit. Hic temperatus ciborum vinique usus permittitur: ibi [1] vetitum sue vesci, [2] bibere vinum, quod tamen magnum Dei munus est ad animi & corporis bona cum modo sumptum. At ante quidem legem perfectissimam, qualis est Christi, rudimenta quasi puerilia præcessisse non mirum est. post eam vero publicatam, redire ad figuras præposterum. Neque ulla potest causa adferri, cur post Christianam Religionem longe optimam, aliam decuerit proferri.

§ IX. *Solutio ejus quod objiciunt Mahumetistæ de Dei filio.*

Offendi se ajunt Mahumetistæ, quod Deo filium demus, cum uxore non utatur, quasi filii vox in Deo non possit diviniorem habere significationem. At ipse Mahumetes multa Deo adscribit non minus indigna, quam si uxorem habere diceretur. puta [3] manum ipsi frigidam esse, idque se

6 *Inde discedendi licentia*] Vide Euthymium, & eos qui de rebus Turcicis scripsere.

7 *Ibi aliæ super alias mulieres.*] Azoara III. VIII. IX. XXXIII.

8 *In circumcisione*] Vide & Bartholomæum Georgevitium de Ritibus Turcarum.

9 *Aliisque rebus per se mediis.*] Ut lotionibus, Azoara IX. Vide & Euthymium.

1 *Vetitum sue vesci*] Azoara II. XXVI.

2 *Bibere vinum*] Vide Euthymium, & alios qui res Saracenicas scripserunt.

3 *Manum ipsi frigidam esse idque se tactu expertem.*] Locum vide

se tactu expertum: [4] gestari in sella, & his similia. Nos vero cum Jesum Dei filium dicimus, hoc significamus, quod ipse, [5] cum eum Verbum Dei dicit [6] verbum enim ex mente, suo quodam modo, gignitur: adde jam, quod ex virgine, sola Dei opera vim paternam supplente, natus est, quod in cœlum evectus Dei potestate, quæ & ipsa Mahumeti confessa ostendunt [7] Jesum, singulari quodam jure, Dei filium appellari posse, & debere.

§ X. *Absurda plurima in libris Mahumeticis.*

At contra in scriptis Mahumeticis [8] quam multa sint à veritate historiæ aliena, quam multa plane ridicula, longum foret eloqui. Talis est fabula [9] de pulchra muliere, quæ ab Angelis vino captis solenne didicerit carmen, quo in cœlum adscendi & ex eo descendi solet quæ cum adscendisset in multam cœli altitudinem, deprehensam à Deo,

vide apud Richardum contra Mahumetistas cap. I. & cap. XIV. & apud Cantacuzenum, Oratione in Mahumetem II § 18 & oratione IV non longe à principio

4 *Gestari in sella.*] Ibidem

5 *Cum eum Verbum Dei dicit.*] Vide supra

6 *Verbum enim ex mente suo quodam modo gignitur.*] Vide Platonem in Convivio, & Abarbanielem in Dialogo qui vulgo Leonis Hebræi dicitur. Vide hac de re & Euthymium in dicta Disputatione, ubi ait, ὥσπερ ὁ ἡμέτερος λόγος ἐκ τοῦ νοῦ γίνεται ἰσύμενος, & cætera: Cardinalem Cusanum lib. I cap 13. & sequentibus, contra Mahumetistas. Richardum cap. 9. & 15

7 *Jesum singulari quodam jure Dei filium appellari posse & debere*] Luc. I 35 Johan X. 36 Actor. III. 13, 14, 15. XIII 33 Heb. I. 5. V 5. In dicto libro doctrinæ Mahumetis Jesus inducitur Deum suum Patrem appellans

8 *Quam multa sint à veritate historiæ aliena*] Ut de Alexandro Magno, qui ad fontem pervenerit, in quo Sol quiesceret, Azoara XXVIII. de Solomone, Azoara XXXVII.

9 *De pulchra muliere.*] In libro Doctrinæ Mahumetis est hæc fabula, sumpta ex libro Enarrationum. Vide & Cantacuzenum Oratione II in Mahumetem, c, 15.

ibique fixam, atque eam eſſe ſtellam Veneris. Talis illa [1] de mure in nave Noe nato, ex elephanti ſtercore: [2] contra autem fele ex leonis halitu. Atque illa maxime [3] de morte in arietem commutanda, qui medio inter cœlum & inferos ſpatio ſit ſtabulaturus, [4] & de epulis in vita altera excernendis per ſudorem, [5] deque mulierum gregibus cuique aſſignandis, ad concubitus voluptates. quæ profecto talia ſunt omnia, ut oporteat culpa ſua eſſe in ſtuporem datos, qui iſtis fidem habent, præſertim cum Euangelii lux ipſos circumfulgeat.

§ XI. *Peroratio ad Chriſtianos, qui ex occaſione antedictorum officii ſui admonentur.*

Hac ultima diſputatione abſoluta, ſequitur peroratio, non jam ad extraneos, ſed ad omnis generis ac nominis Chriſtianos ſummatim monſtrans eorum uſum, quæ dicta ſunt hactenus, ut & quæ recta ſunt fiant, & quæ prava vitentur. Primum [6] ut puras manus elevent ad Deum illum, [7] qui omnia conſpicua atque inconſpicua

1 *De mure in nave Noe nato ex ſtercore elephantis*] Sunt hæc dicto libro doctrinæ Mahumetis.

2 *Contra autem fele ex leonis halitu*] Ibidem.

3 *De morte in arietem commutanda*] In fine dicti libri doctrinæ Mahumetis.

4 *Et de epulis in vita aliena excernendis per ſudorem*] Dictus liber de doctrina Mahumetis.

5 *De mulierum gregibus cuique aſſignandis ad concubitus voluptatem.*] Vide quæ ſupra adducta ad librum ſecundum.

6 *Ut puras manus elevent ad Deum illum*] 1 Tim. II Jac. IV 8. Tertullianus Apologetico *Illuc ſuſpicientes Chriſtiani manibus expanſis, quia innocuis capite nudo, quia non erubeſcimus: deinque ſine monitore, quia de pectore oramus pro omnibus Imperatoribus, vitam illis prolixam, imperium ſecurum, domum tutam, exercitus fortes, ſenatum fidelem, populum probum, orbem quietum.*

7 *Qui omnia conſpicua atque inconſpicua fecit ex nihilo*] Coloſſ. I 16. Hebr XI 3 Actor. IV, 24 2 Macch. VII. 28.

fecit

fecit ex nihilo, [8] cum certa fiducia eum curam nostri gerere, [9] cum, nisi ejus permissu, ne passer quidem cadat, [1] ac ne eos timeant, qui tantum corpori nocere possunt, præ eo, cui & in corpus, & animum, æquale jus est. [2] Confidant non Deo tantum Patri, sed & [3] Jesu: [4] quando in terris aliud nomen non est, quod nos salvos præstet: [5] quod recte facturos, si cogitaverint, non qui illum Patrem, hunc Dominum voce nuncupant, æternum victuros, sed qui ex eorum voluntate vitam componunt. Moneantur deinde [6] sanctum illud dogma Christi, ut pretiosissimum thesaurum, sollicite custodire. atque eam ob rem etiam [7] sæpe legere sacra scripta, quibus nemo possit decipi, nisi qui prius se ipse deceperit. [8] Nam & fideliores fuisse eorum Scriptores &

8 *Cum certa fiducia eum curam nostri gerere.* 1 Petr. III. 11. v 7.

9 *Cum nisi ejus permissu ne passer quidem cadat*] Matth. x. 29.

1 *Ac ne eos timeant qui tantum corpori nocere possunt, præ eo, cui & in corpus & in animum æquale jus est*] Matth. x 28 Lucæ XII 4

2 *Confidant non Deo tantum Patri, sed & Jesu*] Joh. XIV 2 Hebr. IV. 15, 16 Eph. III. 12. & 17.

3 *Jesu.*] Adde: filio ejus unigenito, quem Mediatorem inter se & nos esse voluit, cui potestatem omnem in cœlo & terra tribuit *Clericus.*

4 *Quando in terris aliud nomen non est, quod nos salvos præstet.*] Actor IV 12

5 *Quod recte facturos, si cogitaverint, non qui illum Patrem, hunc Dominum voce nuncupant, æternum victuros, sed qui ex eorum volu tate vitam compo unt*] Joh. VIII. 41 & sequentibus Matth. VII 21. Joh XV 14. 1 Joh II 3 4

6 *Sanctum illud dogma Christi, ut pretiosissimum thesaurum, sollicite custodire*] Matth. XIII. 44, 45. 1 Cor. XI. 7 1 Tim. VI 20 2 Tim I 14

7 *Sæpe legere sacra scripta*] Coloss IV 16. 1 Thess. V 27. Apoc I 3

8 *Nam & fideliores fuisse eorum Scriptores, quam ut necessaria veritate nos fraudare vellent*] Tertullianus de hæreticis sic loquitur in Præscriptione *Solent dicere, non omnia Apostolos scisse, eadem agitati dementia, qua rursus convertunt omnia quidem Apostolos scisse, sed non omnia omnibus tradidisse in utroque Christum reprehensioni subjicientes, qui aut minus instructos, aut parum simplices Apostolos miserit.* Vide & quæ sequuntur ibidem longe utilissima.

afflatus divini pleniores, quam ut necessaria veritate nos fraudare vellent, eamve nube aliqua obtegere [9] sed adferendum animum paratum obsequio id si fiat, [1] nihil eorum nos fugiturum, quæ credi, sperari, aut fieri à nobis debent: [2] atque eo modo ali & excitari in nobis illum Spiritum, [3] qui futuræ felicitatis arrhabo est datus. Absterremur præterea ab imitatione Paganorum. [4] primum in cultu falsorum Deorum, [5] qui nihil sunt, nisi vana nomina, [6] quibus mali Dæmones utuntur, [7] ut nos à veri Dei cultu avertant: [8] quare non posse nos eorum sacris participare, ita ut simul & Christi sacrificium nobis prosit. [9] secundo, in vivendi modo licentioso, nec aliam habente legem, quam à cupiditate dictatam; [1] unde Christianos longissime abesse oporteat, [2] qui non tantum Paganis præstare multum debeant, [3] sed & Judæorum legisperitis & Pharisæis, quorum

9 *Sed adferendum animum parat m obsequio*] Johan. VII 17. v 44 Matth XI 25. Philipp. III 15 2 Petri III. 16. Oseæ XIV 10

1 *Nihil eorum nos fugiturum, quæ credi, sperari aut fieri à nobis debent*] 2 Tim III 15, 16. Johan. XX. 31. 1 Petr. 1. 23

2 *Atque eo modo ali in nobis & excitari illum Spiritum*] 2 Tim VI. 1 Thess. v. 19.

3 *Qui futuræ felicitatis arrhabo est datus*] Ephes. I. 14. 2 Cor I 22. v 5.

4 *Primum in cultu falsorum Deorum.*] 1 Cor VIII. 5, 6.

5 *Qui nihil sunt nisi vana nomina.*] Ibidem v. 4. X. 19.

6 *Quibus mali Dæmones utuntur.*] 1 Cor. X. 20. Apoc. IX. 2.

7 *Ut nos à veri Dei cultu avertant*] Matth. XIII 19. Eph II. 2. Apoc. IX. 9 2. Thess II. 9.

8 *Quare non posse nos eorum sacris participare, ita ut simul & Christi sacrificium nobis prosit.*] 1 Cor. X. 20.

9 *Secundo, in vivendi modo licentioso, nec aliam habente legem, quam à cupiditate dictatam.*] Eph II 3 Tit II. 14.

1 *Unde Christianos longissime abesse oporteat.*] 2 Corinth. VI. 15

2 *Qui non tantum Paganis præstare multum debeant.*] Matt. V 47. VI. 7, 32.

3 *Sed & Judæorum legisperitis & Pharisæis, quorum justitia in externis quibusdam factis consistens non sufficit ut ad cœleste regnum*

quorum justitia in externis quibusdam factis consistens non sufficit, ut ad cœleste regnum perveniatur [4] Nullo nunc in pretio esse circumcisionem manu factam, sed alteram internam cordis, [5] observationem mandatorum Dei, [6] novum opificium, [7] fiduciam in diligendo efficacem, [8] unde agnoscantur veri Israelitæ, [9] mystici Judæi, hoc est, Dei laudatores. [1] Ciborum discrimina, [2] sabbata, [3] dies festos, [4] umbras esse rerum, quæ in Christo & Christianis exsistant. Ex occasione Mahumetismi hæc adferuntur monita, [5] prædictum à Domino Jesu, venturos quosdam post sua tempora, qui a Deo se missos mentirentur; [6] sed etiamsi Angelus de cœlo veniret, non recipiendum esse dogma aliud, [7] quam illud Christi, tan-

regnum perveniatur] Matth v. 20 xxiii 23 Rom. iii. 20. Galat ii. 16.

4 *Nullo nunc in pretio esse circumcisionem manu factam sed alteram internam cordis*] 1 Cor. vii 19 Galat v 6 vi 15 Philipp iii 3 Ephes ii 11 Coloss ii. 11 Rom ii 29

5 *Observationem mandatorum Dei*] 1 Cor vii 19

6 *Novum opificium*] Galat. vi. 15

7 *Fiduciam in diligendo efficacem* Galat v 6

8 *Unde agnoscantur veri Israëlita*] Rom. ix 6. 1 Cor x. 18. Gal vi 16 Joh i 47.

9 *Mystici Judæi, hoc est, Dei laudatores*] Rom ii 28 Philo de Allegoriis. Τῦ ἐξομολογυμένυ ὁ Ἰύδας σύμϐολον. *Judas symbolum ejus qui Deum profitetur.*

1 *Ciborum discrimina.*] Actor, x. 13, 14, 15 xv. 19, 20. 1 Cor. x 25 Col ii 16, 21

2 *Sabbata*] Coloss dicto loco.

3 *Dies festos*] Ibidem. Rom. xiv. 5

4 *Umbras esse rerum quæ in Christo & Christianis exsistant*] Col. ii 17. Hebr x 1.

5 *Prædictum à Domino Jesu, venturos quosdam post sua tempora, qui se a Deo missos mentirentur*] Joh v 43 2 Thess. ii 9. Matth. vii. 15 xxiv. 11. Marci xiii. 22 1 Joh iv. 1.

6 *Sed etiamsi Angelus de cœlo veniret, non recipiendum esse dogma aliud*] Gal i 8.

7 *Quam illud Christi tantis testimoniis probatum*] 1 Joh v. 7, 8. Hebr. ii. 9. xii. 1. Johan. i 7. v. 32, 37, 39, 46. Luc. xxiv. 27. Actor. ii. 22, 23. x. 43.

tis teſtimoniis probatum. Quippe [8] olim quidem Deum multis variiſque modis allocutum pios, qui fuerunt: poſtremo autem voluiſſe eum nos compellare per filium ſuum, [9] rerum omnium Dominum, [1] ſplendoris paterni effulgentiam, ſubſtantiæ ejus expreſſam imaginem, [2] per quem condita ſunt, quæ fuerunt, aut erunt, [3] qui ſuo imperio agit ac fert omnia, [4] & expiatis peccatis noſtris ad dextram Dei ſublatus, [5] dignitatem ſupra Angelos conſecutus eſt [6] quo proinde legis auctore nihil poteſt exſpectari magnificentius. Revocatur etiam, eadem occaſione, ipſis in memoriam, [7] arma Chriſti militibus aſſignata, non eſſe qualibus Mahumetes nititur, ſed Spiritus propria, apta expugnandis munitionibus, quæ ſe adverſus Dei cognitionem erigunt: pro ſcuto fiduciam, quæ tela ignita diaboli repellat: pro lorica, juſtitiam ſive rectitudinem vitæ; [8] pro galea, quæ quod infirmiſſimum eſt tegat, ſpem

8 *Olim quidem Deum multis variiſque modis allocutum pios, qui fuerunt poſtremo autem voluiſſe eum nos compellare per Filium ſuum* Hebr. I 2.

9 *Rerum omnium Dominum.*] 1 Corinth xv. 27. Heb. III. 5.

1 *Splendoris paterni effulgentiam, ſubſtantiæ ejus expreſſam imaginem.*] Hebr. I. 3

2 *Per quem condita ſunt quæ fuerunt, aut erunt*] Ibidem Coloſſ I. 16

3 *Qui ſuo imperio agit ac fert omnia.*] Hebr I 3 Apoc I 5

4 *Et expiatis peccatis noſtris ad dextram* Dei *ſublatus.*] Hebr. I 3. IX. 12. Matth. xx 28. 1 Joh. II. 2. IV. 10. Matt. XXVI 64. Marci XVI 19. Act. II 33, 34. VII. 55, 56. Rom. VIII 34. Epheſ I 20 Coloſſ. III 1 Hebr. VIII. 1 X 12. XII 5

5 *Dignitatem ſupra Angelos conſecutus eſt.*] 1 Petr. III. 22. Hebr I 13. Eph I 21.

6 *Quo proinde legis auctore nihil poteſt expectari magnificentius*] Hebr II. 3, 4, 5, 6, 7, 8. III 3, 4, 5, 6.

7 *Arma Chriſti militibus aſſignata*] Rom XIII 12 2 Cor VI 7 X 4 Epheſ VI 11, 12, 13, 14, 15, 16, 17, 18.

8 *Pro galea*] Vide præter dictum ad Epheſios locum, 1 Theſſ V 8.

æternæ salutis, [9] pro ense vero tradita divinitus verbi, penitissimas animi partes penetrantia Sequitur post hæc exhortatio [1] ad mutuam concordiam, quam Christus suis abiens tam serio commendavit [2] non multos inter nos esse doctores debere, sed unum Jesum Christum [3] omnes Christianos in idem nomen baptizatos. [4] quare non debere inter ipsos sectas esse & scissuras, quibus ut remedium tandem adhibeatur aliquod, suggerentur dicta illa Apostolica, [5] sapiendum temperanter, [6] pro modo cognitionis, quam cuique Deus admensus est: [7] si qui minus omnia intelligant, eorum ferendam imbecillitatem, [8] ut placide ac sine jurgiis nobiscum coalescant · [9] si qui intelligentia præstent cæteris, par esse, ut & studio erga cæteros excellant. [1] hos vero, qui aliter aliqua

9 *Pro ense vero.*] Vide præter dictum locum, Eph VI 17. Heb. IV. 12. Apoc. I. 16

1 *Ad mutuam concordiam, quam Christus abiens suis tam serio commendavit*] Joh XIV 27 XIII 34 35 XV. 12 17. XVII. 20. & sequentibus XX. 19, 26 1 Joh III 23 Adde Ephes III. 14 & sequentibus VI. 16 Heb XIII. 20. Matt. V 9

2 *Non multos inter nos esse doctores debere, sed unum Jesum Christum*] Matth. XXIII. 8. Jacob III. I

3 *Omnes Christianos in idem nomen baptizatos*] Rom VI 3, 4 I Cor. I. 13, 15. Galat. III. 27. Ephes. IV. 5. Coloss. II. 12.

4 *Quare non debere inter ipsos sectas esse & scissuras*] I Cor. I. 10, XI. 18. XII. 25.

5 *Sapiendum temperanter*] Rom. XII 7 16 I Cor. IV 6

6 *Pro modo cognitionis, quam cuique Deus admensus est.*] Dicto loco ad Romanos, & XII 6. 2 Cor X. 13 Ephes IV 7, 14, 16.

7 *Si qui minus omnia intelligant, eorum ferendam imbecillitatem.*] Rom XIV. I XV. 2. I Cor. VIII 7.

8 *Ut placide ac sine jurgiis nobiscum coalescant*] Rom XIV. I 2 Cor XII 20 Gal V 20. Philipp. I 16. II. 3, 15. I. Cor XI. 16

9 *Si qui intelligentia præstent cæteris, par esse ut & studio erga cæteros antecellant*] Rom VIII. I, 2, 3, 9 XII 8 XIII. 3, 14. 16. I Cor XIII 2 2 Cor. VI 6 VIII. 7. 2 Pet. I. 5, 6.

I *Hos vero qui aliter aliqua in parte sentiunt, expectandos donec*

qua in parte sentiunt, expectandos donec & ipsis Deus veritatem latentem aperiat [2] interim, de quibus constat, retinenda, & opere implenda. [3] Nunc ex parte sciri [4] venturum illud ævum, quo omnia certissime cognoscenda sint. Etiam hoc rogantur singuli, [5] ne inutile detineant talentum sibi concreditum: [6] sed omnem impendant operam, ut alios Christo acquirant [7] quam ad rem non tantum adhibendos rectos salutaresque sermones, [8] sed & emendatæ vitæ exemplum, ut ex servis de bonitate Domini, & ex actionibus de legis puritate judicium fiat. Postremo loco reversa, unde exierat, ad lectores populares oratio obsecrat eos, [9] si quid hic boni est, de eo agant Deo gratias: [1] si quid minus placeat, rationem ut habeant, tum communis naturæ hominum ad multos errores pronæ, [2] tum & loci ac temporis, quo

donec & ipsis Deus latentem veritatem aperiat.] Philip. III. 15. Joh. IV. 2. 1 Cor. XIII. 4, 7. 1 Thess. IV. 14. 2 Cor. VI. 6. Galat. V. 22. Coloss. IV. 11. 2 Timoth. IV. 2. Luc. IX. 54, 55.

2 *Interim de quibus constat retinenda & opere implenda.*] Philipp. III. 16. Jacobi I. 22, 23, 24, 25.

3 *Nunc ex parte sciri.*] 1 Cor. XIII. 9, 12.

4 *Venturum illud ævum, quo omnia certissime cognoscenda sint.*] Ibidem. v. 10, 12. 1 Joh. III. 2. Matth. v. 8.

5 *Ne inutile detineant talentum sibi concreditum.*] Matth. XXV. 15 & sequentibus.

6 *Sed omnem impendant operam, ut alios Christo acquirant.*] 1 Cor. IX. 19, 20, 21, 22.

7 *Quam ad rem non tantum adhibendos rectos salutaresque sermones.*] Gal. VI. 6. Ephes. IV. 29. 2 Timoth. I. 13. Tit. II. 8.

8 *Sed & emendatæ vitæ exemplum, ut ex servis be bonitate Domini, & ex actionibus de legis puritate judicium fiat.*] 1 Petr. III. 1, 16. Eph. VI. 6. 2 Tim. II. 24. 1 Petr. II. 12. Ephes. IV. 1. Philipp. I. 27.

9 *Si quid hic boni est, de eo Deo agant gratias.*] Jacob. I. 17. 2 Thess. I. 3. 1 Corinth. I. 4.

1 *Si quid minus placeat, rationem habeant, tum communis naturæ hominum ad multos errores pronæ.*] Jac. III. 2. Gal. VI. 1, 2.

2 *Tum & loci.*] Quod optimus

quo opus hoc effusum verius, quam elaboratum est.

mus & doctissimus vir Lupistemensi carcere, cui in perpetuum damnatus erat, teneretur, quo loco & tempore profecto tot insignia opera summa eruditione, limatissimo judicio & ingenio singulari numquam elaborare potuisset, sine incredibili constantia, animique tranquillitate & fide in Deum inconcussa, ob quæ bona in eum collata, in usum totius Christianitatis, Deo gratias agent quicumque animo veritatis studioso cum cætera ejus opera, tum etiam hoc legent. Quod ex animo quidem nos facimus. *Clericus.*

F I N I S.

TYPOGRAPHUS

LECTORI S.

QUUM de nova hac editione sic adornanda cogitarem, ut adnotationes ipsius textus verbis subjunctæ, uno intuitu conspici possent ea præ primis difficultas sese obtulit, ut notæ longiores continuam textus seriem vel omnino interrumperent, vel saltem difficilem redderent. Cui cum alio modo obviam ire non possem, quædam ex allegatis Græcis longioribus (quæ & longe major Lectorum numerus utplurimum negligere solet) retenta tantum interpretatione Latina, ad calcem libri rejicere consultum duxi. Itaque ea, ne quid opusculo deficiat, hic exhibeo, simulque paginæ numerum quæ interpretationem Latinam continet adjicio.

LOCA

LOCA PRÆTERMISSA.

Pag. 26 Κατὰ γὰρ τὴν ἐξ ἀρχῆς τῶν ὅλων σύστασιν μίαν ἔχειν ἰδέαν οὐρανόν τε καὶ γῆν, μεμιγμένης αὐτῶν τῆς φύσεως· μετὰ δὲ ταῦτα διαστάντων τῶν σωμάτων ἀπ' ἀλλήλων, τὸν μὲν κόσμον περιλαβεῖν ἅπασαν τὴν ὁρωμένην ἐν αὐτῷ σύνταξιν, τὸν δ' ἀέρα κινήσεως τυχεῖν συνεχοῦς· Καὶ τὸ μὲν πυρῶδες αὐτοῦ πρὸς τοὺς μετεωροτάτους τόπους συνδραμεῖν, ἀναφερομένης οὔσης τῆς τοιαύτης φύσεως διὰ τὴν κουφότητα· ἀφ' ἧς αἰτίας τὸν μὲν ἥλιον καὶ τὸ λοιπὸν πλῆθος τῶν ἄστρων ἐναποληφθῆναι τῇ πάσῃ δίνῃ· τὸ δὲ ἰλυῶδες καὶ θολερὸν μετὰ τῆς τῶν ὑγρῶν συγκρίσεως ἐπὶ τ' αὐτὸ καταστῆναι, διὰ τὸ βάρος εἰλούμενον δ' ἐν ἑαυτῷ, καὶ συστρεφόμενον συνεχῶς, ἐκ μὲν ὑγρῶν τὴν θάλασσαν, ἐκ δὲ τῶν στερεμνιωτέρων ποιῆσαι τὴν γῆν πηλώδη καὶ παντελῶς ἁπαλήν· ταύτην δὲ τὸ μὲν πρῶτον τοῦ περὶ τὸν ἥλιον πυρὸς καταλάμψαντος, πῆξιν λαβεῖν, ἔπειτα διὰ τὴν θερμασίαν ἀναζυμουμένης τῆς ἐπιφανείας, συνοιδῆσαί τινα τῶν ὑγρῶν κατὰ πολλοὺς τόπους, καὶ γενέσθαι περὶ αὐτὰ σηπεδόνας ὑμέσι λεπτοῖς περιεχομένας ὅπερ ἐστὶν ἐν τοῖς ἕλεσι καὶ τοῖς λιμνάζουσι τῶν τόπων ἔτι καὶ νῦν ὁρᾶσθαι γινόμενον ἐπειδὰν τῆς χώρας κατεψυγμένης ἄφνω διάπυρος ὁ ἀὴρ γένηται, μὴ λαβὼν τὴν μεταβολὴν ἐκ τοῦ κατ' ὀλίγον· ζωογονουμένων δὲ τῶν ὑγρῶν διὰ τῆς θερμασίας τὸν εἰρημένον τρόπον, τὰς μὲν νύκτας λαμβάνειν αὐτίκα τὴν τροφὴν ἐκ τῆς πιπτούσης ἀπὸ τοῦ περιέχοντος ὁμίχλης, τὰς δ' ἡμέρας ὑπὸ τοῦ καύματος στερεοῦσθαι· τὸ δ' ἔσχατον τῶν κυοφορουμένων τὴν τελείαν αὔξησιν λαβόντων, καὶ τῶν ὑμένων διακαυθέντων τέ καὶ περιρραγέντων, ἀναφυῆναι παντοδαποὺς τύπους ζώων· τούτων δὲ τὰ μὲν πλείστης θερμασίας κεκοινωνηκότα πρὸς τοὺς μετεώρους τόπους ἀπελθεῖν, γενόμενα πτηνά· τὰ δὲ γεώδους ἀντεχόμενα συγκρίσεως ἐν τῇ τῶν ἑρπετῶν καὶ τῶν ἄλλων τῶν ἐπιγείων τάξει καταριθμηθῆναι· τὰ δὲ φύσεως ὑγρᾶς μάλιστα μετειληφότα πρὸς τὸν ὁμογενῆ τόπον συνδραμεῖν ὀνομασθέντα πλωτά· τὴν δὲ γῆν ἀεὶ μᾶλλον στερεουμένην ὑπό τε τοῦ περὶ τὸν ἥλιον πυρὸς καὶ τῶν πνευμάτων, τὸ τελευταῖον μηκέτι δύνασθαι μηδὲν τῶν μειζόνων ζωογονεῖν, ἀλλ' ἐκ τῆς πρὸς ἄλληλα μίξεως ἕκαστα γεννᾶσθαι τῶν ἐμψύχων· ἔοικε δὲ περὶ τῆς τῶν ὅλων φύσεως οὐδ' Εὐριπίδης διαφωνεῖν τοῖς προειρημένοις, μαθητὴς ὢν Ἀναξαγόρου τοῦ φυσικοῦ· ἐν γὰρ τῇ Μελανίππῃ τίθησιν οὕτως·

> Ὡς οὐρανός τε γαῖα τ' ἦν μορφὴ μία.
> Ἐπεὶ δ' ἐχωρίσθησαν ἀλλήλων δίχα,
> Τίκτουσι πάντα κἀξέδωκαν εἰς φάος,
> Δένδρη, πετεινά, θῆρας, οὕς θ' ἅλμη τρέφει,
> Γένος τε θνητῶν.

Καὶ περὶ μὲν τῆς πρώτης τῶν ὅλων γενέσεως τοιαῦτα παρειλήφαμεν. τοῦ δὲ ἐξ ἀρχῆς ζωογονεῖν τὴν γῆν εἰ καὶ παράδοξον εἶναί τισι φαίνεται, τὴν τότε ἐνέργειαν, φασὶ καὶ τὰ μέχρι νῦν γινόμενα μαρτυρεῖν αὐτοῖς· κατὰ γὰρ τὴν Θηβαΐδα τῆς Αἰγύπτου καθ' οὓς ἂν καιροὺς πλεονάσῃ τὴν ἀνάβασιν ὁ Νεῖλος, καὶ τῆς μὲν γῆς διὰ τοῦτο καθύγρου γινομένης, τῆς δὲ περὶ τὸν ἥλιον θερμασίας ἄφνω προσπεσούσης, καὶ διὰ τοῦτο κατὰ πολλοὺς τόπους τῆς ἐπι-

ἐπι ϰαι ίας -ἡ ἐε , . μεν ς πλη- ϐ❀ υυῦν - ,ες α α, ι μη . γεν νᾶσθ ι πο τ' αν τῆς , ν, σαιν ρᾶ γεγενηϰεν ς ϰ᾽ ... πες, λ ...❀ α ,❀ ϐϰετι διαιρεῖται ... ιη ἐξ α, χ ς εὐταξ.αι ϰ ευρ.σία φύεσ ιαι ζῶα, ... ε ... λεγυσι, διότι ϰαλά την εξ ... ε τῶν λαν γε εσιν εκ ... , σε εβαινε ζ ο γο ... σθαι παιδεια, φύσες ... χων

Pag 150.] Μεlὰ δὲ ταῦτα πολλα χρονα υςερον τῶν εγχωρίων τις Αδαδο ὄνομα πλεονισχυσας, Δαμασκῦ τε ϰ της ἄλλης ... υρίας ἔξω Φοινικης ἐϐασίλευσε πόλεων δ' εξενεγκας πρὸ Δαϐ δην Βασιλεα τῆς Ἰεδαια, ϰ πολλαῖς μάχαις ϰριθ-ὶς, υςάτη τε παρα τὸ Εὐφράτην ἐν ᾗ ητlᾶτο αι ἄριςος ἔδοξεν εἶναι βασιλεων ῥώμη τε ϰ ἀνδρεία τελευlήσαντος δ' ἐκεινυ, ἀπογονοι ἐπὶ δεκα γενεας ἐϐασίλευον, εκάςυ παρὰ τῦ παlρὸς ἅμα τῆ ἀρχῆ ϰ το ὄνομα τοῦτο ἐκδεχομένυ, ὥσπερ οἱ Πτολεμαῖοι ἐν Αἰγυπlῳ μέγιςον δὲ πάνlων δυνηθεις ὁ τρίτ❀, ἀναμάχεσθαι βυλόμεν❀ τὴν τῦ προπάτορ❀ ἧτlαν, ςρατευσας ἐπὶ Ἰυδαίυς, ἐπόρθησε την νῦν Σαμαρεῖτιν καλυμενην

Ibid.] Αϐιϐάλυ τελευlήσαντ❀, ὁ υἱὸς αὐτῦ Εἴρωμ❀ ἐϐασίλευσεν ὗτ❀ τὰ πρὸς ἀναlολὰς μερη τῆς πολεως προσέχωσεν, ϰ μεῖζον τὸ ἄςυ πεποίηκε, ϰ τῦ Ὀλυμπίυ Διὸ τὸ ἱερὸν καθ' εαυlὸ ὂν ἐν νήσῳ χώσας τὸν μεlαξὺ τόπον, συνῆψε τῆ πόλει, ϰ χρυσοῖς ἀναθήμασιν ἐκόσμησεν ἀναϐὰς δὲ εἰς τ Λ'ϐανον ὑλοlόμησεν πρὸς την τῶν ναῶν καlασκευὴν τὸν δε τυραννῦ lα Ἱεροσολύμων Σολομῶνα πέμψαι φασὶ πρὸς τὸν Ειρωμον α' ίγμαlα, ϰ παρ' αὐτοῦ λαϐεῖν ἀξιῦν τὸν δ μη δυνηθέlα λῦσαι τὰ α'νίγμαlα πολλα τῶν χρημάτων ε'ς τὸ ἐπιζήμιον ἀναλῶσαι εἶτα δὲ Ἀϐδήμονόν τινα Τυριον ἄνδρα τὰ ... λυθέlα λῦσαι, ϰ αὐτὸν ἄλλα πρ ϐαλειν, α μη λυσάνlα τὸν Σολομωνα, πολλὰ τῷ Εἰρώμῳ προσαποlισαι χρημαlα

Ibid.] Τελευlήσανl❀ δ' Ἀϐιϐάλυ, διεδεξαlο την βασιλειαν ὁ υἱὸς αὐτῦ Εἴρωμ❀, βιώσας ἔτη τριάκονlα τεσσαρα ὗτ❀ ἔχωσε τὸν Ευρυχωρον, τον τε χρυσῦν κιονα τον ε τοῖς τοῦ Διὸς ἀνέθηκεν. ἔπειlα ὕλην ξύλων ἀπελθων ἔκοψεν, ἀπὸ τῦ λεγομενυ ορυς Λιϐάνυ, κεδρινα ξύλα εἰς τας τῶν ιερῶν ςεγας καθελών τε τὰ ἀρχαῖα ἱερὰ, καινὸς ναὸς ᾠκοδόμησεν τετε τῦ Ἡρακλέυς ϰ τῆς Ἀςάρτης πρῶτ❀ ἀνιέρωσεν ... τε τοῦ Ἡρακλευς ἔγερσιν ἐποιησαlο εν τῷ Περιτίῳ μηνι ε'τα ... τῆς Ἀςάρτης, οποτε Τιτυοις ἐπεςράτευσεν, μὴ ἀποδῦσι τὺς φορυς, ὓς ϰ ὑποτάξας εαυlῷ πάλιν ἀνέςρεψεν. ἐπὶ τ των δέ τις ἦν Ἀϐδημον❀, παῖς νεώτερ❀, ος ἐνίκα τὰ προϐλήμαlα, ἃ ἐπ τασσε Σολομῶν ὁ Ἱεροσολύμων Βασιλεύς ψηφίζεlαι δὲ ὁ χρον❀ ἀπὸ τούτυ τῦ βασιλεως αχρι τῆς Καρχηδον❀ κlίσεως ὕτως τελευlήσανl❀ Εἰρώμυ διεδέξαlο την βασιλειαν Βαλεαζορ❀ ὁ υἱὸς, ὃς βιώσας ἔτη τεσσαρακονlα τρία, ἐϐασίλευσεν ἔτη επlὰ μεlὰ τοῦτον Ἀϐδάςραl❀ ὁ τούτυ υἱὸς βιώσας ἔτη εἴκοσι ἐννέα, ἐϐασίλευσεν ἔτη ἐννέα τῦτον οι τῆς τροφυ αὐτῦ υἱοὶ τεσσαρες ἐπιϐυλεύσανlες απώλεσαν ὧν ὁ πρεσϐύτερ❀ ἐϐασίλευσεν ἔτη δέκα δύο μεθ' ὓς Ἀςάρτ❀ ὁ Δελαιαςάρlυ, ὃς βιώσας ἔτη πενlήκονlα τέσσαρα, ἐϐασίλευσεν ἔτη δώδεκα μετα τῦτον ὁ ἀδελφὸς αὐτῦ Ἀσερυμ❀ βιώσας ἔτη τεσσαρα ϰ πενlήκοlα, ἐϐασίλευσεν ἔτη ἐννεα ὗτ❀ ἀπώλεlο ἀπὸ τοῦ ἀδελφῦ Φελης❀ ὃς λαϐων τὴν βασιλείαν ἦρξεν μῆνας ὀκlὼ, βιώσας ἔτη πενlήκονlα τῦτον ἀνεῖλεν Ιθώϐαλος ὁ τῆς Ἀςάρτης [illegible]ς ἱερεὺς, ὃς βασιλεύσας ἔτη τριάκοντα δύο, ἐβίωσεν ἔτη ἑξήκοντα ὀκτώ. τοῦτον διεδέξατο Βαδέζωρος υἱὸς, ὃς βιώσας ἔτη τεσσαράκοντα πέντε ἐβασίλευσεν ἔτη ἕξ. τούτου διάδοχος γέγονε Μάττηνος ὁ υἱὸς, ὃς βιώσας ἔτη τριάκοντα δύο, ἐβασίλευσεν ἔτη ἐννέα. τούτου διάδοχος γέγονε Φυγμαλίων βιώσας δ' ἔτη πεντήκοντα ἕξ, ἐβασίλευσεν ἔτη τεσσαράκοντα ἑπτά. ἐν δὲ τῷ ἐπ' αὐτοῦ ἑβδόμῳ ἔτει ἡ ἀδελφὴ αὐτοῦ φυγοῦσα ἐν τῇ Λιβύῃ πόλιν ᾠκοδόμησε Καρχηδόνα.

Pag. 151 | Καὶ Ἐλουλαῖος ὄνομα ἐβασίλευσεν ἔτη τριάκοντα ἕξ. οὗτος ἀποστάντων Κιτταίων ἀναπλεύσας προσηγάγετο αὐτοὺς πάλιν. ἐπὶ τούτους πέμψας δὲ τῶν Ἀσσυρίων βασιλεὺς, ἐπῆλθε Φοινίκην πολεμῶν ἅπασαν, ὅστις σπεισάμενος εἰρήνην μετὰ πάντων ἀνεχώρησεν ὀπίσω. ἀπέστη τε Τυρίων Σιδὼν καὶ Ἄρκη καὶ ἡ Παλαίτυρος καὶ πολλαὶ ἄλλαι πόλεις αἳ τῷ τῶν Ἀσσυρίων ἑαυτὰς βασιλεῖ παρέδοσαν. διὸ Τυρίων οὐχ ὑποταγέντων, πάλιν ὁ βασιλεὺς ἐπ' αὐτοὺς ὑπέστρεψε, Φοινίκων συμπληρωσάντων αὐτῷ ναῦς ἑξήκοντα καὶ ἐπικώπους ὀκτακοσίους. οἷς ἐπιπλεύσαντες Τύριοι ναυσὶ δεκαδύο, τῶν νεῶν τῶν ἀντιπάλων διασπαρεισῶν, λαμβάνουσιν αἰχμαλώτους ἄνδρας εἰς πεντακοσίους. ἐπελάθη δὴ πάντων ἐν Τύρῳ τιμὴ διὰ ταῦτα. ἀναζεύξας δ' ὁ τῶν Ἀσσυρίων βασιλεὺς, κατέστησε φύλακας ἐπὶ τοῦ ποταμοῦ, καὶ τῶν ὑδραγωγιῶν οἳ διακωλύσουσι Τυρίους ἀρύσασθαι, καὶ τοῦτο ἔτεσι πέντε γενόμενον ἐκαρτέρησαν, πίνοντες ἐκ φρεάτων ὀρυκτῶν.

Pag. 15[illegible] | Ἀκούσας ὁ πατὴρ αὐτοῦ Ναβοπαλλάσαρος ὅτι ὁ τεταγμένος Σατράπης ἔν τε Αἰγύπτῳ καὶ τοῖς περὶ τὴν Συρίαν τὴν κοίλην καὶ τὴν Φοινίκην τόποις ἀποστάτης γέγονεν, οὐ δυνάμενος αὐτὸς ἔτι κακοπαθεῖν, συστήσας τῷ υἱῷ Ναβουχοδονοσόρῳ ὄντι ἔτι ἐν ἡλικίᾳ μέρη τινὰ τῆς δυνάμεως ἐξέπεμψεν ἐπ' αὐτόν. συμμίξας δὲ Ναβουχοδονόσορος τῷ ἀποστάτῃ καὶ παραταξάμενος, αὐτοῦ τε ἐκυρίευσε, καὶ τὴν χώραν ἐξ ἀρχῆς ὑπὸ τὴν αὐτοῦ βασιλείαν ἐποιήσατο. τῷ τε πατρὶ αὐτοῦ συνέβη Ναβοπαλασάρῳ κατὰ τοῦτον τὸν καιρὸν ἀρρωστήσαντι ἐν τῇ Βαβυλωνίων πόλει μεταλλάξαι τὸν βίον ἔτη βεβασιλευκότι εἰκοσιεννέα. αἰσθόμενος δὲ μετ' οὐ πολὺ τὴν τοῦ πατρὸς τελευτὴν Ναβουχοδονόσορος, καταστήσας τὰ κατὰ τὴν Αἴγυπτον πράγματα, καὶ τὴν λοιπὴν χώραν, καὶ τοὺς αἰχμαλώτους Ἰουδαίων τε καὶ Φοινίκων καὶ Σύρων καὶ τῶν κατὰ τὴν Αἴγυπτον ἐθνῶν συντάξας τισὶ τῶν φίλων μετὰ τῆς δυνάμεως, καὶ τῆς λοιπῆς ὠφελείας ἀνακομίζειν εἰς τὴν Βαβυλωνίαν, αὐτὸς ὁρμήσας ὀλιγοστὸς παρεγένετο διὰ τῆς ἐρήμου εἰς Βαβυλῶνα. καταλαβὼν δὲ τὰ πράγματα διοικούμενα ὑπὸ Χαλδαίων, καὶ διατηρουμένην τὴν βασιλείαν ὑπὸ τοῦ βελτίστου αὐτῶν, κυριεύσας ἐξ ὁλοκλήρου τῆς πατρικῆς ἀρχῆς, τοῖς μὲν αἰχμαλώτοις παραγενομένοις συνέταξεν αὐτοῖς ἀποικίας ἐν τοῖς ἐπιτηδειοτάτοις τῆς Βαβυλωνίας τόποις ἀποδεῖξαι. αὐτὸς δ' ἀπὸ τῶν ἐκ τοῦ πολέμου λαφύρων, τό, τε Βήλου ἱερὸν καὶ τὰ λοιπὰ κοσμήσας φιλοτίμως, τήν τε ὑπάρχουσαν ἐξ ἀρχῆς πόλιν καὶ ἑτέραν ἔξωθεν προσχαρισάμενος καὶ ἀνακαινίσας πρὸς τὸ μηκέτι δύνασθαι τοὺς πολιορκοῦντας τὸν ποταμὸν ἀναστρέφοντας, ἐπὶ τὴν πόλιν κατασκευάζειν περιεβάλετο τρεῖς μὲν τῆς ἔνδον πόλεως περιβόλους, τρεῖς δὲ τῆς ἔξω τούτων, τοὺς μὲν ἐξ ὀπτῆς πλίνθου καὶ ἀσφάλτου, τοὺς δὲ ἐξ αὐτῆς πλίνθου. καὶ τειχίσας ἀξιολόγως τὴν πόλιν, καὶ τοὺς πυλῶνας κοσμήσας ἱεροπρεπῶς, πρωτως, προσκατεσκεύασε τοῖς παλαιοῖς βασιλείοις ἕτερα βασίλεια ἐχόμενα ἐκείνων, ὑπεραίροντα ἀνάστημα καὶ την πολλὴν πολυτέλειαν μακρὰ δ' ἴσως ἔσαι, ἐάν τις ἐξηγηται πλην ὄντα γ' ὑπερβολῆν ὡς μεγάλα καὶ ὑπερηφανα συνετελέσθη ἡμεραις δεκαπεντε ἐν δε τοῖς βασιλείοις τέτοις ἀναλήμματα λίθινα ὑψηλὰ ἀνοικοδομησας, καὶ την ὄψιν ἀποδὺς ὁμοιοτάτην τοῖς ὄρεσι, καταφυτευσας δ' δενδρεσι παντοδαποῖς εξειργάσατο, καὶ κατασκευάσας τὸν καλυμενον κρεμαςὸν παράδεισον, διὰ τὸ την γυναῖκα αὐτῦ ἐπιθυμεῖν τῆς ὀρείας διαθέσεως, ὡς τεθραμμένην ἐν τοῖς κατα Μηδίαν τοποις μετὰ τὸ ἄρξασθαι τῦ προειρημενυ τείχυς, ἐμπεσὼν ε'ς ἀρρωςίαν, μετηλλάξατο τὸν βιον, βεβασιλευκως ἔτη τεσσαράκοντα τρία

Pag 153.] Μεγασθένης δὲ φησὶ Ναβυχοδονόσορον Ἡρακλέος ἀλκιμώτερον γεγον'τα επὶ τε Λιβύην καὶ Ἰβηρίην ςραλεῦσαι ταύτας δὲ χειρωσάμενον, ἀποδασμὸν αὐτέων εἰς τα δεξιὰ τυ Πόντυ κατοικίσαι. μετὰ δὲ λεγεται πρὸς Χαλδαίων, ὡς ἀναβὰς ἐπι τὰ βασιλήϊα κατασχεθείη Θεῷ ὅτεῳ δή. φθεγξάμενος δὲ εἶπεν ὧτως. Ἐγὼ Ναβυχοδρόσορος, ὦ Βαβυλώνιοι, την μέλλυσαν υμῖν προαγγέλλω συμφορην, την ὧτε Βηλος ἐμὸς πρόγονος, ὧτε βασίλεια Βῆλτις ἀποτρέψαι μοίρας πεῖσαι σθένυσι· ἥξει Πέρσης ἡμιονος τοῖσι ὑμετέροισι δαίμοσι χρεάμενος συμμάχοισι, ἐπάξει δὲ δυλοσύνην ὧ δὴ συναιτιος ἔσαι Μήδης τὸ Ἀσσύριον αὔχημα ὡς εἴθε μιν, πρόσθεν η δῦναι τὺς πολιήτας, χάρυβδίν τινα, ἢ θάλασσαν εἰσδεξαμένην αἰςῶσαι πρόρριζον, ἤ μιν ἄλλας ὁδὺς ςραφεντα φέρεσθαι διὰ τῆς ἐρήμυ, ἵνα ὧτε ἄςεα, ὧτε πάτος ἀνθρώπων, θῆρες δὲ νομὸν ἔχυσι καὶ ὄρνιθες πλάζονται, ἔν αε πέτρησι καὶ χαράδρησι μῦνον ἀλώμενον. ἐμε τε, πριν ἐς νόον βαλέσθαι ταῦτα, τέλεος ἀμείνονος κυρῆσαι ὁ μὲν θεσπίσας παραχρημα ἠφάνιςη

Ibid] Λέγεται δὲ πάντα μὲν ἐξ ἀρχῆς ὕδωρ εἶναι, θάλασσαν καλεομένην Βῆλον δὲ σφέα παῦσαι, χώραν εκάςῳ ἀποδειμαντα καὶ Βαβυλῶνα τειχει περιβαλεῖν τῷ χρόνῳ δ' ἱκνεομενῳ ἀφανισθῆναι τειχισαι δὲ αὖθις Ναβυχοδονόσορον, το μέχρι της Μακεδονίων ἀρχῆς διαμεῖναν, ἐὸν χαλκοπυλον.

Ibid.] Ναβυχοδονόσορος δὲ διαδεξάμενος την ἀρχὴν, Βαβυλῶνα μὲν ἐτειχισε τριπλῷ περιβολῳ ἐν πεντεκαίδεκα ἡμέρησι, τόντε Ἀρμακάλην πόταμον ἐξήγαγεν, ἐόντα κέρας Εὐφράτεω, τόν τε Ἀκράκανον ὑπὲρ δὲ τῆς Σιππαρηνῶν πόλιος λάκκον ὀρυξάμενος, περίμετρον μὲν τεσσαράκοντα παρασαγγέων, βαθος δε ὀργυιεων εἴκοσι, πύλας ἐπεςησε, τὰς ἀνοίγοντες ἄρδεσκον τὸ πεδίον· καλέυσι δ' αυτὰς ὀχετογνώμονας ἐπετείχισε δὲ καὶ τῆς ἐρυθρᾶς θαλάσσης την ἐπίκλυσιν, καὶ Τερηδόνα πόλιν ἔκτισεν κατὰ τὰς Ἀράβων εἰσβολάς τὰ τε βασσιλήϊα δενδροις ἤσκησε, κρεμαςὺς παραδείσους ὀνομάσας.

Pag 154] Ἐπὶ Εἰθωβάλυ τοῦ βασιλέως ἐπολιόρκησε Ναβυχοδονόσορος την Τύρον ἔτη τρία καὶ δέκα. μετα τῦτον ἐβασίλευσε Βααλ ἔτη δέκα μετὰ τῦτον δικαςαὶ αὐτον, Ἐκνίβαλος Βασλάχυ μῆνας δύο, Χέλβης Ἀβδαίυ μῆνας τρεῖς, Μύτγονος καὶ Γεράςρατος τῦ Ἀβδηλίμυ δικαςαὶ ἔτη εξ, ὧν μεταξὺ ἐβασίλευσε Βαλατορος ἐνιαυτὸν ἕνα τύτυ τελευτήσαντος, ἀποςείλαντες μετεπέμψαντο Μέρβαλον ἐκ τῆς Βαβυλῶνος, καὶ ἐβασιλευσεν ἔτη τέσσαρα. τῦτυ τελευτήσαντος μεταπέμψαντο τὸν ἀδελφὸν αὐτοῦ Ἔραμον, ὃς ἐβασίλευσεν ἔτη εἰκοσιν· ἐπὶ τούτου Κῦρος Περσῶν ἐδυνάστευεν.

Ibid.] Τῆς δὲ βασιλείας κύριος ἐγένετο ὁ υἱὸς αὐτοῦ Ειλμαράδουχος, οὗτος προστὰς τῶν πραγμάτων ἀνόμως καὶ ἀσελγῶς, ἐπιβουλευθεὶς ὑπὸ τοῦ τὴν ἀδελφὴν ἔχοντος αὐτοῦ Νηριγλισσοόρου ἀνῃρέθη βασιλεύσας ἔτη δύο· μετὰ δὲ τὸ ἀναιρεθῆναι τοῦτον, διαδεξάμενος τὴν ἀρχὴν ὁ ἐπιβουλεύσας αὐτῷ Νηριγγλισσόορος ἐβασίλευσεν ἔτη τέσσαρα· τούτου υἱὸς Λαβοροσοάρχοδος ἐκύρευσε μὲν τῆς βασιλείας παῖς ὢν μῆνας ἐννέα, ἐπιβουλευθεὶς δὲ διὰ τὰ πολλὰ ἐμφαίνειν κακοήθη, ὑπὸ τῶν φίλων ἀπετυμπανίσθη. ἀπολομένου δὲ τούτου, συνελθόντες οἱ ἐπιβουλεύσαντες αὐτῷ κοινῇ τὴν βασιλείαν περιέθηκαν Ναβοννήδῳ τινὶ τῶν ἐκ Βαβυλῶνος, ὄντι ἐκ τῆς αὐτῆς ἐπισυστάσεως. ἐπὶ τούτου, τὰ περὶ τὸν ποταμὸν τείχη τῆς Βαβυλωνίων πόλεως ἐξ ὀπτῆς πλίνθου καὶ ἀσφάλτου κατεκοσμήθη. οὔσης δὲ τῆς βασιλείας αὐτοῦ ἐν τῷ ἑπτακαιδεκάτῳ ἔτει, προεξεληλυθὼς Κῦρος ἐκ τῆς Περσίδος μετὰ δυνάμεως πολλῆς, καὶ καταστρεψάμενος τὴν λοιπὴν Ἀσίαν ἅπασαν, ὥρμησεν ἐπὶ τῆς Βαβυλωνίας. αἰσθόμενος δὲ Ναβόννηδος τὴν ἔφοδον αὐτοῦ, ἀπαντήσας μετὰ τῆς δυνάμεως καὶ παραταξάμενος, ἡττηθεὶς τῇ μάχῃ καὶ φυγὼν ὀλιγοστὸς, συνεκλείσθη εἰς τὴν Βορσιππηνῶν πόλιν. Κῦρος δὲ Βαβυλῶνα καταλαβόμενος καὶ συντάξας τὰ ἔξω τῆς πόλεως τείχη κατασκάψαι, διὰ τὸ λίαν αὐτῷ πραγματικὴν καὶ δυσάλωτον φανῆναι τὴν πόλιν, ἀνέζευξεν ἐπὶ Βόρσιππον, ἐκπολιορκήσων τὸν Ναβόννηδον. τοῦ δὲ Ναβοννήδου οὐχ ὑπομείναντος τὴν πολιορκίαν, ἀλλ᾽ ἐγχειρίσαντος αὑτὸν πρότερον, χρησάμενος Κῦρος φιλανθρώπως, καὶ δοὺς οἰκητήριον αὐτῷ Καρμανίαν, ἐξέπεμψεν ἐκ τῆς Βαβυλωνίας. Ναβόννηδος μὲν οὖν τὸ λοιπὸν τοῦ χρόνου διαγενόμενος ἐν ἐκείνῃ τῇ χώρᾳ, διέστρεψε τὸν βίον.

Libri VI. de Veritate Religionis Christianæ

FINIS.

JOANNIS CLERICI DE ELIGENDA, INTER DISSENTIENTES CHRISTIANOS, SENTENTIA LIBER.

---

§ I. *Quærendum esse apud quosnam Christianos hodie vera Christi doctrina quam maxime vigeat.*

QUisquis, veri cognoscendi studio, Novi Testamenti Libros legerit, nec judicio destitutus erit, non poterit diffiteri, quin in iis veritatis argumenta, quæ Libris II & III exposuit HUGO GROTIUS, ad unum omnia inveniantur. Itaque, si qua beatæ immortalitatis cura tangatur, quæ in iis Libris credenda proponuntur amplecti, quæ præcipiuntur facere, quæ denique speranda docentur, iis confidere sui officii esse intelliget. Alioqui si quis de Veritate Religionis Christianæ se dubitare negaret, simulque dogmata ejus, præcepta aut promissa fide & obsequio digna per omnia minime censeret; is secum ipse pugnaret,

ret, atque ex animo Christianum se non esse manifesto ostenderet.

Inter præcepta autem Christi & Apostolorum, hoc habetur; ut [1] coram hominibus nos profiteamur esse discipulos Christi, si eum nos pro suis agnoscere, cum extremum feret de vivis & mortuis judicium, velimus; sin minus, ut eum negaverimus magistrum, coram hominibus, sic illum vicissim in ultimo illo humani generis conventu, coram Deo, discipulos nos esse suos negaturum. [2] Noluit, nimirum, Christus qui sibi crederent, eos esse clam discipulos suos, quasi suæ eos puderet disciplinæ, aut quasi pluris hominum existimationem, beneficia, minas & supplicia, quam præcepta sua & promissa vitæ æternæ facerent; sed palam & coram omnibus esse Christianos, ut alios etiam homines ad veram Religionem amplectendam adlicerent, Deoque, si ita ei videretur, [3] vitam ab eo acceptam, vel in exquisitis cruciatibus, redderent; dum ejus præcepta omnibus

1 *Ut coram hominibus, &c.*] Sic Christus Matth x. 32. Πᾶ, ὅστις ὁμολογήσει ἐν ἐμοὶ ἔμπροσθεν των ἀνθρώπων, ὁμολογήσω κἀγὼ ἐν αὐτῷ ἔμπροσθεν τοῦ πατρός μου τοῦ ἐν οὐρανοῖς. ὅστις δ' ἂν ἀρνήσηταί με ἔμπροσθεν τῶν ἀνθρώπων, ἀρνήσομαι αὐτὸν κἀγὼ ἔμπροσθεν τοῦ πατρός μου τοῦ ἐν οὐρανοῖς *quisquis me professus erit* (magistrum) *coram hominibus, agnoscam & ego eum* (discipulum) *coram Patre meo qui est in cœlis. Quisquis vero negaverit me* (magistrum) *coram hominibus, negabo illum & ego* (discipulum meum fuisse) *coram patre meo qui est in cœlis.* Vide & 2 Tim II 12 Apoc III 5

2 *Noluit, nimirum, Christus, &c.*] Ideo etiam dixit Matth. v. 14. *Discipulos suos esse lucem mundi, nec posse urbem in monte sitam occultari, nec accendi lucernam, ut modio subjiciatur, sed candelabro imponi, ut illuceat omnibus, qui sunt domi, &c.*

3 *Vitam ab eo acceptam*] Luc xII. 14 Christus vetat *timere eos qui occidunt corpus, nec postea quidquam facere possunt*, jubetque *eum timeri qui, postquam occidit, facultatem habet nos potestatem in gehennam igneam conjicere* Quin etiam omnis generis mala Discipulis prænunciat Matth x. 39 & seqq. atque *eum, qui ipsius causa vitam amiserit, eam* (denuo) *inventurum, &c.* Quibus præceptis paruerunt prisci præsertim Christiani, qui ob testimonium Evangelii doctrinæ præbitum *Martyres*, id est testes dicti sunt.

anteponere ſe palam profitentur. Sic & Paulus, [4] ſi ore confeſſi fuerimus Dominum Jeſum, & animo crediderimus eum à Deo è mortuis excitatum eſſe, docet nos ſalutem conſequuturos; *corde enim*, inquit, *creditur*, *in juſtitiam*. *ore vero confeſſio fit*, *in ſalutem* *Ait enim Scriptura qui ei credit pudore non adſicietur*. Quæ cum ita ſint, oportet eum, qui Religionem Chriſtianam veram eſſe exiſtimat, hanc animi ſui ſententiam, quavis data occaſione, intrepide apperire & profiteri.

Præterea neceſſe eſt eum quærere, ſi qui ſint ejuſdem ſententiæ, & [5] cum iis pacem ac amicitiam ſingularem colere; hoc enim indicio diſcipulos ſuos agnitum iri docet Chriſtus, ſi ſe viciſſim ament, omniaque proinde amoris & benevolentiæ officia ſibi invicem exhibeant. Quin etiam eos hortatus eſt, [6] cœtus ut haberent, *in nomine ſuo*, hoc eſt, qui Chriſtiani vocarentur, ſeque vel duobus, tribuſve ideo convenientibus, adfuturum promiſit. Quo pacto, præter amorem mutuum & arctiorem Chriſtianorum, in unum cœtum coeuntium, amicitiam, [7] dogmatum etiam perpetuitati conſulitur, quæ vix poſſent perpetua eſſe, ſi unuſquiſque ſeorſim ſibi ſentiret, nec cuiquam, niſi conduceret, animi ſententiam aperiret; nam

4 *Si ore confeſſi fuerimus*] Rom x 9, 10, 11

5 *Pacem cum iis ac amicitiam*, &c] Joan XIII 34, 35. *Novum præceptum do vobis, ut ametis invicem: ut quemadmodum vos amavi, ita vos mutuo ametis Hac ex re omnes cognoſcent vos eſſe meos diſcipulos, ſi mutuum amorem habeatis* Vide 1 Joan. II 7 III 11, 16 23

6 *Cœtus ut haberent in nomine ſuo*, &c] Matth XVIII. 19, 20

7 *Dogmatum perpetuitati*, &c] Sic & Philoſophi omnes doctrinam ſuam ad poſteros tranſmiſerunt, Scholarum opera, in quibus docetur, ſed Eccleſiæ Chriſtianæ, multo arctiore & firmiore vinculo conjunctæ, certius & facilius doctrinam à Magiſtro acceptam ad finem uſque ſæculorum propagabunt. Quod ſine cœtibus fieri vix poſſet. Voluerat & hoc efficere Pythagoras, ſed fruſtra fuit, quod nihil cœleſte in doctrina ejus eſſet Vide *Laertium*, & *Jamblicbum*.

quæ

quæ occultantur, paullatim in oblivionem veniunt, & tandem penitus exstinguuntur. Christus autem & doctrinam suam, & Ecclesias, quæ eam profiterentur, ut ne desineret humano generi benefacere, perpetuas esse voluit.

Itaque quisquis cognitionem Religionis Christianæ ex Novo Testamento hausit, veramque putat, is & hoc profiteri & [8] se adgregare similia profitentibus debet. Verum quia non est hodie (uti nec olim fuit) unum hominum genus, unusve cœtus *in Christo nomine* convenientium, non est illico credendum esse vere Christianum, qui sancto illo nomine censeri cupit, nec proinde cœtui cuivis eorum, qui se Christianos dicunt, [9] sine examine, sese adjungere licet. Videndum ante omnia, an eorum dogmatibus conveniat, cum ea forma sanorum verborum, quam ex Novi Testamenti adtenta lectione animo concepimus. Alioqui posset fieri ut pro Christiano cœtu eum haberemus, qui non esset, nisi, nomine tenus, Christianus. Ergo hominis est prudentis, nulli cœtui, certe in perpetuum, nomen dare: nisi apud quem perspexerit eam, quam vere putat doctrinam Christianam, vigere. Ita ut nihil quidquam dicere, aut facere necesse habeat, contrarium iis quæ à Christo tradita, ac præcepta esse credit.

§ II. *Iis adhærendum, qui Christianorum nomine dignissimi sunt.*

DISSENTIENTIBUS Christianis, nec tantum dissentientibus, sed se invicem (proh pudor!)

8 *Se adgregare, &c.*] Vide Epistolas ad Timotheum & Titum, ubi jubentur Ecclesias constituere, & Hebr. x. 25.

9 *Sine examine, &c.*] Vide 1 Thess. v. 21. Sed disertius Joannes 1. Ep. iv. 1. *Dilecti*, inquit, *ne cuivis spiritui credite, sed examinate spiritus, an ex Deo sint; nam multi Pseudoprophetæ venerunt in mundum, &c.*

damnantibus, atque è cœtibus ferali odio proscribentibus, eorum ulli sine examine adsentiri, aut ex ejus formula, nequaquam expensa, alios damnare, non imprudentis tantum, sed etiam præcipitis & iniqui esset hominis. Cœtus qui veram illam Religionem, cujus delineationem animo concepit, vel partim rejiceret, credentemque damnaret, non posset ab eo per omnia vere Christianus haberi, nec impetrare ut quosvis ipse quoque damnaret, quos damnandos, ejiciendosque cœtibus Christianorum Ecclesia illa censeret. Ergo videndum, ante omnia, est, homini prudenti, & æquo, in his Christianorum dissidiis, quinam sint sancto Discipulorum Christi nomine dignissimi. iisque adhærendum.

Si quis quærat quid esset, ex Religionis Christianæ ingenio, faciendum, si nullus omnino cœtus Christianus esset; apud quem videretur vera Christi doctrina palam doceri, & apud quem non imponeretur necessitas dogmatis cujuspiam damnandi, quod verum judicassemus, tum vero opera esset danda ei, qui errores deprehendisset, ut alios ab iis revocaret, qua in re, [1] una cum maximo candore, summa prudentia simul ac constantia essent adhibendæ, ne homines sine fructu offenderentur, aut nimis cito de iis ad veritatem moderationemve adducendis spes abjiceretur. Interea prudenter & modeste esset dicendum quod pro vero haberetur, nec damnandus quisquam foret, ex alieno arbitrio, quasi errore infectus, qui recte

1 *Una cum maximo candore,* &c] Hic locus est præcepto Christi Matth. x 16 quo jubemur *prudentes esse instar serpentum, simplices instar columbarum*, hoc est, ita simplices esse, ne in imprudentiam delabamur, sic prudentes ne callidi fiamus, & in candorem peccemus. Qua in re pauci sunt, qui per omnia medium inter oppositos imprudentiæ & calliditatis scopulos cursum tenere norint.

sen-

sentire videretur. Numquam ita Deus deseruit deseretve Christianum nomen, nulli ut supersint vere Christiani, aut saltem non possint in rectam viam reduci, cum quibus, si alii nolint ad saniorem sententiam redire, possimus arctiorem quamdam societatem colere, & palam etiam à pertinacibus, quod tamen, nisi omnibus frustra tentatis, faciendum non est, secedere, [2] si illicitum sit apud eos candide & modeste dicere quod sentias, atque abstinere a damnandis iis, quos minime damnandos esse existimes. Religio Christiana vetat, contra animi sententiam, loqui, ac mentiri, & damnare innoxios; nec ingratus Deo esse potest quisquis, ex divinorum illorum præceptorum reverentia, & admiratione, quidvis potius patietur, quam ut ea perfringat. Ejusmodi animi adfectio, quæ ex cognitione officii, amoreque Dei ardentissimo nata est, non potest Deo non summopere placere.

Igitur dissentientibus Christianis dispiciendum, quinam optime omnium sentiant, nec damnandi umquam, nisi qui, re probe perspecta, damnatione digni nobis videntur; iisque adhærendum, qui nec ulla dogmata credi, quæ à nobis falsa habentur, nec ulla, quæ putamus esse vera, damnari postulant. Quod si à nullo cœtu Christiano impetrari posset; tum vero cum iis, qui nobiscum

2 *Si illicitum sit*, &c.] Dum licet dissentire, & dissensum profiteri, non est cur à cœtu publico, nisi perversa in eo essent Christianismi fundamenta, abeamus, sed ubi hoc non licet nec possumus, nisi dissimulata, aut abnegata veritate, in eo vivere, tum vero relinquendus cœtus, non licet enim mentiri, aut dissimulare veritatem, dum mendacium ejus locum obtineret, honoresque, ei soli veritati debitos, sibi vindicaret. Nisi hoc fiere, *medio lux subjiceretur*. Sic Christus à cœtibus Judæorum non secessit, nec Apostoli eos deseruerunt, dum licuit in iis Magistri doctrinam profiteri, & docere. Vide Act. XIII. 46.

sentirent, ne veritatem proderemus, mentiremurque, secedendum ab iis omnibus esset

§ III. *Ii sunt Christianorum nomine dignissimi, qui purissime omnium profitentur doctrinam, cujus veritatem probavit* GROTIUS.

VERUM non levis momenti quæstio est, nec solutu facilis, qua quæritur, quinam omnium Christianorum, quorum nunc sunt cœtus, rectissime sentiant, sintque nomine, quo adpellantur, dignissimi. Christianæ omnes Ecclesiæ, tam eæ quæ jam dudum à Romana secesserunt, quam Romana ipsa, hoc sibi singulæ tribuunt· nec est, si rationes omnes seponas, cur huic, potius quam illi, fidem habeas, stultum enim esset ejusmodi electionem [3] casui permittere, & controversias omnes, talorum jactu, ut sic loquar, dirimere.

Cum vero GROTIUS sectæ nullius hodiernæ Christianæ peculiarium dogmatum veritatem ostenderit; sed ejus tantum Religionis, quam Christus & Apostoli homines docuerunt; sequitur ut ea Christianorum familia sit omnibus præferenda, quæ maxime omnium ea tuetur, quæ Christus & Apostoli docuerunt. Ea demum per omnia vere Christiana est Religio, quæ, sine ullius cogitationis humanæ mistura, ad Christum auctorem tota referri potest. In eam quadrant argumenta illa veritatis, quæ Libro II. *de Veritate Religionis Christianæ* exposita sunt, nec alii ulli conveniunt, nisi quatenus cum ea consentit.

Quod si quis detrahat, vel addat doctrinæ à Christo traditæ, eo magis à vero recedit, quo plus detrahit, aut addit. Cum autem *Christi doctrinam* dico, eam intelligo, quam plane constat,

3 *Casui permittere*] Vide not. 2. p. 267. ad § II.

apud

apud omnes Christianos, esse doctrinam Christi; hoc est, quæ, ex Christianorum omnium sententia, aut diserte habetur in Libris Novi Testamenti, aut necessaria consequentia ex iis solis deducitur. De dogmatibus, quæ, ut nonnulli Christianorum putant, ore à Christo & ab Apostolis tradita, ad posteros alia via pervenerunt; nimirum, institutione, quæ voce tantum facta est, aut quæ ritu quopiam conservata, ut volunt, nec nisi s-ro scriptis mandata sunt, nullum aliud hic judicium feram, nisi de iis non liquere, apud omnes Christianos, quemadmodum de Libris Novi Testamenti constat. Non dicam falsa ea esse, nisi cum recta Ratione, aut Revelatione pugnent; sed tantum de eorum origine non constare, ideoque esse de iis inter Christianos controversias; qui ceteroqui de dogmatibus consentiunt, quorum veritatem demonstravit GROTIUS. Dum autem quidpiam incertum nobis videtur, [4] eo quasi certo niti, in rebus præsertim magni momenti, nemini sapienti probaretur.

§ IV. *De consensu & dissensu Christianorum.*

QUAMVIS acerrimæ sint inter Christianos controversiæ, eæque magno animorum æstu agitentur, adeo ut undequaque audiantur querelæ, de negatis à nonnullis contendentium rebus manifestis; attamen quædam adeo clara sunt, ut omnes de iis

4 *Eo quasi certo niti, &c*] Hoc ipsum est quod vult Paulus Rom. XIV. 23.] ubi docet *quod non est ex fide id peccatum esse*, πᾶν δὲ ὃ οὐκ ἐκ πίστεως ἁμαρτία ἐστίν. Ad quem locum adtulimus verba Philonis, è libro de Profugis, Ed. Paris. pag. 469. ἄριστον ἱερεῖον ἡσυχία καὶ ἐποχὴ περὶ ὧν οὐκ εἰσὶ πίστεις. *præstantissima est victima quies & cohibitio judicii in iis rebus, de quibus non sunt quæ fidem faciant* Paullo post ἠρεμία δὲ ἀσφαλὴς ἐν σκότῳ, *quies est tuta in tenebris*, sive, ubi non constat quid faciendum.

 con-

consentiant. Nec exiguum est eorum veritatis argumentum, quod à certandi cupidissimis & adfectibus pæne occæcatis communi consensu admittantur. Nolim quidem propterea cetera omnia, de quibus certatur, esse dubia aut obscura, quod de iis non consentiant Christiani. Facile fieri potest ut nonnullis fiat obscurum, quod clarum esset, nisi adfectu præpedirentur. Verum vix ac ne vix quidem fieri queat, ut acerrimis adversariis, & disceptandi libidine ardentibus de re obscura conveniat.

Consentiunt ergo primum Christiani, qui quidem hodie vivunt, de numero & veritate Librorum Novi Testamenti, sique nonnulla sit, inter Eruditos, [5] de aliquot Epistolis, Apostolicis controversia, ea non est magni momenti, omnesque agnoscunt nihil nisi veri iis contineri, nec quidquam iis retentis, aut rejectis, in doctrina Christiana mutari. Qui consensus non est exigui momenti, cum hic sit sermo, de indubitato fonte Revelationis Divinæ, sub Novo Fœdere. Cætera vero Revelationis antiquæ servata, ut nonnulli putant, monumenta aut vestigia, in dubium ab aliis revocantur.

Præterea consentiunt Christiani, in multis fidei capitibus, quæ credenda, facienda, & speranda complectuntur. Credunt, exempli causa, omnes, qui quidem non desipiunt, ut potissima hic capita memorem, I. esse unum Deum æternum, omnipotentem, summopere bonum ac sanctum, omnibus denique adtributis præstantissimis, sine ulla imperfectionis mistura, præditum, à Deo illo, mundum & quidquid in eo est, humanumque adeo

5 *De aliquot Epistolis*] De Epistola ad Hebræos, de altera Petri, deque duabus posterioribus Joannis, de quarum auctoribus disceptant Eruditi.

genus

genus esse creatum; ab eodem omnia regi & summa sapientia gubernari, II. esse ei Deo Filium unicum Jesum Christum, natum è Virgine Maria Bethlehemi, sine viri concubitu, sub finem vitæ Herodis Magni, imperante Augusto Cæsare, deinde cruci adfixum & mortuum, cum imperitaret Tiberius, & Pontius Pilatus Procurator esset Judææ; ejus vitam vere, in Historia Euangelica, narrari; à Patre ideo missum, ut homines viam salutis doceret, à vitiis morte sua redimeret & Deo reconciliaret, missionemque illam suam innumeris miraculis confirmasse, mortuum esse, ut dixi, resurrexisse, & cum á pluribus & sæpius esset conspectus, qui cum illo etiam colloquuti fuerant, eumque tetigerant, in cœlum, iis spectantibus, sublatum, ubi nunc regnet, & unde reversurus aliquando sit, ut de iis qui tunc erunt vivi, & mortuis omnibus, è sepulcris excitatis, ex Euangelica lege, ultimum judicium ferat credenda esse omnia quæ docuit, parendum omnibus quæ præcepit, seu ad Dei cultum, seu ad temperantiam, in coercendis adfectibus nostris, seu ad caritatem erga alios exercendam pertineant, iis præceptis nihil potuisse sanctius, melius, utilius, & convenientius humanæ naturæ dari, homines tamen, solo Jesu excepto, ea violare, nec posse ad salutem, nisi Dei misericordia, pervenire, III. esse Spiritum Sanctum, qui Apostolos Jesu Christi adflavit, miracula in eorum gratiam fecit, animosque hominum piorum, ut constanter Deo pareant, flectat & in calamitatibus vitæ confirmet, ei Spiritui, per Apostolos loquenti, non minus credendum ac Patri & Filio, & per omnia parendum; IV. Patri, Filio, & Spiritui Sancto originem suam, & conservationem debere Ecclesiam Christianam, à Christi usque temporibus ad hæc nostra; omnes qui hisce crediderint, & præcepta Euangelica observarint, misericordiam à Deo consequuturos, qua resurrectionis, si mortui fuerint cum Christus veniet, & vitæ æternæ beatæ participes futuri sint: contra vero omnes qui Euangelio fidem derogaverint, nec ejus præcepta observaverint, resurrecturos, si mortui sint, ut plectantur, & pœnas æterna morte daturos; V. denique oportere Christianos hæc omnia profiteri, cum in Baptismo, quo testamur nos vitam vitiorum immunditiis purgatam, ad Euangelii præscriptum, agere velle; tum etiam in Cœna Dominica, qua mortem Christi ex ejus præcepto celebramus, donec veniat, ostendimusque nos velle ejus discipulos haberi, & omnium, qui eam similiter celebrabunt, fratres, eos porro ritus, si rati habeantur à nobis, ut par est, & religioso animo celebrentur, cœlestem gratiam ac spiritum divinum ad nos convehere.

Hæc, aliaque cum his necessario connexa, (omnia enim minutatim memorare hic nihil adtinebat)

6 *Hæc, aliaque*, &c.] In superiore doctrinæ Christianæ expositione, sequuti sumus ordinem Symboli quod Apostolicum dicitur, vitavimusque voces omnes, quæ in controversiam, apud Christianos, vocatæ sunt, quia agimus de iis, in quibus consentiunt. Nec propterea damnamus, quasi falsa, quæcumque, explicationis aut confirmationis causa, adduntur, è contrario studium explicantium aut confirmantium veritatem cœlestem vehementer probamus; nec dubitamus quin multa inventa sint & inveniri porro queant, ad ejus illustrationem. Recte hanc in rem *Tertullianus* de Virginibus velandis Cap. I. *Regula quidem fidei una omnis est, sola immobilis & irreformabilis, credendi, scilicet, in unicum Deum omnipotentem, mundi conditorem, & filium ejus Jesum Christum natum ex Virgine Maria, crucifixum sub Pontio Pilato, tertia die resuscitatum à mortuis, receptum in cœlis, sedentem nunc ad dexteram Patris, venturum judicare vivos & mortuos, per carnis etiam resurrectionem. Hac lege fidei manente, cetera jam disciplinæ* (seu doctrinæ) *& conversationis admittunt novitatem correctionis, operante, scilicet, & proficiente usque ad finem gratia Dei*, &c

nebat) credunt omnes Christiani, nec discrimen ullum est, nisi quod nonnulli hisce multa addunt; quibus superiora dogmata explicari, aut supplementis augeri oportere putant, & quæ non Scriptis Apostolicis, sed traditione ac usu Ecclesiæ, Scriptisve posteriorum ætatum, ad posteros propagata existimant. De hisce additamentis, aliud nihil dicam, nisi quod jam monui, de iis non constare, inter Christianos, quemadomum constat de dogmatibus expositis; quæ sunt, sua perspicuitate, extra omnem dubitandi aleam posita, si modo Scripturæ Sacræ auctoritas admittatur; quam nemo sanus, inter Christianos, rejicit.

Si quis horum dogmatum memor expendat argumenta, quibus Religionis Christianæ Veritas probatur, animadvertet (quod probe observari magni interest) vim omnem argumentorum circa hæc versari, non circa controversa illa capita, quæ orbem Christianum dividunt. quemadmodum jam innuimus.

§ V. *Unde unumquemque Religionis Christianæ cognitionem haurire oporteat.*

IN hoc Christianorum dissensu, consensuque, nihil tutius prudentes judicabunt, quam Christianæ Religionis cognitionem ex fonte minime suspecto, & quem omnes incoruptum ac purum fluere fatentur, haurire. Is autem fons est nullius singularis Ecclesiæ Fidei Symbolum, aut Confessio, sed Libri soli Novi Testamenti, quos genuinos esse omnes agnoscunt. Fateor nonnullos Christanorum interdum dictitare non posse eos Libros intelligi, nisi ex doctrina Ecclesiæ suæ; sed & alii continuo reclamant, &, ut hoc unum dicam, suspecta est sententia, quæ nititur tantum testimonio adfirmantium, eorumque quorum maxime intereſt veram videri. Alii ajunt opus eſſe inſolito auxilio Spiritus Sancti, non tantum ut fides Scripturæ habeatur, quod non ægre concedi poſſit, ſed etiam ut ſententia verborum ejus intelligatur, quod qui probari queat non video. Verum eſto hoc etiam; ſi modo agnoſcant omnes, qui religioſo & Veritatis ſtudioſo animo Novi Fœderis Libros legunt, eum ſpiritum à Dei bonitate impetrare; nihil eſt, cur ulterius quiſquam contendere neceſſe habeat. Itaque prudenter & tuto unuſquiſque ex iis Libris petere poteſt Religionis Chriſtianæ cognitionem, adhibitis tamen iis ſubſidiis, quæ ad ejuſmodi Libros intelligendos aut neceſſaria, aut utilia ſunt; in quæ, hoc loco, non inquiremus

Quiſquis ergo crediderit Libris Novi Teſtamenti fideliter deſcriptam eſſe Revelationem Divinæ voluntatis à Chriſto adlatam; idem omnia quæ illic occurrent, prout ea intelligere poterit, credenda, facienda, ſperanda amplecti neceſſario debebit. Quiſquis enim Chriſto credit, omnia quæ ab eo manaſſe putat, religioſo animo excipere debet. Nulla ſe exceptione tueri poteſt, qua nonnulla eorum, quæ à Chriſto profecta agnoſcit, admittat, alia rejiciat. Talia autem ſunt omnia illa dogmata, quæ antea expoſui, & de quibus conſentiunt, ut dixi, omnes Chriſtiani.

Ad cetera quod attinet, de quibus contendunt, cum non ſint tantæ perſpicuitatis, vir religioſus ac pius deliberare poteſt & debet, atque interea judicium cohibere donec clariora ſibi facta ſint. Imprudentis enim eſſet admittere, aut rejicere, quæ veræne ſint, an falſa, nondum ſatis conſtaret, nec æterna ſalus, in Libris Novi Teſtamenti, hanc aut illam ſententiam controverſam amplectenti, ſed ſummam Religionis Chriſtianæ, qua-

lem

lem descripsimus, animo fideliter admittenti, & moribus exprimenti promissa est.

§ VI. *Aliud Christianis imponi non debere, præter id quod ex Novo Testamento haurire possunt.*

IGITUR [7] hoc unum jure Christianis omnibus imponi potest, ut quæcumque Novi Fœderis Libris inesse putant amplectantur, pareantque iis quæ jussa ibidem vident, & abstineant ab iis quæ illic vetantur. Si quid præterea, quasi necessarium, exigatur, nullo jure exigitur. Quis enim æquus judex postulet à Christiano, ut credat à Christo manasse dogma, quod non videt in solis illis fidei atque indubitatis, ex omnium sententia, monumentis quibus Revelatio Christi, ad nos usque, propagata est? Sint & alia dogmata vera, ut hoc aliquamtisper concedamus; vera tamen haberi non possunt, ab eo qui, dissidentibus Christianis, mediam viam sequutus, nullum certum monumentum Revelationis Christi, præter Novi Testamenti Libros, admittit. Dum hoc credit, aliud nihil ab eo exigi jure potest; hoc autem credet, donec claris argumentis ei constet aliunde tuto Christianismi cognitionem peti posse; quod numquam, ut puto, fiet.

7 *Hoc unum, &c*] Huc spectat quod habet Christus Matth. XXIII. 8. & seqq. *Vos vero ne vocemini Rabbi, unus enim est vester Magister Christus, omnes autem vos fratres estis Nec patrem vestrum vocate* quemquam *in terra, unus est enim Pater vester qui est in cœlis neque vocemini Doctores, unus enim Doctor vester est Christus.* Vide & Jac. III. 1. Eodem pertinent Ap. III. 7. ubi dicitur Christus habere *clavem Davidis*, & ita describitur : *qui aperit* (Cœlum, nempe) *nec quisquam claudit, qui claudit, nec quisquam aperit* Si soli Christo fit credendum, nec ullum certum revelationis per Christum factæ superfit monumentum, præter Novum Testamentum, hinc liquet hisce tantum Libris, in fidei negotio, fas esse credi.

[8] Si quis ergo aut adimere Christianis adgrediatur Libris Novi Testamenti, aut iis addere, quæ vera esse minime constat; is nequaquam est audiendus, quippe qui à nobis postulat, quod nemo prudens concesserit, ut id credamus de quo nobis non liquet, aut omittamus id quod omnes certum esse Revelationis Euangelicæ monumentum agnoscunt. Nihil opus est singulatim ac minutatim omnes expendi controversias, quod infinitum pæne esset, nec nisi à viris eruditissimis & otio abundantibus fieri potest. Quisquis nobis necessario credendum imponit, quod credere non possumus, is nos à se expellit, quia nec vi extorqueri potest fides, nec quisquam Dei timens & veri amans id quod non credit profiteri, in gratiam cujusquam, sustinebit.

Sed objiciunt aliter sentientes, si unicuique relinquatur judicium liberum, de sententia Librorum Novi Testamenti, tot exorituras Religiones, quot erunt capita; & Veritatem, quæ unica est, errorum multitudine continuo oppressum iri. Ego vero existimem, antequam objectionibus oppugnetur sententia, quæ certis argumentis nititur, ea oportere everti fundamenta, quibus inædificata est; quia iis firmis remanentibus, tota superstructa moles inconcussa permanet, ut hic videmus. Si enim incommodum quodpiam ex dictis nasceretur, nihilo secius vera haberentur, donec ostensum esset non firmo talo ea niti. Verum, ut hoc nunc omittamus, falsum est usque adeo obscuram esse Novi Testamenti Revelationem, ut non à

8 *Si quis adimere,* &c.] Huc pertinet dictum Pauli Gal. 1. 8. *Si nos, aut Angelus è cœlo nunciaverit vobis Euangelii nomine præter id quod Euangelii nomine nunciavi vobis, sit Anathema.* Ac sane neminis est Euangelio quidquam, quasi necessarium, addere, aut detrahere, quasi inutile.

quovis

quovis ſanæ mentis & veri ſtudioſo ſumma Religionis Chriſtianæ recte ex ea hauriri poſſit, & re vera hauriatur, quod experientia conſtat; nam omnes Chriſtiani, ut oſtendimus, de ſumma rei conſentiunt; quod & GROTIUS Lib. II. § 17. obſervarat. Paucorum quorumdam delirorum, aut malorum hominum nullam hic rationem habemus; cum integræ Chriſtianorum Societates, præ nimio alioqui contendendi ſtudio facile diſſidentes, & in contraria omnia abeuntes, conſentiant.

§ VII. *Admirandam eſſe Providentiam Divinam, in conſervatione Doctrinæ Chriſtianæ.*

HAC in re, ut in aliis innumeris, quæ ad gubernationem rerum humanarum pertinent, admiranda eſt omnino Providentia Divina; quæ, cum tot diſſidia olim fuerint, ſintque etiamnum hodie, inter Chriſtianos, attamen Libros Novi Teſtamenti illibatos ad nos uſque conſervavit, ut ex iis inſtauraretur doctrina Chriſtiana, quotieſcumque corrumpi eam contingeret; nec hunc modo tantum theſaurum integrum ad nos uſque demiſit, verum etiam, in medio diſſidiorum ardore, doctrinam ipſam Chriſtianam ita tutata eſt, ut numquam Religionis ſumma ex Chriſtianorum memoria intercideret.

Pars non ſpernenda Chriſtianorum hodie contendit multos errores, ſuperioribus ſæculis, paullatim in Chriſtianorum ſcholas irrepſiſſe; quod cum alii negarent, ea de cauſa, ſæculo poſt Chriſtum natum XVI. facta eſt illa in Occidente inſignis ſeceſſio, qua res Chriſtiana in duas partes, non uſque adeo impares ſecta eſt. Attamen ſæculis illis, quorum errores à Chriſtianorum parte, quam dixi ſeceſſionem feciſſe, & vitia ab utraque mirum in modum, nec falſo, exagitantur; ſemper

per remansit summa illa Religionis Christianæ, antea à nobis delineata. 9 Nullum est sæculum, tantis ignorantia & vitiorum tenebris obsitum, ex cujus Scriptoribus superstitibus non possint capita fidei ante memorata facile colligi. Multa, sane (neque enim hoc dissimulandum) aliena, & Scriptis Novi Testamenti ignota sunt addita & in Christianam Theologiam intrusa, quibus factum est ut ne verum Euangelici illius satoris triticum tantos fructus proferret, quantos alioqui, spinis, noxiisque, aut inutilibus herbis purgato agro, protulisset. Multa vitia ac delicta non admissa tantum, aut tolerata, sed etiam laudata sunt; nec eo secius salutaris doctrina incolumis fuit, servatis Novi Testament Libris, & sensu communi inter Christianos; quibus factum est ut subinde exorti sint viri insignes, qui vitia & errores ævi sui castigarent, & contra torrentem brachia dirigere auderent. Sic obstitit Deus ne, ex Christi promisso, [1] *portæ sepulcri contra Ecclesiam prævalerent*; hoc est, ne umquam exstingueretur cœtus omnis,

9 *Nullum est sæculum*, &c.] Nulla sæcula pejus audiunt, quam X & XI. ut fatentur ii qui Romanæ Sedi adhærent, non minus ac qui ab ea secessionem fecerunt. Attamen si quis, animi gratia, legat in *Bibliotheca Patrum* Scripta eorum sæculorum, facile illinc colligere dogmata omnia quæ memoravimus § IV. poterit. Vixit etiam initio sæculi XII. *Bernardus* Monasterii Claræ Vallis Abbas, cujus etiamnum eruditio, pietas & constantia à plerisque laudantur, & cujus Scripta à sequentibus ætatibus lectitata numquam damnata sunt. Illinc autem facillime etiam integrum doctrinæ Christianæ corpus colligi queat. De sequentibus sæculis usque ad XVI res non minus certa est, nec de sequentibus quisquam dubitat.

1 *Portæ sepulcri*, &c.] Sic explicamus πύλας ᾅδου, quia nec ea vox, nec Hebraica שאול *Scheol*, cui respondet, usquam in Sacris Libris significat Cacodæmonem, sed tantum sepulcrum, aut statum mortuorum, quod *Grotius* & alii observarunt. Itaque ex hoc loco, hoc unum colligi potest, numquam fore ut prorsus intereat Ecclesia Christiana, seu ut nullus supersit cœtus, apud quem summa doctrinæ Euangelicæ non remaneat.

omnis, in quo doctrina Christiana incolumis servaretur; quamvis interdum alienis & contrariis etiam dogmatibus permista, aut obscurata, interdum sincerior ac purior fuerit. Nisi re vera, ut hoc obiter observemus, à Deo ad nos missa fuisset ea doctrina, numquam profecto ex tanta vitiorum ac errorum eluvione emersisset, sed obruta tandem, humani ingenii mutabilitate & stultitia, funditus periisset.

§ VIII. *Respondetur quæstioni cur Deus inter Christianos dissidia & errores nasci passus sit.*

ERIT forte, qui objiciat hic nobis, Divinam Providentiam melius conservationi doctrinæ Christianæ consulturam fuisse, si errores, qui inter Christianos sunt ac fuerunt, antevertisset, veritatemque ac concordiam, quæ eam comitaretur, perpetuam omnipotentia sua inter eos aluisset. Verum nostrum non est Deum docere, quomodo se gerere debuerit, in rerum humanarum gubernatione, ut melius haberent. Officii nostri contra est Deo fuisse sapientissimas rationes id patiendi, quod passus est, existimare; quamvis eas ne conjectura quidem adsequi possemus. Sed si probabiles rationes reddi queant eorum quæ fiunt; nostrum etiam est Deum propter has, aut graviores etiam causas, passum esse ea fieri, quæ quotidie eveniunt, credere.

Ut autem ex re ipsa conjecturam capere liceat, ante omnia statuendum est hoc Deo consilium fuisse, [2] homines liberos creare, & sinere liberos ad

2 *Homines liberos creare.*] Maximo hoc consensu docuit universa Christiana Antiquitas. Vide *Justinum* Martyrem Apol. I. c. LIV. & LV. *Irenæum* Lib. IV. c 9 & 29 sub finem, c. 71. & 72. *Origenem* in Philocalia c XXI. *Eusebium* in Præp. Evang. Lib.

ad extremum esse, hoc est, neque ita bonos, ut necessario semper boni essent, neque ita malos, ut necesse haberent sub vitiis in perpetuum succumbere; sed mutabiles, ita ut à vitio ad virtutem & vicissim à virtute ad vitium transire possent; idque eo facilius, aut difficilius, quo diutius, aut minus diu virtuti, aut vitio addicti fuissent. Talem videmus fuisse olim Populum Hebræum, tales postea etiam Christianos. Neutri ineluctabili quadam vi ad virtutem, aut ad vitium adducti sunt, sed legibus dumtaxat, quæ præmia bonis, pœnas malis proponebant, coerciti, ad quas varia accesserunt à Divina Providentia excitamenta ad virtutem, & dehortamenta à vitiis, sed quorum tamen neutra homines libertate insita, seu parendi, aut non parendi Deo facultate, spoliarunt; prout res ipsa demonstrat, nam semper boni & mali fuerunt, quamvis divinæ legis virtutem omnibus æque præscriberent, & vitia vetarent. Id ipsum futurum, apud Christianos, satis significaverat Christus Parabolis duabus; [3] altera de zizaniis, quæ inimicus sevit, post satum triticum; [4] altera de rete, quod bonos & putridos pisces æque capiebat; quibus significavit futurum ut, in Ecclesia, Christiani semper mali bonis admisti essent; unde sequitur eum probe vidisse mala, quæ perpetuo erant in Ecclesia Christiana futura. Quin etiam Paulus Corinthios monuit [5] *oportere esse*

Lib. VI. c. 6. & alios quorum dicta profert *Dionys. Petavius* Dogm. Theol. Tom I Lib. VI. cap 6. Multa quoque habet hanc in rem Tom. 3. Lib. III. IV. & V.

3 *Altera de zizaniis*, &c.] Matth. c. XIII. 24. & *seqq.*

4 *Altera de rete*] Matth. XIII. 47. & *seqq.*

5 *Oportere esse*, &c] I Cor. XIII. 19. Δεῖ γὰρ αἱρέσεις ἐν ὑμῖν εἶναι ἵνα οἱ δόκιμοι φανεροὶ γένωνται ἐν ὑμῖν. Hoc est, prout sunt homines, necesse est, nisi in melius mutentur, inter vos exoriri

esse inter Christianos *sectas, ut probati manifesti fiant.* Ac sane [6] nisi fuissent inter Christianos dissensiones de doctrina, vix fuisset locus electioni, eique generi virtutis, quo fit ut Veritas omnibus præferatur. Ergo, hac quoque in re, elucet Divina Sapientia, quæ ex mediis hominum vitiis singulis plane virtus ut efflorescerct effecit.

Quod si quis hic objiciat, [7] ut faciunt nonnulli, præstitisse nullam esse ejusmodi virtutem, quam exstitisse ei contraria vitia, unde tot horrenda scelera, tot calamitates, tantæque miseriæ humano generi incubuere & tam graves pœnæ, etiam post vitam hancce, imminent; tum vero respondebimus, non tanti hæc mala Deo fuisse, ut propterea nullum specimen daret potentiæ suæ, in liberis creandis Naturis. Hoc nisi factum esset, posse fieri nulla credidisset Creatura. Imo ne Deus quidem ipse liber existimatus esset, nisi ipse eam de se opinionem omnipotentia sua animis hominum inseruisset, quam alioquin ex ejus operibus numquam concepissent. Neque coli potuisset, si omnia non bonitate libera, sed fatali quadam necessitate & fecisse & facere creditus fuisset; nisi fatali quoque cultu, ac minime libero. Cum tanto malo, quantum est Dei ignoratio, & Virtutis exstinctio, non possunt comparari vitia ac calamitates hujus, aut alterius vitæ; in quibus si quid præterea negotium nobis facessat, reputemus oportet Deum esse optimum, justissimum, potentissimum,

exoriri sectas, quibus boni à malis secernentur, dum boni veritati & caritati adhærebunt, ceteris in alia omnia abeuntibus. Vide Matth XVIII. 7.

6 *Nisi fuissent.*] Plenius hæc diducta vide *Historiæ* nostræ *Ecclesiasticæ* Sæculo I. Ann. LXXXIII. 8.

7 *Ut faciunt nonnulli*] Multis hanc objectionem proposuit, ornavitque rhetoricis omnibus fucis *Pet. Bælius*, quem in aliquot voluminibus *Bibliothecæ Selectæ* & præsertim IX. X & XII. sermone Gallico confutavimus.

mum, & ſapientiſſimum, qui nonniſi convenienter virtutibus ſuis aget, viamque facile inveniet, & inibit, qua ea, quæ impedita nobis videntur, expediat, omnibuſque intelligentibus Naturis nihil à ſe factum eſſe, quod fieri non debuerit, oſtendat. Interim, dum ea dies exoriatur, qua omnes ignorantiæ noſtræ nebulæ diſcutientur, ea nobis dedit ſui documenta, & virtutum ſuarum ſpecimina, ob quæ ei prorſus confidere, & quod fieri vult exſpectare æquo animo poſſimus & debeamus.

Plura poſſent hanc in rem dici, ſed quæ nos ab eo fine, ad quem tendimus, adverterent, & ad alia, quæ huc non pertinent, tranſverſos agerent.

§ IX. *Puriſſime omnium eos doctrinam Chriſtianam profiteri & docere, qui ea tantum quaſi neceſſaria, de quibus conſentiunt Chriſtiani, credenda, facienda, ſperanda proponunt.*

His itaque omiſſis, ut redeamus ad ſententiam, inter Chriſtianos diſſentientes, eligendam; nihil tutius, ac ſapientius fieri poſſe videtur, in hoc rerum ſtatu, quam ſi ei Chriſtianorum familiæ nomen demus, quæ ſolum Novum Teſtamentum pro norma fidei ſuæ, ſine ulla humanorum decretorum miſtura, agnoſcit; ſatiſque habet ut unuſquiſque ex eo formulam fidei ſuæ hauriat, ad ejus præcepta mores ſuos exigat, & ſibi quæ pollicetur ſperanda proponat. Quod ſi ex animo & ſine fuco fiat, finis ejus inveſtigationis erit illa ipſa forma ſanorum verborum, quam in tot ac tantis errorum, diſſidiorumque procellis, & ſæculorum tam multorum lapſu, ac mutationibus regnorum, & civitatum, ſemper eamdem manſiſſe oſtendimus. Ea continentur quæcumque ad fidem & mores neceſſaria ſunt; quibus ſi quis alia addere velit, licitum quidem eſt, pro temporum, locorumque ratione,

ratione, modo ne quasi necessaria ab eo imponantur, [8] quod solius est summi Legislatoris; aut contraria dogmata obtrudantur.

Non licet Christianis ita, ut diximus, adfectis collum subdere opinionum humanarum jugo, aut profiteri se credere, quod non credunt; aut id facere, quod apud animum suum improbant, quia præceptis Christi contrarium esse putant. Ideoque ubicumque Christiana illa libertas, quam dixi, minime conceditur, inde migrare necesse habent: non quasi aliter sentientes prorsus damnent, sed quia animi quisque sui, non alieni, lumina sequi, seu id facere, quod optimum factu judicat; id vitare, quod malum putat, omnino debet.

§ X *Cum iis Eucharistiæ participes prudentes omnes fieri debere, qui nihil aliud à Christianis postulant, præter id quod unusquisque in Novis Fœderis Tabulis invenit.*

CUM Christus duo veluti Symbola Christianismi instituerit, Baptismum & Eucharistiam, non fuit quidem nostri arbitrii Baptismum suscipere, ubi judicamus purissimum esse Christianismum, quia recens nati baptizati sumus: sed cum nonnisi maturiore ætate ad Eucharistiam accedamus, de Societate Christiana, cum qua velimus ejus participes fieri, dispicere possumus, quod si ab initio à nobis factum non est, fieri tamen aliquando debebit.

Sunt qui Eucharistiam, quæ, ex institutione

8 *Quod solius est summi Legislatoris.*] Eam in rem vide quæ habet Paulus Rom XIV. 1. & *seqq* ubi de iis qui imponebant aliis ritus, aut qui observantes damnabant; quod jus testatur ad solum Christum pertinere. Eodem spectat quod habet Jacobus Cap. IV. 12 Εἷς ἐστι νομοθέτης ὁ δυνάμενος σῶσαι καὶ ἀπολέσαι *Unus est Legislator qui potest servare & perdere.*

Christi,

Christi, [9] symbolum est pacis & caritatis Christianorum inter se, habeant quasi vexillum quoddam dissensionis, excludantque ex ea omnes, quibus tutum non videtur jugum ullum subire, præter id quod Christus nobis imposuit; seu credenda, facienda, speranda ulla suscipere, quasi necessaria, præter ea quæ in Novi Fœderis Tabulis exstare sibi persuaserunt. & qui proinde religioni ducunt formulas alias fidei admittere, præter eam quam diximus Cum ejusmodi hominibus pacem quidem colere fas, jusque est. [1] sed Eucharistiam celebrare ea lege, ut præter Novi Testamenti Tabulas, alia fidei & morum norma admittatur, omnesque, qui eam admittere nolunt, Ecclesia exclusi intelligantur, homini religioso ac prudenti nefas habebitur.

At eorum qui æternæ salutis impetrandæ leges nullas alias norunt, præter eas quæ sunt à Christo & Apostolis in Fœderis Euangelici Tabulis positæ, prout possunt ab unoquoque intelligi, Eucharisticam mensam adire tuto possunt & debent quicumque Euangelii vere amantes sunt Excipiuntur enim ab iis & vocantur etiam ad hanc mensam, quicumque Novi Testamenti Libros pro unica fidei & vitæ norma agnoscunt; qui mores suos, ex animo, ad eam normam componunt; qui tandem neque Idololatriam ullam admittunt, neque alios ut dogmata quædam profiteantur se credere,

9 *Symbolum est pacis*, &c.] Vide 1 Cor. x 16, 17. ubi memorato calice & pane Eucharistico, quorum multi participes sunt, subjicit Apostolus *Quia unus panis, unum corpus multi sumus; nam omnes unius panis participes sumus* Quæ verba Eucharistia conjunctionem Christianorum significari ostendunt: & optimi quique interpretes animadverterunt.

1 *Eucharistiam celebrare.*] Hæc quoque fuit mens *Grotii*, ut liquet ex ejus libello, *an semper communicandum per Symbola*, ubi loquitur de causis intermittendæ Communionis, Tom. IV. Oper. Theol. p. 511.

quæ non credunt, male habent. Liquet ſane communionem non poſſe coli, cum eo, qui vi utitur ut dogmata ſua aliis imponat, qui alia Numina, præter verum Deum Patrem, Filium & Spiritum Sanctum, colat, aut moribus ſuis ſe præcepta Euangelica parvi facere, oſtendat; aut qui alias ſalutis leges, quam quæ in ipſis æterni Fœderis Libris præſcriptæ ſunt, agnoſcat; aut qui contra ſe gerit dignus eſt, cum quo omnes Chriſtiani communionem colant, & qui præferatur ceteris omnibus, qui aliter ſentiunt. [2] Nemo mortalium, imo ne Angelorum quidem, novum Euangelium credendum imponere Chriſtianis poteſt; ex hoc autem Euangelio, verus Chriſti diſcipulus eſt, qui toto animo credit ejus doctrinæ, & quidem ſoli, ita ut ei pareat, pro infirmitate hujus vitæ, quam optime poteſt, Deum unum colat; proximum amet ut ſe ipſum; & temperanter, ad cetera omnia quod adtinet, vivat. Si quid hinc detrahatur, mutilantur leges Fœderis, de quibus nemo quidquam, præter Deum ſolum, remittere poteſt; ſi quid vero addatur, inane eſt jugum, quod nemini Chriſtianis imponere licet. A Deo, ſolo ſalutis æternæ arbitro, ejuſmodi leges accipere poſſunt.

Quæret forte quiſpiam à me, quo tandem nomine diſtinguantur à ceteris cœtus illi Chriſtiani, quos modo deſignavi? Atqui nihil intereſt, quo vocabulo adpellentur; Eccleſias omnes à me deſignatas putent Lectores, in quibus id invenient, quod dixi. Ubicumque erit unica illa fidei norma, & libertas, quam deſcripſi, illic verum eſſe Chriſtianiſmum pro certo habeant; nec quærant nomen, quod nihil ad rem facit. Multos eſſe puto ejuſmodi cœtus, & plures ac numeroſiores

2 *Nemo mortalium*, &c.] Vide not. ad § I.

in dies ut ſint Deum optimum Maximum precor; ut tandem in omnes terras *ejus regnum adveniat*, atque ei ſoli totum humanum genus pareat.

§ XI. *De Diſciplina Eccleſiaſtica.*

HIC ſeſe nobis nonnulla difficultas objicit, quæ naſcitur ex forma regiminis Eccleſiæ & Diſciplina ut vocatur, Eccleſiaſtica, nulla enim Societas, qualis eſt Eccleſiaſtica, ſine ordine ſtare poteſt, ideoque forma quædam regiminis conſtituenda fuit. Quæritur vero, apud Chriſtianos, quæ regiminis forma ab Apoſtolis ſit; videtur enim cæteris præferenda, quæ ab initio ſuit conſtituta, ac proinde ex duabus Eccleſiis, in quibus alioquin æque pure ac caſte Euangelium doceretur, ea anteponenda, in qua eſſet Apoſtolica regiminis forma; quamvis regimen ſine re, hoc eſt, ſine Euangelio, ſit inane Eccleſiæ ſimulacrum.

Duæ autem nunc ſunt Regiminis formæ, quarum una eſt, qua ſub uno Epiſcopo, qui ſolus jus habet ordinandi Preſbyteros, vel inferioris ordinis Miniſtros Euangelicos, Eccleſia agitat: altera vero, cum ab æqualibus Preſbyteris, quibus adjunguntur, ex Plebe viri aliquot prudentes & probis moribus, Eccleſia regitur Qui ſine præjudicio legerunt quod ſupereſt Scriptorum Chriſtianorum antiquiſſimorum, [3] ſatis norunt priorem diſciplinæ formam quæ Epiſcopalis vocatur, qualis eſt in Magnæ Britanniæ parte meridiana, ubique, proximo poſt Apoſtolos ſæculo, obtinuiſſe, unde eſſe inſtitutionis Apoſtolicæ colligere licet. Alteram vero, quam Preſbyteranam vocant, inſtituerunt multis in locis Galliæ, Helvetiæ, Germaniæ,

3 *Satis norunt,* &c] Vide Sæculi I. ad Ann LII. 6. & *Eccleſiaſticam* noſtram *Hiſtoriam* LXVIII. 8. & *ſeqq.*

& Bel-

& Belgii, qui sæculo XIV. ab Ecclesia Romana secessionem fecerunt.

Qui Historias ejus sæculi adtentius legerunt probe sciunt ideo tantum introductam esse hanc posteriorem regiminis formam, quod Episcopi nollent concedere iis, qui doctrinam & mores Christianorum emendatione necessaria indigere contendebant, emendanda ea esse, quæ corrupta conquerebantur. Alioqui si Episcopi tunc temporis idem facere ubique sponte sua voluissent, quod in Anglia haud multo post factum est, regimen illud etiamnum hodie, apud omnes qui secesserunt ab Ecclesia Romana, obtineret, & innumeræ calamitates, quæ, omnibus perturbatis ac convulsis, contigerunt, anteverti potuissent. Nulla enim fuit ratio, si vere rem æstimemus, mutandi regiminis, præter hanc, quod stante vetere regimine, æqui nihil impetrari posset. Itaque Presbyterana forma, plerisque in locis, est instituta; quod ubi semel factum est, omnium, qui Reipublicæ Civili iis in locis præsunt, ita interfuit, interestque etiamnum hodie nihil mutari, ut manat necesse sit; quis mallet propterea periculose turbari omnes ditiones, in quibus obtinet; quod prudentes numquam concedent, neque est optandum. Forma regiminis constituta olim fuit, ad conservationem doctrinæ Christianæ, non ad perturbationem Reipublicæ, quæ, sine discrimine ipsius Religionis, contingere vix potest

Itaque prudentes viri, quamvis Apostolicam, similemque ubique administrandæ Ecclesiæ formam præoptarent; res in eo statu, in quo sunt, relinquendas potius putarunt, quam adeundum, quod novarum rerum molitionem semper comitatur, periculum. Interea quicumque sapuerunt se invicem propterea minime oderunt, conviciis proscidesciderunt, aut damnarunt, ut fervidiores solent; quasi ex alterutra forma salus æterna penderet, quod nusquam in Scriptis Apostolicis doceri videbant, neque ex Religionis Christianæ indole colligi potest.

§ XII. *A* GROTIO *magno in pretio habitam antiquam Disciplinam, sed sine alterius damnatione.*

QUICUMQUE Scripta viri summi HUG. GROTII legerunt, doctrinamque ejus ac mores introspexerunt, norunt hominem [4] eam formam sanorum verborum animo concepisse, cujus veritatem probavit, nec aliam Religionem, pro vera, habuisse. Sed cum studiose Antiquitatis Christianæ Scripta legisset, intellexissetque formam Episcopalem esse primævam, vehementer eam probavit; qualis in Anglia obtinet, ut [5] ex disertis ejus verbis liquet, quæ in ima pagina adscripsimus.

Itaque dubitandum non est, si res fuisset ipsius arbitrii, nec fluctibus rerum adversarum nimium jactatus, ac inimicorum etiam malignitate & conviciis præter meritum exacerbatus et exagitatus

4 *Eam formam, &c*] Vide inter alia *Institutionem baptizatorum puerorum*, quam ex Belgicis versibus in Latinos ipse auctor transtulit, Oper Theol. Tom. IV pag. 629 Sæpius etiam in postremis Operibus testatur quidquid est necessarium ad salutem, satis perspicue in Novo Testamento contineri. Vide adnotato ejus ad Consult Cassandri sub finem, ubi *de sufficientia ac perspicuitate Scripturæ* Hoc autem posito, liquet ex eo posse à quovis colligi summam Religionis Christianæ, qualem antea protulimus.

5 *Ex disertis ejus verbis*] In Adnot ad Consult Cassandri Act. XIV *Episcopi sunt Presbyterorum Principes & illa προστασία à Christo præmonstrata est in Petro, ab Apostolis vero ubicumque fieri poterat constituta, & à Spiritu Sancto comprobata in Apocalypsi. Quare sicut est optandum ut illa προστασία constituatur ubique, &c* Vide & postea de *Potestate Ecclesiastica, & Rivetiani Apologetici Discussionem* pag. 714 col 2. Alia etiam proferuntur in Epistolis huic libello subjectis.

esset;

esset; quin se fuisset adjuncturus iis, qui antiquam disciplinæ formam tuebantur, & qui ab eo nihil amplius exegissent, quam quod antea dictum est, & quod ipse verum esse eximie probavit. Cujus rei ea sunt argumenta, quæ tanti nobis visa sunt, ut ea huic libello subjungenda duxerimus.

§ XIII. *Parænesis ad dissentientes Christianos, ne capita ulla doctrinæ, præter ea quæ quivis in Novo Testamento videt, suntque semper credita, à se invicem exigant.*

HÆC cum ita sint, dissidentes omnes Christianos non possumus non vehementer adhortari, ut meminisse velint eam solam veram esse Christianæ Religionis summam, cujus veritas, argumentis à GROTIO adductis, probari potest; non capita illa controversa, quæ alterutri negant, & quæ tot malorum causa fuerunt, dein nemini posse persuaderi, qui Novum Testamentum religioso animo legerit, ac meditatus fuerit [6] alium esse Legislatorem, præter Christum, ex cujus legibus salus æterna pendeat; nec quemquam ita animatum posse, aut debere ab animo suo impetrare, ut quidquam admittat, quasi necessarium ad salutem, quod præter Christi & Apostolorum doctrinam sit, vel ut verum credat quod ei contrarium esse existimat, itaque nullum certius ac præsentius remedium esse dissensionum, quam ut nihil imponatur Christianis, præter ea quæ unusquisque apud animum suum certo novit esse revelata; nec quidquam inde timendum incommodi, quandoquidem omnium sæculorum, quæ à Christo ad nos usque

6 *Alium esse Legislatorem*] Diserta sunt hanc in rem verba Jacobi Cap. IV. 12 quæ adtulimus ad § I. ubi & alia huc pertinentia. Præterea res ipsa hic loquitur, cum, dissentientibus Christianis, nemo sit adversarii auctoritati crediturus.

fluxerunt, experientia constat à nemine sani cerebri summam illam Christianæ Religionis, quam antea proposuimus, rejectam [7] Hoc si unum hodie à Christianis, quasi necessarium, exigeretur, brevi omnia dissidia desinerent, & quidquid maneret in sententiis discriminis, non ad corpus ipsum Ecclesiarum, sed ad privatos pertineret, quorum unusquisque conscientiæ suæ rationem Deo est redditurus. Si modo de summa rei consentire se intelligerent, quemadmodum re vera consentiunt, & se invicem in cæteris ferrent; nec alios minis, vi, aut aliis malis artibus ad suam sententiam, aut suos ritus trahere conarentur, ea esset concordia, quæ sola in terris sperari potest. [8] In hac humani generis ignorantia & inscitia, tam variis adfectibus præpedita, nemo prudens exspectet omnes posse, idem ut sentiant, ac faciant, vi, aut rationibus adduci Generosiores animi, intelligentesque probare nequeunt vim, quæ Mendacii, non Veritatis est satelles; nec minus eruditi, adfectibusve, aut educationis præjudiciis, aliisque occæcati quales semper erunt longe plurimi, rationum pondus satis intelligunt, nec interea cogendi sunt contra id quod sentiunt facere, aut loqui. Satis habeant,

7 *Hoc si hodie unum*, &c] Hæc fuit sententia Jacobi I. Magnæ Britanniæ Regis, si *Is. Casaubono* credimus, qui hæc habet *in Resp. ad Epistol. Card. Perronii*, ad 3. Observat p 30. Ed Lond. 1612 *Verissime scriptum esse, in explicatione τῶν ἀπλῶς ἀναγκαίων Rex arbitratur, rerum absolute necessariarum ad salutem non magnum esse numerum Quare existimat ejus Majestas, nullam ad ineundum concordiam breviorem viam fore, quam si diligenter separentur necessaria a non necessariis, & ut de necessariis conveniat omnis opera insumatur, in non necessariis libertati Christianæ locus detur*, &c.

8 *In hac humani generis ignorantia.*] Pulcre *Hilarius* de Trinitate Lib x n. 70 *Non per difficiles nos Deus ad beatam vitam quæstiones vocat, nec multiplici eloquentis facundiæ genere sollicitat In absoluto nobis ac facili est æternitas, Jesum & suscitatum à mortuis per Deum credere & ipsum esse Dominum confiteri.*

per Deum immortalem, qui regimini Ecclesiarum præsunt, Euangelio credi, fidemque illam solam quasi necessariam prædicari, præceptis ejus solis pareri, salutemque ex ejus legum observatione exspectari, & omnia recte habebunt. Dum humana divinis, & dubia, ne quid gravius dicam, certis æquabuntur, nullus erit contentionum finis, nec ulla spes pacis; quam à Deo Optimo Maximo votis omnibus exposcere pii omnes debent, & opera sua, quoad ejus fieri potest, promovere.

JOANNIS CLERICI
CONTRA
INDIFFERENTIAM
RELIGIONUM
LIBER.

---

§ I. *Amari Veritatem oportere in omnibus, ſed præſertim in rebus magni momenti.*

QUiſquis primus dixit [1] æternum eſſe, inter Veritatem & Mentem Humanam, fœdus; cujus quidem effectus interdum veluti pendent atque intermittuntur, pro humanæ naturæ mutabilitate atque adfectibus, ſed quod numquam diſſolvitur prorſus; rectiſſime nobis ſenſiſſe videtur. Nemo eſt enim qui cupiat falli, imo qui non malit, de quavis re, præſertim alicujus momenti, ſcire quid verum ſit, quam errare, etiam in iis, quæ in mera contemplatione ſita ſunt. Vero natura delectamur, ab errore abhorremus, & ſi quam viam ſciremus, qua ad Veritatem tuto per-

1 *Quiſquis primus dixit*, &c.] *Joan. Smithus*, in Selectis Diſſertationibus editis Londini, 1660. Hinc *Auguſtinus* Serm. CXL. de verbis Evang. Joan. Tom. v. col. 682. *Veritatem & vitam omnis homo quærit, ſed viam non omnis homo invenit.* Ib. Serm. CL. col. 716. *Falli odit anima. Quantum falli oderit anima naturaliter, hinc intelligi poteſt, quoniam qui, mente alienata, rident, plangantur à ſanis. Si proponantur iſta duo, falli vis, an verum tenere? Omnis homo reſpondet, verum tenere.*

venire,

venire liceat, libentissime eam inibimus. Unde factum ut semper inventi sint praeclari viri, & qui magnas laudes ab omnibus retulere, qui Veritati inquirendæ totam vitam absumserunt. Innumeri fuerunt, suntque etiamnum hodie, Physici & Geometræ, qui labores incredibiles susceperunt, ut ad Veritatem pervenirent; nec ulla [2] majore se affectos voluptate dixerunt, quam cum diu investigatam se tandem invenisse putarunt. Quinimo inter multa alia, quibus Homines sunt Brutis superiores, merito Veritatis amorem & cognitionem numeramus.

Verum cum quævis Veritas non sit ejusdem momenti, multaque theoretica dogmata, vera licet, negligamus, quod ex eorum cognitione fructum exiguum aut nullum capere possimus, quæ proinde labore multo emta nolimus; sunt contra quædam tanti momenti, ut quovis studio ea redemta merito cupiamus. Talia sunt quæ pertinent ad vitam bene & beate agendam, quorum cognitionem maximi omnes faciunt, & diligentissime quærunt. Ad quod si accedat ex vita bene ac beate acta (semper autem id quod bonum est, hoc est, Veritati consentaneum, etiam beatum esse judicandum) sequi æternam, post hoc breve ævum, felicitatem, quod Christiani omnes, cuicumque Sectæ sint addicti, se credere profitentur; agnoscendum est cognitionem viæ, quæ ad eam pervenire licet, numquam nimis caro emi.

§ II. *Nihil esse majoris momenti, quam Religionem, ac proinde ei cognoscendæ diligentem operam dandam.*

NOBIS hic res non est cum spretoribus omnis Religionis, quos satis confutavit, in superiore

2 *Majore*, &c.] Vide vitam Pythagoræ, apud *Diogenem Laertium*. Lib. VIII. 12.

Opere, vir maximus HUGO GROTIUS; quod quisquis animo Veri cupido legerit, dubitare non poterit quin Deus sit, qui ab hominibus coli vult, & nunc quidem eo cultu, qui est a Christo præscriptus, & sui cultoribus æternam beatitatem, post hanc mortalem vitam, pollicetur.

Quod cum ita sit, nemo dubitet quin Religio sit longe maximi momenti; ac proinde cum sit non una Christianorum familia, inde sequitur dandam esse operam, ut cognoscamus, quænam earum sit maxime dogmatibus & præceptis à Christo relictis consentanea. Neque enim omnes possunt eodem loco haberi, cum sint quædam inter se ita dissidentes, doctrina & cultu, ut se gravissimorum errorum ac vitiati cultus divini vicissim incusent; quin & nonnullæ de aliis loquantur, quasi æterna salute essent prorsus exclusæ. Quod si verum esse constaret, sine dubio esset ab iis quam primum discedendum, ut ei soli adhærerent, qui se Christianos haberi volunt, quæ vere aliis talia objiceret. Ageretur enim non de hac brevi vita, innumeris malis & incommodis, quomodocumque agatur, obnoxia; sed de suppliciis, quæ Deus iis, qui Euangelio non crederent, minatus est; deque beatitudine comparanda, cui nihil deerit, nec ullus finis erit.

Sunt tamen homines, non quidem eruditi, & qui seriæ lectioni Scripturarum addicti fuerint, ut dissidia Christianorum cognoscerent, atque unde stet Veritas scirent; nihil enim minus, quam talia curarunt; qui ita de hisce dissidiis sentiunt, ut perinde censeant esse, quamcumque sententiam, & quemcumque cultum sequantur. Putant rem esse, quæ media est atque indifferens, quamcumque Sectam Religionis Christianæ amplectamur, aut certe nos amplecti profiteamur. Nec de vulgo loqui-

loquimur, ſunt Regna, in quibus, non Plebs tantum, ſed & Proceres & Summates nunc à Romana Sede ſeceſſionem fecerint, mox ad obſequium ei præbendum, mutato Rege, redierint, denique ſummæ Poteſtati, ei Sedi adverſanti, adjutores fuerint. Sub Henrico VIII. Angliæ Rege, multa facta ſunt Decreta non Regis tantum, ſed Procerum Regni auctoritate, contra Romanam Sedem; cui Henricus iratus erat, ob rationem, quam pauci probaverint. Eo mortuo, cum Eduardus VI. ejus filius, conceſſiſſet in eorum partes, qui non tantum Romanæ Sedis auctoritati nuncium remiſerant, quod Pater ejus fecerat; ſed & dogmata alia, quæ ab ea Sede damnabantur, amplexus eſſet, ſe id quoque probare palam teſtati ſunt. Mox fato functo Eduardo, cum Maria Regina, Romano Pontifici addictiſſima, fratri ſucceſſiſſet; iidem Proceres eam Reginam adjuverunt, ad opprimendas partes eorum, qui, ſpreta Pontificis auctoritate, Eduardo Rege, floruerant. Mortuæ poſtea Mariæ ſucceſſit Eliſabetha, quæ fratris Eduardi Sectam ſequuta eſt & longo regno penitus confirmavit, ut fundamentis, quæ illa olim jecerat, etiamnum hodie innitatur.

Qui legent Hiſtoriam eorum temporum, deprehendent tantam inconſtantiam Procerum ejus regni, ut vix ac ne vix quidem ſibi perſuaſuri ſint eos non fuiſſe in ſententia eorum, qui credunt perinde eſſe ad ſalutem conſequendam, quamcumque Sectam Chriſtianam amplectamur. Eas mutationes qui tribuerit partim metui, me adſentientem quidem habebit; ſed cum reputo gentis Anglicæ conſtantiam, fortitudinem & contemtum mortis, quem non raro oſtendit; mihi etiam non ægre perſuadeo vitæ præſentis amorem atque indifferentiam Religionis, in Proceribus præsertim, fuisse mutationum tam frequentium causas potissimas.

§ III. *Indifferentiam Religionis esse natura sua illicitam, legibus divinis vetari atque ab omnibus Christianorum Sectis damnari.*

Religionem habere numero earum rerum, quæ mediæ sunt naturæ, ita ut eam mutare, instar vestium, aut certe profiteri & mox negare, prout tempora poscunt, liceat, gravissimum errorum esse multæ rationes ostendunt, quarum aliquot è præcipuis proferemus, deductas è natura rei, è legibus divinis, eque omnium Gentium Christianarum consensu.

Primum turpe est mentiri, in re præsertim tanti momenti, cum ne in levioribus quidem liceat, nisi forte mendacio plus prosimus, quam veritate. Sed in hoc negotio non possunt homines mentiri aut etiam dissimulare, sine gravi noxa, cum, quoad est in illis situm, Mendacium in re maxima confirment & Veritatem ei contrariam opprimant atque æternis tenebris damnent. Pessimi est exempli, præsertim in viris ad aliquam dignitatem evectis, quos inferioris sortis homines nimis facile imitantur, quo modo fit ut non solum ipsi peccent, sed etiam alios ad peccandum adducant exemplo, quo nihil est apud hominum vulgus efficacius, quia multo magis id quod faciunt ii, quos summo honore prosequuntur, quam quod dicunt, adtendant.

Turpe etiam est & viro forti prorsus indignum, propter brevem hancce vitam, mentiri, & malle Deo, quam hominibus displicere. Ideoque præstantiores Philosophi maluerunt certæ morti sese exponere, quam quod Numini, ut putabant, displiceplicebat, ſacere, ut oſtendit exemplum [3] Socratis, qui maluit cicutam bibere, quam deſinere philoſophari, prout ſolebat, & ſuperſtitem eſſe. Alii etiam Philoſophi maluerunt [4] ſolum vertere, quam dogmata, quæ cœperant tueri & vera credebant, prodere. Fuerunt & viri fortes, apud Ethnicos, qui rectis moribus, ſæculo ſuo convicium fecerunt, & ſatius multo habuerunt mori, quam Tyrannis blandiri, & recto vitæ inſtituo valedicere, quales fuere [5] Thraſea Pætius & [6] Helvidius Priſcus, qui maluerunt mori, quam vitia & male facta Cæſarum probare, aut diſſimulare. Quod cum factum ſit ab hominibus, quibus non erat, niſi dubia ſpes alterius vitæ beatioris, poſtquam hanc amiſiſſent, tanto magis debet fieri ab iis, quibus ſpes multo clarior & certior æternæ felicitatis facta eſt.

Omnia ſæcula viderunt & laudarunt eos, qui, patriæ terreſtris cauſa, mortem intrepido animo tulerunt. Quod cum ita ſit, quis non laudet eos, qui patriam terreſtrem cœleſti, & vitam hanc mortalem æternæ illi, quam ſacræ Litteræ nobis revelarunt, poſtpoſuere? Quis non vituperet viles animas, quæ vitam, quam cum brutis communem habemus, malunt retinere, brevi tempore

3 *Socratis.*] Vide quæ de eo congeſſimus Silvarum Philologicarum Lib. I c 3

4 *Solum vertere*] *Galenus* Lib. *adfectus animi ſequi temperamentum corporis* Cap. ultimo, ſub finem ubi de Stoicis ἐκεῖνοι μὲν ἔπεισαν αὐτοὺς τὴν πατρίδα μᾶλλον, ἢ τὰ δόγματα προδοῦναι *illi ſibi perſuaſerunt potius patriam* (relinquere) *quam dogmata prodere.*

5 *Thraſea Pætus*] Qui ſub Nerone, quod ei adulari nollet, periit Vide *Tacitum* Annal. Lib XVI 24 *& ſeqq*

6 *Helvidius Priſcus*] Thraſeæ gener, qui eodem tempore Italia exire juſſus, ut ait *Tacitus* Ibid. deinde occiſus à Veſpaſiano, ut habet *Suetonius*, in hujus vita, C. XV. quod ſatis reverenter novum Dominum non habuiſſet. Ejus etiam filius à Domitiano occiſus eſt. Vide *Suetonium*, in hujus vita, *Tacitum* in vita Agricolæ c. XLV.

amittendam; quam eam, quæ amitti nequit, prima data occasione, adipisci. Milites videmus, qui, non tam patriæ causa, quam ut gratiam Regum & Principum sibi aut familiæ superstiti parent, maxima pericula impavide adeunt, & sibimet ipsi gratulantur, quod iis parentes vulneribus sunt adfecti, quibus sentiunt se mox interituros. Imo mercenarii ipsi fortissime pro iis, à quibus exiguo stipendio conducti sunt, pugnant ac vitam profundunt; & sunt qui nolint, ut Veritatem tueantur, rem æternam & Numini longe gratissimam, maximisque præmiis conjunctam, se periculo, non dicam vitæ, sed ne amittendarum quidem facultatum, aut dignitatum caducarum, objicere! Ergo res ipsa clamat oportere, Veritatis & Virtutis causa, quidvis potius perferre, quam ut, iis omissis, indignam viris vitam, aut fragilia bona conservemus.

Itaque hoc nobis præcepit Christus, cujus hæc sunt verba. [7] *Omnis qui confitebitur me, coram hominibus, confitebor & ego eum, coram patre meo, qui in cœlis est. Qui autem negaverit me, coram hominibus, negabo & ego eum, coram Patre meo, qui in cœlis est*, quibus verbis significat se eum agniturum pro Discipulo suo, & vita æterna, in Ultimo Judicio, donaturum, qui doctrinam ipsius factis & dictis numquam dissimularit. Prudenter quidem alibi ipse testatus est debere hoc fieri, cum dixit [8] *Margaritas non esse porcis objiciendas.* Sed ea prudentia eo non spectat, ut per totam vitam, si opus sit, ad vitandam hominum iram atque invidiam, dissimulemus, nedum ut mentiamur; verum ut ne, alieno tempore & loco, homines pervicaciter errantes ad saniorem mentem revocare frustra adgrediamur. Aperte monet, post verba

7 *Omnis, &c.*] Matth. x. 12, 8 *Margaritas*] Matth. vii. 6.

adlata

adlata de confessione Religionis, fore interdum ut faciendum hoc sit, cum maximo odio propinquorum nostrorum, atque imminente certæ mortis periculo. [9] *Qui amat*, inquit, *patrem aut matrem, plus quam me, non est me dignus, & qui amat filium, aut filiam, super me, non est me dignus*, qualis est, qui dogmata & præcepta, à Christo accepta, dissimulat, in gratiam familiæ. Nec omisit Christus monere, propter constantiam ejusmodi, mortem oportere exspectari, neque eo secius in instituto pergendum, & qui propterea vitam hanc amitteret, eum beatam immortalitatem, in altera vita, consequuturum, [1] *Qui non accipit crucem suam, & sequitur me, non est me dignus. Qui invenerit vitam suam* (in hoc sæculo) *perdet illam* (in futuro) *& qui perdiderit* (in terris) *vitam suam, propter me, inveniet eam*, in cœlo, eamque longe feliciorem atque æternam.

Quæ doctrina ita perspicua est, ut nulla Christianorum, hoc tempore, familia, circa eam diffideat. Qui Romano Pontifici parent, & qui desierunt parere, quicumque sint, omnes uno ore contendunt nefas esse dissimulare quod sentimus de Religione, ubi aguntur dogmata majoris momenti, & cum res sine seditione & tumultu fieri potest. Nam rectius est, in iis, sine quibus fides Deo debita, & sanctitas morum incolumes sunt, dissimulare quid sentiamus: ne contentiones perpetuæ, inter Christianos, excitentur, cum perpauci sint Viri Eruditi, qui de omnibus pariter sentiant. *Dissimulare* autem dicimus, non *simulare*; nam tacere quid sentias non est *mentiri*, sed dicere te credere id quod non credas, id demum

9 *Qui amat.*] Matth. x. 37. 1 *Qui non accipit.*] Ibid. x. 38, 39.

mensmendacium est. Ad quod accedit, si dogma quodpiam palam lege sanciatur, quod falsum putes, licitum esse oportere modeste dissensum suum testari, sine contentione, & tumultu. Alioqui pro mansueto regimine Christianarum Ecclesiarum, quod non excludit omnem dissensum, cum caritate conjunctum, incideremus in meram tyrannidem, à qua ne minimum quidem dissentire liceret. Innumeræ sunt quæstiones Theoreticæ obscuræ, præsertim iis qui ejusmodi studiis operam numquam dederunt, in quibus quæstionibus, libertas Christiana illæsa maneat oportet, qua in re, etiam omnes Christiani consentiunt, cum sint innumera Scripturæ loca, & opiniones Theologicæ ingenti numero, in quibus impune Viri docti semper dissenserunt & dissentiunt, etiam apud eos, qui consensum in aliis rigidius æquo exigunt.

§ IV. *Non facile dissentientes damnandos, quasi reos erroris, aut cultus illiciti, cum quibus salus æterna consistere non possit, adeo ut nemo eorum, qui eos admittunt, misericordiam à Deo consequi possint; nec tamen fas esse profiteri nos credere quod non credimus, aut facere quod damnamus.*

QUI ab Ecclesia Romana secesserunt, non consentiunt quidem per omnia inter se, ut nec ii, qui in ea manserunt, sed ex Eruditissimorum quorumque Virorum sententia, in nulla re dissident, quæ cum fide Deo debita, obsequioque ei præbendo, consistere non possit. Sed varia ab iis Ecclesiæ Romanæ exprobrantur, cum in dogmatibus, tum in cultu, quæ plane falsa atque illicita putant. Verumne sit hoc judicium, an secus, hic non inquirimus. Sed hoc constat, etiam ex ejus Eccle-

siæ

fiæ sententia, non licere iis profiteri se ea adprobare, quæ improbant, nec quemquam admittit in communionem suam, qui profiteatur se ab ea, in illis, dissentire.

Sunt tamen, inter dissentientes, [2] Viri Celebres atque Eruditi, qui dum prorsus sibi illicitum esse putant ad eam accedere, ob dogmata & cultum, in quibus diversi ab ea abierunt, non censent tamen fas esse omnes, qui in ea Ecclesia vivunt & moriuntur, indoctos & doctos, salute æterna excludere. Sane qui putant quidpiam in iis esse, quod adversatur fundamentis ipsis Christianismi, sibi nullatenus licere existimant iis adsentiri, nec sine gravissimo delicto simulare se probare quod damnant quo delicto se à salute exclusum iri, si in id inciderent, atque ad mortem usque perseverarent, judicant. Sed qui bona fide talia amplectuntur, quod credant esse consentanea Revelationi Divinæ, aut certe cum ea non ita pugnare, ut fidem ac sanctitatem Christianam evertant; sive ob genus studiorum, cui ab adolescentia operam dedere, sive defectu cognitionis & judicii, ejusmodi, inquam, homines salute exclusos pronunciare non sustinent, quia quo usque porrigatur Misericordia Divina, erga id genus homines non satis norunt Innumeræ sunt circumstantiæ locorum & temporum, atque animorum adfectiones nobis ignotæ, quæ miserorum mortalium delicta, apud Deum, elevant, faciuntque ut condonari nonnullis ab eo possint, quæ in aliis doctioribus damnarentur Itaque æquitatis & prudentiæ Christianæ esse statuunt, dum dogmata & cultum improbant,

2 *Viri Celebres*] Inter alios *Gulielmus Chilingworthius*, in Libro Anglico inscripto. *Religio Protestantium* tuta via ad salutem, ubi & alios securè sentientes memorat

probant, homines Divinæ ſapientiæ & Bonitati dijudicandos permittere; dum iis opinionibus adſentiri, aut cultui adeſſe ſibi non licere pro certo habent.

Hinc certe nemo colligat homini, in contraria ſententia educato, ac legendis ſacris libris, more eorum qui ſeceſſerunt, exercitato; ſi contra conſcientiam ſuam ea faciat, aut dicat, quæ putat eſſe illicita & falſa, dumtaxat ob hujus vitæ commoda, licere veniam à Deo ſperare; ſi moriatur in habitu faciendi & dicendi, quod ipſe improbat; facturus etiam ac dicturus, ſi diutius viveret. Nulla eſt, nec erit, ut ſperare licet, familia, quæ de Chriſti nomine cenſeatur, à qua vir ejuſmodi ſalutem conſequi poſſe cenſeatur.

Videant ergo ſimulatores quid agant, cum ita ſe gerunt, ut Rationis, Revelationiſque lumina tam turpiter ſpernant, ut iis repugnare ſuſtineant, utque Chriſtianorum omnium, quicumque ſint, judicium nihil faciant. Nec putandum eſt ejuſmodi homines eſſe eruditos, remque probe eis & mature expenſam fuiſſe. Sunt ſpretores eruditionis omnis Theologicæ, nec eam umquam adtigerunt, ſine qua nullum rectum judicium de re ejuſcemodi ferri poteſt. Non minus nobilem illam Philoſophiam, quam tanti fecerunt Romani olim Proceres, hauſtam quippe è lumine Naturæ, ſpernunt; quia adfectibus indulgere, quod ne Philoſophiæ quidem Ethnicæ probatur, cupiunt. De præteritorum ſæculorum judiciis ſecuri, hodierna omnia ſpernentes, deque futuro ævo non admodum anxii, ſimiliores ſunt pecudibus, quam hominibus Ratione præditis, qua non utuntur. Qui ita fingunt ac mentiuntur, ut faciunt, nullo numero, locoque haberi poſſunt; atque indigni ſunt

quibus

quibus ulus fidem habeat, in rebus hujus ævi, quandoquidem Deo atque Hominibus, in re maximi momenti, illudere audent. Sunt inter eos, qui dicere sustineant in Religione sentiendum semper cum summa Potestate; quæ si mutetur, mutandam etiam cum illa fidem; quos tam male sentire de Christiana Fide non est mirum, cum ne Religione quidem ulla Naturali sint imbuti, nec rectæ Rationis aut Virtutis rationem ullam habeant. Infelices Reges, aut Potestates, talibus hominibus fidentes, qui nec Religioni Naturali, nec Revelatæ fidem servant! Profecto qui, omni studio Litterarum destituti, nullis Virorum Doctorum, quicumque sint, judiciis credunt nec Veritatem ulla ratione curant, atque in perpetua simulatione vivunt, indigni sunt prorsus quibus ulla fides habeatur, in iis quæ ad Rempublicam spectant.

Attamen ejusmodi homines, Veritatis licet & Virtutis spretores, sibi boni Cives atque ingeniosi homines, præ ceteris videntur; cum neutrum sint, nec esse possint, qui Verum & Falsum, Virtutem & Vitium susque deque habent, omnia dicere & facere parati quod sibi utile putabunt. Tales vero homines & bonæ menti & recte factis nuncium remiserunt, dignique sunt qui ab omnibus spernantur, & fugiantur.

§ V. *Deo gratum esse posse errantem, atque ex errore delinquentem, simulatorem non posse.*

EA est humanæ naturæ conditio, ut multi sint homines, ceteroque non mali, quibus, aut prava educatione, aut quod desint doctores & libri, quibus ab errore revocentur, aut etiam ingenium,

quo

quo possint Christianorum controversias intelligere & de iis judicium ferre, vita, veluti in tenebris, exigitur. Ejusmodi homines, pro captu suo, quæ docentur de Religione Christiana amplexi, eaque bona fide sequuti, pro humanæ naturæ statu, misericordia digniores sunt, quam ira Religio eorum plena ignorantia, mutila, & manca etiamnum est, sed bonæ fidei. Ideoque credibile est fore ut is, *qui non metit, ubi non sevit*, pro summa sua æquitate, iis ignoscat, aut certe multo leviores pœnas imponat, quorum est ea sors.

Sed si reputemus homines esse, quibus nec educatio, nec doctores, nec libri, nec ingenium defuere; ut intelligerent quorum esset, in controversiis de Religione, potior causa & quorum deterior; & qui partes errantium sequuntur, ea tantum de causa, quod opes, voluptates & honores hujus vitæ apud eos consequentur; iis sane hominibus non possumus non indignari, nec quisquam est qui eos excusare sustineat, aut certe possit ejusmodi vitæ propositum tueri, nisi profligatæ sit impudentiæ. Hinc facile intelligere est, si nos, quorum virtus etiamnum valde imperfecta est, non possimus iis ignoscere, quanto severior futura sit summa Dei Justitia, erga eos qui Mendacium Veritati, scientes & prudentes prætulerint, ob caduca atque incerta hujus vitæ mortalis bona.

Deus, pro sua summa misericordia, ignoscit ignorantiæ, cujus vitium non est causa, imperfectis virtutibus, atque hominum qui decepti sunt, erroribus, præsertim nulla intercedente nequitia, nec ullo Religionis contemtu; sed numquam, ut Christus nos docuit, iis veniam concedat, qui, veritate cognita, maluerint mendacium profiteri. Imo ne hominibus quidem ejusmodi simulator gra-

tus

tus esse potest; qui nollent habere amicum, qui, ob leve emolumentum, paratus esset veteris amicitiæ jura omnia conculcare. Quare ex iis, quæ dicta sunt, colligimus nullum esse turpius & periculosius flagitium; quam eorum qui, in rebus gravissimis, dissimulant quid optimum putent, & deterioribus palam favent. Quod Ratio ipsa docet, confirmatque Religio Christiana, consentientibus omnium, quotquot sunt, Christianorum familiis.

FINIS.

TESTIMONIA
DE
HUGONIS GROTII

Adfectu erga Ecclesiam Anglicanam.

LECTORI S.

CUM *haberem sequentes litteras ab Amplissimo & Eruditissimo Viro* HENRICO NEWTONIO, *à Sereniss. Magnæ Britanniæ Regina ad. R. C. Sereniss. Magni Ducis Etruriæ, extra ordinem, misso; cujus singulari humanitati alia multa debeo; visus mihi sum omnibus Grotiani nominis amantibus rem gratam, nec parum Ecclesiæ Anglicanæ honorificam facturus, si eas hic ederem. Ex iis certe constare potest summum virum quam optime sensisse de Ecclesia Anglicana, & in illa, si licuisset, libentissime victurum fuisse. Iis ergo, Candide Lector, fruere, deque viro, qui tam bene de Republica Christiana meritus est, bene sentire perge. Vale.*

I.

HENRICUS DE NOVA VILLA

PETRO HIERON. BARCELLINO,

Abbati S. Eusebii de Urbe

S. D.

FLorentiam Liburno, Pisisque, ubi febrim pæne ex aeris intemperie contraxeram, sanus salvusque tandem reversus, nihil prius habui, Optime *Barcelline*, amplissima Illustriss. *Magliabechii* Biblio-

Bibliotheca instructus, quam meam de summo viro *Hugone Grotio* fidem liberare, & ex Scriptis ejus, præsertimque Litteris, ubi veritas, ubi candor, ubi animi simplicitas, ac intimi mentis sensus reteguntur, ostendere quam magnifice, omni vitæ tempore & paullo ante obitum, cum illi mors & immortalitas in conspectu essent, de nobis senserit, scripseritque. Novi quid de eo dixerint sui ordinis princeps *Petavius*, *Brietius*, *Valesiusque* & tot alii Vestræ Communionis celeberrimi viri; qui bene volebant, favebantque viro, bono Christianitatis communi nato. Notum quoque universis quanta & in Patria & in Exsilio, postquam etiam ad gradum sublimiorem, apud Exteros, evectus fuerat, à Calvini sectatoribus in bonis, dignitate ac fama, perpessus fuerit, & quantum denique controversiarum æstus (dum paci in Republica & inter Ecclesias procurandæ unice mentem intendebat, quod multis, quam mirandum! quam dolendum! displicuit) indolem alias pacificam ac modestam, cum se modis indignis à suis tractari videret, transversam egerit, mitique sapientiæ, quæ illi à natura, judicioque inerat, interdum prævaluerit. Attamen hæc non impedivere, quo minus ita de Patre suo magnus quoque filius *Carolo II. Magnæ Britanniæ, cui opera patris dicavit*, maximo Regi, simulque omnibus dixerit ea quæ mox subjiciam, cum nullas adulandi, aut metuendi causas haberet, quippe in Republica partes adversas filio sororis Caroli sequutus, cumque jam privatus esset, rustico ac litterato otio conditus, senex, & morti, ideoque libertati vicinus, Patris enim opera edidit, edita non vidit, & vita ejus una cum vita parentis, eodem volumine cernitur, legiturque. *Tu enim*, inquit Pet. Grotius, *inter omnes Reges unus ille es, quem protectorem suum pars*

Christi-

Christiani Orbis, si non major, sanior certe jamdiu agrescit. Tu idem ille, cujus se Fidei ac Defensioni ipsa se Fides Christiana non invita subjecit; cujus potissimum in regnis, is sacrarum litterarum intellectus, is Divini Numinis cultus, is, in exercenda nimia illa disputandi de arcanis fidei dogmatibus licentia recepta, est modus, quibuscum convenire se auctor idem & parens meus jam pridem testatus & publice Scriptis his professus est.

Nunc ipsum audi *H. Grotium* sua verba loquentem, suos ita exprimentem sensus, in Epistola Parisiis anno MDCXXXVIII. ad *Joan. Corvinum* data, non Anglum, sed Batavum alius Ecclesiæ Theologum & itidem Jurisconsultum, adeoque rerum divinarum humanarumque scientem, de Reformatione Religionis, apud nostros, superiore sæculo facta *In Anglia vides quam bene processerit dogmatum noxiorum repurgatio, hac maxime de causa, quod qui id sanctissimum negotium procurrandum suscepere, nihil admiserint novi, nihil sui, sed ad meliora sæcula intentam habuere oculorum aciem.* Tunc illa etiamnum florebat, nondum coorto bello civili, nec Rege debellato, aut captivo, nedum damnato & securi percusso. Ea demum, contra spem omnem humanam, reducto in solium avitum Filio, obstupescente Europa, denuo refloruit & quasi renata est, ac deinde post varios casus, minas, metusque adhuc illæsa & secura manet, vigetque.

Neque tantum sentiebat ipse bene de Ecclesia Anglicana, sed etiam amicis præcepit, qui à suis partibus erant in Batavia, &, quod non minimum, periculorum, damnorumque communione conjuncti, ut ordines sacros ab Episcopis nostris susciperent; quos certe non eo nomine Schismaticos, non Hæreticos esse credidit, aut ab aliis credi voluit. His igitur verbis Fratrem compellat: *Suaderem tis* (scilicet,

licet, Remonstrantibus) *ut constituerent inter se quosdam in eminentiori gradu, ut Episcopos, & ut ii χειροθεσίαν sumerent ab Archiepiscopo Hiberno, qui ibi est, & ita ordinati ordinarent deinde Pastores ceteros*; & hoc ineunte anno MDCXLV. qui illi fatalis erat, adeoque & litteris ipsis admodum infelix. Episcopus, de quo loquitur, erat, ni fallor, *Johannes Bramhallus* tunc temporis, apud Hibernos, Episcopus Derrensis & restituto in regna Carolo II. Archiepiscopus Armachanus ac proximus eruditissimo *Usserio* Hiberniæ Primati; quique postea, iisdem in terris, Ecclesiæ nostræ vindicias in *Miletierium* edidit. Vide etiam quid de publico Dei apud nos cultu, 8. Aprilis anno MDCXLV. eidem dixerit. *Liturgia Anglicana, ab eruditis omnibus, habita semper est optima*.

Videtur admodum probabile hunc virum, qui Reformationem Anglicanam *sanctissimum negotium* vocat, qui datos, susceptosque ab Episcopis ejusdem Ecclesiæ sacros ordines & in Anglia statos sacrorum ritus, præceptasque publice summum Numen adorandi formulas cunctis ceterarum in orbe Christiano Ecclesiarum præstare credidit, voluisse se ei Ecclesiæ adjungere, ut animi sensu, ita & externo cultu, & sic demum, ut voto antea, sic re ipsa, membrum fieri Eccesiæ Catholicæ. Verum rem effectam dare non potuit, quia paullo post venit ei summa dies. Eodem quippe anno, è Gallia Holmiam delatus est, legationem renunciaturus, atque inde domum rediens & naufragium passus, 28. Augusti vita Rostochii excessit; numquam satis deflendus, cum quod vitæ ejus decessit, decesserit etiam studiis, litterisque, nec umquam satis laudandus, ob ea quæ, in omni litterarum genere, incepit perfecitque: pacis, illæsa Veritate, habita temporum & dissidiorum ratione, veterisque

in

in Ecclesia regiminis, quod apud Anglos ab initio, &, si Ecclesiasticis Annalibus fides, ab ipso Apostolorum ævo obtinuit, abusibus ubique sublatis, amantissimus; Imperiorum denique, Ecclesiarumque concordiæ, qua sermonibus, qua exemplo, qua scriptis, semper studens consulensque. Sit apud Deum, Dominum communem, ei sua merces! Sit & ejus grata semper apud posteros memoria! Vale. *Florentiæ* XII. *Kal. Maias* MDCCVI.

II.

HENRICUS DE VILLA NOVA

JOANNI CLERICO

S.

EN novum amplissimumque tibi, doctissime *Clerice* de *Hugone Grotio* testimonium adfero, atque priore, si dignitas in Republica, aut rerum in Auctore notitia spectetur, sive etiam quod, *Grotio* adhuc superstite, scriptum fuerit, gravius. Desumtum est è litteris ad maximum Præsulem *Gulielmum Laudium*, tunc Archiepiscopum Cantuariensem, quocum etiam litterarum commercium sæpius habuit, Parisiis 24. Octobris stylo Gregoriano anno MDCXXXIII. scriptis, quarum copia mihi nuper facta est ex Anglia, beneficio Illustrissimi viri D *Joannis Sommeri*, summi olim florentissimi regni Cancellarii, tunc Legum, * nunc studiorum Præsidis. In iis litteris, sequentia de *Grotio* habet Illustrissimus *Vicecomes Scudamorus*, eo tempore in Galliis nostræ gentis legatus.

* *Hoc anno* 1709. *Concilii Privati Sereniss. Reginæ Præses factus est.*

" Cum

" Cum primum legatum *Grotium* videbo, non
" prætermittam id facere quod mihi de illo man-
" dasti. Sane, Domine, persuasum mihi est eum
" ex animo & vehementer amare & revereri te
" & rationem qua te geris. Profitetur se corpore
" & animo favere Ecclesiæ Anglicanæ, & hoc
" fert de ea judicium videri illam omnium Ec-
" clesiarum, quæ hodie sunt, maxime perenna-
" turam.

Cum vero ex Scriptis tuis abunde constet, non sine nostra quidem laude, neque maximo Exterorum emolumento, te optime quoque Anglicum callere sermonem, ipsa nunc *Scudamori* verba, ad finem Epistolæ lubens subjiciam. Vale. *Genuæ* XVII. *Kal. Febr* MDCCVII.

The next time I see Embassador GROTIUS, *I will not faile to perform your commandments concerning him. Certainly, Mylord, I am persuaded that he doth unfeignedly and highly love and reverence your person and proceedings Body and soul he professeth himself to be for the Church of England, and gives this jugement of it, that it is the likeliest to last of any Church this day in being.*

III.

ALEXANDRO FORRESTERO

S. D.

FRANCISC. CHOLMONDELEIUS.

Ex Anglica Lingua versa.

QUOD cupis scire de *H Grotio*, maximo propemodum viro omnium, quos umquam ulla tulerit ætas, sic habet. Contigit me Lutetiam

 venire,

venire, paullo post rem transactam. Cum vero notissimus essem D. *Crowdero*, sæpe mihi confidenter dixit, fuisse hoc ultimum monitum, quod magnus ille vir uxori dedit, sicut sui officii esse credidit, ut eum mori in communione Ecclesiæ Anglicanæ declararet, in qua Ecclesia optabat & ipsam vivere. Hoc ipsa aperuit, cum data opera venisset ad nostram Ecclesiam (quæ erat in ædibus *Ricardi Brownii*, qui tunc in Gallia erat nomine Regis Angliæ) ubi è manu D. *Crowderi*, Cappellani eo tempore Ducis Eboracensis, Cœnæ Dominicæ Sacramentum accepit. Factum hoc est statim post mortem ejus viri, quam primum per ipsius rationes licuit. Archiepiscopus *Bramhallus*, Hiberniæ primas, in defensione sui ipsius & Episcopalis Cleri, contra *Ricardi Baxteri* Presbyterani accusationem Papismi, ita de *Grotii* Religione loquitur p. 21. *Ille adfectu erat amicus, & desiderio verus filius Ecclesiæ Anglicanæ, quam uxori suæ & aliis amicis laudaverat, auctorque ut ei firmiter adhærerent, quatenus eis opportunum esset. Ego ipse & alii multi vidimus ejus uxorem mandatis viri parentem, quod palam illa testabatur, sæpe ad preces nostras & sacramentorum celebrationem venientem.* Cum *Matthias Turnerus*, *Grotii* amicus, cuperet scire cur ipse non adiret communionem Ecclesiæ Anglicanæ, respondit se libenter id facturum fuisse, nisi ratio muneris Legati Sueciæ obstaret. Ceteroqui vehementer probabat doctrinam & disciplinam nostram, & in nostra Communione optabat vivere & mori. Si quis putet se melius nosse mentem *Grotii*, ex conjectura, & consectariis, quam ipsum, aut dissimulasse eum, apud uxorem & liberos, fruatur sua ipsius opinione, sed non multos habebit sibi adsentientes. Vale. *E Valle Regia.* 23. Junii MDCCVII.

Ex

Ex aliis ejusdem litteris datis 6. *Octobr.* MDCCVII.

Nuper tibi narravi plenius quod noram de vidua magni illius viri *Hugonis Grotii*. Deinde in memoriam revocavi pium illum & bonum prorsus virum *Spencerum Comptonium* Equitem, *Comitis Northamptoniæ* filium, mihi narrasse se præsentem adfuisse, cum vidua *Grotii* hoc professa est & Sacramentum accepit.

FINIS.

Proſtant venales apud JOHANNEM NOURSE.

LIBRI LATINI.

Ἡ ΚΑΙΝΗ' ΔΙΑΘΗ'ΚΗ. Novum Teſtamentum, cum verſione Latinâ Ariæ Montani, in quo tum ſelecti verſiculi 1900, quibus omnes Novi Teſtamenti voces continentur, aſteriſcis notantur, tum omnes & ſingulæ voces, ſemel vel ſæpius occurrentes, peculiari nota diſtinguuntur. Autore Johanne Luelden, profeſſore Editio nova accuratiſſime recognita 12mo, 1772

ANTI LUCRETIUS, ſive de Deo & Natura, Libri novem. Eminentiſſimi S. R. E. Cardinalis Melchioris de Polignac. opus poſthumum, illuſtriſſimi abbatis Caroli d'Orleans de Rothelin curâ & ſtudio editioni mandatum. 2 vol. 12mo Editio nova, 1750. Price 4s.

T. LIVII PATAVINI hiſtoriarum ab urbe condita libri qui ſuperſunt, XXXV Recenſuit & notis ad uſum ſcholarum accommodatis illuſtravit J. B L Crevier, Emeritus rhetoricæ profeſſor in collegio Dormano-Bellovaco Univerſitatis Pariſienſis. 7 vol. 12mo, 1750.

COMPENDIUM HISTORIÆ UNIVERSALIS ab initio mundi ad tempora Caroli magni imperatoris, conſcriptum à Johanne Clerico. Editio nova prioribus correctior, 12mo.

JACOBI VANIERII è ſocietate Jeſu ſacerdotis PRÆDIUM RUSTICUM. Editio nova, auctior & emendatior, 12mo

LAMBERTI BOS ELLIPSES GRÆCÆ, ſive de vocibus quæ in ſermone Græco ſupprimuntur. Sexta editio, Chriſtiani Schottgenii V. C. Obſervationibus clariſſ. Bernholdii & ſuas adjecit & præfatus eſt M. J. R. F. Leiſnerus. 12mo.

MARCI HIERONYMI VIDÆ Cremonensis Albi episcopi poemata quæ extant omnia. Quibus nunc primum adjiciuntur ejusdem dialogi de rei-publicæ dignitate. Ex collatione optimorum exemplarium emendata: Additis indicibus accuratis 2 vol 12mo.

THESAURUS ELLIPSIUM LATINARUM, Auctore Elia Palairet, 8vo.

CICERONIS OPERA, recensuit J. N. Lallemand, 14 vol. 12mo. Parisiis, 1767.

IGNORAMUS, Comœdia, Auctore Mro. Ruggle, 8vo. Editio prioribus omnibus emendatior

BIONIS & MOCHI quæ supersunt Notis è Heskin, Oxonii, 1747.

DE VERIS ANNIS D. N. JESU CHRISTI, A. Nicolao Mann, 8vo. Lond. 1752.

DE ANIMÆ TRANQUILLITATE DIALOGUS, F. Volusino Autore, 12mo. editio 1751.

QUINTUS HORATIUS FLACCUS, 8vo. Editio nitidissima, cum Notis. J. Jones.

Q. HORATII FLACCI POEMATA, ex antiquis Codd. & certis observationibus emendavit, variasque Scriptorum & impressorum Lectiones adjecit, Alex Cuningamus, 8vo. 2 vol. Hagæ Comitum, 1721.

BUXTORFII, Epitome Grammaticæ Hebraicæ, à Joh. Leusden, 8vo. Lugd Batavorum, 1761.

GREGORIUS, de Dialectis Græcis, 8vo. Lugd. Bat. 1766.

TOUPII, Emendationes in Suidam, 8vo. 3 partes, Lond. 1766.

——Epistola Critica in Suidam, 8vo. Lond. 1767.

——Curæ Posteriores in Theocritum, 4to. Lond. 1772.

LIVRES FRANÇOIS.

LE NOUVEAU TESTAMENT de notre Seigneur Jesus Christ. Nouvelle edition exactement revue sur le texte de M. Martin, par D D. Min. de la Savoye, 1772.

LA LITURGIE ou formulaire des prieres publiques, selon l'usage de L'Eglise Anglicane. Nouvelle edition revue & corrigée, 1768.

ESTHER TRAGEDIE tirée de l'ecriture Ste. par M. Racine. Nouvelle edition revue avec soin & ponctuée à l'usage de la jeunesse, qu'on veut former à une prononciation correcte, par D. D de la S. R. 1745.

METHODE POUR APPRENDRE facilement L'Histoire Romaine, avec une chronologie du regne des empereurs, & un abrégé des coutumes des Romains. Sixiéme edition, corrigée & augmentée, 12mo.

DE L'ESPRIT DES LOIX. Nouvelle edition, revue, corrigée, & considerablement augmentée par l'auteur, 4 vol. 12mo.

NOUVELLE METHODE pour apprendre à bien lire & a bien orthographier en deux parties. Pour l'usage de son altesse royale Madame la Princesse Louise presentement reine de Denmarc. Par Jean Palairet ci-devant precepteur pour la langue Françoise, &c. de L. A. R. Monseigneur le Duc de Cumberland, Madame la Princesse Marie, & Mad. la Princesse Louise. Huitiéme edition, corrigée & argumentée. 8vo, 1770.

NOUVELLE GRAMMAIRE ANGLOISE par M. Rogissard, contenant la meilleure methode pour apprendre facilement cette langue, 1738.

LES AVANTURES DE GIL BLAS de Santillane par Monsieur le Sage. Nouvelle edition, avec de figures. 4 Vol. 1767.

LE

LE DIABLE BOITEUX par M. le Sage. Nouvelle edition, avec des figures, 12mo, 1750.

LETTRES D'UN FRANÇOIS, 3 Vol. 12mo.

ENGLISH BOOKS.

A COMPLETE HISTORY OF THE SEVERAL TRANSLATIONS OF THE HOLY BIBLE AND NEW TESTAMENT, into English, both in MS. and print; and of the most remarkable editions of them since the invention of printing By John Lewis, A. M. chaplain to the Right Hon. Thomas Earl of Malton, and minister of Margate in Kent. The second edition, with large additions, 8vo.

THE PRINCIPLES OF THE CHRISTIAN RELIGION. Translated from the French by the Rev. Mr. Lally, late fellow of Peter-House, Cambridge. In 3 vols. 8vo, 1749.

N. B The translator was encouraged to this undertaking from a persuasion that he could not do a more acceptable service to his countrymen, than to give them an opportunity of reading this excellent work, which has received the highest applause from several eminent writers, particularly from the learned Mr. West, in his observations on the history and evidences of the resurrection of Jesus Christ; likewise from the ingenious author of the observations on the conversion of St Paul, &c.

THE SPIRIT OF LAWS, translated from the French of M de Secondat, Baron de Montesquieu, with corrections and additions, communicated by theauthor. 5th. edit 2 vol. 8vo, 1772.

THE PRINCIPLES OF NATURAL AND POLITIC LAW; by J. J Burlamaqui, counsellor of state, and late professor of natural and civil law at Geneva. Tranſlated into Engliſh by Dr. Nugent. 2d. edit. 2 vol. 8vo, 1748.

CRITICAL REFLECTIONS ON POETRY PAINTING, AND MUSICK. With an enquiry into the riſe and progreſs of the theatrical entertainments of the ancients. Written in French by the Abbé du Bos, member and principal ſecretary of the French academy. Tranſlated into Engliſh by Thomas Nugent, Gent. from the fifth edition, reviſed, corrected, and enlarged by the author. 3 vol. 8vo, 1748.

A new method of learning with facility the GREEK TONGUE, in 8vo. ſecond edition, 1759.

A new method of learning with facility the LATIN TONGUE, in 2 vol. 8vo. 1758.

An abridgment of the GREEK GRAMMAR. 12mo. for the uſe of ſchools.

A new method of learning the ITALIAN TONGUE, 8vo.

The GREEK PRIMITIVES, in 8vo. 2d. edit.

A GENERAL AND RATIONAL GRAMMAR, in 12mo.

N. B. The above ſix articles are tranſlated from the French of Meſſieurs de Port-Royal, by Thomas Nugent, LL. D.

An abridgment of the ROMAN HISTORY from the French of M. P. Macquer member of the Royal Academy of Sciences, tranſlated and improved with notes, geographical and critical, illuſtrating the antiquities of Rome, by Thomas Nugent, LL. D.

A new chronological abridgment of the HISTORY of FRANCE, from the fifth edition of the French of the preſident Henault, corrected and improved by the author, tranſlated into Engliſh, with additional notes relative to the HISTORY of ENGLAND, by Thomas Nugent, LL. D.

FINIS.

Breinigsville, PA USA
11 August 2010
243463BV00003B/35/P